Matthias Weik & Marc Friedrich

Der größte Raubzug der Geschichte

W0069732

Matthias Weik & Marc Friedrich

Der größte Raubzug der Geschichte

Warum die Fleißigen immer ärmer
und die Reichen immer reicher werden

Tectum Verlag

Matthias Weik & Marc Friedrich
Der größte Raubzug der Geschichte
Warum die Fleißigen immer ärmer
und die Reichen immer reicher werden

© Tectum Verlag Marburg, 2012

ISBN: 978-3-8288-2949-7

Weitere Informationen zum Buch finden Sie unter
http://finanzbuch.tectum-verlag.de

Umschlagabbildungen:
© Yunioshi / www.photocase.com (Gebäude im Nebel),
© dustbunny / www.fotolia.de 25082849 (Gangstar silhouette with tommy gun)

Innenteilabbildung: © AlexanderZam / www.fotolia.de 38035534 (Chessboard)
Druck und Bindung: Finidr, Český Těšín
Alle Rechte vorbehalten
Besuchen Sie uns im Internet
www.tectum-verlag.de

Bibliografische Informationen der Deutschen Nationalbibliothek
Die Deutsche Nationalbibliothek verzeichnet diese Publikation in der
Deutschen Nationalbibliografie; detaillierte bibliografische Angaben sind
im Internet über http://dnb.ddb.de abrufbar.

Inhalt

	Das perfekte Verbrechen	**11**
	Vorwort	**13**
1.	Was ist Geld?	17
2.	Wie entsteht Geld? Und woher bekommen die Banken das Geld?	23
3.	Wie erzeugt eine Geschäftsbank selbst Geld?	27
4.	Die Finanzkrise 1.0	37
5.	Jimmys Kneipe – Party auf Kredit	41
6.	Die deutsche Finanzkrise beginnt im Jahr 1998 in Wilmington	45
7.	Die Entstehung der Krise in Amerika und ihre Folgen	61
8.	Neue Bilanzregeln oder: der größte legale Betrug	87
9.	Heißer Herbst 2008 – das Weltfinanzsystem steht vor dem Kollaps	93
10.	American International Group (AIG) Inc. – die gefährlichste Firma der Welt	95
11.	Spekulation auf den Misserfolg anderer	99
12.	Das Weltfinanzsystem kurz vor dem Crash	101
13.	SoFFin – das Ende der Demokratie in Deutschland?	105
14.	Der Wahnsinn nimmt weiter seinen Lauf	115
15.	Wer war schuld an der Finanzkrise 1.0? Und was sind die Folgen?	129
16.	Die heimlichen Lobbyisten	141
17.	Was wurde aus der Krise gelernt?	143
18.	Märchen von tausendundeiner Bank	163

19. Hellseher – oder:
Expertenmeinungen und -prognosen sind verlässlich 173

20. Ratingagenturen – wer sich auf sie verlässt,
ist verlassen 177

21. Warum der große Knall kommt 181

22. EUREX – das größte Casino der Welt 185

23. Schattenbanken –
Geldhäuser verschieben erneut Milliardenrisiken 189

24. BlackRock – die mächtigste Firma der Welt 201

25. China – Wahnsinn im Reich der Mitte 203

26. Verschuldungswahnsinn 207

27. Drohende Staatsbankrotte 215

28. Argentinien – Augenzeugenbericht
von Marc Friedrich 219

29. Amerika – Land der begrenzten Möglichkeiten 223

30. Europas Südschiene und Irland sind bankrott –
und die Politik will es nicht wahrhaben 231

31. Griechenland –
wer solche Freunde in einer Währungsunion hat,
braucht keine Feinde mehr 241

32. Großbritannien – ein Land wie Nitroglyzerin 251

33. Der Euro – eine Währung,
die zum Scheitern verurteilt ist 253

34. EZB – eine Zentralbank,
die nicht mehr unabhängig ist 257

35. Der Euro ist gut für Deutschland – wer es glaubt,
wird bestimmt nicht selig 263

36. Frau Merkel & Co, halten Sie uns für blöd? 269

37. Die Rente – ein gigantisches legales Schneeballsystem 275

38. Wie kommt der Staat an sein Geld oder:
    warum verleiht der Staat über Banken dem Staat Geld?   279

39. Wer erhält die Zinsen, die unser Staat
    und somit wir alle bezahlen?   281

40. Warum findet eine Umverteilung von den Fleißigen
    zu den Reichen statt?   285

41. Der Fehler liegt im System –
    exponentielles Wachstum ist nicht möglich   295

42. Warum wird an dem System
    nichts geändert?   303

43. Investments in Krisenszenarien –
    was ergibt Sinn und was nicht?   311

    Fazit   **333**

    Danksagungen der Autoren   **335**

    Über die Autoren   **337**

Quellenverzeichnis   341

Das perfekte Verbrechen

Prof. Dr. Harald Lesch vom „Institute for Astronomy and Astrophysics" an der Universität München stellte sich folgende Frage: Warum werden viele Verbrechen begangen?

Antwort: Wegen Geld.

Manches Verbrechen wird begangen, damit der Täter das Geld bekommt, das die Person besaß, die umgebracht worden ist. Aber man könnte auch leichter an Geld kommen. Man muss niemanden dafür umbringen. Man könnte an Geld kommen, indem man ganz andere Verbrechen begeht. Unter uns gesagt, ich halte große Teile der internationalen Finanzwelt für verbrecherisch. Was da passiert, halte ich für ein Verbrechen. Das ist nicht nur ein Verstoß gegen die guten Sitten, sondern es ist ein Verstoß gegen alles, was uns zumindest in diesem Teil der Welt hoch und heilig ist. Dass einige wenige sich auf Kosten der Allgemeinheit bereichern, und zwar so sehr bereichern, dass sie gar nicht mehr wissen, wohin mit dem ganzen Geld, das halte ich für ein Kapitalverbrechen. Sie können gerne einmal „nachgoogeln", was Kapitalverbrechen im Deutschen so alles bedeutet. In diesem Fall ist es wirklich ein Verbrechen mit Kapital und für Kapital und wegen Kapital. Das halte ich nach Augenschein für mich für das perfekte Verbrechen. Was da in den letzten Jahrzehnten passiert ist, das ist Perfektion, und zwar in Reinkultur. Strukturen, die sich aufgebaut haben und nichts anderes machen, als nur Geld zu vermehren, und dieses Geld sucht sich dann wieder Anlagen, um sich weiter zu vermehren. Inzwischen werden Billionen in einem virtuellen Markt gehandelt, den keiner mehr beherrscht. Da handeln Computer mit Computern, da wird Geld aus dem Nichts heraus erzeugt, obwohl man immer weiß, von nichts kommt nichts – also ganz so kann das nicht funktionieren. Das ist möglicherweise die Realisierung des perfekten Verbrechens.[1]

Ich danke Herrn Prof. Dr. Harald Lesch in München für die interessanten Telefongespräche und für die Erlaubnis, seinen Kommentar aus der ZDF-Sendung „abenteuer forschung" zu verwenden.

Vorwort

Wie von Sinnen oder:
„solange die Musik spielt, muss man tanzen".
Chuck Prince, ehemaliger Chef der mächtigen US-Bank Citigroup[2]

Mit diesem kinoreifen Satz wurde die sogenannte „Lehman-Krise" Anfang Juli 2007 eingeleitet. Chuck Prince wollte uns damit sagen: Solange die „große Party" an den Finanzmärkten zelebriert wird, muss man mit dabei sein und „kräftig einen draufmachen", auch wenn man bereits ahnt, dass man mit einem verheerenden Kater aufwachen und die gravierenden Exzesse der vergangenen Nacht bitter bereuen wird. Die Folgen der Lehman-Krise sind uns mittlerweile ja hinlänglich bekannt.

Wie gesagt – dieses Zitat stammt aus dem Jahr 2007. Heute schreiben wir das Jahr 2012. Nach dem Besuch der Investmentmesse im April 2010 haben wir mit Entsetzen feststellen müssen, dass „die Party" schon wieder in vollem Gange ist und der Markt mit mittlerweile abstrusen Mengen an Geld überflutet wird. Die Finanzbranche hat aus der sogenannten Lehman-Krise nichts, aber auch gar nichts gelernt. Auf der Messe wurde der gemeine Anleger nur so von Zertifikaten, Anleihen sowie den abwegigsten Fondsprodukten überflutet, als ob es niemals eine Krise gegeben hätte. Aus diesem Grund haben wir entschieden, ein faktenbasiertes Buch zum Thema Finanzkrise und Vermögenssicherung zu schreiben.

Aus der Krise gelernt?

Seit mehreren Jahren halten wir Vorträge zum Thema Vermögenssicherung. Der Titel vieler Vorträge lautet: „Die Finanzkrise – der größte Raubzug der Geschichte". Wir legen Ihnen in diesem Buch dar, wie Sie von der Finanzbranche und der Politik gnadenlos abgezockt wurden, es aktuell werden und es auch zukünftig noch werden, wenn Sie nichts dagegen tun. Es wird für Sie aufgeschlüsselt, warum das globale Finanzsystem am Ende ist und bereits seit vielen Jahren auf der Intensivstation liegt und langfristig rein mathematisch nicht funktionieren kann.

Ferner wird Ihnen schlüssig dargestellt, warum eine langfristige Anlage in Papierwerten wie Riester, Rürup etc. blanker Unsinn ist und sich eine Kapitallebensversicherung gewiss nicht zur Altersvorsorge eignet. Es werden Ihnen Möglichkeiten aufgezeigt, wie Sie Ihr Geld aus dem System ziehen können und somit noch Kapitalanlagen besitzen, die bei Ihrem Rentenantritt noch einen Wert haben und zusätzlich steuerfrei sind.

Herzlich willkommen auf einer spannenden Reise in die Welt des Wahnsinns, der Lügen, des Betrugs und der größten Kapitalvernichtung, die die Menschheit je erlebt hat. Wir alle sind momentan Zeugen und Opfer des „größten Raubzugs der Geschichte". Im ersten Teil des Buches wird die Entstehung der Krise beschrieben, und es werden Gründe dafür aufgezeigt, warum die Krise bei Weitem noch nicht überstanden ist. Im zweiten Teil des Buches werden Möglichkeiten erläutert, wie Sie Ihr Vermögen aktiv schützen und absichern können vor dem, was kommt.

Der größte Raubzug der Geschichte

Bald werden Sie erkennen, dass die Finanzkrise keinesfalls wie ein „Tsunami" – plötzlich und völlig überraschend – über uns hereinbrach, sondern sich über mehrere Jahre angekündigt hat. Ökonomen, die vor dieser gigantischen Blase gewarnt hatten, wurden zumeist ignoriert und teilweise sogar ausgelacht. Leider ist dies heute wieder der Fall. Gegenwärtig werden Wirtschaftsexperten, die schlicht und einfach die Wahrheit sagen, wieder als Miesmacher und Schwarzseher tituliert.

Der Mensch ist ein sehr kluges Wesen. Er hat es geschafft, sich über jegliches Leben der Erde zu stellen. Eines kann er jedoch nicht überlisten – die Mathematik. Eher früher als später wird uns diese Erkenntnis einholen. Denn 1 plus 1 ist immer 2 und niemals 3, auch wenn man es noch so oft behauptet.

Bewusst haben wir dieses Buch nicht wie ein „fades Finanzsachbuch" geschrieben. Unserer Ansicht nach ist es wichtig, dass man selbst bei einem so ernsten Thema – und so schlecht die Dinge auch stehen – seinen Humor nicht verliert. Mit einem Sinn für Humor ist es sicherlich leichter, das Treiben der Verantwortlichen aus Finanzwirtschaft und Politik zu bestaunen. Also schnallen Sie sich an! Es wird eine spannende Reise.

„Die Macht des Geldes beutet eine Nation in Friedenszeiten aus und verschwört sich gegen sie in Kriegszeiten. Sie ist despotischer als eine Monarchie, unverschämter als eine Autokratie und egoistischer als eine Bürokratie."

Abraham Lincoln, ehemaliger US-Präsident[3]

1. Was ist Geld?

„Gold und Silber sind Geld, alles andere ist Kredit."
John Pierpont Morgan, Gründer der US-Bank JPMorgan[4]

Weder in der Schule noch in meinen zwei wirtschaftswissenschaftlichen Studiengängen wurde diese Frage jemals aufgegriffen. In diesem Buch wird sehr viel über Geld gesprochen. Aus diesem Grunde sollten wir uns fragen: **Was ist Geld?**   Was ist Geld?

„Geld ist ein spezielles Tauschmittel. Speziell, weil es nicht unmittelbar den Bedarf eines Tauschpartners befriedigt, sondern (nur) zu weiteren Tauschaktionen einsetzbar ist."[5] Voraussetzung hierfür ist die allgemeine Anerkennung. Diese wird weitgehend vom Staat für das vom Staat durch die Zentralbank herausgegebene Geld gewährleistet. Der Staat ist per Gesetz verpflichtet, dieses Geld zur Begleichung aller Steuerschulden unbegrenzt anzunehmen. Das vom Staat herausgegebene Geld gilt als „gesetzliches Zahlungsmittel". Geld gibt es in Form von Münzen, (Bank-)noten und Buchgeld (Giralgeld). Der Staat empfiehlt jedem Marktteilnehmer, dieses Zahlungsmittel zur Bezahlung von Waren und Dienstleistungen zu verwenden.

Es existieren zwei Arten von Geld:

a) Gedecktes Geld

Bei gedecktem Geld werden Münzen aus Edelmetall, welches einen bestimmten Wert hat, hergestellt. Bei den Banknoten handelt es sich um Schuldverschreibungen, für die ein entsprechender realer Sachwert (z. B. Gold) hinterlegt ist. Bei Vorlage dieser Schuldverschreibung ist die Zentralbank verpflichtet, auf Aufforderung eine bestimmte Menge an beispielsweise Gold auszuhändigen. Logischerweise kann die Zentralbank nur Geldnoten in demselben Volumen herstellen und herausgeben, die dem Volumen der insgesamt real verwalteten Vermögenswerte der Zentralbank entsprechen. Es ist für die Zentralbank also unmöglich, beliebig viel Geld zu drucken.

Bis zu Beginn des Ersten Weltkriegs existierten in vielen Staaten goldgedeckte Papierwährungen (Goldstandard). Diese Zeit war geprägt von wirtschaftlicher Stabilität, niedriger Inflation und solidem Wachstum.

Beispiele von gedeckten Papierwährungen und ihre Lebensdauer:[6]

Währung	Zeitraum	Stabilität
Französischer Franc	1814-1914	100 Jahre
Holländischer Gulden	1816-1914	98 Jahre
Pfund Sterling	1821-1914	93 Jahre
Schweizer Franken	1850-1914	86 Jahre
Belgischer Franken	1832-1914	82 Jahre
Schwedische Krone	1873-1931	58 Jahre
Deutsche Mark	1875-1914	39 Jahre
Italienische Lira	1883-1914	31 Jahre

b) Ungedecktes Geld (FIAT-Geld)

Der Begriff ist vom lateinischen Wort fiat („es werde") abgeleitet. FIAT-Geld entsteht infolge eines Beschlusses der gesetzgebenden Organe eines Staates, und es besteht keine Einlöseverpflichtung seitens des Herausgebers in Gold oder Silber.[7] FIAT-Geld bedeutet nichts anderes, als Geld aus dem Nichts (ungedeckt) in beliebiger Höhe zu schaffen, zum Beispiel durch die Notenpresse oder durch die Geschäftsbanken.

Bei ungedecktem Geld hat die Münze einen wesentlich geringeren Materialwert, und es besteht keinerlei Anspruch an die Zentralbank auf Herausgabe eines entsprechenden Wertes wie beispielsweise Gold. Ein Anspruch gegen die Bundesrepublik bei Münzen und gegen die Zentralbank bei Banknoten ist nicht gegeben. Somit sind Münzen und Banknoten nur so viel Wert, wie irgendjemand – freiwillig – bereit ist, dafür herzugeben.

Dieses Geldsystem basiert schlicht und einfach auf Vertrauen – nicht mehr und nicht weniger.[8] Es funktioniert so lange, wie die Mitglieder der Gesellschaft bereit sind, Waren und Dienstleistungen gegen dieses bedruckte Papier bzw. die minderwertigen Münzen zu tauschen. Sobald dies nicht mehr der Fall ist, ist es vorbei, und das Ende der Währung ist besiegelt.[9]

Geldsysteme basieren auf Vertrauen

Dr. Chris Martenson, ein amerikanischer Wissenschaftler, bringt es auf den Punkt: **„Geld ist ein Anspruch auf eine Leistung."**[10]

Geld ist ein Anspruch auf eine Leistung

Wo auch immer Sie Geld einsetzen, möchten Sie etwas dafür erhalten, sei es eine Ware oder eine Dienstleistung.

Die Erkenntnis, dass Geld ein Anspruch auf Leistung ist, hat einige bezeichnende Konsequenzen:

- **Geld hat nur einen Wert, wenn die gewünschte Leistung auch existiert.**
  Dazu ein drastisches Beispiel: Für alles Geld in der Welt gibt es um *Tschernobyl* kein unverstrahltes Land, denn es existiert nicht mehr.

- **Geld ist nur ein Anspruch auf Leistung, nicht die Leistung selbst.**
  Auch dazu ein Beispiel: Haben Sie einen Unfall, dann können Ih-

nen Millionen gespendet werden. Behandeln muss Sie aber immer ein Mensch. Geld kann das nicht.

- Geld arbeitet – entgegen der Behauptung von Bankern – nicht, nur Menschen arbeiten!

- **Durch Schaffung von Geld wird keine Leistung geschaffen.**

- Die Zentralbanken können noch so viele Milliarden an frischen Geldscheinen drucken, mehr Leistung gibt es deswegen nicht, auf die man Anspruch erheben könnte.

Geld ist nicht Zweck, sondern Mittel der Wirtschaft, und Wirtschaft ist der Austausch von Gütern und Dienstleistungen.

Anekdote: Alle Motive und Gebäude auf den ungedeckten Euroscheinen existieren nicht. Sie sind fiktiv. So wie der substanzielle Wert des Euros.[11]

> *„Die täglichen grenzüberschreitenden Geldbewegungen sind heute 25-mal größer als die grenzüberschreitenden Güterbewegungen. Geld wird nicht mehr nur als Transaktionsmittel benutzt zum Zwecke der Finanzierung, sondern Geld wird gehandelt wie eine eigene Ware."*
> Alfred Herrhausen, ehemaliger Vorstandssprecher der Deutschen Bank[12]

Im Verlaufe des Buches werden Sie mit Zahlen konfrontiert, die sich jeglicher Vorstellungskraft entziehen und bis vor der Finanzkrise lediglich aus dem Mathematikunterricht bekannt waren. Hier zum Verständnis, mit wie vielen Nullen (ich meine jetzt nicht zahlreiche Banker und Politiker) wir es zu tun haben:

> 1 000 000 – 1 Million – abgekürzt 1 Mio.
> 10 000 000 – 10 Millionen – abgekürzt 10 Mio
> 100 000 000 – 100 Millionen – abgekürzt 100 Mio.
> 1 000 000 000 – 1 Milliarde – abgekürzt 1 Mrd.
> 10 000 000 000 – 10 Milliarden – abgekürzt 10 Mrd.
> 100 000 000 000 – 100 Milliarden – abgekürzt 100 Mrd.
> 1 000 000 000 000 – 1 Billion – abgekürzt 1 Bill.
> 10 000 000 000 000 – 10 Billionen – abgekürzt 10 Bill.
> 100 000 000 000 000 – 100 Billionen – abgekürzt 100 Bill.

Zahlen jenseits der Vorstellungskraft

2. Wie entsteht Geld?
Und woher bekommen die
Banken das Geld?

„Eigentlich ist es gut, dass die Menschen unser
Banken- und Währungssystem nicht verstehen. Würden sie
es nämlich, so hätten wir eine Revolution vor morgen früh."
Henry Ford, Gründer von Ford[13]

Diese zwei Fragen sind eng miteinander verknüpft. Geld wird aus dem „Nichts" erschaffen, und zwar von zwei unterschiedlichen Parteien: den Notenbanken und den Geschäftsbanken. Geld entsteht ausschließlich dadurch, dass diese zwei Parteien es verleihen.

a) Notenbanken: In Europa wird Geld beispielsweise von der Europäischen Zentralbank (EZB) erschaffen. Die EZB hat das Monopol zur Schaffung von Geld aus dem „Nichts" und entscheidet alleine darüber, wie viel „neues" Geld sie erschafft. Grenzen für die Ausweitung der sogenannten Geldmenge bestehen nicht.[14]

Wem gehört eigentlich die europäische Notenbank mit dem Namen Europäische Zentralbank (EZB)?
Die EZB gehört den nationalen Zentralbanken. Sie sind alleinige Zeichner und Inhaber des Kapitals der EZB. Somit gehören 18,93 Prozent der EZB der Deutschen Bundesbank.[15]

Die Europäische Zentralbank (EZB): Was verbirgt sich hinter dieser Institution?

Wem aber gehört die deutsche Zentralbank mit dem Namen Bundesbank?
Laut Gesetz über die Deutsche Bundesbank ist sie eine bundesunmittelbare juristische Person des öffentlichen Rechts. Ihr Grundkapital von 2,5 Milliarden Euro steht dem Bund zu. Die Beamten der Deutschen Bundesbank sind Bundesbeamte. Der Vorstand mit der Zentrale am Sitz der Bank in Frankfurt am Main hat die Stellung einer obersten Bundesbehörde.[16] Aus alldem lässt sich schlussfolgern, dass die Deutsche Bundesbank dem Staat gehören muss: Eine Bundesbehörde kann

nichts Privatrechtliches sein, und Beamte sind ausschließlich in Staatsbetrieben zu finden.

Bei der US-Notenbank FED stellt sich die Eigentümerstruktur etwas anders dar. Hierzu mehr im Kapitel 5.

Wie kann sich eine Geschäftsbank Liquidität bei der Zentralbank beschaffen?

Die Zentralbank gewährt der Geschäftsbank einen Kredit – dadurch schöpft sie Zentralbankgeld:

> „Die Zentralbank verbucht den gewährten Kredit auf der Aktivseite ihrer Bilanz. Das Guthaben, das sie der Geschäftsbank in entsprechender Höhe gewährt, verbucht sie auf der Passivseite. Spiegelbildlich hat die Geschäftsbank auf der Aktivseite ihrer Bilanz nun ein Guthaben in Zentralbankgeld, auf der Passivseite eine Kreditverbindlichkeit. Auch die Geschäftsbank muss für den ihr gewährten Kredit einen Zins zahlen; er trägt zu einem etwaigen Gewinn der Zentralbank bei, der wiederum dem Staatshaushalt und damit den Bürgern zufließt. Zentralbankgeld wird auch geschaffen, wenn die Zentralbank einer Geschäftsbank etwas abkauft, zum Beispiel Gold oder fremde Währungen; die Geschäftsbank erhält dann den vereinbarten Betrag auf ihrem Konto bei der Zentralbank gutgeschrieben. […]
> Technisch wird die Kreditgewährung der Zentralbank an die Geschäftsbanken hauptsächlich über wöchentliche Refinanzierungsgeschäfte abgewickelt. Dabei bieten die Geschäftsbanken in einer Auktion mit verdeckten Offerten um Zentralbankgeld; diejenigen Gebote mit den höchsten Zinsen werden als Erste bedient.
>
> Die Geschäftsbanken müssen die gewährten Kredite durch Hinterlegung von Wertpapieren besichern."[17]

Hier stellt sich jedoch die Frage: Was sind eigentlich Wertpapiere? Sind es beispielsweise „sichere" Wertpapiere wie deutsche Staatsanleihen oder handelt es sich dabei um „Schrott" wie bei den griechischen oder portugiesischen Staatsanleihen?

„Die Zentralbank entscheidet, wie viel Liquidität sie insgesamt zuteilt. Die Höhe dieser Zuteilung richtet sich zum einen nach dem Liquiditätsbedarf, der sich aus dem Gesamtsoll der Mindestreserve ergibt, zum anderen nach dem Bargeldbedarf und einigen weiteren Faktoren. Haben die Geschäftsbanken Liquidität ersteigert und als Guthaben auf ihrem Konto gutgeschrieben bekommen, können sie sich dieses in Bargeld auszahlen lassen und anschließend über ihre Filialen an ihre Kunden auszahlen. So kommt das Bargeld in Umlauf. Nur die Zentralbank darf die Banknoten drucken lassen und ausgeben.“[18]

b) Von den Geschäftsbanken und Sparkassen wird ebenfalls Geld erschaffen.

Jawohl, Sie haben richtig gehört. Banken können selber Geld schöpfen – das sogenannte Buchgeld.[19]

„Synonym für Giralgeld, Depositengeld, Bankengeld. Das Buchgeld stellt das Guthaben von Kunden auf Girokonten bei einem Kreditinstitut dar, über das jederzeit uneingeschränkt verfügt werden kann. Mit dem Buchgeld erhalten die Kreditinstitute die Möglichkeit, Geldschöpfung durch Kreditgewährung zu betreiben.“[20]

Buchgeld

Wie das funktioniert, zeige ich Ihnen auf den nächsten Seiten.

3. Wie erzeugt eine Geschäftsbank selbst Geld?

„Jedes Mal, wenn eine Bank einen Kredit gibt, wird neues Guthaben erzeugt, neue Einlagen –brandneues Geld."
Graham F. Towers, ehemaliger Direktor der Bank of Canada[21]

Die Mehrheit vertritt die Meinung, dass die Zentralbanken das meiste Geld erschaffen. Dies ist jedoch falsch, denn fast die gesamte Geldmenge entsteht in privaten Banken bei der Vergabe von Krediten.

Auch „verleihen" die Banken nicht das Geld, das dort von anderen Kunden deponiert wurde. Dieses Geld dient lediglich als Reserve, während die Banken ein Vielfaches davon als Kredite vergeben.

Im engeren Sinne sind Kredite also kein Geld, sie wirken dennoch wie „echtes" Geld, mit dem man ganz normal bezahlen kann.

Was ist ein Kredit?
Viele haben von einem Kredit ein völlig falsches Bild. Der Volksmund sagt: Ich habe einen Kredit bei der Bank aufgenommen, also habe ich mir das Geld von der Bank geliehen.

„Einen Kredit gewähren, bedeutet nicht, etwas zu verleihen, sondern es ist ein Tausch, ein Kauf und ein Verkauf. Der Kreditnehmer (Schuldner) verkauft Geld, das er nicht hat, und verspricht, dieses Geld zu einem vereinbarten Termin in der Zukunft (Kreditlaufzeit) zu liefern. Ein (Geld)Kredit ist nichts anderes als ein Geldversprechen für die Zukunft."[22]

Ein Kredit: Geld von der Bank geliehen?

Die Mindestreserve in Höhe von zwei Prozent
Banken müssen ausschließlich einen Mindestreservesatz von zwei Prozent bei der EZB vorweisen – sie haben das einzigartige Privileg, selbst hergestelltes „Geld" zu verleihen.[23] Nicht nur das, sie dürfen dafür auch Zinsen verlangen. Das Schlimme ist jedoch, dass sie beim Aus-

bleiben der Rückzahlung kraft des Gesetzes reale Werte pfänden lassen und somit Bürger enteignen dürfen.

Bank	Bilanzsumme in Milliarden Euro	Eigenkapital in Milliarden Euro	Eigenkapitalanteil in Prozent
Deutsche Bank	1.850	51,7	2,8
Commerzbank	683	26,4	3,8
West LB	160	4,9	3,0
Royal Bank of Scottland	1.601	84,4	5,27
BNP Paribas	1.926	86,7	4,5
Société Générale	1.158	52,1	4,49
Barclays	1.653	68,6	4,16

Stand Oktober 2011[24]

Aus 200 Euro werden 10 000

Wie aus 200 Euro 10 000 Euro werden?

Wenn eine Bank nur über zwei Prozent der von ihr gebuchten Gelder wirklich verfügen muss, kann sie folglich selbst Geld erzeugen (schöpfen). Zur Gewährung eines Kredits in Höhe von 10 000 Euro benötigt eine Bank ausschließlich 200 Euro nicht benötigtes Guthaben auf ihrem Zentralbankkonto.

Nehmen wir ein fiktives Beispiel:

Der Kunde, nennen wir ihn Herr Maier (im Schaubild Kunde I), betritt die Bank Fantasia (im Schaubild Bank Kunde I), weil er einen Kredit in Höhe von 10 000 Euro aufnehmen möchte, um ein Motorrad zu erwerben. Für die Fantasia Bank stellt dies kein Problem wegen eines Eigenkapitalanteils von nur 200 Euro dar.

Die Bank Fantasia gewährt dem Kunden Maier den gewünschten Kredit über 10 000 Euro. Falls er seine Raten nicht bezahlen kann, gehört das Motorrad selbstredend ganz schnell der Bank.

Die Fantasia Bank schreibt also eine Zahl, in diesem Fall 10 000 Euro, auf ein Konto. Und damit ist das, was für den Kreditnehmer Herr Maier Geld ist, in die Welt gekommen.

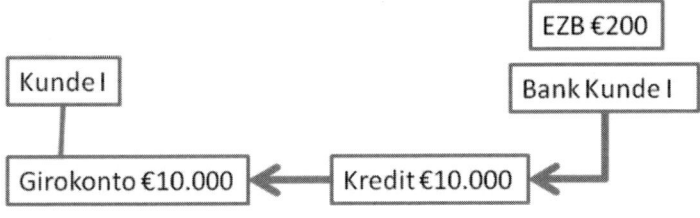

Abbildung 1: Geldschöpfung

Die Fantasia Bank bucht in ihrer Bilanz auf der Aktivseite eine Kreditforderung gegenüber dem Kunden Maier ein, zum Beispiel 10 000 Euro; parallel schreibt sie dem Girokonto des Kunden Maier – das auf der Passivseite der Bankbilanz geführt wird – 10 000 Euro gut. Der Bank-Kunde Maier bucht umgekehrt: Auf seinem Konto hat er 10 000 Euro mehr. Diese Gutschrift erhöht logischerweise die Einlagen des Bank-Kunden Maier auf seinem Girokonto. Es entsteht Giralgeld. Dies erhöht die Geldmenge. Auf der Passivseite seiner Bilanz hat er jedoch eine Kreditverbindlichkeit in Höhe von 10 000 Euro.

Dieses Sichtguthaben erweckt bei manchem Bank-Kunden den An-schein, dass er damit reicher geworden ist, denn er kann jetzt für 10 000 Euro Waren und Dienstleistungen erwerben. Dies ist zwei-fellos der Fall, doch reicher ist er nicht, denn er muss den erhaltenen Kredit – seine Verbindlichkeit in Höhe von 10 000 Euro – tilgen und zusätzlich fortlaufend Zinsen an die Bank für das aus dem „Nichts" erschaffene Geld bezahlen.

Es ist also Geld entstanden, das vorher niemand anderes besaß, da es erst durch die Kreditvergabe geschöpft wurde. Im Fachjargon bezeich-net man dies korrekt als „Buchgeld". Die Bank ist nun berechtigt, für das neu „aus dem Nichts" geschöpfte und zugleich verliehene Geld Zinsen zu kassieren, obwohl sie das geschöpfte Geld vor dem Kredit nicht besessen hatte, da es nicht existierte. Logischerweise wird das neu erschaffene Buchgeld durch Kreditrückzahlung wieder vernichtet. Dies bedeutet: Würden rein theoretisch alle Kredite zurückgezahlt, gäbe es kein Buchgeld mehr.

Auf der Suche nach neuen Schuldnern

Aus diesem Grund ist es natürlich nicht im Sinne der Banken, dass Kredite zurückbezahlt werden. Ganz im Gegenteil, die Bank ist immer weiter auf der Suche nach neuen Schuldnern. Deshalb sind mittlerwei-le nicht nur Privatpersonen und Unternehmen, sondern ganze Staaten in der Schuldenfalle. Dies geschieht ganz im Sinne der Banken, denn die Verschuldung und die daraus resultierenden Zinsen sind das Le-benselixier der Banken und halten den Apparat am Leben.

Werden Kredite doch zurückbezahlt, ist es im Sinne der Banken, dass die Tilgung eines Kredits zeitlich so weit wie möglich verzögert wird. Zumeist ist die von der Bank vorgeschlagene monatliche Til-gung (= Kreditrückzahlung) wesentlich niedriger als der monatlich zu zahlende Zins. Sondertilgungen sind nicht bei jedem Kredit mög-lich. Dadurch wird es dem Kunden unmöglich gemacht, vorzeitig das Kreditverhältnis zu beenden. Ziel der Banken ist es immer, Kunden möglichst lange in der Zinszahlungspflicht zu halten.

Verschiedene Möglichkeiten der Kreditvergabe:
Die Geschäftsbank hat verschiedene Möglichkeiten, Herrn Maier einen Kredit in Höhe von 10 000 Euro zu gewähren:

1. Die Geschäftsbank verfügt über 200 Euro Überschussreserve auf ihrem Zentralbankkonto.

2. Die Geschäftsbank nimmt einen Kredit bei der Zentralbank über die 200 Euro auf.
Für die 200 Euro von der Zentralbank zahlt die Geschäftsbank den Leitzins an die Zentralbank. Von Herrn Maier kassiert sie jedoch den weit höheren Kreditzins, und zwar über 10 000 Euro. In diesem Fall verleiht die Geschäftsbank Geld, dass sie weder besitzt noch ihr als Guthaben von einem Kunden anvertraut wurde. Dieses FIAT-Geld kommt schlicht und einfach aus dem „Nichts"!

3. Kurz vor Herrn Maier kam Herr Müller bei der Bank vorbei und zahlte 205 Euro bar auf sein Girokonto ein.
Jetzt muss die Geschäftsbank nicht auf ihre Überschussreserve bei der Zentralbank zurückgreifen und kann folgendermaßen vorgehen. Sie bucht die 205 Euro auf ihrem Zentralbankkonto. 200 Euro Bargeld von Herrn Müller dienen als Absicherung für den 10 000-Euro-Kredit von Herrn Maier. Die verbliebenen fünf Euro Bargeld reichen als Reserve für bis zu 250 Euro Sichteinlage für Herrn Müller. Das Bargeld von Herrn Müller ist mit seiner Einzahlung auf seinem Girokonto bei der Geschäftsbank Buchgeld geworden. Mit dieser Methode spart die Bank die Zinsen für den 200-Euro-Kredit von der Zentralbank.
Herr Müller erhält für seine Ersparnisse 1,25 Prozent Zinsen gutgeschrieben, und Herr Maier muss 15 Prozent Zinsen für seinen Dispo-Kredit an die Bank berappen.

4. Herr Müller legt 10 000 Euro Sichteinlagen für mindestens zwei Jahre auf seinem Sparbüchlein fest an.
Somit wird dieses Geld zur Spareinlage und muss nicht mehr von der Mindestreserve der Bank abgedeckt werden.

Wie aus einem Kredit in Höhe von 10 000 Euro 490 000 Euro Buchgeld werden

Aus 10 000 Euro
werden 490 000 Euro

Der Bank-Kunde Maier lässt sich seinen Kredit in Höhe von 10 000 Euro ausbezahlen und bezahlt bar sein Motorrad bei seinem Händler (im Schaubild Händler). Der Händler zahlt das Geld auf sein Girokonto ein. Jetzt kann die Bank durch den Motorradhändler einem weiteren Kunden einen Kredit in Höhe von 490 000 Euro gewähren.

Diese Kette lässt sich weiter fortsetzen.

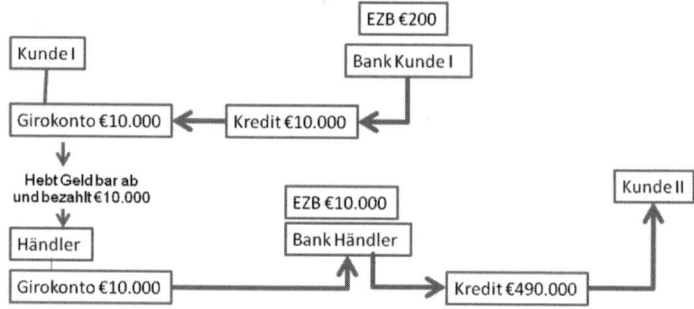

Abbildung 2: Geldschöpfung

Nun stellt sich die Frage: Handelt es sich bei Buchgeld um „wirkliches Geld" oder nur um ein Zahlungsversprechen?

Ist Buchgeld Geld?

Es liegt im Interesse der Geschäftsbanken, Buchgeld als gleichartig zu Bargeld erscheinen zu lassen. *Ohne Zweifel handelt es sich ausschließlich um ein Zahlungsversprechen einer Bank. Das Geld auf Ihrem Konto gehört der Bank – Sie haben lediglich eine Forderung an die Bank. Wird die Bank insolvent, müssen Sie hoffen, dass ein Bankenrettungsschirm greift und Sie Ihr Geld wieder erhalten.*

Im Falle von wirklichem Geld sind Sie im Besitz von Banknoten und Münzen und somit eines gesetzlichen Zahlungsmittels. Im Falle eines Zahlungsversprechens sind Sie im Besitz von rein gar nichts. Kontostände sind Buchgeld – also Zahlungsversprechen. Buchgeld ist Grundlage des bargeldlosen Zahlungsverkehrs. **Buchgeld ist jedoch – im Gegensatz zum Bargeld – kein gesetzliches Zahlungsmittel und unterliegt kei-**

ner gesetzlichen Annahmepflicht, wird jedoch im Wirtschaftsleben allgemein akzeptiert.[25] Somit ist es bei den aktuell äußerst niedrigen Zinsen für das Tagesgeld überlegenswert, den eigenen „Geldbestand" in einem Schließfach oder zu Hause zu deponieren und Besitzer des Geldes zu sein, anstatt sich mit einem niedrig verzinsten Zahlungsversprechen einer vielleicht bald insolventen Bank abspeisen zu lassen.

Desweiteren sollten Sie sich die Frage stellen, warum Sie einer Bank Geld leihen sollten und ihr somit Ihr sauer verdientes Geld anvertrauen, obwohl gegenwärtig die Banken mangels gegenseitigem Vertrauen sich kein Geld mehr untereinander verleihen. Die Banken parken ihr Geld lieber bei der Europäischen Zentralbank.[26]

Kein Eigenkapital bei Staatsanleihen

Keinerlei Eigenkapital müssen Banken für Staatsanleihen selbst maroder Staaten hinterlegen, da diese bisher als sicher gelten, da Staaten nicht pleitegehen können. In der Verordnung über die angemessene Eigenmittelausstattung von Banken heißt es: „Wird ihre Erfüllung (also Rückzahlung) ... von der Bundesrepublik Deutschland ... oder ... einer Zentralregierung ... eines anderen Staates des Europäischen Wirtschaftsraums geschuldet, ... darf ein ... Risikogewicht von null Prozent verwendet werden." Folglich verleihen Banken gewiss lieber ihr Geld an Staaten als an Bürger oder Unternehmen.

Kein Eigenkapital für Staatsanleihen erforderlich

Prof. Max Otte bringt es folgendermaßen auf den Punkt: „Das Regelwerk ist tatsächlich mittlerweile so, dass spekulative Akteure und das Kapitalmarktgeschäft gegenüber dem wertschöpfenden Kreditgeschäft bevorteilt wird. Das heißt, dass wir in der Tat leistungsfreie Einkommen und die Finanzoligarchie belohnen und die Mittelständler und die Wertschöpfenden bestrafen."[27]

Ungerechte Kreditvergabe

Eigenhandel – zocken mit fremden Geld auf eigene Rechnung
Eigenhandel wird bei Kreditinstituten der Handel mit Finanzinstrumenten (Geld, Wertpapiere, Devisen, Sorten, Edelmetalle oder Derivate) genannt, der im eigenen Namen und auf eigene Rechnung erfolgt und nicht unmittelbar durch Kundengeschäfte ausgelöst wird.[28]

Angenommen, eine Bank handelt auf eigene Rechnung und verspekuliert sich mit Finanzprodukten. Verlieren diese Finanzprodukte massiv an Wert oder werden komplett wertlos, steht die Bank vor einem gewaltigen Problem, denn in diesem Fall kann sie nichts oder fast nichts pfänden, da oftmals keine oder nur minimale Sicherheiten bestehen. Jeder Einzahler hat jedoch immer noch ein Anrecht auf sein eingezahltes Geld plus Zinsen.

„Finanzkrise 1.0" Dummerweise haben zahllose Banken während der „Finanzkrise 1.0" (2007 ausgelöst durch die Immobilienkrise und Subprime-Kredite sowie die Pleite von Lehman Brothers 2008 resultierend in der weltweiten Rezession 2009)[29] nicht nur ihre Kundeneinlagen verspekuliert.

Nein, sie haben weitere Kreditmärkte angezapft und sich im Interbankenhandel Geld besorgt, d. h. von anderen Banken geliehen. Einige ganz Wahnsinnige haben sogar lang laufende Hypothekenkredite kurzfristig refinanziert – eine absolute Todsünde im Bankgeschäft. Denn der Grundsatz der Fristengleichheit zwischen Forderungen und Verbindlichkeiten wurde schlichtweg ignoriert. Aus diesem Grund wurden global sogenannte Bankenrettungspakete von diversen Regierungen geschnürt, damit der Sparer nicht um sein Erspartes gebracht wird. Somit bezahlt der Sparer und Steuerzahler zum zweiten Mal für sein bei der Bank angelegtes und bereits versteuertes Kapital.[30] **Wie verrückt sind wir eigentlich?**

Ausbezahlung allen Buchgeldes ist unmöglich **Haben Banken die Lizenz zum legalen Betrug?**
Aus der Kreditvergabepraxis der Geschäftsbanken ergibt sich, dass nur ein Bruchteil der Buchgeldmenge als Bargeld zum Auszahlen existiert. Die Geschäftsbanken versuchen jedoch den Eindruck zu erwecken, dass jeder Kunde jederzeit sein Geld abheben könnte. **Die Ausbezahlung**

allen Buchgeldes (aller Kontostände) ist unmöglich, weil so viel Bargeld schlicht und einfach nicht existiert![31]
Jetzt wissen Sie auch, warum alle Banken den bargeldlosen Zahlungsverkehr predigen und Bargeld verteufeln.

Kontostände sind nichts anderes als Zahlungsversprechen, von denen bereits im Voraus feststeht, dass sie nicht eingehalten werden können.[32] Vom praktischen Standpunkt her gesehen könnte man es als ungedeckten (bzw. kaum gedeckten) Scheck sehen. Wenn Sie als Privatperson einen ungedeckten Scheck ausstellen, dann fällt das unter (schweren) Betrug.[33] Banken machen das mit jeder Kreditgewährung. Banken haben somit anscheinend das Recht zum schweren Betrug ohne Rechtsfolgen. Prof. Franz Hörmann von der Wirtschaftsuniversität Wien drückt es so aus: „Es gibt ein systemisches Betrugsmodell einer Institution, der in unserem Wirtschaftssystem das Monopol zur Geldschöpfung über Kredite eingeräumt wird."[34]

Sie denken jetzt, dass nur Banken in Deutschland dieses „Privileg" haben. Dies ist jedoch nicht der Fall. In manchen Ländern liegt das vorgeschriebene Verhältnis von Schuldgeld zu Bargeld wesentlich niedriger und somit können diese Banken noch mehr Geld selbst erschaffen. Banken ist es also möglich, in unserer globalisierten Welt im Prinzip völlig legal so viel Geld künstlich zu erschaffen, wie wir uns leihen können.

Geld wird den Geschäftsbanken von den Notenbanken zu einem bestimmten Zinssatz zur Verfügung gestellt. Indem Geschäftsbanken Kredite vergeben, erschaffen sie zusätzliches Geld aus dem „Nichts". All dieses Geld „verleihen" sie dann an den Staat, den Unternehmen und uns Bürgern.

Geschäftsbanken verleihen selbsterschaffenes Geld

Jawohl, Sie haben richtig gehört. Die Geschäftsbanken verleihen uns allen, inklusive dem Staat, der wir ja auch sind, das von ihnen größtenteils selbst erschaffene Geld.

Prof. Franz Hörmann bringt es auf den Punkt: „Wenn man Geld aus Luft erfindet und das, was vorher noch nicht existiert hat, verzinst weitergibt und dinglich absichern lässt, dann ist das, wenn das Geschäftsmodell schiefgeht, in Wahrheit ein Enteignungsmodell. Das ist auch der Hintergrund des Bankgeheimnisses. Banken können überhaupt nicht offenlegen, wo beispielsweise die Zinsen für Sparbücher, Bausparverträge oder Sonstiges herkommen. Denn wenn sie das täten, müssten sie zugeben, dass das alles in Wirklichkeit verkettete Pyramidenspiele sind."[35] Aus diesen Gründen sollte das Hoheitsrecht zur Geldschöpfung (möglichst gedecktes Geld) meiner Ansicht nach in Staatshand liegen.

„Wir erleben die Demaskierung eines Geldsystems, das den Pfad der Tugend längst verlassen hat. Geld sollte Spiegelbild des realen Lebens sein, es soll den Austausch von Waren oder die Wertaufbewahrung erleichtern. Ich fürchte, wir sind in eine Situation hineingeraten, in der Geld nur noch eine verselbständigte Entität ist, losgelöst von den realen Gegebenheiten."

Konrad Hummler, Chef der ältesten Schweizer Privatbank[36]

4. Die Finanzkrise 1.0

Zwei einschneidende Ereignisse waren der Nährboden für diese Jahrhundertkrise: Zuerst die Aufhebung des Gold-Devisen-Standards in den siebziger Jahren des 20. Jahrhunderts und anschließend die Flutung des amerikanischen Marktes mit billigem Geld, begünstigt durch niedrige Zinsen, Anfang des 21. Jahrhunderts.

Das Ende des Goldstandards

> *„Mit Ausnahme der Zeiten des Goldstandards haben praktisch alle Regierungen in der Geschichte ihr Exklusivrecht zur Ausgabe von Geld dazu benutzt, die Menschen zu betrügen und zu plündern."*
> Friedrich August von Hayek, Ökonom und Sozialphilosoph[37]

Der Wert des amerikanischen Dollars und des britischen Pfunds wurde seit dem Jahr 1800 am Gold gemessen. Jeder gedruckte US-Dollar wurde mit einem bestimmten Wert an Gold hinterlegt. Aus diesem Grund spricht man vom Goldstandard.[38] Auf der Konferenz von Bretton Woods im US-Bundesstaat New Hampshire im Jahre 1944 wurde der Dollar zur Leitwährung erklärt.

Bretton Woods

„Bretton Woods wird das im Juli 1944 von 44 Nationen beschlossene System fester Wechselkurse bezeichnet, welches Goldparitäten und die volle Konvertibilität des US-Dollar als Leitwährung vorsah. Ziel des Abkommens war es, nach dem Zweiten Weltkrieg den internationalen Handel durch geordnete Währungsbeziehungen anzukurbeln."[39] Der Grund hierfür war, dass die Vereinigten Staaten von Amerika über die größten Goldreserven verfügten und sich bereit erklärten, jeden Dollar gegen Gold zu tauschen. Daher kommt der Begriff Golddeckung.

Als die Kosten für den Vietnamkrieg der US-Regierung völlig aus dem Ruder liefen, sah sie sich die „leider" gezwungen, den Goldstandard abzuschaffen. Jetzt fragen Sie sich bestimmt, was haben der Vietnamkrieg und seine damit verbundenen Kosten mit dem US-Dollar und dem

Goldstandard zu tun? Nun ja, die Finanzsupermacht USA hat weitaus mehr Dollarscheine zur Kriegsfinanzierung in Umlauf gebracht, als durch das Gold der US-Notenbank gedeckt war. Das Vertrauen in den US-Dollar als Leitwährung schwand. Global tauschten die Notenbanken ihre Dollarreserven in Gold. Besonders unsere Nachbarn aus Frankreich wollten lieber Gold als US-Dollar – sie fuhren mit ganzen Containern in Amerika vor.

USA bricht internationale Verträge

Am 15. August 1971 wurde der Grundstein unseres heutigen Wirtschaftssystems gelegt. An diesem Tag hob der damalige US-Präsident Richard Nixon die Goldbindung des Dollar auf. Er verkündete seinem Volk in einer Fernsehansprache, dass sich die USA von nun an weigern würden, den Dollar jederzeit gegen eine festgelegte Menge des Edelmetalls einzutauschen. Bis dato konnte jeder 35 Dollar gegen eine Feinunze Gold (31,1 Gramm) eintauschen. Dies war ein gravierender Vertragsbruch der USA.[40] Doch Nixon musste die Notbremse ziehen, ansonsten drohte der Ausverkauf der US-Goldreserven.[41]

Die Folge seines Beschlusses war, dass der Goldpreis, welcher bisher auf 35 Dollar je Unze (31,1 Gramm) festgelegt war, kontinuierlich anfing zu steigen.[42] Zwei Jahre später wurden dann sämtliche Wechselkurse zum Dollar freigegeben.[43]

„Ohne Goldstandard gibt es keine Möglichkeit, Ersparnisse vor der Enteignung durch Inflation zu schützen. Es gibt dann kein sicheres Wertaufbewahrungsmittel mehr. Wenn es das gäbe, müsste die Regierung seinen Besitz für illegal erklären, wie es ja im Falle von Gold auch gemacht wurde."

Alan Greenspan[44], ehemaliger Notenbankchef der USA

Margaret Thatcher „macht den Weg frei"[45]

Großbritannien schafft Regeln für Finanzmärkte ab

Am 27. Oktober 1986 äußerte die damalige Premierministerin von Großbritannien Margaret Thatcher folgenden Satz: „Lasst uns die Regeln wegwerfen, die den Erfolg bremsen!"

Sie meinte damit, dass zukünftig in Großbritannien ein Großteil der Regeln für den Handel an den Börsen gestrichen wird. Die Zeitschrift „Stern" bringt es mit folgendem Vergleich auf den Punkt: „Es ist, als ob die Briten beim Fußball die Regeln für Abseits und Foulspiel abgeschafft haben und den Schiedsrichter gleich mit." Thatcher löste ein globales Wettrennen um die Deregulierung der Finanzmärkte aus. Am 22. Februar 1990 beschließt die Regierung Kohl unter anderem die Abschaffung der Börsenumsatzsteuer. Bis 1991 mussten für jede Transaktion an der Börse Steuern bezahlt werden. Heute heißt diese heiß diskutierte Steuer Finanztransaktionssteuer. Am 12. November 1999 hob der damalige US-Präsident Clinton ein Gesetz von 1933 (den Glass-Steagall Act) auf, welches die strikte Trennung von Geschäfts- und Investmentbanken beinhaltete. Geschäftsbanken handelten im Gegensatz zu Investmentbanken nicht auf eigene Rechnung (Eigenhandel). Nach der Streichung des Trennungsgesetzes fusionierten die Geschäftsbanken mit Investmentbanken. Von nun an mussten die Spekulanten nicht mehr mit dem eigenen Vermögen zocken, sondern sie bekamen Zugriff auf die Guthaben der Sparer. Eigenhandel nicht mit dem eigenen Geld, sondern mit dem Geld der anderen – was kann es für einen Banker Besseres geben? Der Wahnsinn nimmt von jetzt an seinen Lauf.

Im folgenden Kapitel erzähle ich Ihnen eine kurze Geschichte, die Ihnen diesen Wahnsinn unseres Finanzsystems deutlich vor Augen führt – und glauben Sie mir, die Geschichte ist ganz und gar nicht fernab der Realität.

5. Jimmys Kneipe – Party auf Kredit

Jimmy besitzt eine kleine Kneipe in unserer schönen Hauptstadt Berlin. Wie wir wissen, ist Berlin „arm, aber sexy". Folglich läuft auch Jimmys Bar mehr schlecht als recht, da seine Kundschaft leider kontinuierlich ein Cashproblem hat. Da Jimmy jedoch keine Lust hat, wie seine Kundschaft Peters Hartz (Peters eigenes Hartz ist etwas höher als Peters Hartz für die Bevölkerung. Der verurteilte Kriminelle Peter Hartz erhält eine bescheidene Rente in Höhe von 25 718 Euro – im Monat)[46] Hartz 4 zu beantragen, beschließt er, dass seine Stammkundschaft, die 95 Prozent seiner Kunden ausmacht, zukünftig bei ihm auf dem Bierdeckel anschreiben kann. Seine Kunden sind begeistert, es wird reichlich gefeiert und auf Kredit getrunken und Jimmys Umsatz steigt und steigt. Immer mehr Kunden kommen, und Jimmy kann seine neu gewonnene Stammkundschaft in seiner kleinen Kneipe gar nicht mehr alle beherbergen. Also erhöht Jimmy die Preise. Dies ist seiner Kundschaft jedoch egal, denn es wird ja schließlich auf Kredit getrunken, und über die zukünftige Bezahlung macht sich keiner Gedanken. Mit den Preiserhöhungen steigt natürlich auch Jimmys Umsatz weiter.

Party for free

Es dauert nicht lange, bis die Bank um die Ecke von dem boomenden Laden erfährt und ein Banker im schicken Anzug Jimmy einen Besuch abstattet. Er sieht in Jimmys Geschäftskonzept ein Riesenpotenzial und bietet ihm zur Liquiditätssicherung eine unbegrenzte Kreditlinie an. Eigentlich ist Jimmy ja blank, aber fortan erhält er unbegrenzt Geld von der Bank. Jimmy ist begeistert und macht eine Kneipe nach der anderen auf, und auch seine Kollegen fangen an, das Geschäftskonzept zu implementieren. Die Stadt verfällt in eine Partystimmung, und es wird gefeiert und getrunken, als gäbe es kein Morgen.

Die Bank wittert ihre Chance

Der Banker macht sich um die Deckung keinerlei Sorgen, denn er hat ja schließlich die Bierdeckel, welche die Schulden der Stammkundschaft bestätigen, als Deckung. Wie uns allen bekannt ist, hat eine Bank nichts zu verschenken, abgesehen von den lächerlichen Präsenten, mit denen Kinder beim Weltspartag als potenzielle Kunden geködert werden. Nun stellt sich die Bank die Frage: Was mache ich mit all den aufgekauften Bierdeckeln von Jimmys Kundschaft?

Die Bank beschließt, einfach die Bierdeckel von Jimmys Kundschaft und anderer Wirte zu ordnen, zusammenzufassen und in verbriefte Schuldverschreibungen umzuwandeln. So werden aus Schulden handelbare Wertpapiere. Ziel der Bank ist es nun, die „Wertpapiere" gewinnbringend zu verkaufen. Damit dies auch perfekt funktioniert, lassen sich die Banker tolle Namen für die Schuldverschreibungen einfallen wie: Turbowhisky Garant 1.0, Vodkaexpress Professional CDO, Whisky Berlin 3 Zertifikat usw. Erfahrungsgemäß lassen sich Finanzprodukte, aus deren spannenden Namen sich die Eigenschaft des Finanzproduktes dem Kunden nicht erschließt, bestens verkaufen.

Ratingagenturen geben ihr Gütesiegel

Die Bank beauftragt und bezahlt nun mehrere Ratingagenturen. Diese bewertet die Schuldverschreibungen mit ausgezeichneten Bewertungen (AAA), denn sie haben von der Bank ein hübsches Sümmchen dafür erhalten plus freie Getränke in jeder von Jimmys Kneipen. Damit mit den Papieren nichts schiefgehen kann, werden diese von der größten Versicherungsgesellschaft der Welt gegen eine mögliche Pleite abgesichert. Jetzt schwärmen Investmentbanker aus, um den Schwachsinn mit den tollen Namen weltweit an Schwachköpfe zu verkaufen. Mit Erfolg, versteht sich.

Jimmys Imperium wächst immer weiter, und Turbowhisky Garant 1.0, Vodkaexpress Professional CDO und Whisky Berlin 3 Zertifikat entwickeln sich zum wahren Renner. Immer mehr Investoren wollen die Schuldverschreibungen, Jimmy macht eine Kneipe nach der anderen auf, und bald trinkt halb Berlin bei Jimmy auf Kredit. Dummerweise versteht kein Investor, was Turbowhisky Garant 1.0, Vodkaexpress Professional CDO und Whisky Berlin 3 Zertifikat usw. ist und wer sich dahinter verbirgt. Dies ist schließlich auch vollkommen egal, denn der Rubel rollt, und die Bank, Jimmy und seine Kollegen machen jede Menge Geld mit den Schuldverschreibungen. Die Banker werden mit Boni überschüttet, und Jimmy ist so clever, sein Geld nicht selbst in diese schwachsinnigen Papiere zu investieren – er kauft sich lieber ein paar Edelmetalle und Häuschen in Berlin, St. Moritz, an der Côte d'Azur.

Eines Tages, die Kurse sind am explodieren, kommt ein Banker auf die Idee, dass es an der Zeit ist, die ältesten Schulden der Stammgäste einzufordern. Überraschenderweise steht die Bank nun vor einem gravierenden Problem, denn die Schuldner können ihre Schulden nicht bezahlen. Viele haben bereits mehrere Jahre von Peters Hartz-Hilfe in ihre Leber investiert. Die Bank dreht Jimmy den Geldhahn zu, und Jimmy schließt seine Kneipen – die Party ist vorbei. Es folgt ein Kneipenbesitzer nach dem anderen. Jimmy hat mit dem Geschäft mit der Bank richtig gut verdient und zieht sich aufgrund angenehmerer Temperaturen am Mittelmeer in sein Häuschen an der Côte d'Azur zurück. Die Blase platzt, und die Kurse von Turbowhisky Garant 1.0, Vodkaexpress Professional CDO, Whisky Berlin 3 Zertifikat usw. stürzen ins Bodenlose. Sie verlieren 90, dann 95 Prozent. Für manche Schuldverschreibungen lässt sich überhaupt kein Wert mehr bestimmen, und das Geschrei an den Märkten ist groß. Viele Investoren verlieren sehr viel Geld.

Die Party ist zu Ende

Dummerweise haben Jimmys Lieferanten längere Zahlungsfristen gewährt und auch in die Papiere mit den tollen Namen investiert. Folglich gehen der Schnaps- und Bierlieferant als Nächstes Pleite. Der Weinlieferant hat Glück, er wird „für einen Appel und ein Ei" von einem Konkurrenten übernommen und die Hälfte der Angestellten wird auf die Straße gesetzt.
Auch die Bank und die Versicherungsgesellschaft stehen vor der Pleite. Hier sieht der Sachverhalt jedoch etwas anders aus – sie werden mit Steuergeldern gerettet. Die Privatinvestoren werden einen Großteil ihres Geldes nie wieder sehen.

Sie werden jetzt bestimmt sagen, dass dies nur eine verrückte Geschichte ist. Ja, es ist eine Geschichte, aber richtig verrückt ist das, was sich seit geraumer Zeit global an den Finanzmärkten abspielt. Lassen Sie sich überraschen.

6. Die deutsche Finanzkrise beginnt im Jahr 1998 in Wilmington

Jetzt werden Sie sich bestimmt fragen: Wo ist Wilmington, und wieso begann die deutsche Finanzkrise dort? *Wilmington* ist eine Stadt im New Castle County im US-Bundesstaat *Delaware* an der Atlantikküste der Vereinigten Staaten von Amerika. In besagter Stadt besuchen im Jahr 1998 Firmenanwälte der BayernLB eine US-Kanzlei. Der Grund hierfür: Delaware ist weltweit eines der größten Zentren für anonyme Briefkastenfirmen, also ein Steuerparadies, wie es im Buche steht. Anfang 2009 sollen laut Manager Magazin knapp fünf Billionen Dollar dort versteckt sein.[47] Heute wird es wohl einiges mehr sein.

Delaware, Zentrum für anonyme Briefkastenfirmen

> **Conduit**
> „Als Conduit wird eine Refinanzierungsstruktur bezeichnet, die mittels einer Zweckgesellschaft Forderungen wie beispielsweise langlaufende Kredite, Handelsforderungen oder extern geratete Wertpapiere einmalig oder revolvierend ankauft und dies über die Ausgabe von Geldmarktpapieren in international gängigen Währungen refinanziert."[48]

Es stellt sich die Frage: Was beabsichtigt eine deutsche Landesbank in einem Steuerparadies? Ganz einfach, sie gründet eine Briefkastenfirma, auch Conduit oder Zweckgesellschaft genannt, denn es hat sich mittlerweile bis nach München herumgesprochen, dass Banken ihre Kreditverträge zu Tausenden bündeln und daraus handelbare Wertpapiere machen. Die Landesbank träumt vom großen Geld und dem neuen Dreh, unschöne Altlasten wegzuzaubern. Dies ist möglich aufgrund der schwachen Bilanzregeln des deutschen Handelsgesetzbuchs (HGB). Die Conduits arbeiten wie hundertprozentig beherrschte Tochtergesellschaften. Sie sind offiziell Eigentum eines Treuhänders oder eines Trusts – ein juristischer Kniff. Laut HGB müssen sie nicht mehr als Geschäfte von Tochterfirmen bilanziert werden. Die Banken bezeichnen sich frecherweise als Sponsor oder Originator der Conduits. Nichtsdestotrotz werden die Geschäfte oftmals komplett in den Büros der deutschen Banken betrieben. **In den Jahresabschlüssen** wird verheimlicht, dass die Banken tatsächlich über ein komplexes Geflecht von verbindlichen Verträgen für alle Verluste der Conduits haften.

Zweckgesellschaften sind in der Bilanz nicht ersichtlich

Die Zweckgesellschaften sind in der Bilanz der Landesbank nicht ersichtlich. Dadurch kann die Landesbank Eigenkapital sparen. Für die deutsche Bundesanstalt für Finanzdienstleistungsaufsicht (BaFin) besteht keinerlei Möglichkeit, die Machenschaften der Landesbanken zu überprüfen, da ihr der direkte Zugriff auf diese Schattenbanken – seien sie in Delaware, Dublin, auf den Cayman Islands, in Luxemburg oder auf Jersey – fehlt.[49]

Der Trick mit den Zweckgesellschaften

Der Trick mit den Zweckgesellschaften hat für die Bank oder besser gesagt für die Banker folgenden Vorteil: Er entlastet die Banken von ihrer aufsichtsrechtlichen Pflicht, für Risikogeschäfte genug Eigenkapitalpuffer bereitzuhalten. Dies bedeutet, dass sie außerhalb der Bilanz hohe Risiken eingehen, ohne ihr Eigenkapital zu erhöhen. Somit ist es den Bankmanagern möglich, im Jahresabschluss mit hohen Gewinnen bei relativ niedrigem Eigenkapital zu brillieren. Dies ist dem Banker egal. **Nicht egal ist ihm jedoch, dass dies massiv die Eigenkapitalrendite verbessert, und dies ist die wichtigste Messzahl zur Berechnung seiner Bonuszahlungen.**

Jeder Normalbürger würde bei einer solchen Vorgehensweise wegen Bilanzfälschung und Steuerhinterziehung hinter Gitter kommen.

Landesbanken möchten am großen Rad drehen

Die New Yorker Niederlassung der BayernLB investiert zur gleichen Zeit in verbriefte Hypotheken. Bereits im Jahresverlauf übersteigt das Volumen zwölf Milliarden Dollar. Sie sind die Ersten unter den Landesbanken, die Sachsen LB, die LBBW, die halbstaatliche IKB, aber später auch Privatbanken wie die Hypo Real Estate werden folgen, denn auch sie wollen im globalen Wettbewerb um riskante renditestarke Papiere mitmischen.[50] Alle wollen Sie am „Kredithebel" spielen in Zeiten des aufkeimenden US-Immobilienbooms.

„Kredithebel: Dieses Wort wird Karriere machen im folgenden Jahrzehnt, und wer ein Spezialist ist, sagt ‚Leverage' dazu. Es geht darum, die Wirkung von vorhandenem Investmentkapital zu multiplizieren, indem man es mit Krediten aufstockt.
Ein Hedgefonds legt auf das Geld seiner Investoren in der Regel ein Vielfaches an Kredit dazu – und betreibt seine Geschäfte anschließend mit der Gesamtsumme. Er hat vielleicht, real und greifbar, 100 Millionen Dollar von Anlegern, kauft aber – durch Kredite finanziert – Wertpapiere, Optionen, Kredite für 500 Millionen. Der Investor, der 1000 Dollar einzahlt, ist am Markt also tatsächlich mit 5000 Dollar aktiv."[51]

Kredithebel

Genial, solange Gewinn gemacht wird, verheerend bei Verlusten, denn diese multiplizieren sich ebenfalls. Dies wird Jahre später in unfassbarem Ausmaß der Fall sein.

Die Landesbanken ignorieren die goldene Bankenregel

Die goldene Bankenregel

Unvorstellbar, aber wahr: Die BayernLB und die Zweckgesellschaften der anderen Landesbanken decken sich mit langfristigen Wertpapieren ein, die mithilfe kurzfristiger Anleihen finanziert werden. „Die kurzfristige Finanzierung langfristiger Vermögenswerte gehört zweifellos zu den Todsünden der Hochfinanz."[52]

Würden Sie etwa Ihre Immobilie mit einer Hypothek finanzieren, die Sie alle 90 Tage erneuern müssen? Sicherlich nicht, denn das Risiko, dass die Finanzierung nicht klappt und die Zwangsversteigerung droht, wäre jedem rational denkenden Menschen viel zu groß.[53] Den Banken jedoch schien dieses Risiko anscheinend nicht zu groß zu sein.

Enron – der Bilanzskandal bleibt für die Landesbanken folgenlos

Nach dem Bilanzskandal 2001 beim US-Energiekonzern Enron, wofür einer der Gründe Briefkastenfirmen außerhalb der Konzernbilanz waren, werden global die Vorschriften geändert – nur nicht in Deutschland. Nach den neuen Vorschriften laut internationalen Rechnungslegungsstandards (IAS) müssen Offshore Vehikel in die Bilanz, wenn sie von der Bank wirtschaftlich beherrscht werden. Des Weiteren werden Regeln zur marktgerechten tagesaktuellen Bewertung des Vermögens erstellt.

Deutsche Politiker
verzögern
EU-Verordnung

Deutschland zögert EU-Verordnung sieben Jahre hinaus

Bereits im Juni 2002 beschließt das EU-Parlament eine Verordnung, die die Umsetzung dieser Maßnahmen von europäischen Banken erfordert. In Deutschland wollen die Finanzpolitiker davon nichts hören. Deutsche Banken erhalten eine Frist bis Januar 2005. Mit Ausnahme der Landesbanken dürfen sie ihre Conduits noch bis 2008 verstecken. Bei der Umsetzung der EU-Vorgaben in deutsches Recht lassen sich die Finanzpolitiker in Deutschland unglaublich viel Zeit – das Bilanzrechtsmodernisierungsgesetz ist erst im Mai 2009 in Kraft getreten.[54]

Die Berliner Bankgesellschaft und die Kaimaninseln

Im November 2000 steht die Berliner Bankgesellschaft vor einem gravierenden Problem. Kurzerhand werden mit einem wilden Bilanztrick über die Briefkastenfirma Greico auf den Kaimaninseln gewaltige Risiken ausgelagert, und somit wurde der Jahresabschluss 2000 gerade noch gerettet. Knapp sechs Monate später fliegt der Bankgesellschaft diese Aktion um die Ohren und sie muss mit einer Kapitalspritze in Höhe von 1,75 Milliarden Euro und einer Bürgschaft von 21,6 Milliarden vor der Pleite bewahrt werden. Seit 1998 ist die Bankenaufsicht BaFin über diese Probleme informiert. Sie hat bis dahin 20 Sonderprüfungen veranlasst – mit keinerlei Konsequenzen für die Landesbanken.[55]

Steinbrück
weiß Bescheid

WestLB-Verwaltungsrat Peer Steinbrück weiß Bescheid

Laut dem Wirtschaftsmagazin „Capital" lässt sich Peer Steinbrück im Juli 2001 in der Zentrale der WestLB über den Geschäftsgang informieren. Seit 1998 überwacht er die rheinische Landesbank, zuerst in der Funktion als Verwaltungsrat und vier Jahre später als Finanzminister von Nordrhein-Westfalen. Die Conduit-Deals bei der WestLB laufen immer besser. Gerade jetzt will ausgerechnet die EU-Kommission den Landesbanken, welche es endlich dank staatlicher Garantien geschafft haben, global ganz vorne mitzuspielen, den Spaß verderben und ihnen nur noch ein Jahr mit staatlichen Garantien gönnen. Die

Landesfinanzpolitiker wollen dies natürlich nicht hinnehmen – und „oh Wunder", sie erhalten von Brüssel eine Gnadenfrist und dürfen sich weitere vier Jahre Geld vom Staat leihen, und zwar in unbegrenzter Höhe. Jetzt können sie weiter unser Geld auf den Kapitalmärkten mit verbrieften US-Hypotheken verwetten.

Die staatlichen Verbindlichkeiten der Landesbanken steigen allein in den kommenden vier Jahren auf mehr als 100 Milliarden Euro – zuletzt werden es mehr als 500 Milliarden Euro sein.

Steinbrücks Landesbank versenkt unter anderem eine Milliarde Euro in der Russlandkrise Ende der Neunziger Jahre und setzt in London 1,7 Milliarden Euro mit einem Großkredit in den Sand.[56]

2002: IKB goes Delaware, BayernLB goes Jersey anstatt München und SachsenLB goes Dublin anstatt Leipzig

Landesbanken zocken im Ausland

Jetzt aber der Reihe nach: Mit der Deutschen Industriekreditbank (IKB) verbindet man eine Bank, deren Kerngeschäft die Förderung des deutschen Mittelstandes ist. Dies stimmt so nicht ganz, denn auch die halbstaatliche IKB möchte am „Big Business" teilnehmen und gründet deshalb in Delaware die Zweckgesellschaft Rhineland Funding, ausgestattet mit minimalem Eigenkapital. Genau diese Schattenbank wird fünf Jahre später der Bank das Genick brechen, und die staatseigene KfW wird diese mit Milliarden an Steuergeldern retten müssen.

Die BayernLB hat expandiert und auch im britischen Steuerparadies Jersey eine Schattenbank gegründet. Die Sachsen LB zieht es nach Irland – sie hat die Sachsen LB Europe mit Sitz in Dublin gegründet. Später werden die Sachsen mit Ormond Quay und Georges Quay zwei aggressive Investmentgesellschaften gründen, die mit Derivat- und Kreditgeschäften große Geldsummen bewegen und die ihnen in wenigen Jahren um die Ohren fliegen werden und den Steuerzahler Milliarden kosten. Aber hierzu später.[57]

Ich bitte darum, dass Sie berücksichtigen, dass im Verwaltungsrat der Landesbanken Landräte, Sparkassenleiter und Landespolitiker saßen und sitzen, die diesen Irrsinn abgesegnet haben. Also liegt die Schuld an der Finanzkrise keinesfalls ausschließlich bei ein paar gierigen Investmentbankern in Frankfurt, London und New York.

Mai 2002 – die BaFin erkennt das Risiko, und nichts geschieht

BaFin
ignoriert
Risiko

Am 1. Mai 2002 hat die Bundesanstalt für Finanzdienstleistungsaufsicht, kurz BaFin, ihren Dienst begonnen. Eine ihrer Aufgaben ist es, die Kreditgeschäfte der Landesbanken und das Risikomanagement der amerikanischen Banken zu verfolgen. Die Behörde soll prüfen, ob die Banken angemessen mit ihren Risiken umgehen.

„Uwe Traber wird bis Oktober 2004 die wichtige Abteilung II der BaFin leiten, zuständig für die Groß- und Auslandsbanken. Spätestens 2002, sagt Traber heute, habe man bei der BaFin erkannt, dass es sich bei verbrieften Produkten, mit denen immer mehr Banken überall auf der Welt Geschäfte machten, tatsächlich um ein Risiko handelte, das zu einer ‚systemischen Gefahr‘ werden kann. Systemisch, das heißt: eine Bedrohung, die aus dem Bankensystem selbst erwächst – und die das System, wenn nichts unternommen würde, eines Tages aus sich selbst heraus zerstören könnte."[58]

Bereits damals galten die Regeln des Basler Abkommens, Basel I, die Mindestkapitalquoten für Banken vorschrieben. Jedoch umgingen die Banken diese völlig legal durch ihre Zweckgesellschaften.

Wieso hat die BaFin diesen Unternehmungen keine Riegel vorgeschoben und die Bildung von Zweckgesellschaften an der Bilanz vorbei untersagt, wo sie die „systemische Gefahr" dieser Praxis so früh erkannt hat? Warum wurde nichts unternommen?

> „Die BaFin wird durch Zwangsumlagen und Gebühren jener Institute und Unternehmen finanziert, die sie beaufsichtigt. Gleichzeitig untersteht sie der Rechts- und Fachaufsicht des Finanzministeriums, das macht sie unabhängig von den Banken, aber anfällig für politische Einflussnahme."[59]

Ganz einfach, weil es von der Politik nicht gewollt wurde, denn diese hatte sich damals vorgenommen, den „Finanzplatz Deutschland" zu stärken und die Entwicklung neuer Finanzprodukte zu fördern. Aus diesem Grund war eine allzu kritische Bankenaufsicht nicht förderlich – und das Finanzministerium bestimmt, wie mächtig die BaFin sein darf.[60]

2003: Business as usual – und die erste deutsche Bad Bank wird gegründet

2003 läuft alles wie bisher. Das Volumen an strukturierten Wertpapieren der WestLB wird verdoppelt, die Landesbanken in Hamburg und Kiel fusionieren zur HSH Nordbank – sie bewegen jetzt zusammen 22 Milliarden Euro im verbrieften Geschäft. Die Dresdner Bank ist besonders kreativ. Sie gründet eine Restrukturierungseinheit für „ausfallgefährdete und strategisch unwichtige Darlehen" und lagert somit 17 Milliarden Euro aus. All diese Maßnahmen werden wir alle knapp fünf Jahre später bitter zu spüren bekommen.

Deutschlands erste Bad Bank

Jedoch wird folgende Maßnahme alles in den Schatten stellen: **Die Gründung der ersten deutschen Bad Bank.**

„Als **Bad Bank** (dt. ‚schlechte Bank') werden Finanzinstitute bezeichnet, die in Zeiten von Bankenkrisen (bei globaler Auswirkung auch zu Finanzkrisen führend) als reine Abwicklungsbanken gegründet werden, speziell zum Zwecke der Abwicklung bzw. Entsorgung nicht einlösbarer Kreditforderungen und schwieriger Wertpapiere (auch ‚toxischer' Papiere), die bei Ausfall in ihrer Gesamtheit die Bonität der betroffenen Banken gefährdet hätten."[61]

Bereits am 16. Februar 2003 treffen sich in Berlin Bundeskanzler Schröder, Wirtschaftsminister Clement und Finanzminister Eichel mit den Spitzen der Finanzindustrie zum Krisengespräch über die Schieflage der Banken. Vor allem die HypoVereinsbank (HVB), Dresdner Bank und Commerzbank gelten als gefährdet. Josef Ackermann bringt die Idee einer Bad Bank ins Spiel. Die Hypovereinsbank (HVB) gründet im September 2003 die erste Bad Bank in Deutschland, die Hypo Real Estate, kurz HRE. Die HVB beginnt ihre gesamten deutschen Schrottimmobilienkredite und US-Hypotheken zusammenzutragen und in einer neuen Einheit zu bündeln. Der HVB-Manager Georg Funke soll die Sparte mit dem ganzen „Schrott" dann auch noch an die Börse bringen. „Im Börsenprospekt steht: ‚Seit Ankündigung der Abspaltung von der HVB ist die HRE-Bank bei allen drei Ratingagenturen heruntergestuft worden.' Beim Finanzstärke-Rating von Moody's erhält die neue HRE die Note ‚D+'. Dies hat zur Folge, dass sie bei schwerer Marktlage auf fremde Hilfe angewiesen sein könnte." Der Börsenprospekt wird den Aufsichtsbehörden vorgelegt und abgenickt. Im Aufsichtsrat der HVB sitzt auch Hans-Werner Sinn, Chef des Ifo-Instituts.[62]

> **Derivate:** Hierbei handelt es sich um Termingeschäfte auf der Grundlage von bestimmten Basiswerten (Underlyings). Der Begriff Derivate (lat. *derivare* = ableiten) bezieht sich also auf Finanzinstrumente, deren Preis bzw. Kurs von einem ihnen jeweilig zugrunde liegenden Marktgegenstand als Basiswert abgeleitet wird.[63]

Warren Buffett
warnt vergeblich

Warren Buffett warnt und keiner hört zu

Im März 2003 schreibt Investmentlegende Warren Buffett den Aktionären seiner Holding Berkshire Hathaway einen Brief: „Wir bemühen uns, wachsam gegenüber jedem Risiko einer Megakatastrophe zu sein. Diese Haltung mag uns übertrieben besorgt erscheinen lassen. [...] **Unserer Ansicht nach sind Derivate finanzielle Massenvernichtungswaffen, und sie bergen Gefahren, die im Augenblick zwar verborgen, potentiell jedoch todbringend sind."**[64]

Er wird Recht behalten, und trotzdem sind bis zum heutigen Tage diese „Massenvernichtungswaffen" nicht verboten.

WestLB-Schließung
verschoben

Schließung der WestLB wird aus Kostengründen verschoben

Da die WestLB in den Jahren 2001 und 2002 vier Milliarden Euro an Kapital verloren hat, wird bereits im Dezember 2003 durchgespielt, was es kosten würde, die Landesbank zu schließen. Der Plan wird schnell verworfen, da er (noch) zu teuer ist.[65] Richtig teuer wird es für den Steuerzahler erst einige Jahre später werden. Es bleibt spannend abzuwarten, wann die Bank endlich geschlossen wird. Dieser Tag wird voraussichtlich kommen, und es wird ein sehr teurer Tag für uns Steuerzahler werden.

Verbriefung

„Bezeichnung für die wertpapiermäßige Unterlegung von Rechten. Wertpapiermäßige Umwandlung von Kredit- u. a. Buchforderungen, Einlagen und dgl. Umwandlung nicht marktfähiger Vermögenswerte in marktfähige Wertpapiere. Typischerw. überträgt die Bank das Kreditrisiko aus dem Sondervermögen, das der Verbriefung zu Grunde liegt, an eine eigens hierfür gegründete Zweckgesellschaft. Eine Truesale-Verbriefung entsteht, wenn die Bank das Sondervermögen mitsamt dem Risiko an die Zweckgesellschaft veräußert. Belässt sie hingegen die Kreditforderung in der Bilanz und reicht lediglich das mittels Kreditderivat separierte Kreditrisiko an die Zweckgesellschaft weiter, so entsteht eine synthetische Verbriefung. Traditionelle Assetbacked-Securities (ABS) sind Produkte, die eine Vielzahl homogener Titel (bspw. Kreditkarten-, Leasingforderungen) bündeln. Collateralized debt Obligations (CDO) verbriefen i. d. R. weniger und heterogenere Einzeltitel (zumeist Unternehmensforderungen)."[66]

Boston Consulting Group empfiehlt Finanzminister Eichel Verbriefungen

Im Januar 2004 trifft im Finanzministerium eine vertrauliche Studie der Boston Consulting Group (BCG) mit der Projektnummer 16/03 ein: „Optimale Rahmenbedingungen für einen Verbriefungsmarkt", lautet ihr Titel. Der Auftrag für die Studie kam von Minister Eichel. Die Empfehlung von BCG lautet folgendermaßen: „Leistungsgestörte Kredite verbriefen". Dies bedeutet, dass problematische Forderungen „an Abwicklungsgesellschaften verkauft werden. Diese refinanzieren sich ihrerseits über Verbriefungen." Die Berater erklären ganz offen, dass die Banken mit dieser Maßnahme weniger Eigenkapitalpuffer bereithalten müssen. Mit dieser Studie ist der Verbriefungszirkus als finanzpolitisches Programm legitimiert.[67]

Berater empfehlen Verbriefungen

Jörg Asmussen – ich kann alles!
Im April 2004 schließen sich die 13 wichtigsten deutschen Banken, unter anderem die KfW, die HSH-Nordbank, die WestLB, die Bayerische Vereinsbank und die Hypo Real Estate, damals noch vertreten durch die Hypovereinsbank, zu einem Verbriefungskartell zusammen mit dem spannenden Namen „True Sale International" (TSI), eine Handelsplattform und Lobbyvereinigung zur Förderung der Geschäfte mit ABS.

Der Tausendsassa aus dem Finanzministerium

ABS sind Asset Backed Securities – die Mitauslöser der Finanzmarktkrise.[68]

Asset Backed Securities – die Mitauslöser der Finanzmarktkrise.

ABS (Asset Backet Securities)
sind verzinsliche Wertpapiere, die durch offene Forderungen gesichert sind. Durch die Schaffung von ABS wird versucht, Vermögensgegenstände, die bisher nicht liquide waren, handelbar zu machen. Dafür werden beispielsweise offene Kreditforderungen einer Bank zusammengefasst und an eine Finanzierungsgesellschaft verkauft. Diese Finanzierungsgesellschaft erhält das Geld für den Kauf der zusammengefassten Kreditforderungen durch die Ausgabe von verzinslichen Anleihen, die als ABS bezeichnet werden. Die Besitzer der ABS erhalten von der Finanzierungsgesellschaft Zinszahlungen und am Ende der Laufzeit den Anleihebetrag zurückbezahlt. Banken und Unternehmen bringt der Verkauf der offenen Forderungen den Vorteil, dass sie liquide Mittel bekommen. Wenn zu viele offene Forderungen nicht bedient werden, so dass die Finanzierungsgesellschaft die offenen Zinszahlungen nicht bezahlen kann, drohen dem ABS Käufer Einnahmeausfälle bis hin zum Totalausfall.[69]

Zu den Gründern gehört neben dem Verbriefungspapst der KfW Dieter Glüder der Ministerialbeamte Jörg Asmussen. Der war bereits Referent unter Hans Eichel, Peer Steinbrück und Oskar Lafontaine und seit einem Jahr Abteilungsleiter im Finanzministerium. Jörg Asmussen lobt in einem Fachblatt: „Risikogerecht wird für viele Kreditinstitute die Eigenkapitalanforderung an ihre ABS-Bestände sinken."[70] Asmussen übernahm mit als jüngster Ministerialdirektor im Berliner Apparat

die Leitung der Abteilung für Nationale und Internationale Finanz-
markt- und Währungspolitik. Die Süddeutsche Zeitung schreibt: „Von
da an war er so etwas wie ein Regierungsbeauftragter für die Förderung
von ABS-Finanzprodukten". Im Beirat der TSI wirkte Asmussen bis
zum Sommer 2008. Ferner machte er sich im Aufsichtsrat der KfW
verdient. Laut Süddeutsche ist „auf ihn wohl auch jene Passage im
schwarz-roten Berliner Koalitionsvertrag von 2005 zurückzuführen,
nach der der deutsche Finanzmarkt von ‚überflüssigen' Regulierungen
befreit und Produktinnovationen und neue Vertriebswege gefördert
werden sollen".[71] Parallel zu seinen TSI-Aktivitäten war Asmussen
auch noch Mitglied des Aufsichtsrats der KfW-Tochter IKB, die Bank,
welche sich am heftigsten auf dem Markt für US-Hypothekendarlehen
verspekulierte und den Steuerzahler ein Vermögen kostete. Hiermit
jedoch nicht genug. Herr Asmussens Tag scheint auf jeden Fall wesentlich mehr als 24 Stunden gehabt zu haben. Er saß „im Verwaltungsrat
des deutschen Banken-Kontrollgremiums und der Bundesanstalt für
Finanzdienstleistungsaufsicht (BaFin), – damit bei Banken wie der
IKB nichts schiefging. Ein besonders wachsamer Mann: Dort kont-
rollierte Jörg Asmussen."[72] Neben all diesen Tätigkeiten forcierte er
sein Lieblingsthema in Aufsätzen wie zum Beispiel in der „Zeitschrift
für das gesamte Kreditwesen". Einerseits warb er dort für den „Einsatz
neuer Finanzierungsinstrumente" und andererseits dafür, dass seitens
des Finanzministeriums darauf geachtet werden müsse, „dass den Instituten keine unnötigen Prüf- und Dokumentationspflichten entstehen werden, wenn sie in ‚gängige' ABS-Produkte mit gutem Rating
investieren". Denn: Es „war uns stets wichtig, dass sich auch der Markt
für Asset Backed Securities in Deutschland stärker als bislang entwickelt"[73].

Später wird ausgerechnet Asmussen den Lenkungsausschuss des Bun-
destags leiten und mitentscheiden über jene 480 Milliarden Steuergelder, die zur Rettung der Banken bereitgestellt werden.[74] Derjenige,
der für den Wahnsinn mitverantwortlich war, darf wenige Jahre später
den Retter spielen. Dass dies so geschehen konnte, erscheint bis heute
unerklärlich. Seit Oktober 2011 ist Asmussen Chefvolkswirt im Direktorium der Europäischen Zentralbank (EZB)[75] Wie kein anderer
bündelt Asmussen Ämter und Schaltpositionen in einer Person. Man

*Ein Tag hat
mehr als
24 Stunden*

*Der Bock wird
zum Gärtner
gemacht*

darf sagen, dass er einer der mächtigsten Männer der Bundesrepublik Deutschland ist – von der Öffentlichkeit ungemerkt und völlig unbekannt. Vermutlich werden wir auch in Zukunft noch einiges von diesem Herrn hören.

Die Dresdner Bank hat die Gefahr ebenfalls erkannt

Warnung vor einer Immobilienblase

Im Mai 2004 warnt die Dresdner Bank in einer Untersuchung vor einer Immobilienblase in den USA, Großbritannien und Spanien. „Es ist davon auszugehen, dass auf allen drei Märkten inzwischen eine spürbare Überbewertung im Wohnsegment anzutreffen ist."[76] Die Warnung verhallt im „Off"!

Dublin, August 2004

Das Wirtschaftsprüfungsunternehmen KPMG kontrolliert im Auftrag der BaFin die Geschäfte der Sachsen LB. „Die Bonner Bankenkontrolleure wollen wissen, ob die Staatsbank die Risiken der komplexen Finanzprodukte beherrscht, das heißt: ob sie sie gesetzeskonform ‚steuert und überwacht'.[77]

Die Wirtschaftsprüfer kommen zu dem Ergebnis, dass es „erhebliche Unzulänglichkeiten in der Dokumentation" gebe und dass der Verwaltungsrat den „Gesamtüberblick" verloren habe. Laut Bericht führten Kreditpapiere im Wert von mehr als 13 Milliarden Euro in den Büchern der Bank eine Art „Eigenleben". Wesentlich bedenklicher sei der Zustand der 13 von den Sachsen in Irland aus gegründeten Zweckgesellschaften. Diese halten zusammen 30 Milliarden Euro in hochriskanten Wertpapieren. Jedoch lassen sich die Prüfer von der Triple-A-Bewertung dieser Papiere täuschen. Niemand will bemerkt haben, dass selbst US-Ramschhypotheken durch die Verbriefung als Premium-Papier mit Triple-A-Bestnote in den Depots auftauchten. Vielen war der Wert der Ratings bekannt. „Bereits am 17. Juni 2004 – also drei Jahre vor Ausbruch der Finanzkrise – bemängelten Mitarbeiter der Sachsen LB das Rating-System und die dubiosen Praktiken der Agenturen. In einem Bericht des Kreditrisikomanagements stellten die Experten der Bank fest, dass die verfügbaren Statistiken wesentlich durch zurückgezogene Ratings beschönigt sind, deren Häufigkeit z. B.

bei Moody's in jeder Ratingklasse um ein Vielfaches über den gemessenen Ausfallraten liegt."[78]

Deutschland im Herbst 2005:
Deutsche Landesbanken werfen mit Geld um sich

Die deutschen Landesbanken steckten im Jahr 2005 Milliarden in riskante Papiere, obwohl sich bereits die ersten Krisensymptome zeigten. Sie konnten sich ein letztes Mal mit billigen Krediten eindecken, denn aufgrund eines Beschlusses der EU-Kommission werden Landesbanken zukünftig mit Privatbanken gleichgestellt und somit entfällt die Staatsgarantie und damit der Zugriff auf billiges Geld.

Landesbanken leiden unter Realitätsverlust

Laut einem Untersuchungsbericht beschließt der Vorstand der staatlichen BayernLB eine Ausweitung des Geschäfts mit „Forderungsbesicherten Wertpapieren". „Künftig sollen dafür bis zu maximal 58 Milliarden Euro bereitstehen, 28 Milliarden mehr als bisher, und sie sollen in ‚deutlich risikoreichere Papiere' fließen, wie später ein Untersuchungsbericht feststellt."[79]

Auch die anderen Landesbanken wie WestLB, HSH Nordbank und LBBW haben sich dem Wahnsinn hingegeben. Die Sachsen LB schoss jedoch den Vogel ab: Sie hat die Liquiditätslinie für ihre irische Schattenbank Ormond Quay kurzerhand verneunfacht. Diese durfte jetzt mit 41 Milliarden Euro zocken – bei einem Eigenkapital von 1,5 Milliarden Euro.[80] Und das als staatliche Bank!

Leerverkäufe

„Bei einem Leerverkauf verkauft man beispielsweise Aktien, die man (noch) gar nicht besitzt. Es handelt sich dabei also um eine Art von Termingeschäft, da man die Aktien auf Termin verkauft. Der Leerverkauf wird in der Börsensprache in der Regel als Shortverkauf oder auch als ‚short gehen' bezeichnet. Wenn man sich dazu entscheidet, bestimmte Aktien leer zu verkaufen, tut man dieses, weil man von fallenden Aktienkursen ausgeht. Man hofft also, dass der Kurs der Aktie bis zu dem Datum, wann man sich spätestens mit den Aktien ‚eindecken', also diese kaufen muss, um die offene Position ausgleichen zu können, fällt. Dann kann man die Aktien zu einem güns-

Leerverkäufe Dinge verkaufen, die man (noch) gar nicht besitzt.

tigeren Kurs kaufen als man später aufgrund des Verkaufs als Erlös erhält.“[81]

Abbildung 3: Leerverkäufe (Karikatur von Trumix)

Die große Koalition beschließt den Ausbau des Verbriefungsmarktes

Politik forciert Ausbau des Verbriefungsmarkte

Im November 2005 hat Angela Merkel das Zepter von Gerhard Schröder übernommen und die Zeit der großen Koalition beginnt. Im Koalitionsvertrag hat diese den „Ausbau des Verbriefungsmarktes“ beschlossen.[82] Bereits im September 2005 fragt der US-TV-Sender

CNN Money: „Ist die Party zu Ende?" Die ersten smarten Investment-banker wetten mit Leerverkäufen gegen die Aktien der US-Immobi-lienvermittler New Century und Indymac. (Der Verbriefungsexperte der Deutschen Bank in New York, Greg Lippmann, geht noch weiter. Er wettet mit Indizes unmittelbar gegen die Conduits.[83] Doch hierzu später.)

Im Dezember 2005 fragte das „Finance Magazin" sogenannte „Exper-ten": Was erwartet uns? Werner Taiber, WestLB, zuständig für die SGK – Servicegesellschaft Kreditmanagement, das erste Unternehmen im öffentlich-rechtlichen Bankensektor für den Ankauf und die Verwer-tung von Non Performing Loans –, antwortet: „Schätzungen zufolge beläuft sich das Volumen notleidender Kredite allein im öffentlich-rechtlichen Bankensektor auf 60 bis 100 Milliarden Euro. Das Ge-samtvolumen für alle Banken in Deutschland dürfte bei annähernd 300 Milliarden Euro liegen. Dennoch ist der Markt zur Bearbeitung dieser Kredite in Deutschland erst in der Entstehung. Vor allem wegen der von 2007 an geltenden strengeren Vorschriften für die Kreditver-gabe durch Basel II steigt das Interesse der Banken, Non Performing Loans auszugliedern und professionell verwerten zu lassen."[84]

Wieso haben nicht spätestens zu diesem Zeitpunkt alle Alarmglo-cken geschrillt? Wird ein Kredit weniger Not leidend, wenn man ihn ausgliedert?

7. Die Entstehung der Krise in Amerika und ihre Folgen

Niedrige Zinsen und billiges Geld verursachen die Finanzkrise 1.0

Niedrige Zinsen und billiges Geld - bitte merken Sie sich diese zwei Punkte, denn sie werden Sie über das gesamte Buch hinweg begleiten.

> *„Immer wieder gibt der Mensch Geld aus, das er nicht hat, für Dinge, die er nicht braucht, um damit Leuten zu imponieren, die er nicht mag."*
> Danny Kaye, Schauspieler[85]

Nach dem Anschlag auf das World Trade Center und dem Platzen der Dotcom-Blase (Spekulationsblase des Neuen Marktes, die in den Industrieländern zu erheblichen Vermögensverlusten bei Kleinanlegern führte) im September 2001 senkt die US-Notenbank Federal Reserve System (FED) die Leitzinsen massiv, um den Konsum anzukurbeln.[86] Dies ermöglicht den Banken, sich sehr billig mit Geld zu versorgen. Von nun an fluten die Banken die Märkte mit billigem Geld. Hinzu kommt das viele billige Geld der deutschen Landesbanken, welches über ihre Zweckgesellschaften ins Land strömt. Aktien- und Hauspreise kennen nur einen Weg – den nach oben.

In den Vereinigten Staaten von Amerika findet ein bisher noch nie da gewesener kreditfinanzierter Konsumboom statt. Alles nur Erdenkliche wird auf Kredit gekauft: Häuser, Autos, Boote, Urlaube, Fernseher, Hochzeiten, Swimmingpools ...[87]

Kreditfinanzierter Konsumboom

Für meine Freunde in den USA war es selbstverständlich, dass man eine Kreditkarte mit der anderen „deckt". Fünf bis zehn Kreditkarten pro Person waren keine Seltenheit. Ich habe dies damals nicht verstanden, denn egal wie hoch die Anzahl der Kreditkarten auch ist, bezahlt werden muss schlussendlich doch. Damals wurde ich jedoch für diese Aussage von meinen amerikanischen Freunden belächelt. Mittlerweile ist ihnen leider das Lachen vergangen.

Fünf bis zehn Kreditkarten pro Person waren keine Seltenheit

Logischerweise stieg die private Verschuldung amerikanischer Haushalte über die Jahre exorbitant. Der Gipfel dieses „Lebens auf Kredit" waren schlussendlich die sogenannten Subprime-Kredite.

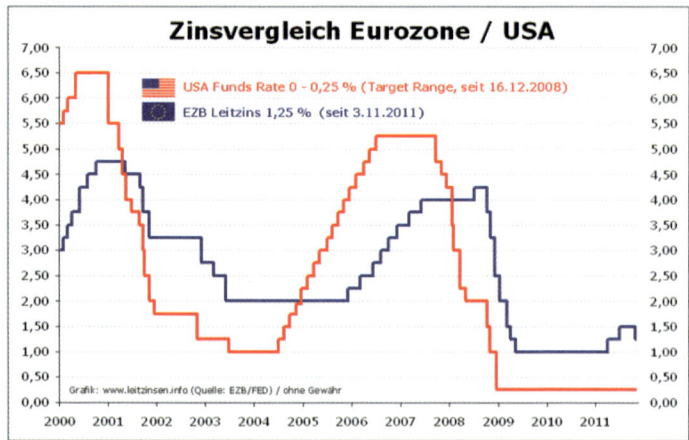

Abbildung 4: Leitzinsentwicklung [88]

Subprime, CDOs, CDS – eine Reise nach Absurdistan[89]

„Wenn ich clever gewesen wäre, hätte ich vor einem Jahr mein ganzes Geld in die Firma gesteckt, die diese ‚House for Sale'-Schilder herstellt."
David Letterman, 07.10.2008[90]

Ich möchte Sie bitten, dass Sie beim Lesen dieses Kapitels nicht Ihren Humor verlieren. Ich sage Ihnen, in unserer Welt ist alles möglich, in Amerika dem Land der unbegrenzten Möglichkeiten auch der Kauf eines Hauses ohne jegliches Eigenkapital und festes Einkommen – indirekt finanziert durch deutsche Banken. Es wird für Sie immer deutlicher werden, dass die Geschichte über Jimmys Kneipe gar nicht so abwegig ist.

Bevor wir uns den sagenumwobenen „Subprime"-Krediten und ihren Auswirkungen widmen werden, möchte ich Sie zunächst einige ganz banale Dinge fragen.

Nehmen wir einmal an, Sie beabsichtigen, eine Immobilie zu erwerben. Die meisten von uns bezahlen eine Immobilie in der Regel nicht in bar, sondern müssen einen zumeist größeren Anteil des Kaufpreises finanzieren
– also einen Kredit zum Beispiel bei einer Bank aufnehmen.

Zu Beginn möchte die Bank in Deutschland Sie bestimmt persönlich kennen lernen sowie sich ein genaues Bild der Immobilie machen. Daraufhin werden jede Menge Sicherheiten wie der Nachweis eines geregelten Einkommens, Schufa-Eintrag, Eigenkapital etc. erbeten. Im Anschluss entscheiden die Herren im „schicken Anzug" bei der Bank nach sorgfältiger Prüfung, ob Sie eines Kredites würdig sind und Ihnen der Kredit gewährt wird, damit Sie schlussendlich den Traum von den eigenen vier Wänden verwirklichen können.

Wenn ich Ihnen jetzt sage, dass wahrscheinlich auch Ihre Bank indirekt jeder Menge Amerikanern, ja auch denen ohne festes Einkommen, einen größeren Kredit für eine Immobilie gewährt hat, ohne dessen Besitzer, dessen Bonität und das Objekt zu kennen, dann ist das ein starkes Stück, oder? Kann man solch einer Bank noch vertrauen?

Unterschiedliche Bemessungsgrundlagen

Sie sagen jetzt bestimmt, das kann nicht sein. Ich sage Ihnen, dass deutsche Banken Milliarden von Dollar in den USA auf diese Weise versenkt haben. Es ist kaum zu glauben, aber sehr viele Geldinstitute besitzen Immobilien in den USA – oftmals wissen sie jedoch noch nicht einmal, wo diese eigentlich zu finden sind.

Wie wir bereits im vorherigen Kapitel erfahren haben, wurden in den USA nach dem 11. September 2001 massiv die Zinsen gesenkt mit der Folge, dass ein nie da gewesener schuldenfinanzierter Konsumboom ausgelöst wurde. Allein zwischen 2000 und 2003 haben sich die Immobilienkredite in den USA verdreifacht.[91]

Zu Hochzeiten dieses Booms entschieden sich die Hypothekenbanken, Bürgern ohne festes Einkommen Kredite für Immobilien zu gewähren. Diese Bürger mit niedriger Bonität, die sich den Kredit, den sie aufnehmen, eigentlich nicht leisten können, werden als Subprimes bezeichnet. Als der damalige Herr des Geldes, Notenbankchef Alan Greenspan, Anfang Juni 2003 den Leitzins auf ein Prozent abgesenkt hatte, entwickelte sich dieser Sektor des Kreditmarktes prächtig. Viele Bürgerinnen und Bürger in den USA nahmen Kredite für Hypotheken auf – ohne zu bedenken, dass sie diese später, bei höheren Zinsen, wieder zurückzahlen müssen, denn die Immobilienpreise stiegen aufgrund der vielen „billigen" Hypothekenkredite kontinuierlich. Es begann sich die größte Blase der Weltgeschichte zu bilden – die US-Immobilienblase. Zwischen 1996 und 2006 haben sich die Hauspreise in den USA verdoppelt.[92]

Wie konnte man in den USA ohne Eigenkapital und ohne geregeltes Einkommen ein Haus kaufen?

Stellen wir uns einmal ein fiktives Paar vor mit den Namen John und Jess. Beide wohnen in der amerikanischen Provinz und schlagen sich mit Gelegenheitsjobs durch. Sie besitzen keinerlei Eigenkapital und haben auch schon die eine Kreditkarte mit der anderen gedeckt, was in den Vereinigten Staaten von Amerika ja wie bereits erwähnt gewissermaßen Volkssport war.

Diese zwei beiden gehen also zu ihrer lokalen Bank und beantragen einen Kredit über 100 000 US-Dollar.

Die größte Blase der Weltgeschichte

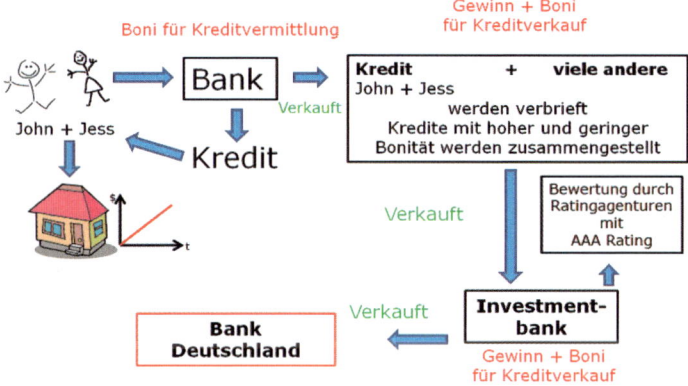

Abbildung 5:
Wie konnte man in den USA ohne Eigenkapital und ohne geregeltes Einkommen ein Haus kaufen?

Die findigen Banker haben sich für Kunden wie John und Jess ganz besondere Arten der Finanzierung ausgedacht.

Es besteht die Möglichkeit, durch sogenannte **Adjustable Rate Mortgages (ARM)** den Traum vom Eigenheim zu verwirklichen. Zu Beginn des Darlehens sind die Zinsen äußerst niedrig. Wie sich der Zinssatz nach einiger Zeit entwickelt, wurde unseren potenziellen Eigentümern vermutlich nicht so genau erklärt. Zumeist wird sich der Zinssatz bestimmt nicht verringern, wie Sie sich vorstellen können.
Falls John und Jess, die die übliche Anzahlung von 10 bis 20 Prozent nicht leisten können, stellt dies kein großes Problem dar. Hierfür gibt es sogenannte „Piggypack"-Darlehen. Diese finanzieren das erforderliche „Eigenkapital" schlicht und einfach mit einem zweiten Darlehen.[93]

> Adjustable Rate Mortgages (ARM)

Noch abgefahrener ist meiner Ansicht nach Finanzierungsmöglichkeit Nummer zwei. Nehmen wir einmal an, John und Jess gehen keinerlei Gelegenheitsjobs nach, sondern leben ausschließlich von „Papa Staat". Trotzdem möchten sie ihr eigenes Häuschen besitzen, da ihre Nachbarn, die seit Jahren auch keiner geregelten Arbeit nachgehen, schließlich auch eins haben.

Für diese armen Menschen haben die Verbrecher bei der Bank noch tiefer in die Trickkiste gegriffen. Da es für John und Jess niemals möglich sein wird, ihren Kredit abzubezahlen, musste also eine andere Alternative gefunden werden, um den Traum vom Häuschen zu verwirklichen. Jetzt kommen die sogenannten **„Interest-Only"- Darlehen** ins Spiel. Hierbei werden erst einmal (bis zu zehn Jahre) nur die Zinsen bezahlt.[94] Eine Tilgung der Schulden findet in der Regel nicht statt. Wie konnte so etwas Absurdes über einen langen Zeitraum funktionieren?

IO-Darlehen

Machen wir ein kleines Rechenbeispiel: John und Jess kaufen sich ein Häuschen für Dollar 100 000.

Die ersten drei Jahre bezahlen sie nur zwei Prozent, also Dollar 2000 pro Jahr ohne Tilgung. Im darauf folgenden Jahr steigt der Zinssatz auf sechs Prozent plus Tilgung, geschätzt Dollar 3000 Tilgung plus Dollar 6000 Zinsen, und schon sind wir bei Dollar 9000, was aller Voraussicht nach ein gravierendes Problem für unsere zwei Hausbesitzer darstellt.

Nehmen wir einmal an, dass der Wert des Hauses nach drei Jahren auf Dollar 150 000 gestiegen ist – was durchaus Realität war.

In diesem Fall können John und Jess entweder den bestehenden Kredit refinanzieren oder sogar das Haus mit einem anschaulichen Gewinn verkaufen und sich ein noch etwas größeres Häuschen vielleicht mit Pool bei einer weiteren „Superfinanzierung" zulegen, denn das haben ja die Nachbarn auch bereits gemacht.

Klingt doch alles gar nicht so doof, oder? Dies ging auch eine ganze Weile gut, dann aber, nach Jahren des grenzenlosen Immobilienbooms – oh was für eine Überraschung –, begannen die Hauspreise zu stagnieren.

Sie sagen jetzt bestimmt: Schön, vielleicht auch schön doof, aber was hat das alles mit uns beziehungsweise unseren Banken zu tun?

Bei der Beantwortung dieser Frage muss ich Ihnen leider sagen, dass die richtig Doofen zu einem Großteil bei uns in den Banken sitzen. Aber jetzt der Reihe nach.

Der Kredit von John und Jess wurde von der Bank weiterverkauft. Somit hatte die Bank kein besonders Interesse daran, dass der Kredit zurückbezahlt wird. Im Anschluss wurde der Kredit mit jeder Menge anderer Kredite unterschiedlicher Bonität zusammengeworfen, kräftig durchgeschüttelt, zu einem schicken Paket verschnürt und an eine Investmentbank weiterverkauft. Diese hat eine sogenannte Ratingagentur damit beauftragt, das Paket zu bewerten. „Rating" kommt aus dem Englischen, und „to rate" heißt bewerten. Betrachtet man jedoch die Ergebnisse der Ratingagenturen, könnte man den Eindruck haben, dass es aus dem deutschen Wort „raten" abgeleitet wurde. Denn zumeist erhielten die Pakete das höchste Rating AAA, denn die Investmentbank hat ja schließlich für das Rating bezahlt. Die Ratingagenturen hafteten selbstverständlich nicht dafür, falls ihre Bewertungen falsch sind. Die Investmentbanken haben diese Pakete dann weiterverkauft. Große Kunden dieser Pakete waren deutsche Landesbanken. Diese inkompetent geführten Banken haben den kreativen amerikanischen Wertpapierentwicklern unvorstellbare Mengen dieses „Junks" (zu Deutsch: Schrott) abgekauft. In Amerika wird dieses Geld der deutschen Landesbanken gerne als „Stupid German Money" bezeichnet.[95] Richtig „stupid" (dumm) ist jedoch der deutsche Steuerzahler, der für diesen absoluten Schwachsinn jetzt geradestehen muss.

„Wenn man einen Schuldschein zu einem Wertpapier umdeklariert, mit allen Folgen, die das hat, dann finde ich das schon bemerkenswert."
Bodo Kirchhoff, Schriftsteller[96]

Vielleicht sind Sie ja Kunde einer der „sehr erfolgreichen" Landes- oder Geschäftsbanken. Fragen Sie doch beim nächsten Gespräch mit Ihrem Banker nach, wie erfolgreich Ihr sauer verdientes Geld in ABS (**Kreditverbriefungen**) oder CDOs (Überbegriff für Finanzinstrumente, die zu der Gruppe der forderungsbesicherten Wertpapiere und strukturierten Kreditprodukte gehören[97]) investiert wurde. Auch hier wird eine Nachfrage bestimmt für Überraschungen sorgen.

Immobilienbesitzer
haften ausschließlich
mit der Immobilie
und nicht mit dem
gesamten Vermögen

Übrigens haftet man in den USA als Immobilienbesitzer ausschließlich mit der Immobilie und nicht mit dem gesamten Vermögen und dem zukünftigen Einkommen, wie es beispielsweise in Deutschland der Fall ist. Hat die Immobilie einen geringeren Wert als die ausstehende Hypothek, überlässt der Schuldner der Bank die Hausschlüssel und geht. Durch diese Aktion wird nicht einmal das „Kreditrating" negativ beeinflusst, da die Bank ja das Haus erhält.[98] Diese Tatsache unterstreicht die Fahrlässigkeit und grenzenlose Dummheit zahlreicher deutscher Banken.

2006: Die Blase platzt und das Kartenhaus beginnt zu wackeln

„Die größte Katastrophe, die wir seit etwa zehn Jahren erleben, sind die nicht-realen Finanztransaktionsgeschäfte, die kein Mensch mehr versteht, noch nicht einmal die, die diese Transaktionen vornehmen."

Jürgen Heraeus, deutscher Manager und Vorsitzender von UNICEF Deutschland[99]

Mitte 2004 begann die US-Notenbank FED kontinuierlich die Leitzinsen zu erhöhen, um der Inflation entgegenzuwirken. Dummerweise stiegen somit auch die Kreditzinsen, die sich am Leitzins orientieren.[100] Folglich gerieten immer mehr Schuldner variabel verzinster Kredite in ernsthafte Probleme. Dies wurde jedoch für lange Zeit von der Finanzindustrie ignoriert.

Im Sommer 2006 haben in einem Großteil der US-Städte die Hauspreise ihren Höhepunkt überschritten und beginnen zu fallen. Die Immobilienblase in den USA platzt.[101] Dies ist das Ende einer mehrjährigen, noch nie da gewesenen Spekulationswelle, die einen verheerenden, schuldenfinanzierten Konsumboom nährte und Millionen US-Bürger in den Bankrott führt.

Konsumboom

Die US-Bürger verlieren innerhalb von drei Jahren sage und schreibe acht Billionen Dollar an Immobilien-Vermögen.[102] Bis heute hat sich der Immobilienmarkt in den USA noch nicht erholt (Stand Februar 2012).[103]

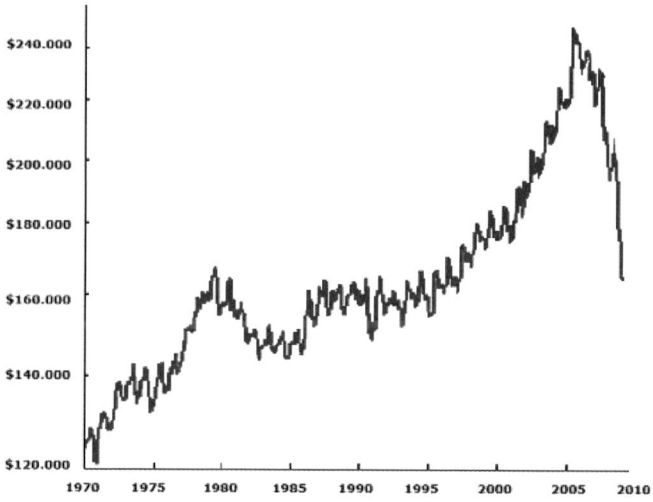

Abbildung 6:
Hauspreisentwicklung von Einfamilienhäusern in den USA (inflationsbereinigt)

Peter Schiff warnt und wird verspottet
Im November 2006 hielt der Fondsmanager Peter Schiff eine Rede
vor mehr als 2000 amerikanischen Hypothekenbankern in der Spie-
lerstadt Las Vegas. Zahlreiche Zuhörer belächelten den Experten und
bezeichneten ihn als einen „Schwarzmaler", denn die Geschäfte liefen schließlich fantastisch. Schiff warnte, dass sich aufgrund des billigen Geldes von den Kreditmärkten eine unvorstellbar große Blase
aufgebläht habe, die bald platzen werde, weil sogenannte Subprime-
Darlehen an nicht kreditwürdige Personen (in unserem Beispiel John
und Jess) vergeben wurden. Diese haben sich mit den Krediten Häuser gekauft, die sie sich niemals leisten könnten. Die Wall Street hat
die Risiken dieser Kredite in komplexen Finanzinstrumenten verteilt,
versteckt und dadurch gefährlich unterschätzt beziehungsweise wegen
Boni und Prämien gewollt ignoriert.

Schiff prophezeite, dass diese Instrumente bald für gigantische Verluste sorgen werden. Der Kollaps der US-Hauspreise werde den Konsum auf Kredit in Amerika beenden und die Wirtschaft in eine gewaltige Rezession abrutschen lassen. Ein Teilnehmer entgegnete damals zur Erheiterung des Publikums, dass Schiffs Szenario nur eintreten werde, wenn eine Atombombe auf New York fallen werde.[104] Heute wissen wir alle: Der Teilnehmer irrte, und Hochmut kam schon immer vor dem Fall. Die Atombombe hieß Subprime und war im finanziellen Schadensausmaß weitaus größer als jede bisher gezündete Atombombe. Makabererweise ist ausgerechnet Las Vegas neben Detroit die Stadt mit dem höchsten Immobilienwertverlust. Der Großraum Las Vegas hat einen Wertverlust von knapp 60 Prozent seit dem Hoch 2006 zu verzeichnen.[105] Heute werden Ökonomen von Bankern und Politikern mit der gleichen Arroganz belächelt, wenn sie vor der „größten Blase der Geschichte" – der Staatsanleihenblase – warnen. Hierzu jedoch später.

Hochmut kommt vor dem Fall

Realitätsferne Vorstandschefs

2006 veröffentlicht die Wirtschaftsprüfungsgesellschaft PricewaterhouseCoopers folgende Umfrage: Von 1084 Vorstandschefs aus 50 Ländern blicken 92 Prozent optimistisch oder sehr optimistisch in die Zukunft. Als größtes Risiko sahen sie die „Überregulierung" der Wirtschaft durch den Staat.[106] Auch diese Damen und Herren werden bereits zwei Jahre später eines Besseren belehrt und nach Staatshilfen schreien.

In den zwei Jahrzehnten bis 2006 stiegen die Boni der Wall-Street-Bankangestellten von insgesamt 2,2 auf 33,9 Milliarden (Milliarden) Dollar – viel schneller als der Börsenindex Dow Jones.[107] Der größte Raubzug der Geschichte hat begonnen.

2007: Die Welle schwappt nach Europa

Im Februar 2007 treten erste Zahlungsausfälle bei Hypothekenkrediten in den USA auf, und das Kartenhaus beginnt zu wackeln.

Immer mehr US-Bürger können ihre Hypothekenkredite nicht mehr bezahlen. Erstmals kommen die sogenannten Subprime-Darlehen ins

Gespräch, jene Art von Darlehen, die in den vergangenen Jahren im sechsstelligen Bereich an nicht kreditwürdige und nicht solvente Hausbauer und -besitzer in großem Stil vergeben wurden. „Von Bankkonzernen unter Einbeziehung solcher Darlehen aufgelegte und gehandelte Finanzpapiere verlieren rapide an Wert."[108] Dies ist der Beginn der Subprime-Krise.

Der Vorstandsvorsitzende der Hypo Real Estate (HRE), Georg Funke, verkündet am 14. März 2007: „Wir haben uns auf die schlechte Entwicklung in Amerika vorbereitet." Die Hypo Real Estate ist mit einem Finanzierungsvolumen von 6,6 Milliarden Euro dort involviert. Ungefähr die Hälfte der Investments steckt in Immobilienprojekten. Nach Angaben der Hypo Real Estate handelt es sich um erstklassig besicherte Anlagen.[109] Ebenfalls im März 2007 versprüht US-Finanzminister Henry Paulson Optimismus und beruhigt die Massen: „Es gibt Kreditprobleme, aber sie sind begrenzt." Der US-Finanzsektor sei gesund und die meisten Institute würden „keine größeren Auswirkungen der Immobilienkrise spüren".[110] Auch dieser Finanzexperte und ehemaliger Vorstand von Goldman Sachs, einer der größten Investmentbanken der Welt, wird bald eines Besseren belehrt. Wusste er Bescheid, was wirklich kommen wird, hat er gelogen? Wenn er es tatsächlich nicht gewusst hat, hat er ganz klar den falschen Beruf gewählt. Ein Schelm ist, wer Böses dabei denkt.

Hypo Real Estate ist auf Krise vorbereitet

Am 2. April 2007 erfolgt mit der New Century in den USA mit einem ausgewiesenen Verlust von etwa 450 Millionen Dollar die erste Bankenpleite als Folge der Immobilienkrise.[111] Die Hypothekenbank war die zweitgrößte Bank im Geschäft mit Subprime-Schuldnern. Im Laufe der folgenden zwei Jahre werden fast alle privaten Hypothekenbanken in die Insolvenz gehen. Brisanterweise wurde die Mehrheit der vergebenen „schlechten" Kredite bereits in Form von Verbriefungen auf der ganzen Welt verkauft. Allein New Century hatte innerhalb von elf Jahren insgesamt 1,4 Millionen Hypothekenkredite mit einem Gesamtvolumen von sage und schreibe 225 Milliarden Dollar vergeben.[112] Die Immobilienwerte in ehemaligen Boomgebieten der USA

Die erste Bankenpleite als Folge der Immobilienkrise

verlieren weiter rapide an Wert – Häuser stehen reihenweise leer. Immer mehr Kredite platzen, und die Krise gewinnt an Dynamik.[113]

Im Juli 2007 ereignet sich Unfassbares in Deutschland oder: wie bei der IKB aus einem einstelligen Millionenbetrag innerhalb einer Woche eine Milliarde wurde

Wie kann es sein, dass eine Bank, deren Kerngeschäft die Förderung des deutschen Mittelstandes ist, keinen weiteren Kredit mehr von anderen Finanzinstituten erhält? Noch am 20. Juli 2007 verschickte IKB-Chef Stefan Ortseifen eine Pressemitteilung, in der er die Anleger beruhigte. Die Bank sei von den Problemen des amerikanischen Immobilienmarktes gegebenenfalls mit einem einstelligen Millionenbetrag betroffen. Damit räumt das erste deutsche Kreditinstitut Verluste infolge der Krise am US-Hypothekenmarkt ein. Eine Woche später wird schon eine Milliarde Euro benötigt. Wie kann das sein? Weitere sieben Tage später ist die IKB faktisch pleite. Die staatliche Kreditanstalt für Wiederaufbau (KfW) stützt die IKB zusammen mit weiteren Banken mit mehr als zehn Milliarden Euro. IKB-Chef Stefan Ortseifen tritt zurück. Für das Geschäftsjahr 2006 erhielt Ortseifen eine Million Euro Bonus.[114] Im IKB-Aufsichtsrat sitzt wie bereits erwähnt Jörg Asmussen, Steinbrücks Abteilungsleiter. „Als Krisenmanager bestellt der Aufsichtsrat ausgerechnet Reinhard Grzesik, einen ehemaligen Finanzmanager der HRE-Tochter Depfa in Irland. Dieser war bereits dort nicht in der Lage, den Liquiditätsbedarf sauber zu ermitteln."[115]

2008 wird die Bank für einen dreistelligen Millionenbetrag an den texanischen Finanzinvestor Lone Star notverkauft. Zu beachten ist, dass ein Großteil der Restrisiken bei der bundeseigenen KfW verbleibt.[116] Etwaige Gewinne verbleiben selbstverständlich beim Investor. Rein betriebswirtschaftlich ist dieses Geschäft mehr als zu hinterfragen. Seltsamerweise hat diese maßlose Verschwendung von Steuergeldern auch niemand hinterfragt.

Am 23. Juli 2007 verkündet HRE-Chef Georg Funke die Übernahme des Staatsfinanzierers Depfa für 5,7 Milliarden Euro. Jetzt ist die HRE die Nummer eins unter den Spezialfinanzierern in Deutschland. Die

Mittelstandsbank verzockt sich um 10 Milliarden Euro

Börsen quittieren dies mit Entsetzen, und die Aktie verliert 5,7 Prozent und fällt auf 46,46 Euro.[117]
Nochmals zur Erinnerung: Führende Politiker, Experten und Banker versichern noch Anfang des Jahres, dass Subprime ein reines US-Problem sei und mit Deutschland nichts zu tun hätte.[118]
Im August 2007 fluten die Notenbanken den Markt weiter mit Geld mit dem Ziel, Engpässe bei der Bargeldversorgung der Banken zu überwinden.
Als erste der großen Investmentbanken hat Lehman Brothers, die Investmentbank des Jahres 2002, seine Tochterfirma für Kredite an Kunden minderer Bonität, den Subprime-Sektor, geschlossen. Die ersten 1200 Mitarbeiter werden entlassen. Noch kann sich niemand vorstellen, dass eine der größten Investmentbanken der Welt in einem Jahr nicht mehr existieren wird.[119]

Lehman Brothers

Lehman-Vorstand Richard Fuld verteidigt seine Bank bezüglich des Vorwurfs, faule Geschäfte gemacht zu haben. Er verneint eine Vertrauenskrise der Banken. Seiner Ansicht nach haben zahlreiche Investoren die Finanzprodukte nicht verstanden beziehungsweise keine schwerwiegenden Preisschwankungen erwartet. Fuld geht sogar noch weiter und sagt, dass die meisten von Lehman „erschaffenen" Produkte auf Kundenwunsch entstanden sind.[120] Nach heutigem Kenntnisstand klingt diese Aussage mehr als banal.

HRE – Lügen ohne Ende oder:
wer der Bank glaubt, wird bitter bestraft

Am 3. August 2007 teilt die HRE mit, dass sie vom US-Subprime-Markt nicht betroffen ist. Schon bald kursieren Gerüchte, dass dies nicht der Wahrheit entspricht, und die Welt sollte bald erfahren, dass an diesen Gerüchten etwas Wahres war. Bei einer Roadshow für Investoren erklärt die Hypo Real Estate, dass keine Verbindung zwischen ihren CDOs und dem Subprime-Markt in den USA besteht. HRE-Vorstandschef Georg Funke sagt noch am 6. August: „Märkte werden sich relativ schnell wieder beruhigen. Das ist eine Frage von Wochen, allenfalls Monaten." 2007 wird HRE-Chef Funke 1,9 Millionen Euro verdienen.[121]

Das Vertrauen zwischen den Banken schwindet weiter. Am 9. August 2007 steigt der Zins für Tagesgeld auf dem Interbanken-Markt, auf dem sich die Banken untereinander Geld ausleihen, von 4,1 auf stellenweise 4,7 Prozent. Diese Zahl bedeutet eine Katastrophe und läutete wahrscheinlich den Start zu dem totalen Desaster ein. Die Banken trauen sich untereinander nicht mehr und horten ihr Geld. Sie alle wissen, dass viele Bilanzen geschönt sind und etliche Leichen im Keller liegen. Als Folge dessen bricht der Interbanken-Markt komplett zusammen. Die EZB stellt den Banken erst 95 Milliarden, dann, nur Tage später, noch einmal 109 Milliarden Euro zur Verfügung.[122]

Banken-Run in Großbritannien

Im September 2007 geschieht Unfassbares in Großbritannien. Aufgrund eines akuten Liquiditätsengpasses gerät der britische Baufinanzierer Northern Rock in die Bredouille. Lange Schlangen vor den Filialen der britischen Hypothekenbank Northern Rock, der achtgrößten Bank Großbritanniens mit 1,4 Millionen Kunden und 145 Milliarden Pfund Bilanzvolumen,[123] wecken längst vergessene Erinnerungen an die 1930er-Jahre. Innerhalb von zwei Tagen ziehen die Kunden knappe drei Milliarden Euro von der Bank ab.[124] Das Wort „Bank Run" ist in Großbritannien in aller Munde. Tausende Bausparer beabsichtigen, so schnell wie möglich ihre Einlagen abzuheben und ihr Kapital vor der Pleite der Bank zu sichern. Die Bank of England „springt" mit einem Notfallkredit ein. Erst nach der Garantie durch die Regierung findet der „Bank Run" ein Ende. Im Februar 2008 wird Northern Rock als erste große Bank verstaatlicht.[125] Insgesamt pumpt der Staat 1,4 Milliarden Euro in die marode Bank, um sie zu stützen. Im November 2011 verkauft der Staat Northern Rock mit einem saftigen Minus von 400 Millionen Pfund an den Unternehmer Sir Richard Branson für 747 Millionen Pfund. Aber auch hier werden natürlich nur die lukrativen Filetstücke der Bank gekauft. Die Bad Bank „Northern Rock Asset Management" mit ihrem toxischen Portfolio im Wert von ca. 20 Milliarden Pfund bleibt in Staatshand.[126]

September 2007:
In Großbritannien
geschieht
das Unfassbare

Da haben sich einige wohl etwas verrechnet oder: wie aus 6,5 Milliarden in drei Wochen 18 Milliarden Dollar werden

In den USA kommen immer mehr große Banken ins Straucheln. Die größte US-Bank Citigroup kündigt einen knapp sechzigprozentigen Gewinneinbruch im dritten Quartal an. 14 Tage später wird der Abschreibungsbedarf bereits auf 6,5 Milliarden Dollar beziffert. Drei Wochen später muss die Bank weitere elf Milliarden Dollar Wert berichtigen und Citigroup-Boss Charles Prince „wird gegangen". Als kleines Schmankerl gab es zum Abschied gut 40 Millionen Dollar plus Büro, Sekretärin und Chauffeur für die nächsten Jahre.[127] Herausragende Leistungen müssen schließlich gebührend belohnt werden.

Aus 6,5 Milliarden werden 18 Milliarden Dollar

161 Millionen Abfindung nach acht Milliarden Quartalsverlust

Bei der US-Investmentbank Merrill Lynch geht es ebenfalls hoch her. Die Bank stellt aufgrund von Abschreibungen im Wert von 4,5 Milliarden Dollar den ersten Quartalsverlust seit sechs Jahren in Aussicht. Drei Wochen später sind aus den 4,5 Milliarden Dollar acht Milliarden Dollar geworden. Kurze Zeit später muss Konzernchef Stanley O'Neal sein Büro räumen. Damit der Abgang nicht allzu hart wird, erhält Mister O'Neal eine kleine Abfindung in Höhe von 161,5 Millionen Dollar. Leider erhielt er für das laufende Geschäftsjahr keinen Bonus.[128] Es ist zu hoffen, dass Mister O'Neal auch ohne den Bonus über die Runden gekommen ist. Auch hier zählt im Land des unbegrenzten Kapitalismus zweifellos das Leistungsprinzip, egal in welche Richtung.

Erste Abschreibungen in Deutschland

Im November 2007 revidiert die Commerzbank ihre Aussagen. Die Abschreibungen auf das Subprime-Engagement haben sich gegenüber den Ankündigungen im Sommer etwas erhöht – um exakt zu sein: Sie haben sich versechsfacht. Jetzt sind es 291 Millionen Euro.[129] Die Postbank, Deutschlands größte Filialbank, hat ebenfalls mit verbrieften US-Hypotheken gezockt – sie muss 61 Millionen Euro abschreiben. Die Dresdner Bank schreibt einen Quartalsverlust von 52 Millionen Euro – die Gesamtbelastungen belaufen sich auf 575 Millionen Euro.[130]

Deutsche Banken bekommen Probleme

Am 7. November 2007 behauptet HRE-Chef Georg Funke immer noch, dass seine Bank von der US-Hypothekenkrise praktisch nicht betroffen sei und gestärkt aus der jüngsten Marktkrise hervorgehen würde.[131]

Im Dezember 2007 hat die Krise die Realwirtschaft erreicht. Laut dem National Bureau of Economic Research beginnt in den USA die Rezession. Seit Frühjahr schrumpft die Wirtschaft in den meisten großen Industrienationen. Kurze Zeit später folgen zahlreiche Schwellen- und Entwicklungsländer.[132] Milliardenkredite für die Geldmärkte werden von den Notenbanken angekündigt.[133]

„Who are those guys?"

Im Dezember 2007 treffen sich Finanzwissenschaftler und Notenbanker im Konferenzraum der Federal Reserve Bank of New York. Hier erläutert ein Vortrag, dass zwei Drittel der Refinanzierungsprogramme im Verbriefungsmarkt in Dollar aufgelegt sind. 80 Prozent der Werte werden jedoch von europäischen Banken betrieben. Die amerikanische Notenbank FED stellt sich die Frage: „Who are those guys?" (Wer sind diese Jungs?) Die Antwort ist recht einfach: Es sind die Commerzbank, Dresdner Bank, Deutsche Bank, HSH Nordbank und neun Landesbanken.[134] All diese Banken müssen bald große Beträge abschreiben.

> *„Ich bin früher täglich zur Börse gegangen, weil ich nirgendwo auf der Welt so viele Dummköpfe pro Quadratmeter treffen kann wie dort."*
> André Kostolany; Börsenlegende[135]

Im Dezember 2007 übersteigt der Zinsaufwand den Zinsertrag bei der Düsselhyp um 700 Millionen Euro. Dies wird von den staatlichen Aufsichtsbeamten registriert, aber Maßnahmen erfolgen keine – knapp vier Monate später ist die Bank pleite. Daraufhin werden auf Initiative der Aufsicht die Problemwerte in die Resba-Beteiligungsgesellschaft in Berlin ausgelagert. „Zur Stützung bringen der Einlagensicherungsfonds und ein Bankenkonsortium 1,57 Milliarden Euro auf. Später fragt der Bundestagsuntersuchungsausschuss, welche Konsequenzen der Fall für die Risikoanalyse hatte. Der Münchner Regionalbereichsleiter der Bundesbank, Klaus-Dieter Jakob, erklärt: ‚Es gab aus meiner Kenntnis keine allgemeinen Schlussfolgerungen, die aus dem Fall der Düsselhyp gezogen wurden.'"[136]

Die staatliche KfW fährt 6,2 Milliarden Euro an die Wand
Die staatliche Förderbank Kreditanstalt für Wiederaufbau (KfW) und ihre Tochtergesellschaften haben 2007 einen sagenhaften Verlust von 6,2 Milliarden Euro eingefahren.[137] Grund dafür sind Abschreibungen in Höhe von 6,8 Milliarden Euro auf Wertpapiere, die die Förderbank von der IKB übernommen hat. Hauptreiber waren dabei die Schuldpapiere des Investmentvehikels Rhineland Funding, einer Zweckgesellschaft, die unter anderem in amerikanische Ramschhypotheken investiert hatte und die die KfW der IKB abgenommen hat.[138]

6,2 Milliarden Verlust für Staatsbank

Wer hat denn sonst noch 2007 fleißig Geld verbrannt?[139]

- Commerzbank: Wertberichtigungen – vor allem für die Tochter Eurohypo – von fast einer Milliarde Euro.
- DZ Bank (genossenschaftliches Spitzeninstitut): rund 1,4 Milliarden Euro.
- Dresdner Bank: Die Allianz-Tochter muss Abschreibungen von 1,6 Milliarden Euro verkraften. Weitere Belastungen von bis zu 400 Millionen Euro scheinen möglich.
- Hypo Real Estate: Der Immobilienfinanzierer schreibt knapp 400 Millionen Euro ab.
- Postbank: Abschreibungen von 112 Millionen Euro.
- Münchener Rück: Wertberichtigungen von rund 166 Millionen Euro.
- HypoVereinsbank (HVB): Die Belastungen des Gesamtkonzerns Unicredit belaufen sich für Ende September auf mehr als 400 Millionen Euro.
- Deutsche Bank: **Allein Wetten auf die Entwicklung des Marktes haben das Geldhaus 4,5 Milliarden Dollar gekostet.**[140]

Abbildung 7: Pleitegeier (Karikatur von Rabe)

Selbstverständlich wurde 2007 trotz Abschreibungen etwas Geld bei den Banken verdient

Die US-Bank Goldman Sachs erhöhte die Zahlungen an die Angestellten auf insgesamt 20 Milliarden Dollar, im Durchschnitt erhält jeder Mitarbeiter 660 000 Dollar.[141] Lloyd Blankfein, oberster Banker bei Goldman Sachs, verdiente im Jahr 2007 allein mehr als 68 Millionen Dollar[142], die fünf Spitzenmanager der Großbank erhielten insgesamt 242 Millionen Dollar. Konkurrent Lehman Brothers verteilte insgesamt 9,5 Milliarden Dollar Boni an seine Angestellten – im Vergleich zum Vorjahr fast eine Milliarde mehr.[143] Morgan Stanley verteilte 16,5 Milliarden Dollar – rund zwei Milliarden mehr als im Vorjahr –, obwohl die Bank aufgrund der Krise bislang fast zehn Milliarden Dollar abschreiben musste.[144] John Thain, Chef von Merrill Lynch, erhielt für 2007 ein Gehalt von sage und schreibe 83 Millionen Dollar.[145] Da kann einem ein Herr Ackermann mit einer Gesamtvergütung von 13,98 Millionen Euro ja richtig leidtun.[146]

Im Krisenjahr 2007 kürzten New Yorks Investmentbanken die Boni ihrer Angestellten nur um zwei Prozent. Im Durchschnitt kassierte jeder Banker ungefähr 180 000 Dollar zusätzlich zum Gehalt – 80 000 Dollar mehr als in den besten Zeiten der New Economy zur Jahrtausendwende.[147] Man sieht: Auf ihre Boni wollen die Banker unter keinen Umständen verzichten. Es ist das Kokain der Finanzbranche.

2008: Aus dem Sturm wird ein Orkan

Im Januar 2008 muss die Hypo Real Estate „völlig überraschend" 390 Millionen Euro auf US-Immobilienkredite abschreiben. Bis dato hatte die Bank propagiert, von der Krise kaum betroffen zu sein. Die HRE-Aktie fällt um 35 Prozent.[148]

Im selben Monat übernimmt die Bank of America die US-Bank Countrywide Financial, die ehemals größte Hypothekenbank der Vereinigten Staaten, für vier Milliarden Euro und verhindert somit die Pleite der Bank. Die Finanzkrise hat somit nun auch die Bond-Versicherer, die Garantien für die Zins- und Rückzahlungen von Anleihen bieten, erreicht.[149] Angelo R. Mozilo, Gründer und Chef von Countrywide Financial, dem größten Subprimekreditanbieter der USA, hat in der Zeit zwischen 1998 und 2008 knapp 470 Millionen Dollar eingesackt. 140 Millionen davon machte er durch den Verkauf seiner Countrywide-Aktien zwölf Monate bevor Countrywide kollabierte.[150] Er wurde verurteilt, ein Bußgeld in Höhe von 67,5 Millionen Dollar zu zahlen. Dies ist die höchste Strafzahlung, die jemals gegen einen Konzernchef erhoben wurde[151]. Wenn alle Manager und Banker persönlich haften müssten, hätte diese Krise wahrscheinlich nicht diese Ausmaße an Gier und Kapitalvernichtung erreicht.

470 Millionen Dollar in 10 Jahren verdient

Ein verspätetes Weihnachtsgeschenk

Die West-LB erhält vom Land Nordrhein-Westfalen und den Sparkassenverbänden ein verspätetes Weihnachtsgeschenk – eine Kapitalspritze in Milliardenhöhe.[152]

Die Welt erlebt rabenschwarze Börsentage. Am 21. Januar 2008 verzeichnet der deutsche Aktienindex den größten Kurseinbruch seit dem 11. September 2001.[153] Die US-Notenbank senkt die Zinsen um einen weiteren Prozentpunkt auf 3,0 Prozent. Dies ist die größte Zinssenkung seit 20 Jahren.[154] Unsere Bundeskanzlerin Angela Merkel sieht jedoch keine Gefahr für eine wirtschaftliche Talfahrt in Deutschland.[155] Auch sie wird in den kommenden Monaten eines Besseren belehrt.

Die Rückkehr des Kommunismus – oder Gewinne privatisieren und Verluste sozialisieren

Der Februar 2008 steht ganz im Zeichen von Staatshilfen. Die IKB erhält eine weitere Milliarde vom Bund, und in England wird der britische Baufinanzierer Northern Rock verstaatlicht.

Kommunistische Methoden in kapitalistischen Ländern

Somit sind kommunistische Methoden jetzt auch in kapitalistischen Ländern wieder angesagt.[156] Hier haben bei mir als Betriebswirtschaftler alle Alarmglocken angefangen zu läuten. Bis dato war für meine Person eine Verstaatlichung in kapitalistischen Ländern unvorstellbar. Zu diesem Zeitpunkt konnte ich mir noch nicht ansatzweise vorstellen, dass diese Maßnahme bald auch bei uns Schule machen wird. 20 Jahre nach dem Ende des Kommunismus erlebt dieser eine ungeglaubte Renaissance.

Die BayernLB legt Zahlen auf den Tisch, und die Belastungen belaufen sich auf 1,9 Milliarden Euro. Wenige Tage später gibt die Bank bekannt, vier Milliarden Euro in hochriskanten Subprime-Papieren investiert zu haben. Mitte Februar 2008 räumt BayernLB-Chef Schmidt seinen Tisch – er tritt zurück.[157]

Der ehemalige Northern-Rock-Chef Adam Applegarth erhielt für die Auflösung seines Vertrages im Dezember 2007 fast eine Million Euro. Applegarth hatte er Bank das Geschäftsmodell für Kredite, das mit der Finanzmarktkrise schließlich zusammenbrach.[158]

In den USA versucht man die Krise weiterhin mit Geld zu bekämpfen – ein Konjunkturprogramm in Höhe von 150 Milliarden Dollar wird vom Kongress verabschiedet.[159]

Auch in Asien sieht es nicht gut aus. In Shanghai, dem wichtigsten chinesischen Börsenplatz, brechen die Aktien um fast neun Prozent ein. Dies ist der größte Kursrückgang seit zehn Jahren.[160]

Eine Investmentbank erhält keinen Kredit mehr

Im März 2008 erwischt es einen der „Big Five" (die fünf größten US-Investmentbanken) an der Wall Street. Zum ersten Mal erhält mit der

Investmentbank Bear Stearns eine große US-Bank im Interbankenhandel keinen Kredit mehr. Die Investmentbank hatte sich mit schlecht besicherten Hypotheken massiv verspekuliert.[161] Wie kann es sein, dass eine Investmentbank keinen Kredit mehr erhält? Mit einem Abschreibungsbedarf von unvorstellbaren 200 Milliarden Dollar zum vierten Quartal 2007 ist das Institut mächtig ins Trudeln geraten. Ein Kredit der amerikanischen Notenbank FED ermöglicht einen Notverkauf an JPMorgan Chase. Bear Stearns hat über ein Wochenende sagenhafte 93 Prozent seines Unternehmenswertes verloren.[162] Ein unvorstellbarer Betrag wurde binnen weniger Tage vernichtet. Der damalige Leiter der Bank James Cayne sieht einen ungerechtfertigten und irrationalen Vertrauensverlust des Marktes als Grund für den Zusammenbruch seiner Bank.[163] Von seinen 300 Millionen Dollar, die er während seiner Zeit bei der Bank verdient hat, musste er nichts abgeben.[164] Die Aktionäre allerdings schon: Sie verloren einen Großteil ihres Geldes.

Mitte März 2008 verlieren die Aktien der US-Bank Lehman Brothers aufgrund von Gerüchten bezüglich abenteuerlicher Finanzierungsrisiken massiv an Wert. Das Unternehmen verzeichnet einen Gewinneinbruch von 60 Prozent.[165]

Bear Stearns 93 Prozent Verlust des Unternehmenswertes über ein Wochenende

Ackermann: „Anfang vom Ende der Krise" sei nah

Im Frühjahr 2008 verkündet der ehemalige Vorturner der Deutschen Bank, Josef Ackermann, der „Anfang vom Ende der Krise" sei nah.[166] Heute wissen wir, dass dies entweder bloßer Unfug oder üble Propaganda war. Ein Schelm ist, wer Böses dabei denkt. Zumindest sollte man sich überlegen, ob man diesem Herrn noch irgendetwas glauben möchte.

IKB – ein Faß ohne Boden

Die Kreditgarantien für die IKB entwickeln sich für die staatliche KfW-Bank zu einem Fass ohne Boden. Verluste von 550 Millionen Euro werden kurzerhand auf 800 Millionen Euro korrigiert, der Aktienkurs geht in die Knie und der IKB-Aufsichtsratsvorsitzende Ulrich Hartmann erklärt den Aktionären auf der Hauptversammlung, dass der Aufsichtsrat von der Krise völlig überrascht worden sei.[167]

Wozu ist eigentlich ein Aufsichtsrat da?

Hierzu die detaillierte Aufgabenbeschreibung aus einem Online-Rechtslexikon: „Der Aufsichtsrat ist ein Organ einer wirtschaftlich ausgerichteten juristischen Person des Privatrechts, dem insbesondere **die Überwachung der Geschäftsführung** obliegt. Gesetzlich vorgeschrieben ist der Aufsichtsrat bei jeder Aktiengesellschaft (§ 95 AktG). Bei einer Aktiengesellschaft besteht der Aufsichtsrat aus mindestens drei oder einer größeren, durch drei teilbaren Anzahl natürlicher Personen – maximal 21. Je nach Größe des Unternehmens sind Aktionäre und Arbeiter in den Aufsichtsrat zu wählen. Wählbarkeit besteht nur unter bestimmten persönlichen Voraussetzungen, die § 100 AktG enthält. Den Mitgliedern wird in den meisten Fällen eine Vergütung zugebilligt."[168]

Nun stellt sich die Frage, was der Aufsichtsrat die gesamte Zeit überwacht hat? Es ist schwer anzunehmen, dass der Aufsichtsrat für seine herausragende Arbeit keine Vergütung erhalten hat.

Übrigens wird Stefan Ortseifen; Ex-Chef der Krisenbank IKB, im Juli 2010 zu einer knallharten zehnmonatigen Bewährungsstrafe und einer Geldauflage in Höhe von 100 000 Euro verdonnert.[169] Die Strafe hat ihm bestimmt mindestens so wehgetan wie den Abertausenden, die in der Finanzkrise ihr Vermögen und vielleicht sogar noch ihren Job verloren haben.

Die Krise gewinnt weiter an Dynamik

Im April 2008 gewinnt die Krise weiter an Dynamik. Die weltgrößte Investmentbank Merrill Lynch muss für das erste Quartal 2008 sechs Milliarden US-Dollar abschreiben. Die Verluste des Instituts durch die Finanzmarktkrise stiegen auf vermutlich 24 Milliarden US-Dollar – als erste Konsequenz werden 4000 Arbeitsplätze gestrichen.[170]

Die amerikanische Citibank hat einen Quartalsverlust von 5,1 Milliarden Dollar zu verzeichnen, und auch die Royal Bank of Scotland (RBS) muss 7,4 Milliarden Euro abschreiben.[171] Die Deutsche Bank schreibt ebenfalls rote Zahlen.[172]

Eine tolle Geburtstagsfeier oder: Dinner for Joe

Am 22. April 2008 ereignete sich eine besondere Geburtstagsfeier, die mittlerweile unter dem Namen „Dinner for Joe" bekannt ist. An diesem besagten Abend fanden sich 30 illustre Gäste wie Manager aus Konzernen und Mittelstandsbetrieben, Vertreter aus Kultur und Medien sowie Wissenschaftler im deutschen Regierungssitz ein, um den Geburtstag jenes Herrn Josef Ackermann, seines Zeichens Vorstandsvorsitzender der Deutschen Bank, gebührend zu feiern. Laut Kanzleramt habe es sich nicht um eine private Geburtstagsfeier auf Staatskosten gehandelt. Merkel habe laut Tagesanzeiger „den 60. Geburtstag von Joe Ackermann lediglich zum Anlass genommen, ein Abendessen mit Vertretern aus Wirtschaft, Wissenschaft und Gesellschaft auszurichten. Die Kosten seien aus Haushaltsmitteln des Kanzleramtes finanziert worden, die für derartige Zwecke zur Verfügung stehen."[173]

Geburtstag bei Mutti

Ackermann selbst äußerte sich im August 2008 in einer ZDF-Sendung über das Geburtstagsfest im Kanzleramt. Und er erklärte, wie es dazu gekommen war. Merkel habe ihm gesagt, „sie würde gerne etwas für mich tun. Ich solle doch einmal etwa 30 Freunde und Freundinnen einladen aus Deutschland und der Welt, mit denen ich gerne einen Abend zusammen sein würde im Kanzleramt. Und ich muss Ihnen sagen, es war ein wunderschöner Abend."[174]

Also, falls Ihr sechzigster Geburtstag rein finanziell noch auf wackligen Beinen steht, empfehle ich Ihnen, bei Frau Merkel anzurufen und dort auf Steuerkosten zu feiern. Sicherlich existiert für Sie ebenfalls ein „Topf" aus Haushaltsmitteln des Kanzleramtes, der für derartige Zwecke zur Verfügung steht.

Der Einfachheit halber hier die Telefonnummer und Anschrift unserer Kanzlerin:

Web:http://www.bundeskanzlerin.de/Webs/BK/De/Service/Kontakt/kontakt.html:

Infotelefon: **0180 272-0000** (0,06 €/Verbindung aus dem Festnetz, Mobilfunk max. 0,42 €/Min).

Montag bis Freitag von 8:00 bis 18:00 Uhr.

Briefanschrift: Bundeskanzleramt; Bundeskanzlerin Angela Merkel, Willy-Brandt-Straße 1; 10557 Berlin

Bitte beachten Sie jedoch, dass Herr Ackermann 2008 nur 1,4 Millionen Euro verdient hat. Deshalb ist es nicht so einfach, eine aufwendige Geburtstagsfeier selbst zu finanzieren. Aber keine Sorge, im folgenden Jahr ist sein Gehalt um schlappe 580 Prozent auf läppische 9,6 Millionen Euro gestiegen.[175] Ich hoffe, dass Sie ebenfalls eine solche Gehaltssteigerung zu verzeichnen hatten. Wenn nicht, sollten Sie Herrn Ackermann fragen, wie das als Angestellter möglich ist.

Fuld: „Das Schlimmste ist überstanden."

Banker sieht in die Zukunft

Im Juni 2008 steht ein Zitat eines wahren „Oberexperten" im Vordergrund – Richard Fuld, Chef der US-Investmentbank Lehman Brothers, sagt: „Das Schlimmste ist überstanden." Drei Monate später ging das von deutschen Einwanderern gegründete, 158 Jahre alte Institut pleite.[176] Was lernen wir hieraus? Glauben Sie niemals einem Banker.

Mir stellte sich schon damals die Frage, was im Juni 2008 denn überstanden sei – aber Herr Fuld hatte wahrscheinlich einfach den besseren Überblick.

Können Sie in die Zukunft sehen? Ich nicht!

Mir ist völlig unklar, wie Banker, Analysten und sonstige sogenannte Experten es schaffen, in die Zukunft zu sehen. Leider ist es oftmals absoluter Humbug, den sie von sich geben. Weiteres hierzu in Kapitel 19 „Hellseher oder Expertenmeinungen und -prognosen sind verlässlich".

Der zweitgrößte Banken-Crash der US-Geschichte

Im Juli 2008 ereignet sich mit der Schließung der Bausparbank IndyMac der zweitgrößte Banken-Crash in der US-Geschichte.[177]

98 Prozent Verlust des Börsenwertes in einem Jahr

In den vergangenen drei Geschäftsquartalen hatte die Bank jeweils dreistellige Millionenverluste verzeichnet. Innerhalb eines Jahres büßte das Institut unglaubliche 98 Prozent seines Börsenwertes ein.[178]

Erstmals kommt die Diskussion über neue Bilanzregeln in Gang.[179] Hierzu mehr im nächsten Kapitel: Neue Bilanzregeln oder: der größte legale Betrug.

Ende des Monats wird es bei Merrill Lynch brenzlig. Die Investment-bank hat binnen eines Jahres einen unvorstellbaren Verlust von 19 Milliarden Dollar angehäuft.[180]

„Was da auf den internationalen
Finanzmärkten läuft, ist doch Betrug."
Theo Waigel, ehemaliger deutscher Finanzminister[181]

8. Neue Bilanzregeln oder: der größte legale Betrug

Mitten in der Finanzkrise wurde das Bilanzrecht geändert. Die deutschen Banken und Versicherungen können die neuen Regeln schon für das dritte Quartal 2008 anwenden.[182] Was verbirgt sich hinter den neuen Bilanzregeln? Hierzu ein Bericht von Michael Houben. Herzlichen Dank an den Autor dafür, diesen Bericht hier abdrucken zu dürfen:

Frisieren beim Bilanzieren von Michael Houben

„Um die Bankenkrise zu meistern und eine Wiederholung zu vermeiden, fordern Politiker für die Zukunft im Finanzwesen Transparenz und Kontrolle. Doch gleichzeitig wurde noch im Oktober das Bilanzrecht so verändert, dass Banken zumindest Teile ihrer Verluste verstecken können. So konnten einige Banken, die nach bisherigem Bilanzrecht eigentlich rote Zahlen schreiben, im letzten Quartalsbericht noch dicke Gewinne melden.

Alle drei Monate legen börsennotierte Aktiengesellschaften einen Quartalsbericht vor, inklusive einer kompletten Bilanz samt Gewinn- und Verlustrechnung. Das soll Aktionäre und Investoren über den Zustand des Unternehmens informieren. Die Jahresbilanz bildet außerdem die Basis für Dividendenzahlungen an Aktionäre und Bonuszahlungen an Vorstandsmitglieder. Und klar: Je höher der ausgewiesene Gewinn, desto höher fallen Dividenden und auch Boni aus.

Für das Erstellen einer solchen Bilanz gelten Regeln, in Deutschland das Handels-Gesetzbuch, international die ursprünglich aus den USA stammenden Bestimmungen nach IFRS, das bedeutet „International Financial Reporting Standards". Nach Handelsgesetzbuch dürfen zum Beispiel im Besitz der Bank befindliche Anleihen und ähnliche Wertpapiere maximal mit dem Einkaufspreis in die Bilanz geschrieben werden. Erst wenn sie zu einem höheren Preis verkauft werden, darf der entstehende Gewinn auch als Gewinn verbucht werden. Doch seit vier Jahren werden auch in Europa und Deutschland Konzernbilanzen überwiegend nach den Regeln der IFRS erstellt. Dabei gilt (nicht nur) für Wertpapiere jeweils der sogenannte „Fair Value". Das ist im Normalfall der Wert, zu dem die Papiere gerade gehandelt werden. Auf diese Weise kann bei steigenden Kursen die Bank Gewinne ausweisen, ohne die betreffenden Wertpapiere zu verkaufen. Sie kann die Gewinne auch in Form von Dividende oder Bonuszahlungen ausschütten.

Fair Value – wahrer Wert?

Diese Art der Bilanzierung ist unter deutschen Wirtschaftsexperten umstritten. Immerhin werden hier Gewinne ausgewiesen (und evtl. ausbezahlt), die in Wahrheit noch gar nicht entstanden sind. Weil diese Art der Bilanzierung international üblich ist, plant der deutsche Gesetzgeber, sie auch bei uns für alle bilanzpflichtigen Kaufleute verpflichtend vorzuschreiben – ein Plan, gegen den eine Gruppe renommierter Professoren in einer „Saarbrücker Erklärung gegen Fair Value" vehement protestiert. Prof. Karlheinz Küting, Autor mehrerer Standardwerke zum Thema Wirtschaftsprüfung und Bilanzrecht, fürchtet, dass durch Bilanzierung nach „Fair Value" der tatsächliche Zustand des bilanzierten Unternehmens verschleiert wird. Außerdem steigere der sogenannte Fair Value das Risiko heftiger Schwankungen und könne Unternehmen letztendlich gar in den Ruin treiben. Denn wehe, die Kurse der nach fair Value bilanzierten Wertpapiere fallen wieder. Dann müssten die Wertverluste natürlich als Verluste in der Bilanz ausgewiesen werden. Falls die in den Boomjahren gebuchten Gewinne aber ausgezahlt worden sind, müssen die dann anfallenden Verluste aus dem Eigenkapital ausgeglichen werden und können die Substanz eines Unternehmens gefährlich aufzehren. Tatsächlich traf genau das nun in der Bankenkrise fast jede Bank mit dreistelligen Millionenbeträgen. Die Bilanzregeln, die im Boom für riesige Gewinne sorgten, drohen nun manche Bank in den Abgrund zu reißen.

Bilanzen frisieren, staatlich erlaubt

Deshalb wurde das Bilanzrecht EU-weit kurzfristig noch einmal geändert. Nun werden zwei unterschiedliche „Töpfe" mit unterschiedlichen Bilanzregeln gebildet. Ein Konzern darf nun frei entscheiden, ob ein Wertpapier „für den Handel" bestimmt ist und mit dem aktuellen Zeitwert in die Bilanz einfließt oder ob er das Wertpapier als „zur langfristigen Anlage" deklariert. In diesem Topf kann dann der Anschaffungswert bilanziert werden, bis das Papier tatsächlich verkauft oder fällig ist. Die Bank hat nun ein Wahlrecht. Die Guten ins Töpfchen, die Schlechten in Kröpfchen. Solange die Kurse steigen, werden die daraus errechneten Gewinne in die Bilanz geschrieben. Falls die Kurse zu fallen drohen, können Papiere umgebucht und mit konstantem Wert bilanziert werden. Und das ist noch nicht alles: Passend zur Krise erhielten die Konzerne zum 30. September die Möglichkeit, bei gefallenen Wertpapieren nachträglich noch den Wert vom 30. Juni in die Bücher zu schreiben – also den Wert vor den weltweiten Kursverlusten. Und die Banken machen regen Gebrauch davon.

Zum Beispiel: Die WEST-LB hat durch Umbewertung ihrer Anlagen ihren Gewinn um 150 Millionen Euro erhöht. Die Deutsche Bank hat auf diese Weise einen Verlust von 431 Millionen in einen Gewinn von 414 Millionen verwandelt, ein Plus von 845 Millionen. Ähnlich die Hypo-Vereinsbank: Mithilfe des beschriebenen Buchungstricks wurde ein Verlust von 539 Millionen in einen Gewinn von 160 Millionen verwandelt. Plus 699 Millionen. Allein bei diesen drei Banken wurde der ausgewiesene Gewinn durch den legalen Buchungstrick im letzten Quartal um mehr als 1,5 Milliarden erhöht.

Gewinnsteigerung für wen?

Klar ist, die Bilanzen sehen nun besser aus, die Banken müssen die Verluste nicht mit ihrem Eigenkapital ausgleichen, haben für die Zukunft mehr Handlungsspielraum. Und auf den ersten Blick könnte man meinen, auch der Staat habe etwas davon. Schließlich müsste sich ja zumindest der Finanzminister freuen, wenn die Banken mehr Gewinn ausweisen können, als sie tatsächlich gemacht haben. Schließlich bekommt er davon ja Steuern – sollte man meinen. Stimmt aber nicht: Für die Steuer müssen Banken spezielle Steuerbilanzen erstellen – und dort müssen Verluste bei Wertpapieren auch als Verluste gebucht und – natürlich – steuersenkend abgeschrieben werden.

Risiko statt Transparenz

Falls die betroffenen Wertpapiere (überwiegend Anleihen) im Wert wieder steigen und wirklich zu dem nun in den Bilanzen stehenden Wert verkauft werden können, bliebe die nun erfolgte „Frisur" der Bilanzen ohne größere Folgen. Allerdings sind Anleihen nichts anderes als handelbare Kredite. So geben zum Beispiel Unternehmen Anleihen aus, nutzen das Geld als Kredit, zahlen dafür festgelegte Zinsen und versprechen, diese Anleihe zu einem festen Termin zurückzuzahlen. Ford und General Motors gehören zu den größten Ausgebern von Anleihen weltweit. Und wenn (wie derzeit befürchtet) zum Beispiel General Motors in Konkurs geht, sind die von GM ausgegebenen Anleihen, die momentan zum Bruchteil ihres Ausgabewertes gehandelt werden, endgültig wertlos geworden. Dank des beschriebenen Buchungstricks stehen sie aber mit den Werten in den Bilanzen, die sie vor der Krise hatten. Im Falle eines Konkurses oder auch nur einer länger dauernden Krise haben die Banken die entsprechenden Verluste nicht vermieden, sondern nur vertagt. Transparenz und ordentliche Buchführung stellt man sich eigentlich anders vor."[183]

Anmerkung des Autors

Ich habe an der Universität gelernt: Nur realisierte Gewinne sind erzielte Gewinne. Anscheinend gilt dies jedoch nur für Privatpersonen.

Weitere fragwürdige Bilanztricks

Das Manager Magazin schreibt am 29.04.2009 einen unglaublichen Bericht mit dem Titel: Bankbilanzen – Minus + Minus = Plus. Da sich aufgrund der Umfirmierung der beiden Investmentbanken Goldman Sachs und Morgan Stanley zu Geschäftsbanken das Geschäftsjahr verschoben hat, verschwand der Dezember 2008 mitsamt den in jenen Monaten verbuchten Verlusten aus den Jahresabschlüssen. Der Grund hierfür: Das alte Geschäftsjahr endete im November 2008, das neue Geschäftsjahr fing erst im Januar 2009 an. Unglaublich, aber wahr. Auch in Deutschland ereignete sich Seltsames. Die Allianz und die Commerzbank schafften es, einen Verlust in Höhe von 3,9 Milliarden Euro aus dem Schlussquartal 2008 unter den Tisch fallen zu lassen. Der Grund hierfür: Die Allianz, als ehemalige Eigentümerin der Dresdner Bank, konsolidierte die Dresdner Bank ausschließlich bis August 2008 in ihrer Gewinn- und Verlustrechnung, die Commerzbank als neue Eigentümerin erst seit Januar 2009.[184]

9. Heißer Herbst 2008 –
das Weltfinanzsystem steht vor dem Kollaps

Die beiden größten Immobilienfinanzierer der USA, Fannie Mae und Freddie Mac, werden am 7. September 2008 von der US-Kontrollbehörde FHFA unter staatliche Aufsicht gestellt, und das Management wird entlassen. Mit Verbindlichkeiten in Billionenhöhe zählen die beiden Immobilienfinanzierer zu den größten Schuldnern der Welt.[185] Am folgenden Tag werden die beiden Unternehmen wegen der Gefahr eines drohenden Bankrotts vom Staat übernommen.[186] Bis zum heutigen Tage wurden die beiden maroden Firmen mit 169 Milliarden Dollar gestützt. Auch in Zukunft sind diese Firmen auf Steuergelder angewiesen.[187]

> *„Wer hätte gedacht, dass aus dem Mutterland des Turbo-kapitalismus innerhalb weniger Wochen die ‚Vereinigten Verstaatlichungen von Amerika' werden würden?"*
> Carsten Schneider, deutscher Politiker[188]

600 Milliarden Dollar Schulden – ein Bankrott nach Maß
Am 15. September 2008 geschieht Unglaubliches: Lehman Brothers, die viertgrößte Investmentbank der Welt, wird in die Insolvenz geschickt. Die Bank kollabierte unter einem Schuldenberg von mehr als Dollar 600 Milliarden Dollar. Circa 50 000 Bundesbürger verlieren insgesamt eine Milliarde Euro.[189] Die Top Fünf von Lehman Brothers hingegen haben zwischen 2000 und 2007 über eine Milliarde Dollar verdient.[190] Der Konzernchef von Lehman Brothers, Richard Fuld, verdiente zwischen 1998 und 2007 ungefähr 256 Millionen Dollar. Allein 2007 flossen unglaubliche 47,7 Millionen Dollar auf sein Konto. Rechtzeitig, bevor mögliche Schadensersatzansprüche gegen ihn geltend gemacht werden konnten, hat Fuld seine 13-Millionen-Dollar-Villa für den symbolischen Betrag von 100 Dollar an seine Ehefrau verkauft.[191] Heute berät Fuld Unternehmen wie IBM bei deren Akquisitionen.[192] Top-Experten sind eben nach wie vor gefragt.

256 Millionen Dollar in 9 Jahren verdient

Abbildung 8: Investmentbank (Karikatur von Rabe)

Am Vormittag des besagten 15. September 2008 verkommt die staatseigene Kreditanstalt für Wiederaufbau (KfW) zur absoluten Lachnummer. Als bereits in den Medien der Bankrott von Lehman Brothers kommuniziert wurde, überweist die KfW rund 300 Millionen Euro an die bereits insolvente Bank.[193] Das Geld ist daraufhin weg. Strafrechtliche Folgen hatte diese Heldentat, die den Steuerzahler ein Vermögen kostet, keine.[194] Wahrscheinlich sind 300 Millionen nur Peanuts für die KfW – und somit für uns Steuerzahler.

Peanuts
Wir erinnern uns, als der damalige Vorsitzende der Deutschen Bank, Hilmar Kopper, 1994 anlässlich der Pleite des Baulöwen Jürgen Schneider bezüglich der über 50 Millionen Euro „offengebliebenen" Handwerkerrechnungen sagte, dass solche Beträge für ein Institut wie die Deutsche Bank „Peanuts" seien.[195]

„Wir sind wie der Hund, der sein Herrchen angreift!"
Vorstandschef einer Großbank unter dem
Siegel strengster Vertraulichkeit[196]

300 Millionen Euro Steuergelder verschenkt

Sind 300 Millionen nur Peanuts für die KfW?

10. American International Group (AIG) Inc. – die gefährlichste Firma der Welt

„Die American International Group, Inc. (AIG) ist ein großer international tätiger Versicherungskonzern mit Hauptsitz in New York City. Das Unternehmen war lange Zeit der größte Erstversicherungs-Konzern der Welt; heute steht AIG nach der Allianz SE und der ING Groep an dritter Stelle."[197]

AIG schrieb 2008 mit 61,7 Milliarden Dollar den höchsten Quartalsverlust der Wirtschaftsgeschichte und vernichtete 2008 insgesamt fast 100 Milliarden Dollar. Die Aktie der einst größten Versicherung der Welt war zeitweise für 50 Cent zu haben.

Im Jahr 1997 traf der ehemalige AIG-Boss Maurice Raymond „Hank" Greenberg eine verheerende Entscheidung: Der AIG-Bereich für Finanzprodukte begann damit, einen neuen Typ hochkomplexer Wertpapiere zu versichern. Bei den „Wertpapieren" handelte es sich um Collateralized Debt Obligations, kurz CDOs, die von Hypothekenkrediten unterschiedlicher Qualität gedeckt waren.
Um die Papiere gegen das Risiko eines Zahlungsausfall seitens des Schuldners zu schützen, bot AIG den Emittenten (Herausgebern) wie beispielsweise Merrill Lynch, Lehman Brothers und Citigroup – keine normale Versicherung an, sondern wiederum Wertpapiere, sogenannte Credit Default Swaps (CDS). Heute ist hinreichend bekannt, dass diese berüchtigten CDS als eine der Hauptursachen der globalen Krise gelten. Der Erwerber einer CDS zahlte eine hohe Gebühr, dafür versprach die AIG einzuspringen, wenn Kredite faul wurden. Die Vorteile der CDS waren: Sie ließen sich, anders als eine normale Versicherung, binnen Minuten am Telefon vereinbaren. Die einem CDS zugrunde liegenden Konditionen sind zwischen Käufer und Verkäufer weitgehend frei verhandelbar. Gehandelt werden die Papiere nicht über die Börse. Dies macht den Markt intransparent – wer auf welchen Ausfall wettet, ist kaum nachzuvollziehen.[198]

Wertpapiere als Versicherung

Wahrscheinlich war die Gefahr den meisten Chefs bei AIG nicht bewusst, und die Vorstellung, dass einmal Millionen Hausbesitzer ihre Hypotheken nicht mehr bedienen würden, schien anscheinend ausgeschlossen. Skandalöserweise wurde von keiner Behörde der Handel mit CDS beaufsichtigt. Im Jahr 2000 versuchte die mit dem Terminhandel befasste US-Behörde *Commodity Futures Trading Commission* (CFTC) ihre Zuständigkeit auf CDS ausweiten. Dieses Vorhaben wurde mit Rückendeckung durch den damaligen Notenbank-Chef Greenspan und Finanzminister Larry Summers, heute Wirtschaftsberater von Präsident Obama, blockiert.

Mit der Zeit verwandelte sich der Charakter der CDS immer mehr: Aus einer Versicherung wurden Wetten auf den Zusammenbruch des Schuldners. Ein Beamter der CFTC erklärte das Prinzip folgendermaßen: „Angenommen, ich weiß, dass du ein schlechter Autofahrer bist. Dann versichere ich dein Auto gegen Totalschaden, und bekomme das Geld, wenn du einen Unfall baust." Der Nominalwert aller CDS überstieg Ende 2007 mit 62 000 000 000 000 Dollar (62 Billionen Dollar) den des Weltsozialprodukts! In den Büchern von AIG standen davon zwischen 400 und 500 Milliarden Dollar.[199] Der US-Investor Warren Buffett hat CDS zutreffend als „finanzielle Massenvernichtungswaffen" bezeichnet, weil sie Wetten gegen die versicherten Anleihen so leicht machen.[200]

99,3 Milliarden Dollar Verlust

Am 16. September 2008 geschieht das Unmögliche. Die AIG erhält von der US-Regierung durch die FED einen Sofortkredit über Dollar 85 Milliarden.[201] Ansonsten wäre die AIG nach den Investmentbanken Bear Stearns und Lehman Brothers laut Tagesschau „unter der Last seiner kriminellen globalen Betrugsgeschäfte zusammengebrochen."[202] Dafür erhält die FED knapp 80 Prozent der Anteile – somit ist der Allianz-Konkurrent verstaatlicht. Im Jahre 2008 schreibt die AIG einen Rekordverlust von astronomischen Dollar 99,3 Milliarden![203] Bis heute hat das Unternehmen Staatshilfen in Höhe von Dollar 182 Milliarden erhalten.[204] Aktueller Unternehmenswert: Dollar 56,53 Milliarden (Stand 05.03.2012)!

In Anbetracht dieser Zahlen kann ich jegliche Haushaltsdebatten des US-Kongresses, bei denen es um Millionenbeträge oder einstellige Milliardenbetrage geht, nicht mehr ernst nehmen. Vor allem ange-

sichts dessen, dass AIG in einer Nacht- und Nebelaktion den Sofortkredit ohne Abstimmung oder Zutun der Abgeordneten erhalten hat.
Der gesamte demokratische Staatsapparat wurde umgangen und ausgesetzt.[205]
AIG musste vom Steuerzahler gerettet werden, da über 100 000 Klein-
unternehmen, Städte, Pensionsfonds und Großkonzerne bei AIG ver-
sichert sind, mehr als 30 Millionen AIG-Policen gibt es in über 130
Ländern der Erde. 23,6 Milliarden Dollar US-Steuergelder gingen direkt an Finanzinstitute, um CDS-Verträge abzulösen.[206]
Die AIG-Aktie ist ein besorgniserregendes Beispiel, wie „sichere" Papierwerte einen Kursverlust von 99 Prozent bescheren können. Und
wie gesagt, wir reden hier nicht von einer kleinen Firma an der Nasdaq, sondern von der damals weltgrößten Versicherung mit einer Bilanz von über Dollar 1000 Milliarden.
Ben Bernanke, Chef der US-Notenbank FED, sagte vor dem Haus-
haltsausschuss des Senats das Folgende: „AIG nutzte eine riesige Lücke
im Regulierungssystem. Es gab keine Aufsicht über die Abteilung für
Finanzprodukte. Das war ein Hedgefonds, der an eine große und stabile Versicherung angehängt wurde."
Nehmen wir einmal unter die Lupe, welche sogenannten Geschäftspartner von der AIG großzügig mit Steuergeldern im Zeitraum vom
16. September bis 31. Dezember 2008 bedient wurden. Die Wirtschaftswoche zeigt auf, welche Banken Staats-Milliarden von der AIG
erhalten haben. Laut Wirtschaftswoche wäre Goldman Sachs ohne
die 13 Milliarden Dollar aus der AIG-Rettung längst da, wo Lehman
schon ist.[207] Da erscheint es einem heute im Jahr 2012 mehr als unverschämt, mit was für einer Arroganz diese Bank auftritt und wie vehement sie staatliche Regulierungsversuche bekämpft.
Folgende Geschäftspartner des US-Versicherungskonzerns AIG wurden unter anderem aus dem staatlichen Hilfspaket bedient:
Goldman Sachs: 12,9 Milliarden US-Dollar (USD); Société Générale:
11,9 Milliarden USD; Deutsche Bank: 11,8 Milliarden USD; Barclays: 8,5 Milliarden USD; Merrill Lynch: 6,8 Milliarden USD; Bank
of America: 5,2 Milliarden USD; UBS: 5 Milliarden USD; Dresdner
Bank: 2,6 Milliarden USD.[208]

*Indirekte
Staatshilfen
für Banken*

...und die Reichen immer reicher werden

Diese zeigt uns ganz klar das Motto der Finanzindustrie: Verluste werden sozialisiert, Gewinne werden nach wie vor privatisiert. Das AIG-Rettungspaket war auch zeitgleich ein Banken-Rettungspaket.
AIG hat den Ex-Manager Joseph Cassano als Berater für eine Million Dollar monatlich weiterbeschäftigt. Cassano war für das desaströse Risikogeschäft zuständig. Cassano verdiente zwischen dem Jahr 2000 und 2007 315 Millionen Dollar. Der ehemalige AIG-Chef Martin Sullivan rechtfertigte den Beratervertrag mit der Begründung: „Ich wollte den 20-jährigen Wissensfundus von Mr. Cassano bewahren."[209] Tja, „gute" Mitarbeiter sind eben nicht leicht zu finden!
Ein Bankrott hätte zweifellos zum Zusammenbruch des globalen Finanzsystems geführt.

> *„Ich würde mich schämen, wenn wir in der Krise Staatsgeld annehmen würden."*
>
> *Josef Ackermann,*
> *ehemaliger Vorstandsvorsitzender der Deutschen Bank[210]*

Bestimmt hat sich die Deutsche Bank ebenfalls über die 11,8 Milliarden Dollar der US-Steuerzahler gefreut. Ohne diese Zahlung des US-Steuerzahlers wäre Herr Ackermann wahrscheinlich nicht so glimpflich durch die Krise geschlittert. Ob er sich geschämt hat, ist mir jedoch nicht bekannt.

> *„Eine illiquide Bank ist genauso tot wie eine insolvente Bank."*
> Prof. Dr. Helge Berger, Wirtschaftswissenschaftler[211]

11. Spekulation auf den Misserfolg anderer

Ein sehr populäres Finanzprodukt, um auf den Misserfolg eines anderen zu spekulieren, ist beispielsweise eine Kreditausfallsversicherung. Eine Bank schließt diese Versicherung ab, um sich zu schützen, falls ein Kredit ausfällt. Diese Kreditausfallsversicherung wird am Finanzmarkt gehandelt. Sie lässt sich mit einer Brandschutzversicherung vergleichen, die man auf sein Haus abschließt. Auch diese Versicherung stellt nur einen theoretischen Wert dar, denn sie ist nur etwas wert, wenn ein Brandschaden entsteht. Nehmen wir an, man würde die Versicherung an eine Bank verkaufen. Diese würde die Versicherung zerstückeln und in Form eines Finanzproduktes an Spekulanten weiterverkaufen. Die Spekulanten profitieren von dem Finanzprodukt, wenn einem das Haus abbrennt. Auf diesem kranken Prinzip basieren zahlreiche Produkte der Finanzbranche. Es wird gnadenlos Profit am Schaden anderer gemacht. Dies können Unternehmen oder sogar ganze Staaten sein.[212]

12. Das Weltfinanzsystem kurz vor dem Crash

16,7 Milliarden Dollar Einlagenabflüsse innerhalb einer Woche
Ende September 2008 kommen auch die großen Sparkassen in den USA ins Wanken. Nach Einlagenabflüssen in Höhe von 16,7 Milliarden Dollar innerhalb einer Woche wird am 26. September 2008 die Sparkasse Washington Mutual geschlossen und über Nacht an JPMorgan Chase notverkauft.[213] Dies ist die größte Bankenpleite der US-Geschichte.[214] Kerry K. Killinger, Chef der Bankengruppe Washington Mutual, verdiente im Jahr 2007 stolze 10,2 Millionen Dollar. Zwischen 1998 und 2007 hat er 123,1 Millionen Dollar eingesackt.[215]

Verstaatlichungen quer durch Europa
Am 29. September 2008 werden in Europa weitere Verstaatlichungen von Finanzinstituten vorgenommen. Großbritannien verstaatlicht die Hypothekenbank Bradford & Bingley. Frankreich, Belgien und Luxemburg retten den Immobilienfinazierer Dexia mit 6,4 Milliarden Euro vor dem Bankrott.[216] Die Niederlande, Belgien und Luxemburg pumpen 11,2 Milliarden Euro in den Finanzkonzern Fortis.[217]

700 Milliarden-Dollar Steuergelder für US-Banken
Im Oktober 2008 überschlagen sich die Ereignisse. Anfang des Monats stimmt das US-Repräsentantenhaus einem gigantischen Rettungspaket für amerikanische Banken in Höhe von 700 Milliarden Dollar zu.[218] Die Aktienkurse brechen an mehreren Tagen hintereinander um bis zu zehn Prozent ein.[219] Unvorstellbare Aktienvermögen werden global vernichtet.

„Die Spareinlagen sind sicher"
Am 5. Oktober ereignet sich Unglaubliches. Eine sichtlich angekratzte Frau Merkel und ein zerknitterter Herr Steinbrück treten vor die Fernsehkameras und geben ein Statement ab, dass sie die Spareinlagen der Bundesbürger garantieren. Diese absurde und im Notfall nicht realisierbare Staatsgarantie soll einen „Bankenrun" und somit einen Bankenzusammenbruch verhindern.[220] Nachdem ich diese Aussage ge-

Merkel und Steinbrück verkaufen Bürger für dumm

hört habe, bin ich sofort zur Bank gefahren und habe meine gesamten Konten leer geräumt – und ich sage Ihnen, ich war nicht der Einzige. Heute wissen wir, dass es sich bei dieser Aussage um eine sogenannte „politische Erklärung" handelte. Die Welt schreibt am 11.09.2009: „Wer vom Kanzleramt ein klares Bekenntnis zu der Garantie erwartet, wird jedoch enttäuscht. ‚Die Frage stellt sich derzeit nicht, weil es keine akute Bedrohung für die Spareinlagen mehr gibt', heißt es dort. Dann folgt : Aus dem Kontext der damaligen Äußerungen werde klar, dass sich die Garantie auf die akute Situation im Herbst 2008 und die damaligen Sorgen vieler Menschen bezogen habe. ‚Eine Unendlichkeitsgarantie kann eine solche Erklärung natürlich nicht haben', erklären Merkels Leute."[221] Bis heute wurde die Erklärung nicht gesetzlich verankert, es handelt sich um eine reine Absichtserklärung, da kein Politiker gewillt ist, die Haftung für diesen astronomischen Betrag zu übernehmen. Somit ist es amtlich: Ihre Spareinlagen waren nicht, sind es nicht und werden niemals sicher sein, da niemand einen solch gigantischen Betrag garantieren kann.

Ein ziemlicher Eiertanz

Bitte überdenken Sie, was diese Aussage von Merkel und Steinbrück bedeutet. Da die Banken sich aufgrund des Ausfallrisikos kein Geld mehr liehen, musste die Politik die Menschen dazu bringen, ihr Geld bei den Banken zu lassen, denn wird nur jeder fünfzigste Euro abgehoben, bricht das gesamte Finanzsystem zusammen! Jetzt stellt sich abermals folgende Frage: Warum soll ich einer Bank mein Geld leihen und ihr vertrauen, wenn die Banken sich untereinander aus Mangel an gegenseitigem Vertrauen kein Geld mehr leihen?

Die Finankrise greift auf die Realindustrie über

Erstmals kommt die Finanzkrise im Oktober 2008 auch in der Realindustrie an. Die Absätze brechen global ein – die Produktion wird gedrosselt. Besonders die Automobilindustrie gerät in Schwierigkeiten.[222]

„Die Banken kommen nur noch nach Hause, wenn sie kein Geld
mehr haben. Dann geben unsere Regierungen ihnen neues."
Charles Moore, konservativer Publizist[213]

Banken-Hilfspaket über 500 Milliarden Pfund

Am 8. Oktober 2008 schnürt die britische Regierung ein Hilfspaket im
Volumen von 500 Milliarden Pfund und beschließt die Teilverstaatli-
chung der größten Banken.[224] Jetzt sind kommunistische Maßnahmen
im benachbarten Königreich endgültig salonfähig geworden. Somit
scheint auch der Kapitalismus 20 Jahre nach Ende des Kommunismus
zu scheitern, da er sich dessen Instrumente und Mittel bedient. Mitten
im Herz der Industrialisierung und des Finanzwesens müssen Banken
vom Staat gerettet werden und in dessen Obhut fliehen. Nicht nur in   Kommunistische
England, sondern auch in den USA, Frankreich, Spanien, Deutsch-   Maßnahmen in
land etc. wird dies immer mehr Usus.   Großbritannien

Island – ein kleines Land macht Schlagzeilen

In der zweiten Oktoberwoche gerät ein kleines, bis dato den meisten
unbekanntes Land in den Mittelpunkt – Island. Es ist die Rede von
einem drohenden Staatsbankrott. Das Land ist dabei, eine nach der
anderen Bank zu verstaatlichen. Am 9. Oktober 2008 wird der Marktführer Kaupthing verstaatlicht. Diese Bank ist in Deutschland durch
ihre aggressive Zinsoffensive mit fünf bis 6,1 Prozent für ihr Tagesgeld-   Bis 6,1 Prozent
konto bekannt geworden.[225] Am 14. Oktober haben deutsche Anleger   für das
keinen Zugriff mehr auf ihre Konten.[226] Von nun an ist das Geschrei in   Tagesgeldkonto
Deutschland groß. Zahlreiche deutsche Anleger kommen nicht mehr
an ihr attraktiv verzinstes Geld.

Am 24. Oktober 2008 wird dem Land vom IWF ein Kredit in Höhe
von zwei Milliarden Dollar gewährt.[227] Damit deutsche Spekulanten
ihr Geld wiederbekommen, gewährt der deutsche Staat dem isländischen Einlagensicherungsfonds am 22. November 2008 einen Kredit in Höhe von 308 Millionen Euro. Folge: Rund 30 000 deutsche
Anleger der isländischen Kaupthing-Bank erhalten nun ihr Geld zurück.[228]

Am 16. Oktober 2008 melden die USA ein Rekorddefizit von 455 Milliarden Dollar, und die „große" Schweizer UBS flüchtet unter die schützenden Hände der Regierung.[229] Grund hierfür war, dass die UBS 40 Milliarden Dollar auf ihre US-Investments und Kredite abschreiben musste. Insgesamt erhält die UBS von der Schweizer Regierung und der Schweizer Notenbank 60 Milliarden Dollar.[230] Im September 2011 muss die UBS abermals einen Verlust in Höhe von zwei Milliarden Dollar melden, nachdem ein Händler in London ein angeblich „unberechtigtes" Wertpapiergeschäft in den Sand gesetzt hat.[231]

13. SoFFin – das Ende der Demokratie in Deutschland?

Am 17. Oktober 2008 unterschreibt Bundespräsident Horst Köhler nach Zustimmung des Bundestages und Bundesrats das Gesetz für das 480-Milliarden-Rettungspaket.[232] Laut Focus handelt es sich um das wohl schnellste und teuerste Gesetz der deutschen Geschichte.[233] Mit der Verabschiedung dieses Gesetzes wurde mein Glauben an die Demokratie in seinen Grundfesten erschüttert. Nicht in meinen kühnsten Träumen hätte ich mir vorstellen können, dass so etwas in Deutschland möglich ist. Nun aber der Reihe nach.

Wer oder was ist der SoFFin eigentlich?

Laut der Bundesanstalt für Finanzmarktstabilisierung ist „der SoFFin die deutsche Antwort auf die internationale Finanzmarktkrise. Mit seiner Errichtung wurde das Ziel verfolgt, das Vertrauen der Banken untereinander und der Bürger in das Finanzsystem wieder herzustellen."[234]

Hierzu ein Bericht von Ingo Blank und Dietrich Krauß. Herzlichen Dank an die Autoren für das Einverständnis, ihren Artikel an dieser Stelle abdrucken zu dürfen.

SoFFin: Vertrauen ist gut, Kontrolle besser[235]
Ingo Blank und Dietrich Krauß; SWR, 19.05.2009

Es soll alles anders werden, haben die Politiker gelobt: Transparenz und Kontrolle sollen einkehren an den Finanzmärkten. Als Gegenleistung für Hunderte von Milliarden an Hilfen und Bürgschaften versprach die Regierung, Banken und ihre Rettung streng zu kontrollieren. Soweit die Sonntagsreden. Doch wie sieht die Praxis aus? Anders, ganz anders.

Machtlose Parlamentarier

Alexander Bonde sitzt für Bündnis 90/die Grünen im Bundestag und ist Mitglied des einflussreichen Haushaltsausschusses. Immer freitags aber, wenn er an den Sitzungen des parlamentarischen Kontrollgremiums zur Bankenrettung teilnimmt, vollzieht sich eine merkwürdige Verwandlung: Aus dem selbstbewussten Volksvertreter wird ein zahnloser Pseudo-Parlamentarier, denn seine angestammten Rechte als Abgeordneter muss er an der Garderobe abgeben.

Dabei soll der parlamentarische Ausschuss die milliardenschwere Bankenrettung unter die Lupe nehmen und kontrollieren. Das Problem dabei: Der Ausschuss ist ein reines Informationsgremium und hat keinerlei Entscheidungsbefugnis. An wen das Geld vergeben wird und unter welchen Bedingungen, das entscheidet allein der sogenannte „Sonderfonds Finanzmarktstabilisierung" (SoFFin) und damit die Regierung.

Alexander Bonde sieht sich und seine Abgeordnetenkollegen damit in der parlamentarischen Kontrolle der entscheidenden Hebel beraubt.

Alles streng geheim

Die Parlamentarier dürfen noch nicht einmal Einsicht in die Bücher der Banken nehmen, um zu prüfen, wie es tatsächlich um die Institute steht, die mit den Steuermilliarden gestützt werden. Und schlimmer noch: Über die Fakten, die er hier erfährt, darf er mit niemandem reden, nicht einmal mit seinen Fraktionskollegen. Alles, was die Regierung zur Bankenrettung preisgibt, ist streng geheim. Den neun Parlamentariern in diesem Gremium drohen sogar Gefängnisstrafen. Obwohl es um Milliarden an Steuergeldern geht.

Insgesamt werden so 480 Milliarden Euro an direkten Hilfen und Bürgschaften vergeben. Das ist mehr als der doppelte Bundeshaushalt. Dort wird jedes Jahr ausgiebig über die Verwendung einzelner Millionenbeträge gestritten. Bei den Milliarden für die Banken dagegen haben die Parlamentarier nicht nur nichts zu sagen – sie werden nicht mal informiert.

So funktioniert die Bankenrettung

Der Bund und damit die Bürger und Steuerzahler müssen die Milliarden aufbringen. Das Geld fließt in den „Sonderfonds Finanzmarktstabilisierung", eine Behörde, kurz „SoFFin" genannt. Der SoFFin bestimmt, wie das Geld verteilt wird.

Geleitet wird die Anstalt von ehemaligen Bankern und Politikern wie Gerhard Stratthaus, ehemals Finanzminister in Baden-Württemberg, Hannes Rehm, Ex-Vorstandsvorsitzender der Norddeutschen Landesbank und Christopher Pleister, langjähriger Präsident des Bundesverbandes der Volks-und Raiffeisenbanken. Sie machen Vorschläge, welcher Bank mit welcher Summe geholfen werden soll.

Die Rettungskonzepte werden dem sogenannten Lenkungsausschuss vorgelegt. In dem sitzen Staatssekretäre, wie der einflussreiche Ausschussvorsitzende aus dem Finanzministerium, Jörg Asmussen, Jens Weidmann aus dem Bundeskanzleramt (Anmerkung der Autoren: jetziger Bundesbankchef) und Walther Otremba aus dem Wirtschaftsministerium. Sie entscheiden, wer welche Hilfe bekommt – oft in direkter geheimer Absprache mit den betroffenen Banken.

Das letzte Wort hat der Finanzminister. Parlament und Bevölkerung werden vor vollendete Tatsachen gestellt. Was genau mit dem Geld geschieht, ob die Hilfen mit Auflagen verbunden sind, ob geprüft wurde, ob die Banken selbst über Mittel verfügen oder ob die Banken weiter damit zocken, das erfahren sie nicht. Nur der kleine Unterausschuss des Bundestages wird über Details informiert. Aber er ist eben zum Schweigen vergattert.

Abbildung 9: Risikopapiere (Karikatur von Rabe)

Vorsitzender sieht kein Problem

Albert Rupprecht von der CSU ist Vorsitzender des parlamentarischen Kontrollgremiums. Er sieht kein Problem in der strengen Geheimhaltung. Es gebe nun mal die Notwendigkeit, dass bestimmte Informationen über einzelne Vertragsbestandteile nicht öffentlich werden, weil das anderenfalls zu einer Destabilisierung der Banken führen könnte.

Nicht im Einklang mit dem Grundgesetz

Dass die Geschäftsgeheimnisse aber über den demokratischen Kontrollrechten stehen, stößt bei Verfassungsrechtlern auf Widerspruch. So auch bei Joachim Wieland. Der Professor für Öffentliches Recht und Haushaltsrecht an der Verwaltungshochschule in Speyer hält die weitreichende Beschränkung der Rechte der Abgeordneten in dem Kontrollgremium für verfassungswidrig. Er sagt, die Parlamentarier haben das Recht und die Pflicht, die Regierung zu kontrollieren. Dafür benötigten sie nun einmal Informationen und müssten auch in der Lage sein, mit ihren Kollegen und Kolleginnen im Parlament über das zu diskutieren und zu sprechen, was sie erfahren hätten.

Aber diese vom Grundgesetz garantierten Rechte gab das Parlament im Oktober 2008 freiwillig auf – unter dem Schock der Finanzkrise. Damals stand die internationale Finanzwelt kurz vor dem Zusammenbruch – mit unabsehbaren Folgen. Der Staat sollte den Kollaps verhindern. Bei der nächtlichen Krisensitzung im Kanzleramt einigte man sich auf gigantische Hilfen für die Finanzinstitute.

Der Chef der Deutschen Bank saß nach Angaben von Insidern ebenso mit am Tisch wie eine Reihe von Bankanwälten. Die internationale Anwaltskanzlei Freshfields wurde damals beauftragt, ein Gesetz zur Stabilisierung des Finanzmarktes zu entwerfen. Diese Kanzlei arbeitete vorher auch für Banken wie die angeschlagene Hypo Real Estate. Der Gesetzentwurf wurde wenige Tage später dem Parlament vorgelegt. Eine echte Wahl hatte es nicht. Die Bundeskanzlerin ließ wissen, dass die Verabschiedung dieses Pakets von Maßnahmen völlig ohne Alternative sei.

In nur einer Woche wurde das Gesetz an allen Fristen vorbei durch alle Gremien gepeitscht. CDU, SPD und FDP stimmten für das Rettungspaket von 480 Milliarden Euro – und gleichzeitig dafür, dass die Verantwortung für das gigantische Finanzpaket praktisch komplett bei der Regierung liegen sollte. Das Parlament schaltete sich am 17. Oktober 2008 weitgehend selbst aus. Dem Volk bleibt nur, zu zahlen.

Bei insgesamt vier Gesetzesvorhaben zur Finanzmarkt-Stabilisierung arbeiteten externe Anwaltskanzleien mit. Das bestätigte die Regierung inzwischen auf Anfrage des FDP-Abgeordneten Frank Schäffler. Ein Stück Weltbild breche für ihn zusammen, meinte Schäffler, habe er doch bisher noch in dem guten Glauben gelebt, dass Gesetze in den Ministerien oder in den Fraktionen geschrieben werden – die Praxis lehre nun etwas anderes.

Die Regierung sieht dagegen keine Interessenkollisionen durch die Vergabe von Beratungsaufträgen an die Kanzlei. Das sei schon aus standesrechtlichen Gründen ausgeschlossen, lässt man Plusminus wissen.Offiziell betonten die Spitzen aus Wirtschaft und Politik, wie zuletzt Bundespräsident Köhler in seiner vielbeachteten Rede zur Finanzkrise, dass an die Banken kein Geld verschenkt werde und dass man von den Instituten Gegenleistungen fordere in Gestalt von Mitsprache, Zinsen und Mitarbeit bei der Krisenbewältigung.

De facto aber passiert das Gegenteil. Der Bürger und seine Vertreter im Parlament erfahren wenig und haben praktisch nichts mitzubestimmen. Das Parlament hat seine Haushaltsrechte in Sachen Bankenrettung an die Finanzmarktstabilisierungsanstalt, kurz SoFFin, abgegeben. Dabei ist das Haushaltsrecht historisch das erste Recht des Parlaments und wird von der Verfassung garantiert. Man kann es nicht einfach aufgeben, auch das Parlament selbst nicht, sagt der Verfassungsrechtler Professor Wieland:

„Es ist mit dem Grundgesetz nicht zu vereinbaren, dass das Parlament der Regierung eine Generalvollmacht erteilt, eine große Summe Geldes, die höher ist als der gesamte Haushalt des Bundes, nach eigenem Ermessen auszugeben, ohne irgendwelche konkrete Vorgaben darüber zu machen, was mit dem Geld geschehen soll, wer das Geld empfangen soll und ob es etwa und unter welchen Bedingungen zurückgezahlt werden muss."

Vorbild USA

Vielleicht wird die Konstruktion des SoFFin ja noch ein Fall für das Bundesverfassungsgericht. In den USA jedenfalls verlangt das Parlament Rechenschaft über Milliarden, die der Steuerzahler für die Finanzwelt aufbringt. Das sollte eigentlich auch in Deutschland möglich sein.

Wie wir in dem Bericht von Ingo Blank und Dietrich Krauß gelesen haben, arbeiteten bei den vier Gesetzesvorhaben zur Finanzmarkt-Stabilisierung externe Anwaltskanzleien mit, zu deren Kunden auch Finanzinstitute gehören. Es lohnt sich, dies tiefer zu durchleuchten.

Laut Lobbypedia schrieb die Kanzlei Freshfields Bruckhaus Deringer LLP (Limited Liability Partnership) nicht nur den Entwurf zum Finanzmarktstabilisierungsgesetz, sondern auch den Text des Finanzmarktstabilisierungsänderungsgesetzes.[236] In ihrem Bericht über „Freshfields in der Finanzkrise" vom 09.03.2009 spielte Freshfields bei den deutschen Rettungsmaßnahmen in der Finanzkrise eine herausragende Rolle. Die Kanzlei schrieb an mehreren Gesetzen und Verordnungen mit und beriet zudem laut www.juve.de sowohl Banken als auch den Bund und SoFFin bei der Vergabe der Finanzhilfen. Wir danken Lobbypedia für das Zurverfügungstellen des folgenden Berichts.

Finanzmarktstabilisierungsfondsverordnung (FMStG)
Auch bei der Verordnung, die die Ausführung des FMStG bestimmt, wurde auf Freshfields zurückgegriffen. Dies bestätigte die Bundesregierung in der Antwort auf eine schriftliche Frage des Bundestagsabgeordneten Jürgen Koppelin (FDP). In der Antwort heißt es, die „Beratungstätigkeit von Freshfields Bruckhaus Deringer LLP erstreckte sich auf die juristische Prüfung von Einzelfragen und den Entwurf einzelner Formulierungsvorschläge. Die Prüfung und Revision des Verordnungsentwurfs erfolgte ausführlich im Ressortkreis."[237] Dagegen schreibt der Focus: „Der Entwurf für den Verordnungstext ging am Freitagnachmittag von den Computern der Freshfields-Berater Alex-

ander Glos und Gunnar Schuster ans Ministerium. Von dort schickten ihn Beamte ohne Änderung per Mail an Steinbrücks Kabinettskollegen sowie die Spitzen der Koalitionsfraktionen. Bis zur Verabschiedung am darauf folgenden Montagmorgen um 8.30 Uhr im Kabinett wurde nur noch wenig geändert."[238] Danach ist es fraglich, ob das zuständige BMF den Verordnungsentwurf wirklich noch „ausführlich" geprüft hat – oder etwa nicht die Arbeit am Entwurf komplett an Freshfields ausgelagert hat.

Finanzmarktstabilisierungsergänzungsgesetz
Auch am Finanzmarktstabilisierungsergänzungsgesetz schrieb Freshfields mit. Das Finanzmarktstabilisierungsergänzungsgesetz, das den Weg für eine Enteignung der HypoReal Estate freimachen soll, wurde „in nur wenigen Tagen Dauerarbeit" geschmiedet und „die Ministerialbürokratien in Berlin haben dann den Gesetzesentwurf nach dem üblichen Procedere abgestimmt" – so die Süddeutsche Zeitung vom 20.02.2009.[239]

Beratung bei der SoFFin-Mittelvergabe
Auch bei der Vergabe der Finanzhilfen wurde auf externe Berater zurückgegriffen. Nicht nur Freshfields wurde engagiert, sondern eine ganze Reihe von Kanzleien. „Angesichts der dünnen Personaldecke greift der Fonds auf Banken, Rechtskanzleien und Unternehmensberater zurück."[240] Recherchen in der Juristen-Datenbank www.juve.de zeigen, dass auch bei den einzelnen Vergabeentscheidungen vor allem Freshfields den Bund und Sonderfonds Finanzmarktstabilisierung (SoFFin) beriet. Bei seinen Stammkunden, Deutsche Post (Verkauf der Postbank an die Deutsche Bank) und HSH Nordbank (30 Milliarden Euro Garantien, Absicherung von Ausgabe von HSH-Anleihen), wechselte Freshfields die Seiten und vertrat die Antragssteller. Bei der Absicherung der HSH-Anleihe übernahm für sie die Kanzlei Linklaters die Beratung der SoFFin, die u. a. den Antragssteller HypoReal Estate schon zweimal erfolgreich vertreten hatte. Bei der Bearbeitung der zwei Commerzbank-Anträge trat die Kanzlei Lovells als Berater der Bundesregierung bzw. des BMF in Erscheinung, der SoFFin wurde einmal mehr durch Freshfields beraten. Ebenso bei der Vergabe von

Bürgschaften in Höhe von vier Milliarden Euro an die Aareal Bank. Besonders brisant – Freshfields-Partner Gunnar Schuster, hier die SoF-Fin beratend, war nach Informationen von JUVE in der Vergangenheit in mehreren Fällen für die Aareal Bank tätig.[241]

Anmerkung des Autors: Nach Verkündung des Gesetzes schossen die Börsen gen Himmel, der DAX und Dow Jones legten jeweils mehr als elf Prozent zu![242]

SoFFin-Verluste:

* 2009: 4,3 Milliarden Euro.
* 2010: 4,8 Milliarden Euro.[243]
* 2011: 4,9 Milliarden Euro für Hypo Real Estate (HRE), 3,9 Milliarden für die FMS Wertmanagement und eine Milliarde für WestLB.[244]

Ich bin gespannt, wann es einen SoFFin 2.0 geben wird. Ich bin mir sicher, es wird nicht mehr allzu lange dauern. Lassen wir uns überraschen.

14. Der Wahnsinn nimmt weiter seinen Lauf

Ungarn

Auch im Osten Europas gibt es mittlerweile gewaltige Probleme (Immobilienblase, Verschuldung der öffentlichen Hand und der Privathaushalte, Inflation etc.).[245] Am 27. Oktober 2008 erhalten Ungarn
und die Ukraine erste Hilfen vom Internationalen Währungsfonds
(IWF).[246] Zwei Tage später erhält Ungarn vom IWF, der Weltbank
und der Europäischen Union ein Hilfspaket in Höhe von 20 Milliarden Euro – ein Staatsbankbankrott wurde somit gerade noch abgewendet.[247]
Am 04. November 2008 muss das Land mit einem Kredit in Höhe von
6,5 Milliarden Euro ein weiteres Mal vor einem drohenden Staatsbankrott bewahrt werden.[248] Drei Jahre später wird der IWF dann wiederum um Hilfe gebeten, weil die Staatsfinanzen außer Rand und Band
sind. Einen Tag später wird Ungarn von der Ratingagentur Moody's
auf „Ramschstatus" heruntergestuft.[249]

Auch im Osten Europas gewaltige Probleme

Betongold ist zwar aus Beton, aber kein Gold

Wir schreiben mittlerweile den 29. Oktober 2008 und es geschieht für
deutsche Anleger Unvorstellbares – zwei deutsche Immobilienfonds
stoppen ihre Auszahlungen.[250]
Zum Ende der Woche sind insgesamt elf offene Immobilienfonds aufgrund von Liquiditätsmangel geschlossen.[251] Jahrelang zählten die als
„Betongold" vermarkteten Immobilienfonds als sichere Kapitalanlage.
Oftmals wurden und werden die Fonds als Altersvorsorge verkauft –
jetzt kommen Anleger nicht mehr an ihr Geld. Bitte überlegen Sie sich
genau, ob Sie auch noch weiterhin Ihre Altersvorsorge darauf aufbauen
möchten.

Immobilienfonds werden geschlossen

US-Leitzins bei einem Prozent

Die US-Notenbank senkt erneut den Leitzins auf jetzt nur noch ein
Prozent.[252] Zu diesem Zeitpunkt begann ich mir die Frage zu stellen,
wann die USA den Banken das Geld kostenlos zur Verfügung stellen.

„Wir sind Commerzbank" 1.0

Im November steigt der Bund bei der Commerzbank ein. Er erhöht die Eigenkapitalbasis der Bank nach einem sensationellen Quartalsverlust von 285 Millionen Euro durch eine stille Einlage in Höhe von 8,2 Milliarden Euro und räumt der Bank Garantien für Schuldverschreibungen von bis zu 15 Milliarden Euro ein.[253]

„Jetzt haben wir Zombie-Banken, die sind nicht tot, sondern laufen als Untote durch die Gegend, aber richtig lebendig sind sie auch nicht, weil sie immer noch diesen Abschreibungsbedarf in ihren Bilanzen haben."
Harald Wolf, Berliner Wirtschaftssenator [254]

Die HRE benötigt mehr Geld

Am 21. November 2008 erhält die Hypo Real Estate 20 Milliarden Euro aus dem Finanzmarktstabilisierungsfonds. Bereits im Oktober musste die Bank mit einer milliardenschweren Stützungsaktion gerettet werden. Drei Wochen später benötigt die Bank abermals weitere Hilfen – sie sichert sich weitere Garantien in Höhe von zehn Milliarden Euro aus dem Banken-Rettungspaket des Bundes.[255]

20 Milliarden Steuergelder für die HRE

Unterschiedliche Weihnachtsgeschenke

Der Dezember war ebenfalls für einige Überraschungen gut. Zwei Tage vor Nikolaus wird erneut an der Zinsschraube gedreht: EZB senkt den Leitzins auf 2,5 Prozent.[256] Die Banken werden sich freuen.
Ein „ganz besonderes Weihnachtsgeschenk" erhielten etliche wohlhabende Amerikaner, als am 13. Dezember 2008 in New York der Anlagebetrüger Bernard Lawrence „Bernie" Madoff verhaftet wird. Mit seiner Verhaftung bricht das größte private Schneeballsystem der Welt zusammen. Der Schaden wird heute mit 65 Milliarden Dollar beziffert.[257] Das meiste Geld der Anleger ist wohl futsch.
Am 16. Dezember 2008 entschließt sich die US-Notenbank FED endgültig, Geld zu verschenken – sie gibt quasi kostenfrei Geld an die Banken. Der Leitzins wird auf ein historisches Tief von null bis 0,25 Prozent gesenkt.[258] Wenn die Banken jetzt keine Gewinne machen, müssen sie „bescheuert" sein. Sie sind es natürlich nicht, denn bald

werden die Bankgewinne wieder sprudeln, da die günstigen Zinsen nicht an die Kunden weitergegeben werden. Drei Tage später senkt die japanische Zentralbank den Leitzins auf 0,1 Prozent und bereitet den japanischen Banken ein herrliches Weihnachtsgeschenk – und das, obwohl in Japan Weihnachten gar nicht gefeiert wird.[259] Damit erhalten die Banken die Lizenz zum Gelddrucken. Sie erhalten das Geld nahezu kostenfrei von den Zentralbanken und geben es mit massiven Aufschlägen an die Kunden weiter. Der Zinsvorteil wird auch hier selbstverständlich nicht an die Kunden weitergegeben. Man muss die Zurechnungsfähigkeit der Zentralbanker angesichts dieser verantwortungslosen Entscheidungen eindeutig infrage stellen. Denn die Krise entstand durch zu niedrige Zinsen und zu viel günstiges Geld. Wie wird die Krise nun bekämpft? Mit noch niedrigeren Zinsen und noch mehr günstigem Geld. Es wird versucht, Gleiches mit Gleichem zu behandeln, und das obwohl die Krise genau wegen dieser Vorgehensweise ausgelöst wurde. Fakt ist: Homöopathie an den Finanzmärkten kann nicht funktionieren.

Jahresabschluss 2008 – Zahlen und Fakten

2008 gingen über 185 000 Unternehmen Bankrott. Das ist ein Anstieg um 22 Prozent im Vergleich zum Vorjahr. In Spanien stieg die Zahl der Pleiten um fast 100 Prozent, in Irland um 80 Prozent, in Mittel- und Osteuropa schnellten die Insolvenzen um 44 Prozent und in Deutschland um 16 Prozent in die Höhe. Bekannte Firmen, die in Deutschland von der Insolvenz betroffen waren, sind beispielsweise Quelle, Rosenthal und Schiesser.[260]

Die staatliche Kreditanstalt für Wiederaufbau (KfW) und ihre Tochtergesellschaften haben 2008 einen Verlust von 2,7 Milliarden Euro eingefahren. Laut KfW-Vorstandschef Ulrich Schröder ist „dieser Abschluss (…) in Gänze überhaupt nicht befriedigend"[261]. Dies ist meiner Ansicht nach eine schöne Formulierung für einen Totalschaden, aber schließlich haftet Herr Schröder ja auch nicht mit seinem Privatvermögen für den gigantischen Verlust, sondern der Steuerzahler. Ulrich Schröder erhält zusätzlich zu seinem Jahressalär von rund 815 000 Euro auch die kompletten Tantiemen aus seinen Aufsichtsratsposten bei der Deutschen Telekom und der Deutschen Post.[262] Unsere Bun-

Ein gigantischer Verlust

deskanzlerin Angela Merkel erhält mit ungefähr 189 984 Euro pro Jahr weniger als ein Viertel. Irgendwie hat sie den falschen Job – oder einfach weniger Verantwortung?[263]
Die Deutsche Bank verzeichnet einen Verlust von 4,8 Milliarden Euro für das letzte Quartal 2008. Für das Jahr 2008 fällt ein Verlust von insgesamt 5,7 Milliarden Euro vor Steuern an.[264]
Die Royal Bank of Scotland steht noch wesentlich schlechter da. Sie verbuchte 2008 mit 24 Milliarden Pfund den größten Verlust eines Unternehmens in der Wirtschaftsgeschichte des Landes.[265] Deutschlands „größter Versicherer", die Allianz, machte 2008 rund 2,44 Milliarden Euro Miese.[266]

„Ihr Geld ist nicht verloren – es hat jetzt nur ein anderer."

Börsenweisheit[267]

In Krisenzeiten lässt sich selbstverständlich auch wahnsinnig viel Geld verdienen
2008 verdiente Goldman Sachs-Chef Lloyd Blankfein 40,95 Millionen Dollar.[268] Der Gründer des US-Investors Blackstone, Stephen Schwarzman, hat 2008 ungefähr 702 Millionen Dollar verdient – er ist der bestbezahlte US-Unternehmenschef des Jahres.[269] Die neun Vorstände der Dresdner Bank kassieren für das Jahr 2008 gut 58 Millionen Euro, das ist mehr als doppelt so viel wie im Vorjahr. Nicht zu verkennen ist jedoch, dass die Dresdner Bank 2008 einen operativen Verlust von 4,66 Milliarden Euro verbucht hat![270] Leistung zahlt sich in Deutschland in der Finanzbranche immer aus. Die Frage, welche Leistung sich konkret auszahlt, ist mir bis heute jedoch nicht ersichtlich. Übrigens: Unsere Bundeskanzlerin hat 2008 sicherlich auch jede Menge Geld an die Wand gefahren. Allerdings hat sie 2008 ungefähr knapp 34 -mal weniger als ein Vorstand der Dresdner Bank verdient.[271]

702 Millionen Dollar im Krisenjahr verdient

Abbildung 10: Rettungsschirm (Karikatur von Rainer Ehrt)

2008 war ein verheerendes Jahr für deutsche Anleger – nach Aussage des Deutschen Bankenverbandes haben sie 140 Milliarden Euro verloren.[272]

2009 – das viele billige Geld zeigt seine Wirkung

Im Januar 2009 sieht sich die US-Notenbank FED gezwungen, 500 Milliarden Dollar in den am Boden liegenden Immobilienmarkt zu pumpen – sie beabsichtigt, Anleihen der verstaatlichten Hypothekenfinanzierer Freddie Mac und Fannie Mae aufzukaufen.

Deutschland geht in Kurzarbeit

Am Dreikönigstag 2009 wird bekannt, dass der Dezember 2008 für die deutschen Automobilbauer ein Fiasko war – ein Umsatzeinbruch von über 20 Prozent ist zu verzeichnen.[273] Eine starke Woche später werden Zehntausende Beschäftigte der deutschen Automobilindustrie in die Kurzarbeit geschickt.[274] Mitte Januar verkünden auch Europas größte Autobauer VW, Daimler, BMW, Opel, MAN sowie Zulieferer wie Bosch, Continental, ElringKlinger und Grammer Kurzarbeit.[275]

„Wir sind Commerzbank" 2.0

Am 8. Januar 2009 hätte sich Karl Marx die Hände gerieben, und auch Erich Honnecker hätte bestimmt ein Fläschchen Rotkäppchen-Sekt aufgemacht. Was war passiert? Der Kommunismus ist endgültig in die BRD eingezogen – die erste deutsche Großbank wird teilverstatlicht. Der Bund beteiligt sich mit 18,2 Milliarden Euro am Kapital der Commerzbank. Im Gegenzug erhält der Bund eine Sperrminorität von 25 Prozent der Commerzbank-Stimmrechte. Die Börsen reagieren verschreckt, und der Aktienkurs der Commerzbank schmiert um 13 Prozent ab.[276]

> *„Der Kommunismus ist nicht tot,*
> *er hat nur eine Schlacht verloren."*
> Erich Honecker bei seiner Abreise ins Exil [277]

Und Honecker sollte recht behalten: Die Instrumente des Kommunismus werden weltweit immer öfter und rigoroser von zahlreichen Staaten angewendet, um die Krise zu bekämpfen.

Mitte Januar sieht sich die Europäische Zentralbank zu einer weiteren Maßnahme gezwungen – sie senkt den Leitzins auf 2,0 Prozent und dies wird nicht die letzte Zinssenkung sein.[278]

Am 21. Januar verstaatlicht Irland die Anglo Irish Bank.[279] In dem Kapitel: „Irland – der keltische Tiger rennt in den Bankrott" werden die Folgen der Bankenrettung für das Land explizit erläutert.

In Großbritannien sieht die Lage keineswegs besser aus. Nach einem Verlust der Bank of Scotland (RBS) in Höhe von 24 Milliarden Pfund im Jahr 2008, dem größten Verlust eines Unternehmens in der Wirtschaftsgeschichte des Landes, sieht sich die Regierung gezwungen, ein zweites Milliarden-Rettungspaket für die Branche zu schnüren.[280] Diese gibt der Bank eine Garantie für faule Wertpapiere in Höhe von 325 Milliarden Pfund – kommt es zum Zahlungsausfall, muss der

Garantie für faule Wertpapiere in Höhe von 325 Milliarden Pfund

Steuerzahler zahlen.[281] Der ehemalige Chef, Lord Paul Myners, erhält trotz des Totalschadens der RBS eine knackige Pension von 700 000 Pfund pro Jahr. Diese kassiert er bereits im sportlichen Rentenalter von 50 Jahren. Der Staat versuchte, den Banker zu einem Teilverzicht seiner Pension zu bewegen – dieser lehnte jedoch mit folgender Begründung ab: „Er habe schon genug gelitten und unter anderem bei seiner Abdankung auf noch 15 ausstehende Gehälter verzichtet."[282]
Auch der niederländische Finanzkonzern ING legt einen Verlust in Höhe von 3,3 Milliarden Euro für das letzte Quartal 2008 hin.[283]
Der angeschlagene Immobilienfinanzierer Hypo Real Estate erhält am 20. Januar 2009 weitere Garantien in Höhe von zwölf Milliarden Euro vom Staat.[284]
Im Februar 2009 beschließt der Bundestag das zweite „Konjunkturpaket" zur Bekämpfung der Wirtschafts- und Finanzkrise. Es ist mit einem Volumen von 50 Milliarden Euro die größte staatliche Konjunkturstütze, die es jemals in Deutschland gab.[285] Ein Teil dieses Konjunkturpakets war beispielsweise die sogenannte Abwrackprämie.

DAX bei 3666 Punkten
Am 6. März 2009 markiert der Deutsche Aktienindex (DAX) sein Tief in der Folge der Finanzkrise bei 3666 Punkten.[286] Mitte März empören die US-Bevölkerung Bonuszahlungen in Höhe von 165 Millionen Dollar für Manager des staatlich gestützten Versicherungskonzerns AIG, und das obwohl der Konzern 2008 den höchsten Verlust eines Unternehmens jemals – fast 100 Milliarden Dollar – ausgewiesen hatte.[287]

Die Weltwirtschaft geht den Bach runter, und die Banken schreiben Gewinne
Während im April 2009 die Anträge und Reservierungen für die Abwrackprämie aus dem Konjunkturpaket II der Bundesregierung die Millionenmarke übersteigen, der deutsche Maschinenbau einen Auftragseinbruch um unglaubliche 49 Prozent und die deutsche Industrie den stärksten Auftragseinbruch seit 1991 verzeichnet, in China das Wirtschaftswachstum auf ein Rekordtief fällt, der US-Autobauer General Motors in die Insolvenz geht, senkt die Europäische Zent-

Auftragseinbruch um 49 Prozent

ralbank den Leitzins um weitere 0,25 Punkte auf 1,25 Prozent, **verkünden die US-Banken Goldman Sachs, JPMorgan Chase, die Bank of America für das erste Quartal Milliardengewinne** dank der niedrigen Zinsen, des billigen Geldes und der neuen Bilanzregeln.[288]

Abbildung 11: Viele fahren jetzt Kurzarbeit (Karikatur von Rabe)

Das Casino ist wieder eröffnet

Milliardengewinne bei den Banken und Realwirtschaft am Boden

Von nun an zeigt das billige Geld seine Wirkung: Die Milliardengewinne bei den Banken sprudeln wieder und eine neue Rallye an den Märkten, befeuert durch das billige Geld der Zentralbanken, geht los. Während die Realwirtschaft leidet, rufen die Banken das Ende der Krise aus. Die Verursacher der Krise beginnen staatlich begünstigt wieder richtig „cash" zu machen.

*„Banken hätten einen gesellschaftlichen Zweck
und würden deshalb Gottes Werk verrichten."*
Lloyd Blankfein, Vorstandsvorsitzender von Goldman Sachs[289]

Jackpot Steuerzahler

Der Spiegel zitiert in seiner Ausgabe Nr. 31 vom 27.07.2009 unter
dem Titel „Banken – Rückkehr der Gier" folgende Aussage eines ehemaligen „Highflyers" der Finanzbranche, die den Nagel auf den Kopf
trifft: **„Vor einigen Jahren haben die Investmentbanken sich am
Geld ihrer Kunden bereichert. Als diese Ressource zu klein wurde,
haben sie auf das Geld ihrer Aktionäre zurückgegriffen. Mittlerweile sind sie beim größten Pool angelangt, den die Welt bietet:
dem der Steuerzahler".[290] Von jetzt an werden ganze Staaten geplündert.**

Weihnachtsgeschenke für Erwachsene

Am 23. Dezember 2009 zahlte die US-Bank Wells Fargo die erhaltenen Staatsgelder zurück. Einen Tag später erhielt Konzernchef John
Stumpf zehn Millionen Dollar in Unternehmensaktien. Damit schaffte er es mit einem Jahresgehalt von 21,3 Millionen Dollar an die Spitze
der am besten bezahlten Finanzkonzernchefs des Jahres.[291]
2009 war der Staat der größte Bankeninvestor.[292] Ich bin gespannt,
wann er es erneut sein wird.

Hilfen für Landesbanken

Die Landesbanken haben uns Steuerzahler ein Vermögen gekostet.
Somit bezahlen wir alle für den Größenwahn unserer Politiker und
Landesbanker.

• LBBW: fünf Milliarden Euro Kapitalspritze vom Land
  Baden-Württemberg, den Sparkassen und der Stadt Stuttgart

• Bayern LB: zehn Milliarden Euro vom Freistaat Bayern
  zur Stützung erhalten

- West LB: 18 Milliarden Euro Kapitalspritzen und Garantien

- HSH Nordbank: 13 Milliarden Euro Kapitalspritzen und Garantien[293]

Ich bin gespannt, ob wir dieses Geld jemals wiedersehen. Es ist an der Zeit, dass Sie sich bei den Verantwortlichen bedanken!

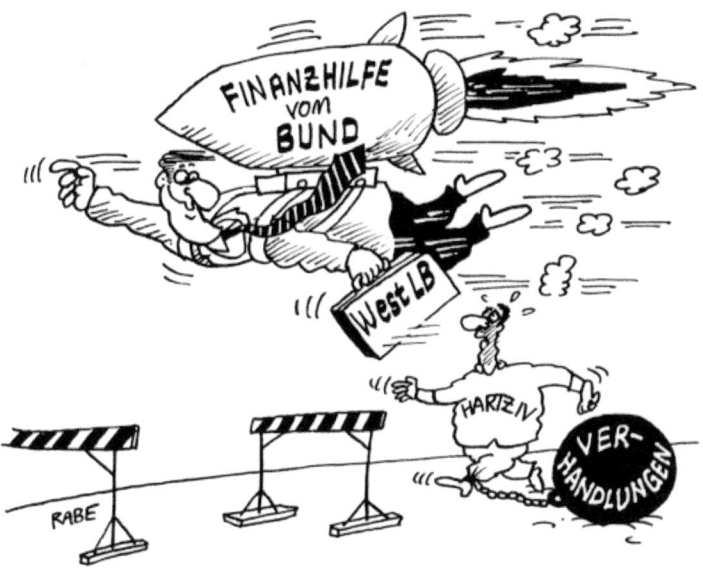

Abbildung 12: WestLB (Karikatur von Rabe)

500 000 Gehalt Euro sind zu wenig

Parlamentsbeschluss gebrochen

Das baden-württembergische Parlament hat seine Finanzspritze von fünf Milliarden Euro an die LBBW an folgende Bedingungen geknüpft: Solange die Landesbank Verluste schreibt, sind Managergehälter auf 500 000 Euro beschränkt. Ebenso werden für diese Zeit keine Bonuszahlungen ausgeschüttet. Drei Monate später wurde der Parlamentsbeschluss bereits gebrochen. Denn dem neuen Vorstandsvorsitzenden Hans-Jörg Vetter war dies wohl nicht genug, er verdient wesentlich mehr als 500 000 Euro.[294]

Hypo Real Estate (HRE)

> *„Die HRE ist als Zombie-Bank ein Fass ohne Boden."*
> Frank Schäffler, Politiker[295]

Abbildung 13: HRE (Karikatur von Andreas Prüstel)

Die HRE war von Beginn an eine Bad Bank zur Auslagerung von toxischen „Wert"-Papieren. Der möglicherweise fragwürdige Deal zwischen der Finanzindustrie und der Regierung sah folgendes vor. Die HypoVereinsbank muss fünf Jahre für die Verluste der HRE aufkommen.

Danach haftet zu 100 Prozent der Staat. Seltsamerweise verkündet Herr Steinbrück exakt ein Tag nach Ablauf dieser Frist, dass die HRE vom Staat gerettet werden muss. Es stellt sich die Frage: Ist dies ein Zufall, oder wurde die Bundesregierung möglicherweise von der Bankenbranche in Geiselhaft genommen, nach dem Motto: Entweder ihr verteilt die Verluste auf 82 Millionen Schultern oder das Finanzsystem fährt an die Wand? Ein Schelm ist, wer Böses denkt.

Bundesregierung möglicherweise von der Bankenbranche in Geiselhaft genommen?

Ein Indikator für das vorherrschende Chaos bei der HRE ist folgende Meldung vom 8.September 2010: „HRE-Chefin Manuela Better kündigt 2011 wieder Gewinne an." Nur zwei Tage später nach Börsenschluss am Freitag, den 10.September 2010 muss die HRE jedoch in einer Nacht und Nebel Aktion abermals mit 40 Milliarden Euro aus deutschen Steuergeldern gerettet werden. Es stellt sich die Frage: Kennt die Chefin ihre eigenen Zahlen nicht? Hat sie den Überblick verloren? Wie kann so was passieren.

Die HRE ist der Super-GAU für den deutschen Steuerzahler. Insgesamt erhielt die Bank bisher staatliche Garantien in Höhe von 142 Milliarden Euro. Heute existiert der verstaatlichte Immobilienfinanzierer nur noch aufgrund der milliardenschweren Hilfe des deutschen Steuerzahlers. Im Jahre 2009 ist die HRE, die heute den schicken Namen Deutsche Pfandbriefbank trägt, nach Nothilfen von mehr als 100 Milliarden Euro vom Bund verstaatlicht worden.[296]

Die Bad Bank gründet eine Bad Bank

Da der Mensch gerne immer wieder den gleichen Fehler macht, gründet also die Bad Bank HRE im Oktober 2010 die Bad Bank FMS Wertmanagement. Somit befreit sich die HRE von den Milliardenlasten riskanter Wertpapiere und schreibt, oh Wunder, plötzlich wieder schwarze Zahlen.[297] Bei der FMS Wertmanagement sieht es logischerweise etwas anders aus. Das Institut verbucht in den ersten Monaten nach der Gründung einen Verlust von rund drei Milliarden Euro. Selbstredend werden diese vom Bankenrettungsfonds SoFFin und somit vom Steuerzahler bezahlt. Wie zu erwarten, gestaltet sich der Verkauf der Risikopapiere schwieriger, denn es ist nicht so einfach, einen Dummen zu finden, der den Schrott kaufen möchte. Und mit den drei Milliarden Verlust wird das Thema noch lange nicht abgeschlossen sein.

Laut FMS-Risiko-Vorstand Christian Bluhm muss der Bund in vollem Umfang für weitere Verluste in den kommenden Jahren aufkommen, da sich der SoFFin vertraglich zu einem Verlustausgleich verpflichtet hat. „Wenn der Vorstand der FMS Wertmanagement um einen Verlustausgleich bittet, kommt der SoFFin dem innerhalb von drei Tagen nach." Die FMS Wertmanagement bezifferte die stillen Lasten in den Büchern bis zum Jahresende 2011, für die sie keine Abschreibungen vorgenommen hat, auf mehr als 24 Milliarden Euro. Eigentlich sollte die Abwicklungsanstalt FMS bis zum Jahr 2020 ihre Arbeit beenden. Dummerweise laufen die Kreditverträge jedoch etwas länger – knapp 60 Prozent der Kreditrisiken laufen erst 2020 oder wesentlich später aus. Besonders die Kreditverpflichtungen Griechenland in Höhe von 9,1 Milliarden Euro könnten die Laufzeit der FMS etwas verlängern, denn laut Bluhm „haben wir in Griechenland sehr viele Langläufer" – rund ein Drittel haben eine Laufzeit von mehr als 20 Jahren.[298]

Im Herbst 2011 hat dann die FSM Wertmanagement komplett den Vogel abgeschossen. Beim Handel mit riskanten Derivaten wurde es versäumt, Forderungen – sprich Guthaben – mit den Schulden zu verrechnen. Die Bank hat also Plus und Minus verwechselt und sich um unvorstellbare 55,5 Milliarden Euro (55 500 Millionen) verrechnet. Dies entspricht den gesamten Hartz-IV-Ausgaben für eineinhalb Jahre für fünf Millionen Menschen. Skandalöserweise fiel diese Panne ein ganzes Jahr lang keinem der vom Steuerzahler hoch dotierten Fachleute auf.[299] Personelle Konsequenzen hatte dieser Skandal selbstverständlich keine.[300]

Der beste Job der Welt

Axel Wieandt wechselte im Oktober 2008 von der Deutschen Bank zur HRE, um dort den Chefposten zu übernehmen. Leider wurden seine Bezüge im April 2009 auf 500 000 Euro im Jahr gedeckt, dafür erhielt er eine Einmalzahlung in Höhe von 500 000 Euro für frühere Pensionszusagen. Bereits am 25. März 2010 bot Axel Wieandt dem Aufsichtsrat der HRE seinen Rücktritt vom Amt des Vorstandsvorsitzenden an und er verließ die Bank wieder. Zum Abschied erhielt er weitere 375 000 Euro Bonusansprüche.

Nach nur eineinhalb Jahren Dienst stehen ihm 238 000 Euro Pension pro Jahr zu. Dies sind 19 840 Euro im Monat – hierfür müsste ein Durchschnittsverdiener fast 730 Jahre arbeiten! Laut HRE-Geschäftsbericht wurde Wieandt vertraglich nach nur einem Jahr Amtszeit eine unverfallbare Pension in Höhe von 30 Prozent des ursprünglichen Grundgehaltes von rund 750 000 Euro zugesichert.[301]

Ich möchte Sie daran erinnern, dass es sich bei der HRE um eine verstaatlichte Bank handelt. Dies bedeutet, dass wir als Steuerzahler jemandem eine exorbitant hohe Pension für knapp 18 Monate Arbeit bezahlen. Jetzt stellt sich doch die Frage: Wer ist hierfür verantwortlich? Die Politik versucht uns von der Notwendigkeit der Rente ab 67 zu überzeugen und versorgt einige Wenige mit irrsinnigen Verträgen. **Wieso verdient ein Banker solche Gehälter? Womit ist dies gerechtfertigt? Wer macht solche Verträge?**

238 000 Euro Pension pro Jahr für eineinhalb Jahre Dienst

15. Wer war schuld an der Finanzkrise 1.0? Und was sind die Folgen?

„Diese Krise kam durch menschliche Taten und Tatenlosigkeit zustande und nicht durch Mutter Natur oder verrücktspielende Computermodelle."
Resümee aus dem US-Untersuchungsbericht, Januar 2011[302]

Wolfgang Hetzer, Europas oberster „Korruptionsbekämpfer", leitet seit 2002 die Abteilung „Intelligence: Strategic Assessment & Analysis" im Europäischen Amt für Betrugsbekämpfung (OLAF) in Brüssel. Davor war er Referatsleiter im Bundeskanzleramt, zuständig für die Aufsicht über den BND in den Bereichen organisierte Kriminalität, Geldwäsche, Nichtverbreitung von Massenvernichtungswaffen und strategische Überwachung der Telekommunikation.

Laut Hetzer ist die Krise keine Naturkatastrophe, kein Gottesurteil, keine satanische Verfluchung, sondern sie hat ihre Wurzeln in menschlichem Handeln und in menschlichen Unterlassungen: „Zu diesem Handeln gehört etwa, vereinfacht ausgedrückt, die Freigabe von Wetten mit hochspekulativen Finanzprodukten wie Derivaten. Und zu den Unterlassungen gehören neben vielen anderen Dingen die fehlerhafte Aufsicht bzw. die Unterlassung, eine wirksame Aufsichtsstruktur zu etablieren." Europas oberster „Korruptionsbekämpfer" sieht die Täter in der Finanzindustrie, die diese Wetten abschließen, und ihren Helfern in der Politik, die ihnen diese Wetten ermöglichten und nichts unternehmen, um die Investmentbanker in die Schranken zu weisen. Laut Hetzer „hat die Politik zugelassen, dass Finanzunternehmen nicht alle ihre Geschäfte in der Bilanz aufführen, sondern verheimlichen. Sie hat zugelassen, dass Banken ihre Risiken nicht mit ausreichend Eigenkapital unterfüttern mussten. Sie hat den Eigenhandel der Finanzinstitutionen mit Finanzprodukten nicht so eingeschränkt, wie es erforderlich gewesen wäre. Sie hat zugelassen, dass Kreditrisiken bis zu 100 Prozent weitergegeben wurden. Und oft genug überlässt sie die Gesetzesarbeit gleich den Finanzinstitutionen."

Die Krise war keine Naturkatastrophe

Auf die Frage, warum es keine politische Debatte über die Verantwortung gibt, antwortet Hetzer Folgendes: „Dafür habe ich auch keine Erklärung. Im Gegenteil, man geht über die Machenschaften der Finanzmafia, die für mich ihre eigene Obszönität haben, achselzuckend hinweg. Da wurden Millionen Menschen um ihre Lebenschancen, um ihre Zukunft betrogen. Was da gemacht wurde, war *existenzvernichtend* für ganze Gesellschaften. Aber es bleibt ungestraft."[303]

> *„Ich teile die Menschheit in drei Kategorien:*
> *Wir normale Menschen, die irgendwann*
> *in ihrer Jugend mal Äpfel geklaut haben,*
> *die zweite hat eine kleine kriminelle Ader,*
> *und die dritte besteht aus Investmentbankern."*
> Helmut Schmidt, ehemaliger Bundeskanzler[304]

In Amerika wurde die Finanzkrise wesentlich detaillierter aufgeklärt. Millionen Dokumente wurden von einer US-Kommission durchforstet, 700 Zeugen befragt, zwei Jahre Zeit investiert, um herauszufinden, wer eigentlich die Schuld an der gigantischen Krise hatte. Das Ergebnis, welches auf 633 Seiten in einem Abschlussbericht der US-Kommission zur Untersuchung der Finanzkrise (FCIC) zu Papier gebracht wurde, lässt sich sehen.
Im Folgenden wird Ihnen ein Teil der Schuldigen vorgestellt.

Alan Greenspan (Vorsitzender der FED von 1987 bis 2006)
Laut Bericht säte Mr. Greenspan – berühmt geworden durch folgenden Satz aus einer Anhörung vor den Abgeordneten: „Wenn Sie mich jetzt verstanden haben, habe ich etwas falsch gemacht" – die Saat für die Finanzkrise mit und ignorierte anschließend die Folgen.[305]
Erst die Währungspolitik der US-Notenbank Federal Reserve und Kapitalflüsse aus dem Ausland ermöglichten die Entwicklung einer nie zuvor dagewesenen Immobilienblase. Ferner haben die Notenbank und andere Aufsichtsorgane „keine nötigen Maßnahmen eingeleitet, um die Kreditblase zu reduzieren". Ganz im Gegenteil, sie habe diese sogar noch gefördert. Des Weiteren war Greenspan ein Verfechter der Deregulierung. Laut Bericht in Der Spiegel vom 28.01.2011 über

den „US-Untersuchungsbericht – Hall of Shame der Finanzkrise" de-
montiert die FCIC „Greenspan mittels seines eigenen Auftritts vor der
Kommission: ‚Die Geschichte beweist, dass die Regulatoren das Ti-
ming einer Krise nicht identifizieren können', sagte er im April 2010
aus. Das aber sei falsch: ‚Jeder auf der Welt wusste, dass es eine Hy-
pothekenblase gab', zitiert die FCIC Richard Breeden, den früheren
Vorsitzenden der US-Börsenaufsicht SEC. 'Dies war nicht irgendein
verstecktes Problem. Es war nicht auf dem Mars oder auf Pluto.'"[306]

> „Die US-Zentralbank FED definiert die Geldmengen
> folgendermaßen:
>
> - *M1*: alle US-Dollar-Barbestände in Banknoten und Münzen,
>
> - *M2*: *M1* plus die laufenden Dollar-Girokontenbestände plus alle
>   Dollar-Einlagenzertifikate (z. B. Dollar-Staatsanleihen) und alle
>   Dollar-Geldmarkt-Kontenbestände unter Dollar 100 000,
>
> - *M3*: *M2* plus alle größeren Guthaben über Dollar 100 000 u. a.
>   die Eurodollar-Reserven, größere übertragbare Dollar-Wertpapier-
>   bestände, und die Dollar-Devisenbestände der meisten nichteuro-
>   päischen Länder. Diese Geldmenge wird von der FED berechnet,
>   aber seit 2006 nicht mehr veröffentlicht."[307]

Unter Greenspan wuchs die Geldmenge M3 von 3,614 Billionen US-
Dollar zum Zeitpunkt seines Amtsantritts auf 10,250 Billionen US-
Dollar zum Ende seiner Amtszeit. Dies bedeutet ein Geldmengen-
wachstum um 283,62 Prozent.[308] Interessant ist auch, dass die
Geldmenge M3 von der FED seit 2006 nicht mehr publiziert wird.
Man kann also nicht nachvollziehen, wie viele Dollar wirklich im Sys-
tem stecken.[309] Ein Schelm, wer Böses dabei denkt.

FED – das Federal Reserve System[310]
Der Volksmund spricht von der FED wie von der Europäischen Zentralbank, kurz EZB. Dies ist jedoch grundlegend falsch. Richtigerwei-
se heißt es „das FED" – das Federal Reserve System. „Dieses System

besteht zum einen aus dem siebenköpfigen Board of Governors, was mit Bundesbankrat oder FED-Vorstand übersetzt werden kann. Zum anderen aus den zwölf regionalen Federal Reserve Banks. Und diese regionalen Fed-Banken gehören einer Vielzahl von Mitgliedsbanken. Rund 2900 Banken, wie die Fed selbst verrät."[311]
Das FED ist keine staatliche Behörde, das wird Sie vielleicht jetzt überraschen. Sie ist zu 100 Prozent im Privatbesitz, denn die FED-Anteile liegen in den Händen privater Banken. Kein einziger Anteil wird von der Regierung gehalten. Jedoch wird das Direktorium vom US-Präsidenten ernannt. Aus diesem Grund ist das Federal Reserve System staatlich strukturiert. Obwohl das FED zu 100 Prozent im Privatbesitz ist, übt es die Funktion einer staatlichen Notenbank aus. Dies bedeutet: Es ist verantwortlich für die Geldpolitik des Landes, die Aufsicht über das Bank- und Finanzsystem, die Finanzmarktstabilität und für die Bereitstellung des Zahlungsverkehrssystems der USA.
Jetzt werden Sie sich auch nicht mehr wundern, warum das FED die US-Finanzindustrie während der Finanzkrise 1.0 mit rund 1200 Milliarden Dollar großzügig mit Geld versorgt hat und dies auch zukünftig tun wird. Sie vertritt die Interessen ihrer Anteilseigner – ganz einfach. Und das auf Kosten der Steuerzahler und Bürger der USA.
Erst nach einer Klage von dem Wirtschaftsnachrichtenkonzern Bloomberg wurde das FED höchstrichterlich gezwungen, Zahlen zu den „Hilfen" zu veröffentlichen. Unter den Empfängern befindet sich z. B.: Morgan Stanley (107,3 Milliarden Dollar); Citigroup (99,5 Milliarden Dollar), Bank of Amerika (91,4 Milliarden Dollar), Royal Bank of Scotland (84,5 Milliarden Dollar), UBS (77,2 Milliarden Dollar), Deutsche Bank (66 Milliarden Dollar), Barclays (64,9 Milliarden Dollar), Credit Suisse (60,8 Milliarden Dollar), Hypo Real Estate (28,7 Milliarden Dollar), Commerzbank (22 Milliarden Dollar), Dresdner Bank (18,4 Milliarden Dollar).
Der frühere Justizministeriumsbeamte Robert Litan bringt es auf den Punkt: „Das sind alles riesige Zahlen. Wir reden hier über den Hochadel der amerikanischen Finanzbranche, der ohne das Geld des Staates den Bach hinuntergegangen wäre."

US-Notenbank gehört Privatbanken

Das „Who's who" der globalen Finanzindustrie

„Denn wenn sie alle vollständig verstehen, wie sie vorgeht, was sie tut, wie sie die Geldpolitik und die Zinsen manipuliert, werden sie endlich kapieren, dass es die FED ist, die das ganze Unheil angerichtet hat."
Ron Paul, republikanischer US-Kongressabgeordneter[312]

Ben Bernanke (Vorsitzender der FED seit 2006)

Ben Bernanke hatte die Dreistigkeit, die Finanzkrise als „perfect storm" zu bezeichnen – eine Verkettung unglücklicher Umstände, die keiner habe voraussehen können. Bernanke behauptete im März 2007 vor dem Kongress, nachdem die US-Immobilienpreise schon seit mehr als einem Jahr fielen, dass die Kreditprobleme sich „wahrscheinlich eindämmen" ließen und nicht auf andere Bereiche übergreifen würden.[313] Entweder ist dieser Mann gnadenlos inkompetent oder der mächtigste Lügner der Welt. Erst ein weiteres Jahr später hat die FED neue Regeln erlassen, um die Auswüchse auf dem Subprime-Kreditmarkt einzudämmen.[314]

Neue Regeln bei der FED

Henry Paulson (US-Finanzminister 2006–2009)

Mister Henry Paulson verdiente vor seiner Position als Finanzminister bei der Wall-Street-Bank Goldman Sachs seine Brötchen, die letzten acht Jahre als Vorstandschef. Bevor er sein Amt antrat, musste er sein Goldman Sachs-Aktienpaket im Wert von 480 Millionen Dollar verkaufen – Steuern für den Erlös musste er keine bezahlen.[315] Laut FCIC „spielte Goldman Sachs unter seiner Ägide eine zentrale Rolle bei der Erschaffung und dem Verkauf von Hypotheken-Kreditpapieren". In den Jahren 2004 bis 2006 stellte Goldman Sachs Milliarden für Hypothekengeber zur Verfügung, und das meiste Geld ging an Subprime-Kreditgeber.[316] Ferner hat Goldman Sachs 2004 das erste synthetische CDO mit dem wunderbaren Namen Abacus auf den Markt geworfen. Sein unverantwortliches Tun, welches mitverantwortlich für die globale Krise war, beschreibt dieser Mann mit folgendem arroganten Jux: Am Ende seiner Zeit bei Goldman Sachs sei leider „die meiste Zahnpasta schon aus der Tube" gewesen.[317]

**Lloyd Blankfein (seit 2006 Vorstandsvorsitzender
von Goldman Sachs)**
Lloyd Blankfein verglich die Finanzkrise mit einem „Hurrikan" –
folglich mit höherer Gewalt. Laut FCIC-Bericht profitierte Goldman
Sachs von der Krise immens. Ende 2006 hatte Goldman Sachs bereits die Gefahr am Subprime-Markt erkannt und damit begonnen,
ihr eigenes Inventar zu veräußern. Parallel wurden dieselben schwer
zu hinterfragenden Investmentvehikel weiter an Klienten verkauft mit
dem Ziel, Gebühren zu kassieren, und dies durchaus mit Erfolg – von
Dezember 2006 bis August 2007 hat die Bank mehr als 25 Milliarden
Dollar an riskanten CDO-Produkten bewegt. Die Finanzexperten von
der New Yorker Consultingfirma R&R bezeichnen Goldmans Geschäftspraktiken als den „zynischsten Einsatz von Kreditinformation,
den sie je gesehen haben". Es sei, „als kauft man eine Feuerversicherung für das Haus eines anderen und begehe dann Brandstiftung"[318].
Die Bank war ohne Zweifel ein Nutznießer der Finanzkrise. Goldman
Sachs hat diverse Finanzprodukte entwickelt und verkauft, die den
Kunden beim Einbruch der Immobilienpreise immense Verluste und
dem Institut gleichzeitig Gewinne einbrachten. Der Ausschuss erklärt:
„Als Goldman Sachs erkannte, dass der Hypothekenmarkt am kippen
war, haben sie Anstrengungen unternommen, um von dem Einbruch
auf Kosten ihrer Klienten zu profitieren."[319]

Charles Prince (ehemaliger Vorstand der Citigroup)
Charles Prince kann man schon beinahe als Spaßvogel bezeichnen,
denn er hat den Kollaps des US-Immobilienmarkts als „völlig unerwartet" bezeichnet.
Laut FCIC-Bericht hat sich Citigroup regelrecht auf das CDO-Geschäft gestürzt und eine kleine Finanzfirma nach der anderen aufgekauft. Beim Kauf von Associates First protestierte Martin Eakes, der
Gründer der Kommunalsparkasse Self-Help Credit Union: „Es ist einfach inakzeptabel, dass die größte Bank Amerikas die Ikone der räuberischen Kreditvergabe übernimmt." Aufgrund des dubiosen Geschäftsgebarens der Citigroup verbrachte Prince „mehr als die Hälfte seiner
Zeit" mit der Beschwichtigung argwöhnischer Aufsichtsbehörden.

Sein Kollege Robert Rubin, seines Zeichens – von 1995 bis 1999 – ehemaliger Finanzminister unter Bill Clinton, Ex-Chef von Goldman Sachs und inzwischen Leiter des Citigroup -Aufsichtsrats,   drängte Prince laut Bericht, „noch mehr Risiken einzugehen". Ein internes Memo belegt, dass sich Citigroup schon 2006 der Gefahren bewusst gewesen war. Es wurden die eigenen Praktiken „infrage gestellt" und vor Interessenskonflikten gewarnt, wenn CDOs nur gehandelt würden, um „Gebühren zu generieren", ohne die Risiken zu beachten. Das Ergebnis ist jedem von uns hinlänglich bekannt – unglaubliche Verluste, die das Finanzkonglomerat bis an den Rande des Scheiterns brachten[320]. Pikant ist auch, dass erst durch die Aufhebung des Glass-Steagall Acts während seiner Zeit als Finanzminister der Clinton Regierung 1999 die Fusion zwischen Citicorp und Travelers Group möglich wurde. Anschließend war er als Berater für die neue Citigroup bis 2009 tätig, hierfür erhielt er über 126 Millionen Dollar.[321]

Bill Clinton (ehemaliger US-Präsident)
Auch der ehemalige US-Präsident Bill Clinton ist laut FCIC mitverantwortlich für die Krise, denn er hatte 1995 eine Initiative gestartet, um auch Käufern mit schlechter Bonität Hauseigentum zu ermöglichen. Die Verwirklichung des amerikanischen Traums, ein Haus für jeden, sei der Hauptgrund der Krise gewesen. Sein Nachfolger George Bush setzte die Initiative, wonach Hauskäufer in bestimmten Fällen noch nicht einmal eine Anzahlung leisten mussten, dann noch weiter fort.
Im Jahr 1999 unterzeichnete Clinton den Gramm-Leach-Bliley Act. Dieser förderte die Konsolidierung von Geschäftsbanken und Investmentbanken. Im Jahr 2000 unterzeichnete er den Commodity Futures Modernization Act. Dieser ermöglichte es den Banken, richtig „Gas zu geben", denn er deregulierte den Derivative-Markt, d. h. er schützte sogenannte „Risiko-Investments" vor so gut wie jeglicher Regulierung.[322]

Richard Fuld (Vorstandschef bei Lehman Brothers von 1994 bis 2008)

Laut FCIC habe Lehman im März 2006 eine „aggressive Wachstumsstrategie" eingeschlagen „inklusive höherer Risiken und mehr Verschuldung". Als Lehman Brothers im April 2008 bereits mit massiven Problemen konfrontiert war, versicherte Fuld: „Das Schlimmste ist hinter uns." Ein Zeichen für Fulds kompletten Realitätsverlust war sein Bestehen vor der Kommission selbst nach dem Scheitern von Lehman, nichts falsch gemacht zu haben. Noch lächerlicher ist seine Aussage, Lehman sei das Opfer gieriger Spekulanten und Gerüchtetreiber gewesen und dass es kein Kapitalloch bei Lehman Brothers gab. Dieser Aussage hat Ben Bernanke direkt widersprochen.[323] Die Vergütungen von Richard Fuld in den Jahren 1993 bis 2007 werden auf insgesamt 500 Millionen USD geschätzt.[324]

Fannie Mae und Freddie Mac

Die rückverstaatlichten US-Hypothekenbanken Fannie Mae und Freddie Mac hätten laut FCIC-Bericht ein „mangelhaftes Geschäftsmodell" gehabt und „über Jahrzehnte hinweg ihre politische Macht genutzt, um eine effektive Regulierung und Aufsicht abzuwehren". In den Jahren 1999 bis 2008 haben die Institute rund 164 Millionen Dollar für Lobbyarbeit verbraten. Seit 2004 haben Fannie Mae und Freddie Mac um jeden Preis versucht, ihre Vormachtstellung auf dem immer heißeren Kreditverbriefungsmarkt zu verteidigen. „Sie lockerten ihre Underwriting-Standards, erwarben und gewährleisteten riskantere Darlehen und steigerten ihren Ankauf von Wertpapieren", schreibt die FCIC. So hätten sie sich immer mehr an Subprime-Hypotheken gekoppelte Finanzprodukte zugelegt. Bis November 2011 hat das US-Finanzministerium 169 Milliarden Dollar verbraten, um Fannie Mae und Freddie Mac vor dem Bankrott zu bewahren.[325] Die beiden Unternehmen schreiben weiterhin tiefrote Zahlen. Fannie Mae verzeichnete für das Jahr 2010 einen Verlust in Höhe von 14 Milliarden Dollar und 2011 in Höhe von 16,9 Milliarden Dollar. Freddie Mac schrieb 2009 einen Verlust von 25,7 Milliarden Dollar und 2010 weitere 19,8 Milliarden Dollar.[326] Auch 2012 benötigte der marode Immobilienfinanzierer weitere Milliarden vom Staat. Für 2012 fallen bereits in den ersten zwei Monaten weitere sechs Milliarden Dollar bei Fannie Mae an.[327]

AIG

Laut FCIC-Bericht war der Beinahe-Untergang des Versicherungs giganten AIG eine Folge der Finanzkrise – aber nicht nur. Die AIG hat ein „Riesen-Geschäft" mit Credit Default Swaps (CDS) gemacht. Mit diesen virtuellen Versicherungsverträgen konnten sich Banken gegen Verluste auf dem Immobilienmarkt absichern. Erst dies ermöglichte die gigantische Spekulation, denn dadurch konnten Banken ihren Kapitalbedarf massiv senken. Laut FDIC „schienen die Gebühren AIG das Risiko wert gewesen sein". Selbst als das Unternehmen 2005 sein Top-Rating verloren hatte, zog es sich nicht vom Subprimemarkt zurück. Mittlerweile hat die USA 182 Milliarden Dollar in die AIG gepumpt.[328]

Deutsche Bank

Deutschlands größte Bank war neben Goldman Sachs, Merrill Lynch, Citigroup und UBS einer der Big Player am CDO-Markt (Markt für forderungsbesicherte Wertpapiere).

Laut FCIC-Bericht hat die Deutsche Bank „ganz konkret erkannt, dass es bei den US-Immobilien zu einem Preisverfall und dadurch zu Kreditausfällen kommen wird. Darauf wetteten die Banker. Trotzdem verkaufte sie weiterhin die Collateralized Debt Obligations (CDOs) – Kreditderivate. Die Deutsche Bank verkaufte ihren Kunden also Papiere, auf deren Verlust sie bereits spekulierte."[329] Die Wirtschaftswoche schreibt in ihrem Artikel vom 14.04.2011 mit dem Titel „Vorwurf des US-Senats – Deutsche Bank ist Mitauslöser der Finanzkrise": „2007 hatte die Bank diese Papiere im Gesamtwert von 1,1 Milliarden Dollar verkaufen wollen, obwohl Michael Lamont, Co-Leiter der Abteilung CDOs, bereits wusste, dass der Kreditmarkt einbrechen würde. Bereits Anfang Februar 2007 schrieb er in einer E-Mail: ‚Drückt die Daumen, aber ich glaube, wir können das verkaufen, bevor der Markt zusammenbricht.' Tatsächlich verkaufte die Bank Papiere für 700 Millionen Dollar. Binnen 17 Monaten verloren diese fast ihren gesamten Wert." Der Vorsitzende des Komitees des US-Senats, Carl Levin bringt es auf

den Punkt: „Wir sind auf eine Schlangengrube voller Gier, Interessen-konflikten und Fehlverhalten gestoßen."[330]
Der Spiegel bescheinigt der Deutschen Bank in einem Artikel vom 15.04.2011 mit dem Titel „US-Bericht zur Finanzkrise – Ohrfeige für die Deutsche Raffgierbank" ein verheerendes Zeugnis:
Greg Lippmann arbeitete für die Deutsche Bank in New York. Er war der wichtigste Händler von „Collateralized Debt Obligations" (CDO) – synthetischen Finanzprodukten. Diese waren damals der Knaller an der Wall Street. Strippenziehern wie Lippmann war offenbar bewusst, dass die sich oft auf Schrottkredite stützten. Allein Lippmanns CDO-Team verdiente zwei Milliarden Euro daran. Lippmann gehörte 2005 laut Wirtschaftswoche zur sogenannten „Gang of Five": den CDO-Händlern bedeutender Investmentbanken, die neue Regeln entwickel-ten, um CDO-Wetten noch lukrativer zu machen.[331]
Während Insider längst auf einen Crash des Systems spekulierten, wurden die CDOs dennoch an die Kunden verhökert. „ACE 2006-NC1 M9, ein aus wackligen Subprime-Hypotheken geschnürtes Kre-ditpaket, floss in das Produkt Gemstone 7 (Edelstein 7) ein, eine alles andere als edle, von der Deutschen Bank garantierte CDO, die im März 2007 auf den Zockermarkt kam. Damaliger Wert: 1,1 Milliarden Dollar. Ein Jahr später war sie so gut wie wertlos."[332]
Lippmann hat laut Spiegel seine Kollegen mehrfach gewarnt, dass die in den CDOs verpackten Ramschkredite bald an Wert verlieren wür-den. Er sprach sogar von einem „Ponzi-Schema" – einem Schneeball-system – wie das, wegen dem der Milliardenbetrüger Bernard Madoff für den Rest seines Lebens in Haft landete.
Bereits 2006 war Lippmann demnach das Risiko bewusst, also zwei Jahre vor dem Ausbruch der Krise. Lippmann schrieb im April 2006 an einen Kollegen über die fraglichen Residential Mortgage Backed Securities – Finanzprodukte, deren Erfolg von Tausenden riskanten, minderwertigen Subprime-Krediten abhing: „Die Hälfte davon ist Mist." Noch im August 2006 „protzte er in einer E-Mail an einen Händler, er könne RMBS wahrscheinlich an irgend so einen CDO-Idioten leer verkaufen". Im selben Monat orakelte er: „Mir ist egal, was so eine trainierte Bullenmarkt-Research-Robbe sagt, dieses Zeug hat eine reale Chance, massiv in die Luft zu gehen." Lippmann war sich

ohne Zweifel der Brisanz bewusst. Dies beweist die Warnung per E-Mail an einen seiner Klienten: „Bitte leiten Sie diese E-Mails nicht außerhalb Ihrer Firma weiter ... Ich will von den Emissionsleuten nicht beschuldigt werden, dass ich ihr Geschäft kaputtmache."
Lippmann spottete intern und die Deutsche Bank verkaufte fleißig weiter Schrottpapiere. Jetzt fragen Sie sich bestimmt, warum das so war? Die Antwort ist ganz einfach: Rocky Kurita, ein Mitarbeiter aus Lippmanns Team, schrieb: „Wir müssen Geld verdienen" und „die Zufriedenheit des Kunden ist zweitrangig."
Gemstone 7 ist eine von 47 CDOs im Wert von 32 Milliarden Dollar, die die Deutsche Bank von 2004 bis 2008 garantierte. Die Deutsche Bank hat allein mit Gemstone 7 knapp 4,7 Millionen Dollar Gebühren einkassiert. Im Januar 2007 begann die Deutsche Bank Gemstone 7 mit Verkaufsveranstaltungen in der ganzen Welt zu vermarkten. Ein Kunde habe danach den Eindruck gehabt, „dass Gemstone 7 nur minimale Investmentrisiken berge". Im Sommer 2008 war Gemstone 7 wertlos.
Greg Lippmann muss sich nicht fürchten – er hat die Deutsche Bank längst verlassen und bereits seinen eigenen Hedgefonds Libre Max gegründet. Bloomberg TV berichtete, dass es ihm auch dabei nur um eine Sache ginge: „Geld verdienen."[333]
Eigentlich ist es doch unerklärlich, dass es laut einer US-Kommission diverse Schuldige für diese Finanzkrise gibt, aber die Kosten der globalen Finanzkrise weltweit von den Steuerzahlern getragen werden müssen. Anscheinend sind wir etwas mehr schuld als die oben genannten Personen und Finanzunternehmen – denn wir bezahlen nun mal die Zeche. Falls Sie anderer Meinung sind, sollten Sie dies Frau Merkel mitteilen.

16. Die heimlichen Lobbyisten

Es stellt sich die Frage, weshalb so viele „Ökonomen" in der Finanzkrise so jämmerlich versagten. Laut Handelsblatt und Zeit offenbart eine US-Studie massive Interessenkonflikte der Zunft. [334]
Das Ergebnis der Studie über die finanziellen Eigeninteressen von Ökonomen, durchgeführt vom Wirtschaftswissenschaftler Gerald Epstein an der University of Massachusetts, sollte zum Nachdenken anregen: In den USA ist es Usus, dass Wissenschaftler mal im Dienste der Wissenschaft, mal für die Politik und mal für die private Wirtschaft tätig sind – dies kann fatale Folgen haben.
Epstein untersuchte in seiner Studie die Verbindungen von zwei einflussreichen Ökonomen-Zirkeln, welche die Vorschläge zur Reform der Finanzmarktregulierung erarbeitet haben. Ungefähr 70 Prozent der Forscher arbeiteten nicht im Interesse der Allgemeinheit. Sie hatten massive Eigeninteressen. Sie saßen in Verwaltungsräten von Finanzfirmen, arbeiteten als Consultants oder hatten gar eigene Unternehmen. Mehr als die Hälfte von ihnen verschwieg bei Vorträgen oder Zeitungsbeiträgen ihre zumeist äußerst lukrativen Nebenbeschäftigungen. In Anbetracht dessen ist es nicht verwunderlich, dass bei der sogenannten Finanzmarktreform in den USA die Banken keine nennenswerten Einschnitte zu erwarten haben.[335]

Hier ein paar gravierende Beispiele:
Bei einer Podiumsdiskussion zur Finanzkrise an der Stanford University fragte ein Student den Ökonom Darrell Duffie, „warum Ratingagenturen Bestnoten für toxische Papiere vergaben." Dieser sprach von einem „Fehler". Auf eine weitere Frage hin gab er zu, dass er selbst im Verwaltungsrat der Ratingagentur Moody's sitzt.
Harvard-Professor Martin Feldstein war bereits unter Ronald Reagan ein Verfechter der Deregulierung, nebenbei saß er über 20 Jahre im Verwaltungsrat des Versicherers AIG und verdiente dort ein Vermögen. Der Dekan der Columbia Business School, Glenn Hubbard, lobte eine Studie über Derivate. Nebenbei saß er in den Verwaltungsräten des Hypothekenfinanzierers Capmark und des Versicherungsriesen Met-Life.

Richard Robb ist Professor an der New Yorker Columbia-Universität und Firmenmitgründer der New Yorker Firma Christofferson, Robb & Company und Fondsmanager des Hedgefonds CRC. Dieser Hedgefonds nimmt den Finanzinstituten gegen eine üppige Gebühr die besonders heiklen Risiken aus einem ganzen Bündel von Krediten ab.[336]

Richtig „dicke" im Geschäft ist Larry Summers, Harvard-Professor, Weltbank-Chefökonom, unter Bill Clinton Finanzminister und einer der führenden Deregulierer. Nach seiner Tätigkeit für Clinton war er Geschäftsführer des Hedgefonds D. E. Shaw, mittlerweile ist er Wirtschaftsberater von Obama.

Aber auch in Deutschland sieht es nicht besser aus.
Oberexperte und Alleswisser – seines Zeichens Ifo-Präsident – Hans-Werner Sinn saß fast zehn Jahre im Aufsichtsrat der Hypovereinsbank. Trotzdem hat er die Probleme bei der Hypovereinsbank und der Hypo Real Estate anscheinend nicht kommen sehen. Auf seinem prall gefüllten Lebenslauf muss er diese wohl eher schlecht bezahlte Position vergessen haben.[337]

Sinn: Fast zehn Jahre im Aufsichtsrat der Hypovereinsbank

Bert Rürup, der ehemalige Wirtschaftweise, ist mitverantwortlich für die nach ihm benannte „Rürup-Rente", die der Bundesbürger zusätzlich zur staatlichen Rente als Altersabsicherung abschließen soll. Pikanterweise stellt ausgerechnet die Firma ihn ein, die mit dem Verkauf dieser Instrumente ein Vermögen verdient: AWD, einer der größten und am meisten kritisierten Finanzdienstleiser Deutschlands. Nach lauter Kritik gründen der Chef von AWD Carsten Maschmeyer und Bert Rürup die „MaschmeyerRürup AG".[338]
Walter Riester, Fliesenlegermeister, Sozialdemokrat und Tausendsassa, wenn man seine zahlreichen Ämter und Posten betrachtet (Bosch, Daimler-Chrysler, Thyssen, Audi, Rheinmetall, Heidelberger Druckmaschinen, WMF): Er schenkte uns die „Riester-Rente", was neben der „Rürup-Rente" eigentlich schon eine Bankrotterklärung der staatlichen Rente ist. 2009 läuft er über und arbeitet nach seiner Politikerkarriere bei „denen", die Geld mit der Riester-Rente verdienen: Er wird Aufsichtsrat des Finanzdienstleisters Union Asset Management Holding.[339]

17. Was wurde aus der Krise gelernt?

*„Die reinste Form des Wahnsinns ist es, alles beim Alten zu
lassen und gleichzeitig zu hoffen, dass sich etwas ändert."*
Albert Einstein, Physiker und Nobelpreisträger[340]

Die Frage, was aus der Krise gelernt wurde, ist ziemlich leicht zu beantworten: nichts!

Diese Meinung vertritt auch der ehemalige Bundespräsident Wulff. Er
geht sogar noch weiter. Sein Fazit: „Weder haben wir die Ursachen der
Krise beseitigt, noch können wir heute sagen: Gefahr erkannt – Gefahr
gebannt. Manchmal scheint mir, dass dank der staatlichen Krisenmaßnahmen der Schreck bei vielen verflogen ist und die alten Verhaltensweisen zurückgekehrt sind."[341] Das hat er sehr schön erkannt. Aber was
hat sich denn so alles geändert?

**Banken wurden durch Übernahmen noch größer – das heißt: „too
big to fail" 2.0**

In 13 europäischen Staaten übersteigt die Bilanzsumme das Sozialprodukt der Länder. In Deutschland übertrifft die Bilanzsumme aller
Geldinstitute die deutsche Wirtschaftsleistung um das Zweieinhalbfache.[342] Laut dem Vorstand der belgischen Notenbank und Fachmann
für Bankenregulierung Peter Praet sind diese international eng verflochtenen Großbanken „präsenter als je zuvor".
Auch nach der Krise haben die Großbanken global prämienfreie Versicherungsunternehmen – den Staat. Die Großbanken erhalten faktisch weiterhin milliardenschwere Subventionen.[343] Ferner dürfen
sich die systemrelevanten vollkaskoversicherten Banken weiterhin in
unbegrenzter Menge Geld vom Staat zum Spielen ausleihen.[344] Die
fünf größten Banken der USA kontrollieren mehr Einlagen als die 45
nächstgrößeren Kreditinstitute zusammen. Die vier größten Banken
des Landes haben zwischen 2007 und 2010 ihre Kreditausleihungen
an den Mittelstand um sage und schreibe 53 Prozent gedrosselt.[345]
Sogenannte Schattenbanken (ein Kreditinstitut, das keine offizielle
deutsche Banklizenz besitzt und damit auch nicht von den entspre

Bilanzsumme übertrifft
Wirtschaftsleistung

...und die Reichen immer reicher werden

chenden Überwachungsorganen kontrolliert wird) ziehen immer mehr Kapital an und entwickeln sich zu kaum kontrollierbaren riesigen Finanzgiganten. Mehr hierzu im Kapitel Schattenbanken; Geldhäuser verschieben erneut Milliardenrisiken.[346]

Die Bankenabgabe – ein voller Erfolg für die Banken

Bankenabgabe ist sinnlos

Die von der Politik großspurig verkündete Bankenabgabe ist ebenfalls ein voller Erfolg. Ziel der Bankenabgabe ist die Auffüllung des „Restrukturierungsfonds" mit einer Milliarde Euro jährlich. Mit diesem Geld sollen dann die Banken bei der nächsten Krise gerettet werden. Jetzt müssen wir alle hoffen, dass die nächste Krise in den folgenden 50 Jahren nicht stattfindet – denn bei der letzten Krise hat der Staat 21 Milliarden für die Landesbanken, 18 Milliarden für die Commerzbank, zehn Milliarden für die Hypo Real Estate hingeblättert. Seltsamerweise kommt man aktuell nicht mal auf eine Milliarde. Dummerweise haben die Gesetzesmacher bei der Berechnung der Abgabe den Abschluss nach deutschem Handelsgesetzbuch zugrunde gelegt, nicht den internationalen Standard IFRS. Dadurch kommt es zu leichten Differenzen: Die Deutsche Bank muss beispielsweise statt der erhofften 500 Millionen Euro schlappe 73 Millionen in den Fonds einzahlen.[347] Wie kann so etwas passieren? Vom wem werden unsere Regierungen eigentlich beraten?

Basel II und III – was soll man hierzu noch sagen?

Die BaFin schreibt auf ihrer Webseite:

„Der Basler Ausschuss für Bankenaufsicht ist bei der Bank für Internationalen Zahlungsausgleich (BIZ) angesiedelt. Gegründet haben ihn die Zentralbanken der G10-Staaten im Jahre 1974, kurz nach dem Zusammenbruch des Bankhauses Herstatt. Dem Ausschuss gehören Mitglieder aus 13 Ländern an: Repräsentanten der Zentralbanken und der Aufsichtsbehörden der Mitgliedsstaaten. Der Ausschuss entwickelt Aufsichtsstandards und Empfehlungen für die Bankenaufsicht – wie etwa die Eigenkapitalvereinbarung Basel II. Hierbei handelt es sich zwar um unverbindliche Regelungen;

dennoch wurden die Basler Empfehlungen aus Basel I von weit mehr als den in dem Ausschuss vertretenen Staaten übernommen.

Wesentliches Ziel von Basel II ist:

- die Eigenkapitalanforderungen risikogerechter als bisher zu gestalten,
- die Schaffung von Grundprinzipien für eine qualitative Bankenaufsicht sowie
- Vorgaben für die Offenlegung zur Stärkung der Marktdisziplin.

Der Begriff Basel III bezeichnet ein Reformpaket BIZ. Die vorläufige Endfassung von Basel III wurde im Dezember 2010 veröffentlicht.[348] Nach Basel III sollen Banken nur das 33-fache ihres Eigenkapitals an Krediten vergeben dürfen. Erfüllen müssen diese Auflagen die Banken ab 2013, voll wirksam sollen sie ab 2018 sein.[349] Es ist also noch ein Weilchen Zeit. Unser großer Freund über dem großen Teich, die USA, sträuben sich, Basel III einzuführen – Basel II wurde von den USA ebenfalls nicht übernommen.

Basel nichts für USA

Finanztransaktionssteuer – wo ist sie geblieben?
In Deutschland existiert wie in fast jedem Land der Erde eine sogenannte Umsatzsteuer.
Die **Umsatzsteuer**, „auch Mehrwertsteuer genannt, wird von einem Verkäufer für einen getätigten Umsatz durch den Verkauf von Produkten oder Dienstleistungen an die Finanzbehörden abgeführt."[350] Jeder Händler, Dienstleister etc., der einen Umsatz macht, ist in Deutschland verpflichtet, eine Umsatzsteuer (zwischen sieben und 19 Prozent) an das Finanzamt abzuführen. Jeder Händler? Nein, nicht jeder Händler. Die Händler an den Finanzmärkten leisten seit Jahren erbitterten Widerstand – und bezahlen keine Umsatzsteuer. Es werden astronomische Summen bewegt und gigantische Umsätze gefahren, aber es wird keinerlei Umsatzsteuer bezahlt.
Seit Langem wird von einer EU-weiten Finanztransaktionssteuer in Höhe von 0,01 oder 0,05 Prozent gesprochen, doch selbst dagegen

läuft die Finanzlobby Sturm. Der Bundesverband Investment und Assetmanagement e. V. warnte den Finanzausschuss vor den Folgen für den Kleinanleger. Er sieht Belastungen bei Riester/ Rürup und der Kapital gedeckten Altersvorsorge. Dem Magazin Plusminus liegt eine Berechnung des Lebensversicherers Allianz vor. „Darin heißt es: Wer 1000 Euro im Jahr einzahlt, bei vier Prozent Zinsen muss nach 30 Jahren rund 75 Euro Finanztransaktionssteuer zahlen." Der Finanzexperte Prof. Max Otte kommt bei seinen Berechnungen auf eine Belastung von 30 Euro bei einem Steuersatz von 0,05 Prozent und 6,10 Euro bei einem Satz von 0,01 Prozent. Otte kommt zu folgender Schlussfolgerung: „Das ist gar nichts, das ist dem Kleinsparer egal. Es wird hier Panik gemacht und mit Angst kann man auch falsche Dinge vertreten, das ist, was hier passiert."

Angst hat die Finanzlobby ausschließlich vor einem: der Verringerung ihrer Gewinnmargen. Heute bestimmen Computer den Handel, die Transaktionen im Milli-Sekundentakt durchführen. Folglich steigt die Steuerschuld, je schneller die Transaktionen durchgeführt werden.

Da Großbritannien sich weigert, diese Steuer einzuführen, wird sie auch bei uns nicht kommen, da ansonsten laut Volker Wissing, stellvertretender Fraktionsvorsitzender der FDP, der Finanzplatz Deutschland massiv geschädigt würde.

In China, am Börsenplatz in Schangai, gibt es die Steuer mit einem Satz von 0,1 Prozent, und der chinesische Staat nimmt dadurch jährlich sechs Milliarden Euro ein. Die Chinesen haben von Abwanderungsbewegungen der Finanzhändler bis heute noch nichts bemerkt.[351]

Rente mit 54

Der frühere Co-Chef im Investment-Banking der Deutschen Bank, Michael Cohrs, hat sich laut offizieller Unterlagen der Stadtverwaltung im New Yorker Stadtteil Tribeca eine Wohnung für 11,5 Millionen Dollar gekauft. Die Wohnung ist nach Angaben eines Maklers 350 Quadratmeter groß und ganz neu. Der heute vierundfünfzigjährige Cohrs hat letztes Jahr die Bank verlassen – um in Rente zu gehen.[352]

Boniwahnsinn

Die Boni der Banker sind höher denn je. Die AIG zahlte 2009 mehr als Dollar 7000 Bleibeprämie für eine Küchenhilfe.[353] Der Goldman Sachs-Berater Brian Griffiths vertritt die folgende Meinung bei einer Podiumsdiskussion in London: Hohe Boni würden „größeren Wohlstand für alle" schaffen.[354] Goldman Sachs schüttet für 2009 insgesamt Dollar 16,2 Milliarden an Bonuszahlungen aus.[355]

Die Hypo Real Estate hat für 2009 Boni in Höhe von insgesamt 25 Millionen Euro bezahlt, obwohl die Bank mit Milliarden an Steuergeldern gestützt wird und obendrein 2009 einen Verlust von 2,2 Milliarden Euro gemacht hat.[356] Dem Irrsinn scheinen keine Grenzen mehr gesetzt zu sein.

HRE: 25 Millionen Euro für Boni bei 2,2 Milliarden Euro Verlust

Abbildung 13: Finanzministerium (Karikatur von Rabe)

Trotz eines wirtschaftlich durchwachsenen Jahres haben Bankchefs in den USA und Europa 2010 laut Handelsblatt nahezu 40 Prozent mehr verdient als 2009.[357]
2010 schütteten die wichtigsten New Yorker Finanzfirmen 144 Milliarden Euro an Boni aus.[358] Mehr als jemals zuvor! All dieses Geld wur-

40 Prozent mehr Gehalt für US-Bankenchefs

de ohne Risiko für seine Bezieher verdient, jedoch nicht ohne Risiko für die Banken und letztendlich für die Gesellschaft.[359]
Die US-Großbank Goldman Sachs hat für 2010 jedem seiner 36 000 Mitarbeiter im Schnitt ein Jahresgehalt inklusive Prämien in Höhe von knapp über 431 000 Dollar gezahlt.[360]
Die richtig „dicke Kohle" wird heute jedoch nicht mehr bei den Investmentbanken verdient. Jetzt fragen Sie sich bestimmt, wo denn dann? Ich verrate Ihnen gerne wo: bei den Hedgefonds.

Was sind Hedgefonds?

„Ein (von engl. *to hedge* ‚absichern') ist ein von einer Kapitalanlagegesellschaft aufgelegtes Kapitalmarktprodukt, an dem Kapitalanleger Anteile erwerben können."[361]

Die zehn größten Hedgefonds mit ein paar hundert Mitarbeitern rafften mehr Geld als sechs Großbanken mit einer Million Angestellten zusammen. Die Fonds verdienten in der zweiten Jahreshälfte 2010 ungefähr 28 Milliarden Dollar. Dies sind zwei Milliarden Dollar mehr Gewinn als Goldman Sachs, JPMorgan, Citigroup, Morgan Stanley, Barclays und HSBC zusammen.[362]
Eine Klasse für sich ist der Hedgefonds-Manager John Paulson. Dieser hat offenbar einen neuen Verdienstrekord in der Finanzbranche aufgestellt. Paulson soll 2010 unvorstellbare fünf Milliarden Dollar eingenommen haben, das sind 2,4 Millionen – pro Stunde![363] Der Daimlerkonzern, der im Gegensatz zu den Finanzkonzernen etwas Produktives herstellt, schaffte es 2010 auf 4,7 Milliarden Euro.[364]
Jetzt stellt sich mir doch die Frage: Wieso wird in dieser Branche so exorbitant viel Geld verdient? Was können diese Menschen besser als die meisten anderen?

Hedgefonds-Manager verdient 2,4 Millionen – pro Stunde

Der goldene Apfel
Der neue Apple-Chef Tim Cook hat zu seinem Einstand ein ganz besonderes Geschenk bekommen. Normalerweise erhält man Geschenke in einem Unternehmen, wenn man einen tollen Job gemacht hat, aber nicht so bei Apple. Mr. Cook erhielt eine Million Belegschaftsaktien. Diese haben zum aktuellen Kurs einen Wert von 383 Millionen Dollar, das sind knapp 270 Millionen Euro (Stand 27.08.2011). Herr

Cook hat jedoch leider erst in fünf Jahren Zugriff auf die eine Hälfte und in zehn Jahren auf die andere Hälfte.[365]

Exorbitante Lohnanstiege, aber Aktionäre gehen fast leer aus
Für 2010 erhielt Larry Fink, Vorstandschef von BlackRock, 23,8 Millionen Dollar an Gehalt und Aktien. Dies sind 50 Prozent mehr als ein Jahr zuvor – obwohl der Aktienkurs des Vermögensverwalters 2010 um 16 Prozent sank.[366]
Jamie Dimon, Vorstandschef von JPMorgan, erhielt eine Gesamtvergütung in Höhe von 20,8 Millionen Dollar für 2010. Dies ist ein Anstieg von 1474 Prozent gegenüber dem Vorjahr. Die Investoren von JPMorgan wurden 2010 mit einem Gesamtertrag von 2,3 Prozent abgespeist.[367]
2010 erhielt Lloyd Blankfein, Chef von Goldman Sachs, 14,1 Millionen Dollar. Dies entspricht einer Steigerung von 1276 Prozent gegenüber 2009 – die Aktionäre von Goldman Sachs kamen gerade einmal auf 0,5 Prozent.[368]

Maßlose Finanzbosse

Das Schweizer Bankerparadies

„Die Schweiz ist reich geworden durch Schwarzgeld"
Sergio Ermotti, Chef der UBS[369]

Und auch im Land der Banken – der Schweiz – droht Ungemach, denn die Schweizer Großbanken sind laut Schweizer Tages-Anzeiger extrem großzügig, wenn es um die Bezahlung der meist US-amerikanischen Investmentmanager geht. Financial News verglich in einer Untersuchung über die letzten fünf Jahre die acht der größten Investmentbanken, die eine annähernd vergleichbare Rechnungslegung für das Investmentbanking haben. Ingesamt 311 Milliarden Dollar an Gehalt wurde in fünf Jahren an die Mitarbeiter im Investmentbanking der acht verglichenen Banken bezahlt – das ist 2,6-mal mehr als der mit 120 Milliarden Dollar ausgewiesene Gewinn der Banken für denselben Zeitraum.

...und die Reichen immer reicher werden

Die UBS, größter Vermögensverwalter der Welt mit Kundengeldern in Höhe von 3189 Milliarden Franken, schoss von den Schweizer Banken den Vogel ab. Es wurden Löhne in Höhe von 34 Milliarden Dollar ausbezahlt, obwohl die Investmentbank in derselben Periode fast 45 Milliarden Dollar verlor.

Die zweitgrößte Schweizer Bank, die Credit Suisse, zeigt sich gegenüber ihren Angestellten der Investmentbank ebenfalls äußerst großzügig. Sie bezahlt ihnen fast neunmal mehr, als sie mit ihnen Gewinn macht.[370]
Wäre ich Aktionär dieser Unternehmen, käme ich mir mehr als betrogen vor.

Zwei Milliarden von einem einzigen UBS-Händler verbrannt
Anscheinend wurde überhaupt nichts aus dem Fall Jérôme Kerviel bei der französische Großbank Société Générale Anfang 2008 gelernt. Dieser junge Mann hatte Anfang 2008 die Bank an den Rand des Zusammenbruchs gebracht. Kerviel richtete bei der Bank einen Schaden in Höhe von sage und schreibe 4,9 Milliarden Euro an. Kerviel wurde zu fünf Jahren verurteilt – zwei Jahre der Strafe setzten die Richter auf Bewährung aus.[371]
Exakt auf den Tag genau drei Jahre nach der Pleite der US-Investmentbank Lehman Brothers (15.09.2011) hat ein Börsenhändler der Schweizer UBS 2 000 000 000 US-Dollar verbrannt.

Schweizer Banker machen sich die Taschen voll

Laut der Neuen Zürcher Zeitung sind die Verluste durch einen 31-jährigen Händler mit außerordentlicher krimineller Energie im Aktienhandel in London entstanden.[372]
Warum ist es immer noch möglich, dass einzelne Händler mit solch exorbitanten Summen zocken können? Dabei hatte doch noch am 28. April 2011 der UBS-Chef Oswald Grübel verkündet: „Wir arbeiten mit weniger Risiken gleich profitabel oder sogar profitabler als viele vergleichbare Banken."[373] Da hat er sich wohl kräftig geirrt, der Herr Grübel. Im September 2011 musste er dann auch gehen.[374]

„Wenn Sie einen Schweizer Bankier aus dem Fenster springen sehen, springen Sie sofort hinterher: Es gibt bestimmt etwas zu verdienen."
Voltaire, Schriftsteller[375]

Goldman Sachs kauft sich frei

Juli 2010: Goldman Sachs soll seine eigenen Kunden getäuscht haben. Das von Goldman Sachs aufgelegte strukturierte Investmentprodukt namens „Abacus 2007-AC1" kostet die Bank jetzt 550 Millionen Dollar. Einer der Vorwürfe war, dass die betreffende Anlage auf Empfehlung des Hedgefonds Paulson & Co. zusammengestellt worden war. Dieser setzte selbst darauf, dass diese Anlage scheitert. Die Bank hat jedoch die Mitwirkung des Hedgefonds Paulson & Co. gegenüber den Käufern bewusst verschwiegen. Als der US-Hypothekenmarkt dann zusammenbrach, sollen Anleger mit diesem Anlageprodukt mehr als eine Milliarde Dollar verloren haben. Einer der Verlierer ist die vom Bund vor der Pleite gerettete deutsche Mittelstandsbank IKB. Sie erlitt einen Verlust von 150 Millionen Dollar. John Paulson soll mit der Wette auf den Ausfall fast die gleiche Summe gewonnen haben.[376] Ich hoffe, dass sich Herr Paulson bei seinem nächsten Deutschlandbesuch bei uns allen dafür bedankt.

Verlust von 150 Millionen Dollar

Es geht wieder los

In einem Kundenschreiben an Hunderte seiner Hedgefonds-Kunden warnt ein Händler des US-Bankhauses Goldman Sachs vor einer Verschärfung der Situation im Euro-Raum. Er sieht Parallelen zur Krise im Jahr 2008. Das 54-Seiten-Papier, welches dem Wall Street Journal zugespielt wurde, beinhaltet eine Reihe von Grafiken, die ähnlich negative Signale wie vor der Finanzkrise 2008 zeigen.
Laut dem Goldman Sachs-Analyst seien eine Billion Dollar nötig, um die europäischen Banken zu stützen und selbst Chinas Wachstum sei alles, nur nicht nachhaltig. Er warnte mit Blick auf die USA: „Wer ein Verschuldungsproblem mit neuen Schulden lösen will, ändert nichts am grundlegenden Problem."

„Der Investmentbanker rät seinen Lesern: Profit machen könne jetzt, wer auf einen sinkenden Eurokurs wette. Die Gemeinschaftswährung werde fallen, sobald zusätzliche Stützungszahlungen oder Konjunkturmaßnahmen von europäischen Regierungen verabschiedet werden."

Kreditausfall-Swaps

Pikanterweise wetteifert Goldman Sachs derzeit um Bank- und Beratungsverträge europäischer Staaten wie Spanien. Gleichzeitig rät die Bank jedoch seinen übrigen Kunden, auf die sinkende Kreditwürdigkeit von Firmen aus ebendiesen Ländern zu spekulieren. Der Händler empfiehlt seinen Kunden den Kauf sogenannter Kreditausfall-Swaps von Banken und Versicherungen. Diese Papiere gewinnen an Wert, wenn die Kreditwürdigkeit dieser Firmen sinkt.[377]

Weitere Banken kaufen sich frei
Im Dezember 2010 einigt sich die Deutsche Bank mit der US-Bundesstaatsanwaltschaft sowie mit den Finanzbehörden und zahlt 553,6 Millionen Dollar. Infolgedessen werden alle Ermittlungen eingestellt, die es im Zusammenhang mit steuerbezogenen Geschäften für Kunden aus den Jahren 1996 bis 2002 gegeben hat.[378]
Im selben Monat zahlt die Liechtensteiner LGT Group über 46 Millionen Euro, damit das Verfahren bezüglich der Affäre um die geklaute CD mit Steuerdaten deutscher Bankkunden eingestellt wird.[379]
Im April 2011 hat sich Julius Bär, das größte ausschließlich auf Vermögensverwaltung spezialisierte Geldinstitut der Schweiz, mit einem verwalteten Kundenvermögen im Wert von rund 267 Milliarden Schweizer Franken mit einer Zahlung von 50 Millionen Euro von Steuerverfahren in Deutschland freigekauft. Folglich werden die gegen die Bank und ihre Mitarbeiter geführten Ermittlungen wegen unversteuerter Vermögen in Deutschland eingestellt. Der Bankchef Boris Collardi sagte hierzu: „Wir haben uns mit den Behörden geeinigt, um langwierige und, wie wir glauben, mühsame Ermittlungen zu vermeiden." Ferner erkennt die Bank ein „geringfügig schuldhaftes Verhalten" an.[380] Sehr großzügig, Herr Collardi. Vielleicht sollten Sie bei Ihren nächsten Schwierigkeiten mit dem Finanzamt eine ähnliche Strategie fahren.

Im September 2011 kauft sich die Credit Suisse aus einem umfang-
reichen Steuerverfahren frei. Der Grund hierfür ist, dass die Staatsanwaltschaft Düsseldorf gegen Mitarbeiter des Schweizer Instituts wegen
Beihilfe zur Steuerhinterziehung ermittelt hat. Die Bank einigte sich
mit der Staatsanwaltschaft auf eine Zahlung von 150 Millionen Euro
– und das Verfahren wurde eingestellt.[381]

„Joe 25 Prozent" oder: einer der gefährlichsten Bankmanager der Welt

Nein, diese Aussage stammt nicht von mir, sondern erstaunlicherweise
von dem früheren IWF-Chefökonomen Simon Johnson. Der sagte der
Tageszeitung, dass die von Ackermann angepeilte Eigenkapitalrendite
von 20 bis 25 Prozent nur möglich sei, „weil er genau weiß, dass die
Deutsche Bank ein Systemrisiko darstellt und daher von den Steuerzahlern gerettet würde, falls ein Konkurs droht".[382]

Die Eigenkapitalrendite bzw. Eigenkapitalrentabilität berechnet sich,
indem der Gewinn durch das eingesetzte Kapital geteilt wird. Sie do-
kumentiert, wie hoch sich das vom Kapitalgeber investierte Kapital
innerhalb einer Rechnungsperiode verzinst hat.[383]

Simon Johnson fährt weiter schweres Geschütz auf: „Wenn das Finanzsystem sicher sein soll, muss das Eigenkapital bei 20 bis 45 Prozent der
Bilanzsumme liegen", die Deutsche Bank komme derzeit nur auf vier
Prozent.[384]
Die Bankenaufseher sind laut Johnson jedoch gegen strengere Regeln,
da sie die Meinung vertreten, „dass große Wirtschaftsnationen große Banken benötigten, die nicht zu sehr reguliert werden dürften".
Für die Banken sei das ein Freibrief. Sie gingen „waghalsige Risiken
ein, indem sie enorme Kredite aufnehmen, denen kaum Eigenkapital
entgegensteht". Die Absicherung übernehme der Steuerzahler – laut
Johnson „das klassische Rezept für eine neue Krise".[385] Dem ist von
meiner Seite nichts hinzuzufügen.
Für mich als rational denkender Mensch ist es schlichtweg schleier-
haft, wie die Deutsche Bank eine Eigenkapitalrendite von 25 Prozent

erwirtschaften kann, während die meisten Firmen eine Rendite unter zehn Prozent erwirtschaften. Vielleicht haben Sie eine Antwort, ansonsten sollten Sie Herrn Ackermann fragen, der kennt anscheinend die Antwort!

Übrigens erwirtschaftet bis heute das Investmentbanking rund 80 Prozent der Gewinne der Deutschen Bank.[386]

US-Finanzmarktreform ade

Lang und breit wurde die Finanzmarktreform angekündigt. Sie sollte ein zentrales Projekt der Präsidentschaft Barack Obamas werden.
Mittlerweile wird das Gesetz von den Republikanern und Lobbyisten
immer weiter aufgeweicht und es gibt wieder einen, der davon mächtig
profitiert – die Wall Street. [387]

Die Bank gewinnt immer!

Die Republikaner stemmen sich weiterhin gegen jegliche Regulierung
von Derivaten, etwa indem sie den Aufsichtsbehörden den Geldhahn
zudrehen. Nach wie vor bleibt der auf bis zu 1,4 Billionen Dollar bezifferte globale Credit-Default-Swap-Markt weitgehend undurchsich-
tig.[388] **Was lernen wir daraus: Die Bank gewinnt immer!**

Republikaner gegen Regulierung von Derivaten

Britische Finanzmarktreform im Jahr 2019

Jawohl, Sie haben richtig gehört. Global gewinnt die Krise an Dynamik, und die britische Bankenkommission gibt ihren Banken für Reformen Zeit bis 2019. Dies bestätigt ein Bericht der von der Regierung
eingesetzten Kommission unabhängiger Experten (ICB). Die Banken
haben es also wieder einmal geschafft, sich erfolgreich gegen die Regulierung des Finanzmarkts zu wehren. Wenn die Banken aber Geld vom
Staat wollen, soll dies sofort sein und ohne Bedingungen. Ein Dorn im
Auge der Banken sind die Trennung zwischen dem Investmentbanking
und dem Privatkundengeschäft sowie die Erhöhung der Eigenkapital-
basis. Laut ICB könnte die Reform die Finanzbranche teuer zu stehen
kommen und zu einer jährlichen Belastung vor Steuern im Umfang
von vier bis sieben Milliarden Pfund führen. Doch die Banken haben
ja jetzt reichlich Zeit, um die Reform in ihrem Sinne aufzuweichen.[389]
Und wieder: **Die Bank gewinnt immer!**

Subprime-Bonds: die Rückkehr der Schrottpapiere[390]

Unglaubliches geschieht am Anleihenmarkt – Anleihen auf wertlose
US-Immobilienkredite erreichen ein neues Hoch. Hedgefonds und
Rating-Agenturen preisen den Risiko-Schrott wieder an, und selbst
die AIG ist wieder mit dabei.
Nach dem Beinahe-Super-GAU vor zwei Jahren feiert die Wall Street
die Wiederauferstehung der wertlosen US-Immobilienkredite, kurz
Subprime-Bonds.

Seltsamerweise fallen die Hauspreise in Florida und Kalifornien weiterhin, während sich die Preise für Subprime-Bonds in den Jahren 2009 und 2010 von 30 Prozent des Nominalwertes bis auf fast 60 Prozent verdoppelt haben. Mittlerweile sollen sogar wieder „konservative Investoren" diesen Schwachsinn kaufen – wer kann auch sieben Prozent Rendite widerstehen? Laut Focus lobt ein Manager der Ratingagentur Moody's bereits den „vorsichtigen Optimismus" und den „hohen Kapital-Einsatz" der Anleger. Als ich das gelesen habe, blieb mir die Spucke weg.

US-Notenbank möchte Subprime-Bonds verkaufen

Die gefährlichste Firma der Welt – AIG – beabsichtigte im März 2011, Subprime-Bonds im Wert von 15,7 Milliarden Dollar zu kaufen. Der Deal kam leider nicht zustande, weil der Verkäufer lieber auf ein noch höheres Angebot warten will – der Verkäufer ist übrigens die amerikanische Notenbank (FED).

Im Wall Street Journal stand im Februar 2012 Folgendes: „Anleger glauben fest daran, dass in der amerikanischen Immobilienkrise das Schlimmste überstanden ist – so fest, dass sie ihr Geld wieder in die einst als toxisch abgestraften Hypothekenpfandbriefe stecken, die die Finanzkrise mit ausgelöst haben. Gewinne im zweistelligen Prozentbereich haben einige der gebeutelten Anleihen auf minderwertige Eigenheimkredite dieses Jahr schon verzeichnet. Die Hypotheken wurden noch vor der Krise an Schuldner mit schlechter Bonität vergeben. Ein wichtiger Branchenindex ist sogar um 14 Prozent gestiegen. Die Rally hat Investoren wieder in ein Segment des Anleihemarkts zurückgelockt, der in den Jahren 2007 bis 2009 einen Rückschlag nach dem anderen hinnehmen musste."[391]

Dem Irrsinn sind weiterhin keine Grenzen gesetzt.

Provisionen ja, aber bitte im Geheimen!
Das Provisionsgeschäft lohnt sich für die Banken nach wie vor. Im Durchschnitt kassiert die Bank 667 Euro pro Jahr und Kunde an Provisionen. Laut einer Studie der Verbraucherzentralen missachten zwei von drei Banken und Sparkassen gegenüber ihren Kunden die Pflicht zur Offenlegung von Provisionen und verstoßen damit gegen geltendes Recht. Die Mehrzahl der Banken verweigert gänzlich oder infor-

miert unzureichend. In ausschließlich zwei Prozent der Antworten auf Kundenanfragen wurden die Provisionen von den Banken vollständig offengelegt. Laut Gerd Billen, Vorsitzender des Verbraucherzentrale Bundesverbandes (VZBV), ist „die Argumentation der Banken, die Anfragen abweisen, oft fadenscheinig und juristisch haltlos".[392]
Die Verbraucherzentralen hatten Bankkunden dazu aufgerufen, von ihren Banken eine Auflistung der Provisionen für ihre Wertpapiere zu verlangen. Ausgewertet wurden von den Verbraucherzentralen 172 Antwortschreiben von Banken. Die Antworten ließen mehr als zu wünschen übrig.
Aussagekräftig sind nur vier von 172 untersuchten Auskünften gewesen, 62 haben überhaupt Angaben zu Provisionen enthalten. In 79 der 172 Schreiben wurde eine Offenlegung der Provisionen durch die Banken explizit verweigert, in 15 Antwortschreiben gingen die Antworten an den Fragen der Verbraucher vorbei und vier Sparkassen und Volksbanken wiesen die Anfragen sogar ohne jegliche Begründung ab.[393]

Es ist an der Zeit, dass Sie von Ihrem Banker eine Offenlegung der Provisionen Ihrer Wertpapiere verlangen. Sie werden über das Ergebnis bestimmt überrascht sein.

„Wenn ich den Finanzsektor zu regulieren hätte, dann würde ich die Universalbanken abschaffen und viele Finanztransaktionen verbieten, die nichts mehr mit realen Geschäften zu tun haben."
Franz Fehrenbach, Vorstandschef von Bosch[394]

Die Wall Street wird zur Criminal Street
MF Global war eines der größten global operierenden Finanzunternehmen im Derivatebereich. Nachdem sich der Konzern mit europäischen Staatsanleihen enorm verspekuliert und dabei rund 1,2 Milliarden Dollar Kundengelder veruntreut hat, musste MF Global Anfang November 2011 Insolvenz anmelden. Es wurden Gelder von Kundenkonten abgezweigt, um firmeninterne finanzielle Probleme auszugleichen. Der Fall wird derzeit vom FBI untersucht. MF Global war die

achtgrößte Firmenpleite der US-amerikanischen Geschichte und die größte seit der Pleite von Lehman Brothers 2008.

Nach einer Analyse des Finanzinformationsdienstes Thomson Reuters zeigt der Fall von MF Global, dass sich die Finanzmärkte, angeführt durch die Wall Street, zu einem „unkontrollierten Pyramidenspiel" entwickelt haben, das das „unbegrenzte Jonglieren mit Kundengeldern" erlaubt.[395]

Der CEO von MF Global Jon Corzine, ehemaliger Chef von Goldman Sachs, sagte im Dezember 2011 vor dem US-Ausschuss aus, dass er keine Ahnung habe, wo die verschwundenen 1,2 Milliarden Dollar an Kundengeldern verblieben sind.[396]

Gleich im neuen Jahr 2012 hat die Wall Street ihren nächsten Insiderhandel-Skandal parat: Das FBI hebelt einen Insiderkreis aus, der einen Schaden von mindestens 62 Millionen Dollar verursacht hat.[397]

Wette auf den eigenen Untergang

Im November 2011 geriet Deutschlands zweitgrößte Bank, die Commerzbank, mächtig ins Trudeln. 2006 kostete eine Commerzbank-Aktie noch über 25 Euro, im November 2011 erreichte die Aktie mit 1,12 Euro ihren vorläufigen Tiefpunkt.

Die Bank hat fast 2000 Zertifikate und Optionsscheine auf die eigenen Aktien im Angebot, mit denen Anleger auf fallende, steigende oder gleichbleibende Kurse setzen können. Die Bank ist mehr als 100 000 künstlichen Finanzprodukten der größte deutsche Zertifikate-Emittent am Markt. Im November 2011 hat die Bank jedoch den Vogel abgeschossen. Im riesigen Zertifikate-Sortiment des Finanzinstitutes finden sich seit Ende November 2011 zwei Papiere, mit denen Anleger Gewinne machen, wenn die Commerzbank-Aktie auf Penny-Stock-Niveau, also unter einen Euro, gefallen ist. Dies bedeutet: „Je tiefer das Papier stürzt, desto mehr können Crash-Propheten verdienen. Prozentual gewinnen sie sogar deutlich mehr, als die Aktionäre im Gegenzug verlieren. Dafür sorgt die Hebelwirkung der Optionsscheine."[398] Kränker geht es meiner Ansicht nach nicht! Das Bankensystem schaufelt sich sein eigenes Grab. Ich bin gespannt, wann die Commerzbank ein weiteres Mal die Hand aufhält und somit wieder vom Steuerzahler gerettet wird. Lassen wir uns überraschen.

Commerzbank-Aktie auf Penny-Stock-Niveau

Tuning des Eigenkapitals

Im November 2011 verkündete Angela Merkel voller Stolz, dass man den Banken nun wirksam vorgeschrieben habe, dass sie ihre Eigenkapital-Basis erhöhen müssen. Dies ist durchaus sinnvoll. Jedoch lassen sich die Banken heutzutage von der Politik bestimmt nichts mehr vorschreiben. Also wurde in den Bankentürmen fleißig nach einer Lösung gesucht, und ich sage Ihnen, die Lösung wurde gefunden. Schrottpapiere werden einfach umgewichtet. Was bedeutet das? Um die neuen Eigenkapitalvorschriften zu erfüllen, beginnen die Banken ihre Risiken neu zu bewerten – „auf Deutsch: Sie behaupten einfach, dass der Schrott kein Schrott ist, sondern Gold – und schon ist das lästige Eigenkapital-Thema gelöst."[399] Ganz vorne mit dabei sind die Alchemisten aus Spanien. Laut einem Bloomberg-Bericht haben die Banco Santander SA und Banco Bilbao Vizcaya Argentaria SA erklärt, dass sie nur die Hälfte der geforderten 13,6 Milliarden Euro aufbringen müssen. Die andere Hälfte erreichen die Banken durch die Neubewertung von Risiken („Risk-Weighted Asset (RWA) Optimization"). Adrian Blundell-Wignall von der OECD sagte zu dieser Vorgehensweise der Banken, „dies sei so, als würde man dem Wilddieb zum Hirten machen. (…) Indem man den gerissenen Banken erlaube, ihre eigenen ‚Modelle' anzuwenden, werde die ganze Eigenkapital-Diskussion sinnlos." [400] Wie recht er doch hat. Die ehemalige Chefin des staatlichen US-Einlagenversicherers Sheila Bair bezeichnet diese europäische Methode als naiv. Bair schrieb im Fortune Magazin: „Der Bank-Manager hat jedes Interesse zu sagen, seine Assets seien von niedrigem Risiko. Dadurch kann die Bank ihren Hebel weiter maximieren und höhere Profite ausweisen, was wieder zu höheren Gehältern und Boni führt."[401] Am Ende wird der Irrsinn jedoch auffliegen, und der Steuerzahler wird für eine weitere Bankenrettung erneut bluten müssen.

Wie lange werden wir uns von den Banken noch an der Nase herumführen lassen?

Schrott ist kein Schrott sondern Gold

„Die Banken sind immer noch so aufgestellt, dass sie kurzfristig Gewinne maximieren, damit die Leute an der Spitze schnell mehr Geld bekommen."
Mike Mayo, Bankenanalyst bei der französischen
Großbank Crédit Agricole[402]

Was geschehen müsste, um dem Irrsinn ein Ende zu setzen:

- ein Verbot von komplexen und schwer durchschaubaren Finanzprodukten
- Banker und Aufsichtsräte müssen für den von ihnen angerichteten Schaden mit ihrem Privatvermögen haften
- Einführung einer Finanztransaktionssteuer
- eine Steuer, die mit der Größe der Bank ansteigt. Dies fördert kleine Banken und begrenzt das unaufhaltsame Wachstum von Großbanken.
- Konsequentes Vorgehen gegen Finanzinstitute, die Eigenkapital-Auflagen umgehen
- Verbot von Leerverkäufen. Dies fordert auch der ehemalige Finanzminister Theo Waigel und bringt es folgendermaßen auf den Punkt: „Ich halte es für unmoralisch und für finanzpolitischen Irrsinn, mit etwas zu wetten, das ich gar nicht besitze. Im normalen bürgerlichen Leben ist das grober Betrug, Vortäuschung falscher Tatsachen. Es ist leider noch nicht genügend gelungen, die Exzesse im Bankensystem unter Kontrolle zu bekommen. Da muss sich auch die Bundesrepublik engagieren."[403]
- Verbot, lang laufende Kredite mit kurzfristig rückzahlbarem Geld zu finanzieren
- Verbot der Spekulation mit Nahrungsmitteln
- Konsequente strafrechtliche Verfolgung von kriminellen Bankern und Politikern – keine Verjährung!
- Begrenzung des Boniwahnsinns und der exorbitanten Grundgehälter
- Kompetente Politiker zumindest auf relevanten Positionen. Schluss mit Amtsanmaßung!

Spekulation mit
Nahrungsmitteln

Meiner Ansicht nach ist es für mich doch äußerst bedenklich, wenn ein Arzt, der prädestiniert für den Posten eines Gesundheitsministers ist, aus rein politischem Kalkül Wirtschaftsminister wird. Hier stellt sich doch folgende Frage: Ist dieser Mann wirklich qualifiziert für ein solches Amt? Wenn dies der Fall ist, sollten sich alle Betriebs- und Volkswirtschaftler Gedanken machen, wenn nicht, sollten wir uns alle Gedanken machen, ob dieser Mann die richtige Besetzung ist. Praktiziert ein Betriebs- oder Volkswirtschaftler als Arzt, wird er völlig zu Recht wegen Hochstapelei vor den Kadi gestellt. Ich bin sehr gespannt, ob und wie lange dieser Wirtschaftsminister sich hält. Lassen wir uns überraschen.

Besonders bemerkenswert ist, dass der Gouverneur der Bank of England, Mervyn King, den Banken vorwirft, aus der Finanzkrise nichts gelernt zu haben. Er geht sogar noch weiter und unterstellt ihnen, „die Saat ihres eigenen Untergangs zu säen"[404]. Besser kann man es nicht formulieren.

Die Saat des eigenen Untergangs

„Wenn es der Politik nicht gelingt, endlich die überfällige Reform der internationalen Finanzmärkte durchzusetzen, sind die westlichen Demokratien in der jetzigen Form nicht mehr zu retten."
Heiner Geißler, Politiker[405]

...und die Reichen immer reicher werden

18. Märchen von tausendundeiner Bank

„Nicht die Kinder bloß speist man mit Märchen ab.''
Gotthold Ephraim Lessing, Dichter[406]

Als Bankkunde muss man sich eine Menge Unsinn anhören. Oftmals wird vonseiten der Banken eine Sicherheit suggeriert, die keineswegs eine ist.

Hier ein kleines Best-of, das Sie zum Nachdenken anregen soll:

„Schönen guten Tag. Mein Name ist Herr Maier, ich bin Ihr Bankberater''
Bei dem Wort Berater geht mir zum ersten Mal bereits mein imaginärer Hut hoch. Stellen Sie sich vor, Sie beabsichtigen, einen kleinen Gebrauchtwagen für Ihren 18-jährigen Sohn oder Ihre Tochter zu kaufen, und der Gebrauchtwagenhändler Maier stellt sich bei Ihnen folgendermaßen vor: „Schönen guten Tag, mein Name ist Maier, und ich bin Ihr Gebrauchtwagenberater.'' Sie würden sich wahrscheinlich fragen, ob der gute Mann „ein Rad abhat'' – was faselt der hier von Berater? Der Mann will mir etwas verkaufen – also ist er ein Verkäufer. Dies ist vollkommen richtig, jedoch will nicht nur der Gebrauchtwarenhändler Ihnen etwas verkaufen, sondern der Banker oder besser Finanzproduktverkäufer auch. Dieser verkauft Ihnen genauso wie der Gebrauchtwagenhändler bevorzugt (bank)eigene Produkte. Bitte finden Sie sich damit ab, dass die Bank ständig neue Produkte erfindet – nicht damit Sie ein tolles Produkt haben, sondern damit die Bank Geld verdient, und zwar Ihres. Banken sind zumeist börsennotierte Unternehmen und haben somit ausschließlich einen Auftrag, und dieser heißt nicht: entwickle und biete ganz tolle Produkte für die Kunden an, damit die eine Superrendite erzielen, sondern: **maximiere den Shareholder-Value.**

Banker sind Verkäufer

Banker müssen verkaufen wie am Fließband, um die knallharten Vorgaben von oben zu erfullen. Auch seit dem Artikel in der Wirtschaftswoche vom 04.02.2008 hat sich nicht viel geändert, obwohl er betitelt

war mit den Worten: Bankberater packen aus: „Ich habe Sie betrogen".
In vielen Filialen deutscher Banken herrschen noch immer Zustände
wie in einer Drückerkolonne. Es werden weiterhin Produkte verkauft,
die bestimmt nicht im Sinne des Kunden sind.

Ein halbes Prozent Plus über sieben Jahre[407]

Von einem besonders krassen Beispiel berichtete das Handelsblatt am
05.09.2011:

> „Die ältere Dame hat ihr Geld gut zusammengehalten. Darü-
> ber geredet hat sie mit niemandem, auch nicht mit ihren Kin-
> dern. Jetzt ist sie gestorben, und ihre Kinder haben gestaunt,
> was sich im Depot alles fand. Von einer ‚Alpha Express-Anleihe'
> der Citibank bis zum ‚Unigarant Dividendenstars' lagen da na-
> hezu ausschließlich Garantieprodukte. Dazu noch drei Immo-
> bilienfonds, einer ist gerade geschlossen. Insgesamt 16 Posi-
> tionen, erworben bei ihrer kleinen Volksbank. (...) Die Dame
> hatte auf alles Mögliche gewettet: auf Rentenpapiere, Aktien,
> Immobilien, den Dividendenindex Div-DAX versus den DAX
> und auf Rohstoffe. (...) Mit Slogans wie ‚Meinen eigenen Weg
> gehen (VR Europa Relax Zertifikat)' oder ‚Winterträume für Ihr
> Vermögen (VR Europa Garant Zertifikat)' hatten Broschüren
> für die Produkte der Volks- und Raiffeisenbanken geworben.
>
> Die Bank hat daran gut verdient, die Kundin leider weniger.
> Aus etwas über 206 000 Euro sind in den letzten sieben Jahren
> 207 400 Euro geworden. Das ist ein halbes Prozent Plus über
> sieben Jahre. Es könnte noch ein bisschen mehr werden, denn
> die meisten Fonds und Zertifikate schütten den Gesamtertrag
> erst zum Ende ihrer Laufzeiten aus. Die Zertifikate und Fonds
> hatten Ausgabeaufschläge zwischen zwei und 5,25 Prozent,
> hinzu kamen selbstredend Verwaltungsgebühren in Höhe von
> insgesamt 10 400 Euro. Wäre das Geld zum jeweiligen Anlage-
> termin und jeweils üblichen Zins fünf Jahre als Festgeld ange-
> legt, hätte die Dame 20 900 Euro Zinsen verdient. Außerdem
> hätte sie noch Gebühren gespart und somit wäre aus ihrem

Vermögen 230 000 Euro geworden. Die alte Dame hat also
23 000 Euro verschenkt."

Laut dem Verbraucherzentrale-Bundesverband ist dies kein Einzelfall.
Dort hat man den Eindruck, dass diese Art von „Beratung" zugenom-
men hat und zwar bei allen Banken, egal ob Volksbank, Sparkasse,
Commerzbank oder Deutsche Bank.[408]
Nicht ohne Grund haben Banken für solch ältere und solvente Damen
und Herren eine ganz besondere Kategorie: alt, dumm, vermögend. Es
ist wirklich an der Zeit für einen Depotcheck – jedoch nicht von Ihrer
Bank, sondern von Ihnen selbst. Analysieren Sie ihr Depot genau und
überlegen Sie sich, ob Sie all die Produkte verstehen und wirklich behalten möchten. Denn eine goldene Regel ist: Kaufen Sie ausschließlich die Produkte, die Sie wirklich verstehen. Lassen Sie sich von Ihrem Finanzproduktverkäufer Ihre Rendite und nicht, wie von Banken
gerne gemacht, Ihren Wertzuwachs ausrechnen. Sie werden von dem
Ergebnis bestimmt überrascht sein. Falls Ihr Finanzproduktverkäufer
die Formel gerade nicht zur Hand hat:

**Formel Rendite: [(Endkapital : Anfangskapital ^ (1: Anzahl der
Jahre)]- 1**
Jedoch werden nicht nur zahlreiche Kleinanleger global schlecht beraten, sondern auch die „Big Player". Laut Paul Woolley vom Centre
for the Study of Capital Market Dysfunctionality werden die Treuhän-
der großer Sozialvermögen, also der Pensionskassen, der Staatsfonds
und verschiedenster Stiftungen von den Akteuren im Finanzsektor
systematisch über den Tisch gezogen.[409] Ein Beispiel dafür, dass Investmentbanken sogar deutsche Städte für dumm verkaufen, zeigt folgender Artikel der Deutschen Mittelstands Nachrichten (herzlichen Dank
für die Möglichkeit, den Artikel an dieser Stelle abzudrucken).

Wie die Stadt Pforzheim von JPMorgan für dumm verkauft wurde

Deutsche Mittelstands Nachrichten vom 06.03.12

Banken zocken deutsche Städte ab

„Es begann damit, dass die Stadt Pforzheim mit einem Finanzprodukt der Deutschen Bank hohe Verluste machte. Der vermeintliche Retter in der Not, JPMorgan, entpuppte sich jedoch als die noch größere Katastrophe für die Finanzen der Stadt. Am Ende verschwanden die Investmentbanker spurlos.

Die Stadt Pforzheim befindet sich derzeit in einem gerichtlichen Verfahren mit JPMorgan. ‚Wir sind auf eine lange Reise eingebogen', charakterisiert der Sprecher der Stadt, Michael Strohmayer, die Geschwindigkeit, mit der man sich auf ein Urteil zu bewegt. Es kann noch Jahre dauern. JPMorgan hatte der Stadt Pforzheim ein Finanzprodukt angeboten, mit dem die Stadt Verluste eines Produkts der Deutschen Bank wettmachen wollte. Doch die neue Strategie führte zu Verlusten in Höhe von 57 Millionen Euro.

Im Jahr 2005 empfahl die Deutsche Bank der Stadt Pforzheim ein Finanzgeschäft mit sogenannten ‚Spread Ladder Swaps' (CMS). Hierbei einigen sich Käufer und Bank anfangs auf einen Nominalwert des Geschäfts und schließen auf dieser Basis eine Wette über den Zinsabstand zwischen zweijährigen und zehnjährigen Staatsanleihen in den nächsten Jahren ab. Vergrößert sich der Spread, entsteht daraus ein Gewinn für den Käufer. Zunächst hatten sich die Swaps zugunsten der Stadt Pforzheim entwickelt, doch plötzlich hatten sie ‚innerhalb weniger Monate einen unglaublich negativen Verlauf', erklärt Michael Strohmayer den Deutschen Mittelstands Nachrichten. Bis ein Verlust von 20 Millionen eintrat. ‚Es gab hier auch keinen Boden, die Wetten hätten noch weiter laufen können bis beispielsweise 200 Millionen Euro Minus.'

Deshalb entschied sich die damalige Regierung, sich von dem Finanzprodukt zu lösen. JPMorgan bat der Stadt einen Ausweg an. Die bestehenden Swaps von der Deutschen Bank wurden gespiegelt. ,Das heißt, egal wie die Swaps verlaufen, haben die gespiegelten Swaps jeweils den gegenteiligen Effekt.' Aus minus 20 Millionen sind dann plus 20 Millionen geworden, die den Verlust quasi ausgleichen sollten. Der Preis für dieses Angebot, so Strohmeyer, waren allerdings drei neue Swaps von JPMorgan, die am Schluss mit einem Minus von 57 Millionen Euro zu Buche standen.

Nun versucht die Stadt Pforzheim vor Gericht, die 57 Millionen Euro zurückzubekommen. Mitte März ist der nächste Termin in Frankfurt zur Beweisaufnahme. ,Einen Vergleich mit JPMorgan in Höhe von knapp 19 Millionen Euro lehnte der Gemeinderat ab. Wir wollen unser gutes Recht', so Strohmayer. Und die Chancen, das Verfahren zu gewinnen, sind gut. Im März 2011 sprach der Bundesgerichtshof einem Mittelständler einen Schadensersatz von 540 000 Euro zu, nachdem dieser Verluste durch Geschäfte mit der Deutschen Bank erlitten hatte. Die Bank hatte die Beratungspflicht verletzt, hieß es in der Begründung. Darauf pocht auch die Stadt Pforzheim.

Michael Strohmayer zufolge wurde bei dem letzten Zusammentreffen der Stadt mit JPMorgan und dem Richter deutlich, dass nun kein Gericht an dem Urteil des BGH vorbeikäme. Was JPMorgan der damaligen Regierung über das Risiko und die genaue Funktionsweise der Swaps gesagt hat, weiß Strohmayer nicht. Aber ,die Beratung muss komplett fehlerhaft gewesen sein'. Schließlich sei der Ansatz der Kommunen, das Zinsmanagement zu optimieren, und spekulative Geschäfte sind verboten.

Andere Kommunen und mittelständische Unternehmen sind ebenfalls in solche kruden Finanzgeschäfte geraten, weiß Michael Strohmayer. Besonders die Kommunen kranken an

Schulden und müssen mit finanziellen Engpässen auskommen. Die Stadt hat, als sie erfahren hat, dass die Swaps ein Minus von bis zu 77 Millionen Euro erreichen können, im Herbst 2010 zur ‚Notlösung' gegriffen. Sie kündigte das Geschäft und zahlte den Marktwert von 57 Millionen Euro.

Glück im Unglück hatte die Stadt Pforzheim dann bei den Gesamteinnahmen im Jahr 2011. Diese waren dank höheren Einnahmen bei der Gewerbesteuer, dem kommunalen Finanzausgleich und größeren Einnahmen bei der Einkommenssteuer rund 60 Millionen Euro besser als erwartet. Das hat die Stadt vor dem Schlimmsten bewahrt. Aber dennoch ist die Neuverschuldung durch die Swaps gestiegen, Investitionen mussten erst einmal aufgeschoben werden und die Haushaltsaufstellung ist weiterhin erschwert.

Die Verhandlungen mit der Deutschen Bank laufen ebenfalls. ‚Immerhin gibt es hier Gespräche', sagt Michael Strohmayer. JPMorgan hat den Kontakt zur Stadt komplett abgebrochen. Die Ermittlungen der Staatsanwaltschaft gegen die damalige Oberbürgermeisterin Christel Augenstein und die Kämmerin Susanne Weishaar stehen unmittelbar vor dem Abschluss, so Strohmayer."[410]

„Wer sich nach den Tipps von Brokern richtet, kann auch einen Friseur fragen, ob er einen neuen Haarschnitt empfiehlt."
Warren Buffett, Investmentlegende[411]

„Unsere Spareinlagen sind sicher"

Immer noch behaupten Banker, unsere Spareinlagen seien sicher. Wie bereits in Kapitel eins erläutert, ist diese Aussage von Frau Merkel bis heute nicht gesetzlich verankert – es handelt sich ausschließlich um eine Absichtserklärung. Des Weiteren geraten Banker ins Schwärmen, wenn sie von dem Einlagensicherungsfonds der Banken sprechen. Unter diesem Vorwand beruhigen sie die Kunden, dass sie die etwas höheren Beträge doch bitte auf ihrem Tagesgeldkonto liegen lassen mögen, wenn sie sich schon weigern, sich für eines der „tollen" Bankprodukte zu entscheiden. Der Einlagensicherungsfonds des Bundesverbandes deutscher Banken suggeriert den Kunden, das angesparte Geld sei in jedem Fall sicher. Hierbei handelt es sich jedoch um einen gravierenden Irrtum. Das Urteil des Landgerichts Berlin (Aktienzeichen 10 O 360/09) schwächt die Rechte der Kunden auf Schadensersatz aus dem Einlagensicherungsfonds des Bundesverbandes deutscher Banken immens. Die Richter wiesen eine Klage mit der Begründung ab, es bestehe für Bankkunden grundsätzlich kein Rechtsanspruch auf Leistungen aus dem Einlagensicherungsfonds.[412] „Das Gericht sagt – vereinfacht gesprochen –, selbst wenn ein Anleger nach den Statuten des Einlagensicherungsfonds einen Anspruch auf Entschädigung hätte, könnte er diesen nicht vor Gericht einklagen", so Axel Halfmeier, Professor für Privat- und Wirtschaftsrecht an der Frankfurt School of Finance.[413] Was nützt mir die „fruchtige" Erklärung meines „Finanzproduktverkäufers" zum Einlagensicherungsfonds der Banken, wenn ich keine Möglichkeit habe, mein Geld einzuklagen? Fragen Sie doch einmal Ihren „Finanzproduktverkäufer" zu diesem Thema.

> **„Ein Bankier ist ein Mensch, der seinen Schirm verleiht, wenn die Sonne scheint, und ihn sofort zurückhaben will, wenn es zu regnen beginnt."**
> Mark Twain, Schriftsteller[414]

„Unsere Bank ist sicher!"
Auf diese Aussage hin frage ich immer, wie der Finanzproduktverkäufer zu obiger Schlussfolgerung kommen. Ich denke, nachdem unzählige Banken in der Finanzkrise 1.0 gegen die Wand gefahren sind, Lehman Brothers, die zweitgrößte Investmentbank der Welt, von der Bildfläche verschwunden ist und zahllose Finanzinstitute global nur durch immense Hilfen des Steuerzahlers oder Verstaatlichungen überlebt haben, ist diese Aussage mehr als frech. Allein in den USA sind seit 2008 genau 348 Banken über die Wupper gegangen.[415] Auch in Deutschland sieht es nicht besser aus. Zwischen 1950 und 2006 sind in Deutschland 157 Institute pleitegegangen.[416] Das heißt, bereits vor

Kein Rechtsanspruch auf Leistungen aus dem Einlagensicherungsfonds.

Kann ich mein Geld „einklagen"?

der Finanzkrise wurde eine unglaubliche Zahl an Finanzinstituten insolvent.

Wie Sie sehen, können Sie die Vorstellung, dass Banken nicht pleitegehen können, getrost abschreiben. Des Weiteren können Sie sicher sein, dass Ihr Finanzproduktverkäufer bestimmt nicht den Überblick darüber hat, wie es genau um seine Bank steht. Zumeist kann er Ihnen nicht einmal exakt das Produkt erklären, das er Ihnen gerade verkaufen muss. Dies ist jedoch bei der großen Vielfalt und der Komplexität der Finanzprodukte verständlich.

Das Einzige, was bei einer Bank sicher ist: Die Bank gewinnt immer, und wenn nicht, steht der Steuerzahler dafür gerade!

„Eine Bank ist ein Ort, an dem man Geld geliehen bekommt, wenn man nachweisen kann, dass man es nicht braucht."
Leslie Townes Bob Hope, Schauspieler[417]

Tagesgeldkonto – „Geld ist täglich verfügbar"?
Bei Tagesgeldkonten ist das Geld erfahrungsgemäß oftmals eben nicht täglich verfügbar. Versuchen Sie ohne Voranmeldung einen hohen Betrag in bar abzuheben. Sie werden die abstrusesten Fragen und Antworten bekommen.

Bei hohen Beträgen wird man unter anderem gefragt:

• Was wollen Sie mit dem Geld machen?
• Warum wollen Sie das Geld in bar?
• Sind Sie sicher, dass Sie so viel Geld in bar abheben wollen?
• Wollen Sie sich das nicht noch einmal überlegen?
• Sind Sie sich ganz sicher?

Auch die Antworten sind oftmals vom allerfeinsten:

• Das geht nicht!
• Wenn, dann müssen wir das Geld überweisen!
• So viel Bargeld haben wir nicht!

- (Diese Aussage wirkt bei einem fünfstelligen Betrag in der Hauptfiliale einer großen Bank in einer Großstadt meiner Ansicht etwas lächerlich.)
- Das müssen Sie zwei bis drei Tage zuvor anmelden!

Fragen über Fragen
Wieso muss ich, wenn ich Geld von meinem Tagesgeldkonto abhebe, dieses zwei bis drei Tage zuvor anmelden?
Habe ich denn meine Einzahlung zwei bis drei Tage zuvor angemeldet?
Wieso lasse ich mich mit einer lächerlichen Verzinsung abspeisen und kann trotzdem nicht sofort über mein Geld verfügen? Habe ich vielleicht doch einen Vertrag für ein Anmeldekonto abgeschlossen?

„Wir sind kompetent und erfolgreich"
Über diese Aussage kann man eigentlich nur lachen, wenn man sich die Performance der Bankaktien rund um den Globus anschaut.

> *„Man sollte nur in Firmen investieren,*
> *die auch ein absoluter Vollidiot leiten kann,*
> *denn eines Tages wird genau das passieren!"*
> Warren Buffett, Investmentlegende[418]

Leider ist es anscheinend nicht unmöglich, dass absolute Vollidioten eine Bank leiten können – deshalb Finger weg von Bankaktien. Seit ihren besten Tagen hat die Deutsche Bank über 70 Prozent an Wert verloren, die Bank of America 85 Prozent, die Commerzbank knapp 96 Prozent, Goldman Sachs 50 Prozent, die Royal Bank of Scotland 97 Prozent, die UBS 80 Prozent; HSBC 54 Prozent, UniCredito Italiano 90 Prozent, BNP Paribas 60 Prozent, Société Générale 83 Prozent usw. (Stand März 2012).[419]
Wenn ich diese verheerende Performance betrachte, muss man sich doch fragen, warum in den Banken weiterhin so unglaublich viel verdient wird und wieso sich die Bankmanager immer noch als „Masters of the Universe" bezeichnen. Während die Aktionäre zum Teil fundamentale Verluste zu verzeichnen haben, schaffen es die Banker, sich weiterhin zu bereichern. Meiner Ansicht nach zeichnet sich ein erfolg-

Verheerende Performance von Bankenaktien

reiches Unternehmen nicht dadurch aus, dass man so schnell wie möglich und so viel wie möglich Kapital der Aktionäre vernichtet. Wieso also sollte ich in ein solches Unternehmen investieren? Und warum um alles in der Welt sollte ich einem solchen Unternehmen mein sauer verdientes Geld anvertrauen?

19. Hellseher – oder: Expertenmeinungen und -prognosen sind verlässlich

„Prognosen dienen in erster Linie
der Unterhaltung des Publikums."
Wendelin Wiedeking, Manager [420]

Es ist doch erstaunlich, dass nicht ausschließlich die nette kartenlegende Dame auf meinen hinteren Fernsehprogrammen in die Zukunft sehen kann, sondern auch Politiker und natürlich Banker. Wie oft hat jeder von uns schon gehört: „Dieses Produkt wird sich so entwickeln, die Wirtschaft wird um mindestens x Prozent steigen, der DAX wird Ende des Jahres bei mindestens x Punkten sein und somit um x Prozent gestiegen sein." Zu beachten ist jedoch, dass Banker ausschließlich steigende Kurse vorhersagen können. Mir wurden bisher zumindest von keinem Banker fallende Kurse prognostiziert.

Nun aber Spaß beiseite. Können Banker wirklich in die Zukunft sehen? Nein, natürlich nicht. Jedoch glauben anscheinend immer noch ein Großteil der Bänker und leider auch der Bankkunden, dass diese es können. Hier habe ich ein paar herausragende Beispiele zusammengetragen, inwieweit hochbezahlte Experten in die Zukunft schauen können. Am besten verlieren Sie bitte Ihren Humor nicht und nehmen Sie zukünftig Aussagen von Politikern und Bankern nicht mehr ernst.

Können Banker wirklich in die Zukunft sehen?

- „Ich forme diese Industrie ... In zwölf bis 18 Monaten wird man auf die jetzigen Kurse der Telekomtitel blicken und sich wünschen, man hätte diese Aktien seinerzeit gekauft." (Jack Grubman, ehemaliger Staranalyst von Salomon Smith Barney, Tochter der US-Bank Citigroup, im März 2001 zu Telekommunikationsaktien. Heute notiert die niederländische KPN 25 Prozent, Vodafone ungefähr 40 Prozent und die Deutsche Telekom etwa 60 Prozent niedriger als damals.)[421]
- „Comroad hat das Potenzial, einer der leuchtendsten Sterne in der sich schnell entwickelnden Telematikwelt zu sein." (Analysten der niederländischen Bank ABN AMRO nach dem Höhe-

punkt der Dotcom- Blase im November 2000 über die Zukunft von Comroad. Kurze Zeit später war das Unternehmen pleite.)[422]

- **„Auf mittlere Sicht dürften die Preise unter 300 Dollar je Unze fallen."**[423] (Die Weltbank im September 2003 zur Entwicklung des Goldpreises. Heute kostet die Unze Gold rund 1800 Dollar pro Unze – also fünfmal so viel. Stand: 22.09.2011.)

- **„Im November oder spätestens im März nächsten Jahres sollte das Vertrauen zurück sein. Bis dahin sind die Quartals- und Jahresabschlüsse von 2007 veröffentlicht. Dann sollte die Krise ausgestanden sein."** (Klaus-Peter Müller, Ex-Commerzbank-Chef im Oktober 2007 über die Dauer der Finanzkrise.)[424]

- **„Die Finanzkrise wird aus heutiger Sicht keine großen Auswirkungen auf die Struktur der privaten Banken in Deutschland haben."** (Frank Mattern, Deutschland-Chef der Unternehmensberatung McKinsey im Dezember 2007.)[425]

- **„Aus der Finanzkrise ergeben sich keine unmittelbaren Risiken für die Haushaltsplanung. Die Bundesregierung behält daher das Ziel bei, möglichst 2011 einen Haushalt ohne Neuverschuldung vorzulegen."** (Peer Steinbrück, Bundesfinanzminister, Oktober 2008.)[426]

- Im Jahresbericht, der im November 2007 veröffentlicht wurde, gehen die „Wirtschaftsweisen" in ihrem Gutachten davon aus, dass eine Rezession nicht droht.[427] Der Großteil dieser sogenannten Experten wurde von der Finanzkrise schlicht und einfach überrollt. So weise sind diese Weisen wohl dann doch nicht!

- Die Bundesregierung ging im Mai 2008 von einem Wachstum von 1,2 Prozent für 2009 aus.[428] Die Bundesbank sagte im Juli 2008 ein Wachstum von 1,5 Prozent für 2009 voraus.[429] Der damalige Wirtschaftsminister Michael Glos ging im Januar 2008 von knapp unter zwei Prozent Wachstum für 2009 aus.[430] Heute ist bekannt, dass alle diese Prognosen falsch waren. 2009 bescherte der deutschen Wirtschaft ein Minus von ungefähr fünf Prozent und somit die schwerste Rezession seit dem Zweiten Weltkrieg.[431]

Verheerend sind auch die Prognosen folgender Experten. Die Welt stellte im Sommer 2008 die Frage, wie hoch die Wahrscheinlichkeit einer Rezession ist. Hier die Antworten:

- Michael Bräuninger vom Hamburgischen WeltWirtschaftsInstitut HWWI rechnet mit einer Wahrscheinlichkeit von fünf Prozent.
- Kai Carstensen, Ifo: <10 Prozent
- Stefan Kooths, DIW: 15 Prozent
- Joachim Scheide, IfW: 20 Prozent
- Jörg Krämer, Commerzbank: 20 Prozent
- Rolf Schneider, Dresdner Bank: 25 Prozent
- Jürgen Michels, Citigroup: 33 Prozent[432]

Der weltweite Handel ist 2009 so stark eingebrochen wie seit 1945 nicht mehr. Laut WTO ging der Austausch von Waren und Dienstleistungen um zwölf Prozent zurück.[433]
Interessant ist auch, was die Autoren des Buches „Lexikon der Finanzirrtümer" zum Thema Zinsprognosen aufgedeckt haben. Laut einer Studie der Hertie-Stiftung zur Vorhersage der Rendite zehnjähriger Bundesanleihen waren 57 Prozent von 425 Vorhersagen von 30 Banken falsch.[434] Folglich ist es sinnvoller, eine Münze zu werfen – hier ist die Chance statistisch gesehen fifty-fifty.
Wie Sie sehen, kann niemand in die Zukunft sehen – weder ein Banker noch Politiker noch die nette Dame, die die Karten legt. Geben Sie nichts auf die Aussagen von Bankern, Politikern und Analysten, sondern auf Ihren gesunden Menschenverstand – damit werden Sie bestimmt besser fahren!

„Niemand war je in der Lage, die Börse vorherzusagen. Es ist eine totale Zeitverschwendung. In der von Forbes veröffentlichten Hitparade der Reichen der Welt war noch nie ein Börsentiming-Experte vertreten."
Peter Lynch, Investmentfondsmanager[435]

Der weltweite Handel ist 2009 so stark eingebrochen wie seit 1945 nicht mehr!

57 Prozent von 425 Vorhersagen von 30 Banken falsch

20. Ratingagenturen – wer sich auf sie verlässt, ist verlassen

„Die drei großen Rating-Agenturen. Eine einzelne von ihnen ist mächtiger als die US-Regierung. Sie heißen Moody's, Standard & Poor's und Fitch."

New York Times[436]

Die Aufgabe von Ratingagenturen ist die gewerbsmäßige Prüfung der Kreditwürdigkeit (Bonität) von Unternehmen aller Branchen und Staaten sowie die Sicherheit von Wertpapieren. Eigentlich sollten sie dem Kapitalmarkt signalisieren, wie stabil ein Staat oder Unternehmen ist beziehungsweise wie groß das Ausfallrisiko für ein Wertpapier ist.[437] Die Bewertung erfolgt durch eine Buchstabenkombination (Ratingcode), in der Regel von AAA (beste Qualität) bis D (zahlungsunfähig). Je schlechter die Bonität, desto höhere Zinsen muss der Schuldner bezahlen (Risikoprämie). Besonders negative Einstufungen können es für einen Schuldner unmöglich machen, neue Investoren zu finden, was schlussendlich zum Bankrott führt. (Hierbei kann es sich um ein Unternehmen, einen Konzern oder ein Land handeln.) Diese Agenturen entscheiden mit ihren Einschätzungen über Unternehmen, Konzerne und ganze Staaten.

Keinerlei Konsequenzen für die Ratingagenturen

Spätestens seit dem Platzen der Immobilienblase in den USA ist allgemein bekannt: Auf Aussagen von Ratingagenturen ist keinerlei Verlass. Laut Dennis Snower, Präsident des Kieler Instituts für Weltwirtschaft (IfW), haben die Rating-Agenturen die Finanzkrise zu einem großen Teil mit zu verantworten, weil sie wertlosen Papieren Bestnoten verliehen haben.[438] Der Abschlussbericht der US-Kommission zur Untersuchung der Finanzkrise (FCIC) bezeichnet die drei großen US-Ratingagenturen Moody's, Standard & Poor's (S&P) und Fitch als „Schlüsselfiguren" der Krise. Ohne die Bewertung der Agenturen „hätte die fatale „CDO-Maschine" nie funktioniert. Teilweise waren deren Rechenmodelle für die Bewertung von Hypotheken-Wertpapieren „frei erfunden".[439] Konsequenzen für die Ratingagenturen sind mir bis heute nicht bekannt.

Zu beachten ist, dass Ratingagenturen private und gewinnorientierte Unternehmen sind.[440] Allein die drei größten Agenturen Moody's (USA), Standard & Poor's (USA) und Fitch (GB) teilen sich quasi den Markt mit einem Marktanteil von über 90 Prozent.[441] Nicht zu verkennen ist die Tatsache, dass Ratingagenturen von Banken prächtig bezahlt werden, deren Produkte sie benoten sollen. So wurden schlechte Produkte mit positiven Bewertungen (zumeist AAA) versehen. Beispielweise hat Moody's laut FCIC den dramatischen Verfall des Immobilienmarkts „nicht ausreichend in Betracht gezogen". Erst Ende 2006, also nach dem Platzen der Blase und nachdem sie zuvor fast 19 000 Subprime-Produkte bewertete, hat das Unternehmen ein Modell für den Subprime-Markt entwickelt. 2008 hat die Agentur dann 73 Prozent ihrer AAA-Ratings für Subprime-Wertpapiere auf Müll-Status (Junk) herabgestuft.[442] Hier stellt sich die Frage: Wie kann das sein? Und vor allem: Wieso hat dies keine Folgen für die Agentur?

Heute stehen wir vor demselben Problem. Das Kind hat jedoch einen anderen Namen und eine wesentlich größere Dimension – Staatsanleihen. Es ist hinlänglich bekannt, dass die USA faktisch bankrott sind. Nichtsdestotrotz hatte das Land bis vor Kurzem bei allen Ratingagenturen ein AAA-Rating.

„Es gibt kein Risiko, dass die USA herabgestuft werden."
Timothy Geithner, US-Finanzminister, am 19. April 2011[443]

Zwei Tage später kommentierte die Nachrichtenagentur Bloomberg: „Geithner stuft seine eigene Glaubwürdigkeit auf Ramschstatus herunter." Süffisant fragte sie, wie Geithner denn wissen könne, dass seine Aussage wahr sei, wo doch Standard & Poor's nur einen Tag vorher am 18. April deutlich gemacht habe, es gebe eine große Wahrscheinlichkeit einer Herabstufung der US-Kreditwürdigkeit.

Im August 2011 stufte Standard & Poor's die USA zurück, und ein heuchlerischer Aufschrei ging um die Welt.

Seit August 2011 wissen wir: Geithner hat mit verbalem Druck versucht, das Großereignis zu verhindern. Seine Aussage war nicht nur falsch. Sie war auch fahrlässig. Er hat die Anleger weltweit getäuscht.[444]

August 2011:
Ein heuchlerischer
Aufschrei geht
um die Welt!

Bestimmt werden noch viele Länder folgen und man wird sich in nicht allzu ferner Zukunft erneut überrascht fragen: Wie konnte das nur sein?

Der ehemalige IWF-Chef Dominique Strauss-Kahn vertritt die Meinung, man solle den Agenturen nicht „allzu sehr glauben".[445] Erstaunlicherweise hat selbst Warren Buffett (seine Investmentgruppe Berkshire Hathaway war bis 2009 der größte Einzelaktionär der Ratingagentur Moody's) gesagt, dass er den Ratings keinen Glauben schenkt.[446] Er geht sogar noch weiter, laut Abschlussbericht der US-Kommission zur Untersuchung der Finanzkrise (FCIC) waren ihm die inneren Vorgänge bei Moody's nicht bekannt – oder er hat sich dafür nicht interessiert. Der FCIC-Bericht zitiert ihn: „Ich bin nie bei Moody's gewesen, ich weiß nicht mal, wo sie ihren Firmensitz haben."[447]

Laut Professor James Galbraith stammten vor der Krise 80 Prozent der Erlöse von Standard & Poor's und Moody's aus der Vergabe von „AAA-Ratings" an Hypothekenpapiere schlechter Qualität. Galbraith sagte in einem Gespräch mit der FAZ: „Die Ratingagenturen haben sich die entsprechenden Dokumentationen nicht nur nicht angeschaut, sondern die Banken haben sich sogar geweigert, sie zu liefern. Das sei eine unzumutbare Anforderung, hieß es damals. Er stellt sich die Frage: Wie aber kann man ein Paket von Hypotheken bewerten, ohne die Unterlagen zu sehen?"[448]

Wie unabhängig sind Ratingagenturen?

Laut dem Manager Magazin existieren auffällige Gemeinsamkeiten in der Eignerstruktur der US-Ratingagenturen Moody's und Standard & Poor's (S&P). Einer Studie der Unternehmensberatung Roland Berger zufolge werden Moody's und McGraw-Hill, der Mutterkonzern von S&P, von denselben Aktionären kontrolliert. Hierbei handelt es sich um rund ein Dutzend großer US-Fondsfirmen und Finanzkonzerne, darunter global agierende Vermögensverwalter wie The Capital Group, BlackRock, State Street und Fidelity, aber auch Geldhäuser wie Morgan Stanley und die Bank of New York. „Die Studie kommt zu dem Ergebnis, dass diese Großaktionäre rund 38 Prozent der McGraw-Hill-Aktien und knapp 49 Prozent der Moody's-Anteile halten. Für die Unternehmensberater steht damit fest: Die gemeinsame Eigentümerstruktur setzt dem Wettbewerb der beiden führenden Rating-Agenturen enge Grenzen. Hintergrund: Die beiden Häuser teilen rund 80 Prozent des Marktes unter sich auf und erzielen dabei regelmäßig Umsatzrenditen von gigantischen 40 Prozent."[449]

Höchste Bonitätsstufe für einen Erdbeerpflücker

724 000-Dollar-Darlehen für Erdbeerpflücker

Selbst Immobilien-Kredite wie das Darlehen eines mexikanischen Erdbeerpflückers in Höhe von 724 000-Dollar wurde in schicke Zinspapiere verpackt und mit AAA bewertet. Der Grund hierfür: Viele Einwanderer lebten erst seit kurzer Zeit in den Vereinigten Staaten und hatten somit logischerweise dort noch nie Geld geliehen oder einen Kreditausfall verursacht. Deshalb bekamen sie von den Ratingagenturen beste Bonitätsnoten.

Übrigens: Der mexikanische Erdbeerpflücker verdiente 14 000 Dollar – im Jahr. Da muss man ein Weilchen Erdbeeren pflücken, um das Häuschen abzubezahlen.[450]

Also bitte kaufen Sie kein Finanzprodukt mehr, nur weil Ihnen Ihr Finanzproduktverkäufer etwas von einem ausgezeichneten Rating erzählt!

21. Warum der große Knall kommt

„Es gibt keinen Weg, den finalen Kollaps eines Booms
durch Kreditexpansion zu vermeiden.
Die Frage ist nur,
ob die Krise früher durch freiwillige Aufgabe
der Kreditexpansion kommen soll
oder später zusammen mit einer finalen und totalen
Katastrophe des Währungssystems kommen soll."
Ludwig von Mises, Wirtschaftswissenschaftler[451]

Mittlerweile boomt die Konjunktur in Deutschland wieder und der Export floriert. Hervorgerufen ist dieser „Crack-up-Boom" durch die niedrigen Zinsen und das viele, billige Geld. Dies spült uns wieder reichlich Geld in die Kassen. „Gehyped" von diesem Konjunkturboom beginnen wir schnell zu vergessen, was in den Jahren 2008 und 2009 geschehen ist. In den Medien wird wieder die heile Welt propagiert und die Politik verkündet einen Erfolg nach dem anderen. Anscheinend hat bereits ein Großteil der Welt verdrängt, wodurch die letzte Krise entstand – durch zu niedrige Zinsen und zu viel billiges Geld. Seit 2008 wird der Markt massiv mit billigem Geld überflutet und die Zinsen sind weiterhin unglaublich niedrig. Es wird also die Krise mit den gleichen Mitteln bekämpft, mit welchen sie ausgelöst und befeuert wurde: Niedrige Zinsen und eine nie zuvor dagewesene Liquiditätsschwemme. So langsam hat auch der Letzte verstanden, dass dies zu Inflation führt. Diese Inflation ist mittlerweile auch gnadenlos bei uns angekommen.

Inflation: Die Inflation bezeichnet in der Volkswirtschaftslehre die anhaltende Preissteigerung in Verbindung mit Kaufkraftschwund und Geldentwertung.[452] Inflation entsteht, wenn die Zentralbank die Geldmenge zu stark ausweitet.[453] Damit die Inflation nicht wächst, müssten genau so viele Waren und Dienstleistungen produziert werden, wie die Geldmenge wächst.[454] Zwei Prozent jährliche Inflationsrate halbiert die Kaufkraft des Vermögens in nur 35 Jahren! Momentan haben wir offiziell eine Inflation von 2,5 Prozent (Stand November 2011).[455] Ich bin mir sicher, dass wir in Zukunft wesentlich höhere Inflationsraten sehen werden.

„Wir haben es vermasselt – in ganz großem Stil!"
William White, langjähriger Chefökonom der Bank für
Internationalen Zahlungsausgleich (BIZ), heute in Diensten der OECD[456]

Ferner explodiert die globale Verschuldung der Staaten. Die Welt ist exorbitant verschuldet – seit 1960 hat sich das Kreditniveau in Relation zur Wirtschaftskraft mehr als verdoppelt.[457] Die Geschichte von der beherrschbaren Schuldenlast ist zur Lebenslüge des Westens geworden. Zweifellos haben die USA, Japan und Westeuropa den „Point of no Return" längst erreicht oder überschritten: jenen Punkt, da allein die Zinsbelastung durch die Schuldenlast einen Verzicht auf neue Kredite nahezu unmöglich macht, von Tilgung ganz zu schweigen. Nach drei Jahrzehnten Finanzmarktliberalisierung und lockerer Geldpolitik bekommt der Westen nun die größte Rechnung der Geschichte serviert.[458]

Über die vergangenen Jahrzehnte wurden so viele Schulden gemacht, dass die Notenbanken nicht mehr in der Lage sind, die Zinsen kräftig zu erhöhen. Erhöhen die Notenbanken sie doch, wird ein Staat nach dem anderen „über die Wupper gehen". Mittlerweile ist das Wort „Staatsbankrott" in aller Munde. In der Finanzkrise 1.0 gingen zuerst die Banken baden, dann folgten die Unternehmen und mittlerweile sind wir bei den ersten Staaten angelangt. IWF-Chefökonom Kenneth Rogoff sagte bereits 2009: „Es kommt sehr oft vor, dass Bankenkrisen zwei, drei Jahre später von Staatsbankrotten gefolgt werden."[459] Dies musste auch Angela Merkel im Januar 2009 eingestehen. Allerdings nicht in der Tagesschau, sondern bei einer Abendveranstaltung der Privatbank Metzler. Sie sagte dort: „Es gibt das Gerücht, dass Staaten nicht pleitegehen können." Nach einer kurzen Pause fuhr sie fort: „Dieses Gerücht stimmt nicht."[460] Jetzt stellt sich doch die Frage, warum sie das Bankern erzählt, die es, wenn sie etwas in ihrem Studium aufgepasst haben, ohnehin schon wissen und nicht der Bevölkerung. Sie sollten die Dame einmal fragen.

Wohl oder übel müssen wir endlich erkennen, dass durch einen kreditfinanzierten Konsum noch nie jemand dauerhaft zu Wohlstand gekommen ist. Bisher hat das in der Politik noch niemand verstanden. Der amerikanische Ökonom und Nobelpreisträger Milton Friedman hat es folgendermaßen auf den Punkt gebracht: „Der einzige Weg, um das Verhalten der Politiker zu ändern, ist, ihnen das Geld wegzunehmen."[461]

In den folgenden Kapiteln werden detailliert die Gründe aufgezeigt, warum der „große Knall" unvermeidbar ist und weshalb dessen Folgen für uns alle wesentlich verheerender sein werden als die der Finanzkrise 1.0.

Ist der „große Knall" unvermeidbar?

„Jede Wirtschaft beruht auf dem Kredit-System,
das heißt auf der irrtümlichen Annahme,
der andere werde gepumptes Geld zurückzahlen."
Kurt Tucholsky, Schriftsteller[462]

22. EUREX – das größte Casino der Welt

Den meisten ist der Name EUREX wahrscheinlich völlig unbekannt. In meinem Bekanntenkreis habe ich die erstaunlichsten Antworten auf meine Frage bekommen, wer oder was EUREX ist. Viele waren der Meinung, dass es sich bestimmt um ein Medikament handle – ob es verschreibungspflichtig ist oder nicht, darüber waren sie sich schon wieder uneins.

Bei der EUREX handelt es sich sicherlich nicht um ein Medikament, sondern um die weltweit größte Terminbörse für Finanzderivate, die man ohne Weiteres als das kolossalste Casino der Welt bezeichnen kann. Die Gelder, die über die EUREX um die Welt gejagt werden, sind mehr als ein paar Nummern oder sagen wir besser, ein paar Zahlen mit einigen Nullen gigantischer als die paar Dollar, die in Las Vegas jährlich ihre Besitzer wechseln.

Der Sitz dieser Börse ist in … nein nicht in London, New York, der Schweiz oder gar Liechtenstein, auch nicht in Singapur oder gar auf den Kaimaninseln oder den Bahamas – er ist in Frankfurt. Jawohl, Sie haben richtig gehört: in Frankfurt am Main. Kunden der EUREX sind Banken, Hedgefonds und Investmentfonds.

Seit der Finanzkrise fluchen Politiker zu Recht wegen der Derivate, und der größte Handelsplatz ist in Deutschland. Da fällt es einem reichlich schwer, nicht seinen Humor zu verlieren und die Politiker in Berlin auch noch ansatzweise ernst zu nehmen.

Bei einem Blick auf die Webseite verrät uns die EUREX unter dem Reiter „Über uns" Folgendes:

„EUREX ist eine der international führenden Terminbörsen und wird gemeinsam von der Deutschen Börse AG und SIX Swiss Exchange betrieben. EUREX bietet über einen offenen und kostengünstigen elektronischen Zugang eine breite Palette internationaler Benchmark-Produkte an und betreibt die liquidesten Rentenmärkte der Welt. Von 700 Standorten auf der ganzen Welt sind Marktteilnehmer an EUREX miteinander verbunden und erzielen ein jährliches Handelsvolumen von weit über 1 Milliarde Kontrakte.

Damit ist EUREX der weltweit bevorzugte Handelsplatz für Derivate."[463]

Das hört sich ja alles schick und harmlos an, doch dies ist es keinesfalls. Zuerst stellt sich die Frage: Was sind eigentlich Derivate? Das Finanzlexikon gibt uns hierfür folgende Antwort:

„Finanzderivate oder auch schlicht Derivate genannt, sind (Finanz-) Termingeschäfte, deren Preis unmittelbar oder mittelbar vom Preis eines zugrunde liegenden Basiswertes (Underlyings) abhängt. "[464]

Worin liegt die Gefahr?
Der Stern schreibt in seiner Ausgabe 36/2010: „Das Treiben an der EUREX bestimmt immer stärker, wie und wovon wir leben, was wir konsumieren und wieviel Geld wir ausgeben können." Wieso ist das der Fall?
Derivate haben mit der eigentlichen Wirtschaft nichts mehr zu tun. Man könnte statt von Termingeschäften an der EUREX auch vom größten Wettbüro der Welt sprechen. Das Volumen aller an Terminbörsen gehandelten Derivate betrug Ende 2009 bereits rund 334 Billionen Euro. Das ist siebenmal mehr, als alle Unternehmen der Welt in diesem Jahr erwirtschafteten. Mit diesem Geld könnte man jedem Bewohner der Erde 50 000 Euro ausbezahlen.

700 000 000 000 000 Dollar

„Der Handel mit Finanzderivaten war 1990 fünf Billionen Dollar schwer, 2010 betrug das Volumen bereits 601 Billionen Dollar und 2011 wurden mehr als 700 Billionen Dollar umgesetzt – eine Zunahme um den Faktor 140. Die Weltwirtschaft ist in der Zeit von 22 auf 69 Billionen gewachsen."[465]

Wetten auf alles   Wetten kann man so ziemlich auf alles, z. B. wie viel eine bestimmte Menge Ware zu einem bestimmten Zeitpunkt in der Zukunft kosten wird. Hierbei kann es sich um Weizen, Orangensaft, Öl etc. handeln.

Beispielsweise wettet man, wie viel ein Sack Weizen am Ende des Jahres kosten wird. Eine solche Wette auf künftige Preise nennt man Option. Denn der Käufer der Option hat theoretisch gesehen das Recht auf die Auslieferung der Ware. Der Händler hat kein besonders großes Interesse an dem Weizen. Er will Geld verdienen und keinen Weizen zu Brot verarbeiten. Aus diesem Grund verkauft er seine Option auf den Sack Weizen lange vor der Lieferung weiter. Sind global viele Händler der Meinung, Weizen wird teurer, macht der Händler einen Gewinn, ist es andersherum, macht er einen Verlust. Ungünstig für die Händler war, dass irgendwann jede Option fällig wird und die Ware geliefert wird. Dies ist natürlich nicht im Interesse eines Händlers. Um dieses lästige Problem aus der Welt zu schaffen, erfand die Finanzindustrie den sogenannten Future. Man wettet weiterhin, was ein Sack Weizen in einem Jahr kosten wird, schiebt aber den Termin immer weiter vor sich her. Auch in sechs Monaten bemisst sich der Preis noch danach, was der Sack Weizen wohl in einem Jahr kosten wird. Somit wird eine irrsinnige Spekulation ausgelöst, völlig losgelöst von dem Besitz realer Güter oder echter Preise, da die Lieferung ja nie vorgesehen ist. Eine reine Wette. Selbstredend bieten Terminmärkte auch Futures auf das Wetter an.

Waren- und Rohstoffterminkontrakte werden seit Jahrhunderten unter Kaufleuten, Bauern und Produzenten gehandelt. Jedoch erst seit der geregelte Terminhandel 1863 in Chicago begann, gibt es Spekulanten, die mit der Preisentwicklung einen Reibach machen. Heute werden unsere Preise jedoch nicht mehr von Menschen, sondern von Computern diktiert. Allerdings macht der Terminhandel mit Rohstoffen nur ungefähr ein Prozent des weltweiten Umsatzes aus und wird überwiegend von Amerikanern und Briten dominiert.[466]

Was sind aber dann die restlichen 99 Prozent?
Anfang der Neunziger Jahre erfanden deutsche Finanzjongleure etwas völlig Perverses: Wetten auf Aktien und Anleihepreise. Ein paar Frankfurter Banker und Berater übertrugen das, was über Jahrzehnte nur als reeller Kauf oder (Leer-) Verkauf möglich war, als Kontrakte an die Terminbörse.

Den mit Abstand größten Teil des Markts machen Zinsderivate aus (Geschäfte, die als Basiswert einen Zins haben oder sich auf einen solchen beziehen). Wert Ende 2010: 465 260 Milliarden Dollar. Dagegen wirken Aktienderivate mit einem Volumen von 5635 Milliarden Dollar und Rohwaren-Derivate mit einem Volumen von 2922 Milliarden Dollar geradezu lächerlich. Auch die Derivate-Kategorie der sogenannten Kreditausfall-Swaps (Credit Default Swaps, CDS) mit einem Volumen von 29 898 Milliarden wirkt dagegen recht überschaubar.[467] Genau wie bei den Waren- und Rohstoffterminkontrakten werden auch die Finanzderivate von Computern ge- und verkauft, die in Millisekunden reagieren.

Zinsderivate in Höhe von 465 260 Mrd. Dollar

Wie volatil die Rechner sind, zeigt uns das Beispiel vom 6. Mai 2010, als an der New Yorker Börse die Kurse von mehreren Hundert Aktien abstürzten. Der US-Leitindex Dow Jones verlor binnen Minuten knapp 1000 Punkte. 862 Milliarden Dollar Börsenwert haben sich in Luft aufgelöst. Nach 17 Minuten war der Spuk vorbei, der Dow Jones beendete den Tag mit nur drei Prozent im Minus.[468] Ausgelöst wurden die Kursstürze durch Computerverkäufe, sogenannte „High Frequency Tradings" im Nanosekundentakt.[469]

Die uns allen bekannte US-Bank Lehman Brothers verzockte mehrere Hundert Millionen von 50 000 deutschen Anlegern an der Terminbörse. Die Anleger erhielten Zertifikate für ihr Geld, die mit der Pleite der Bank wertlos waren.[470]

Jetzt stellt sich doch die Frage: Wieso kennt fast niemand eine so mächtige Börse?

Das neueste Produkt der Banken, um Ihnen Ihr sauer verdientes Geld aus der Tasche zu ziehen, sind sogenannte ETFs (Exchange-traded Funds). Hierbei handelt es sich nicht wie oftmals behauptet um eine Aktienanlage! Diese Anlage enthält keine Aktien. Es werden lediglich mit Terminkontrakten Kursentwicklungen nachgebildet![471] **Ich persönlich lasse die Finger von solchem Irrsinn.**

23. Schattenbanken –
Geldhäuser verschieben erneut Milliardenrisiken

„Sie sind wie Plünderer nach dem Hurrikan."
Andrew Cuomo, New Yorker Generalstaatsanwalt,
wählt einen wenig charmanten Vergleich für die Hedgefonds-Branche
im September 2008[472]

Hierzu ein Bericht aus dem Manager Magazin von Thomas Katzensteiner und Ulrich Papendick: „Schattenbanken – Geldhäuser verschieben erneut Milliardenrisiken" vom 27.04.2011.[473]

Die Spielhalle ist wieder eröffnet. Geldhäuser verschieben Milliardenrisiken ins unkontrollierte Schattenbankensystem. Gegen üppige Gebühr nehmen Hedgefonds den Banken heikle Risiken aus Kreditbündeln ab: Aufseher warnen bereits vor dem nächsten Crash.

Die New Yorker Firma Christofferson, Robb & Company gehört nicht unbedingt zu den ganz großen Spielern im internationalen Geldgeschäft. Gerade mal 1,4 Milliarden Dollar hat Firmenmitgründer Richard Robb bei Investoren eingesammelt. Unter Bankern hat es der Hedgefonds, der auch unter dem prägnanten Kürzel CRC firmiert, dennoch zu einer gewissen Prominenz gebracht. Er gilt als Geheimtipp.

Robb, ein eleganter, freundlicher Endvierziger mit einem Faible für plakative Formulierungen, bietet Finanzhäusern einen ganz speziellen Service an. Der Fondsmanager, der nebenher als Professor an der New Yorker Columbia-Universität lehrt, nimmt den Geldhäusern gegen eine üppige Gebühr die besonders heiklen Risiken aus einem ganzen Bündel von Krediten ab.

Im Gegenzug können die Banken das von den Aufsichtsbehörden geforderte Eigenkapital, mit dem sie ihre Kreditausleihun-

…und die Reichen immer reicher werden

gen unterlegen müssen, reduzieren. Und zwar kräftig: Statt der in Zukunft vorgeschriebenen 10,5 Prozent der Kreditsumme müssen die Geldhäuser im günstigsten Fall nur noch weniger als ein Prozent an Kapital vorhalten, wenn sie ihre Risiken an einen Investor wie CRC auslagern.

Aus Sicht der Banken ein gutes Geschäft: Seit der Finanzkrise ist in der internationalen Hochfinanz kaum etwas so begehrt wie Eigenkapital. Erst, weil der Kapitalmarkt völlig austrocknete. Und dann, weil die Aufsichtsbehörden die Regeln für das Finanzgeschäft drastisch verschärft haben. Eine Großbank nach der anderen musste in den vergangenen Monaten frisches Geld bei den Aktionären einwerben.

Die neue Schminktechnik heißt „Capital Relief Trade"

Eine Offerte wie die von CRC, mit der sich der Kapitaleinsatz um bis zu 90 Prozent verringern lässt, wird da gern angenommen. Von amerikanischen Instituten über französische Großbanken bis hin zu den deutschen Landesbanken haben nahezu alle Finanzhäuser die im Branchenjargon als „Capital Relief Trades" verbrämte Schminktechnik bereits eingesetzt.

Und die Nachfrage nimmt rasant zu. „Unser Fonds", schätzt Hedgefondsmanager Robb, „deckt nur etwa ein Prozent des künftigen Bedarfs europäischer Banken ab. Wir stehen gerade erst am Anfang eines neuen Trends."

Längst hat die Finanzindustrie die verheerende Krise der letzten Jahre abgehakt und sucht nach neuen Expansionsmöglichkeiten. Versuche von Politikern und Aufsichtsbehörden, das Wachstum zu bremsen, empfinden viele Geldmanager bestenfalls als sportliche Herausforderung. Risiken in Milliardenhöhe werden ausgelagert. Geschäftsbereiche, die die Banken aufgrund der strengen Auflagen nicht mehr fortführen können,

verkaufen sie kurzerhand an Investoren oder gehen Minder-
heitsbeteiligungen ein.

Schattenbanken gebieten über 16 Billionen Dollar Kreditvolumen

Die Profiteure dieses Wandels sind vor allem Hedgefonds und
Private-Equity-Gesellschaften. Sie gehören im Branchenjargon zu den sogenannten „Schattenbanken". Diese Institutionen, bei denen Vorschriften für die traditionellen Geldhäuser
nur rudimentär greifen, haben sich zu einer bedeutenden
Macht im globalen Finanzsystem entwickelt.

Einer aktuellen Studie der New Yorker Notenbank zufolge
gebieten die „Shadow Banks" allein in den USA über ein Kreditvolumen von annähernd 16 Billionen Dollar – mehr als der
eigentliche Bankensektor, der knapp 13 Billionen Dollar verwaltet.

Abgesehen von solchen groben Schätzungen wissen die Aufseher indes wenig über das Schattenbankensystem. Wo etwa
die von Banken ausgelagerten Risiken am Ende landen, ob sie
nicht schon wieder irgendwo gehäuft auftreten, ist den Aufsichtsbehörden ebenso ein Rätsel wie die Frage, wie stark der
regulierte und der nicht regulierte Finanzsektor miteinander
verflochten sind.

Das Ziel der Regulierer, die Risikobereitschaft der Finanzbranche einzudämmen und dadurch eine Neuauflage der Finanzkrise zu verhindern, gerät zur Illusion. „Wer nichts gegen die Ver-
lagerung von Risiken ins Schattenbankensystem unternimmt,
darf sich nicht wundern, wenn dort die nächste Finanzkrise
ausbricht", warnt Jochen Sanio (64), Deutschlands oberster
Bankenaufseher.

Es ist ein ungleicher Kampf. Auf der einen Seite Zehntausende hoch bezahlter, smarter Investmentbanker und Fondsmanager, immer auf der Suche nach neuen Geschäftsideen. Ihre Vorbilder sind Finanzalchemisten wie der New Yorker Hedgefondszar John Paulson, der mit Wetten auf den Absturz des amerikanischen Immobilienmarktes innerhalb weniger Monate fast vier Milliarden Dollar verdiente.

Ihnen gegenüber stehen Staatsangestellte wie Sanio (Jahresgehalt: 130 000 Euro), der von seiner in einem Bonner Gewerbegebiet gelegenen Behörde aus versuchen muss, die Tricks der Geldbranche zu antizipieren – und sich dabei auf eine Truppe von weniger als 2000 Mitarbeitern stützen kann.

Einer Studie des Beraterhauses Oliver Wyman zufolge könnte es nur wenige Jahre dauern, bis die Ohnmacht der Aufseher offenkundig wird – und die riskanten Wetten der Finanzindustrie die Weltwirtschaft erneut bedrohen. Das „Monster", wie der frühere Bundespräsident Horst Köhler die Finanzmärkte bezeichnet hatte, ist wieder los.

Erste Anzeichen, dass der Markt abermals heiß läuft, gibt es bereits. Auf der diesjährigen „Super-Return" in Berlin, dem Branchentreffen der internationalen Finanzinvestoren, war die noch vor zwei Jahren vorherrschende Untergangsstimmung passé. „Die Zukunft für kreditfinanzierte Übernahmen ist rosig", frohlockte Michael Phillips, Deutschland-Chef des Finanzinvestors Apax.

Schätzungen zufolge sitzen Fonds wie Apax, KKR oder Blackstone weltweit auf mehr als 600 Milliarden Dollar Kapital, das sie für Firmenkäufe einsetzen können. Zusätzliche Kredite zu bekommen gilt nicht mehr als Problem. Allenfalls, dass es zu wenig interessante Kaufobjekte gebe, beklagte mancher Investor.

Geldgeber schütten Hedgefonds
mit frischem Geld regelrecht zu

Auch manche Unsitte der Boomjahre 2006 und 2007, in denen jedes noch so teure Investment nahezu ohne Bedenken finanziert wurde, kehrt bereits wieder zurück. So übernahm KKR vor wenigen Monaten den Lebensmittelproduzenten Del Monte für rund 5,3 Milliarden Dollar. Rund 3,5 Milliarden davon wurden über einen „Covenant Light Credit" finanziert, also ein Darlehen, das auf eine Reihe der üblichen Vertragsklauseln zum Schutz der kreditgebenden Bank verzichtet.

Während die sogenannten Buy-out-Fonds zumindest halbwegs transparent machen, wofür sie ihr Geld ausgeben, sind die wahren Könige der Schattenwelt für die Regulierer oft unsichtbar: Hedgefonds. Sie wetten mal auf Rohstoffe, mal gegen Staaten. Mal verkaufen sie geborgte Aktien in der Hoffnung, sie nach einem Kursrutsch günstiger wiedererwerben und zurückgeben zu können. Und neuerdings greifen sie immer häufiger zu Kreditportfolios, die Banken gern loswerden wollen.

Die Helden der Zunft heißen George Soros oder eben John Paulson und verdienen in einem guten Jahr schon mal Summen, so groß wie das Bruttosozialprodukt eines kleinen afrikanischen Staates. Ihre Geldgeber, große Pensionsfonds, Versicherer und Banken, stört das nicht. Sie schütten die Hedgefonds derzeit regelrecht zu mit frischem Geld.

Versicherer und Pensionsfonds können kaum anders handeln. Um trotz des demografischen Wandels ihren Verpflichtungen nachzukommen, müssen sie immer größere Risiken eingehen. Vor allem aus diesem Grund haben amerikanische Pensionsfonds ihre Hedgefonds-Investitionen im vergangenen Jahr um 55 Prozent gesteigert. Weltweit kletterte der Anteil alternativer Anlageformen im Portfolio der Fonds innerhalb weniger Jahre von rund sieben auf aktuell 19 Prozent.

„Es läuft wieder sehr, sehr gut", gibt ein Londoner Hedgefonds-manager freimütig zu. Die Konkurrenz durch die Banken sei in einigen Bereichen, etwa dem Wertpapierhandel auf eigene Rechnung, durch die neue Regulierung schlicht weggefallen.

Das trifft vor allem US-Banken, die derzeit ganze Geschäfts-felder an ihre noch kaum regulierten Mitspieler abgeben. So wechselte etwa ein Eigenhandelsteam von Goldman Sachs Ende vergangenen Jahres geschlossen zum Finanzinvestor KKR, um dort das gleiche Geschäft unter neuer Flagge weiter-zubetreiben.

Auch der Goldman-Konkurrent JPMorgan sucht derzeit nach Investoren für sein Eigenhandelsgeschäft, das in Form eines Hedgefonds fortgeführt werden soll. Die Schweizer Großbank Credit Suisse hat ihre Eigenhändler ebenfalls ziehen lassen – zum Private-Equity-Riesen Blackstone.

Sogar im Kerngeschäft der Investmentbanken, der Fusions-beratung und der Begleitung bei Börsengängen, machen sich die Fonds bereits breit. KKR hat eine Kapitalmarkttochter ge-gründet, die Firmen beim Gang an die Börse unterstützen soll; Blackstone buhlt mit einer neuen Einheit um Beratungsman-date großer Unternehmen.

Nicht wenige Topbanker ärgern sich über diese Entwicklung. Die Regulatoren müssten bei ihrer Arbeit das ganze Weltfi-nanzsystem im Blick haben, nicht nur die Banken, klagt Vikram Pandit, Chef des US-Finanzriesen Citigroup. Auch Goldman Sachs-Vize Gary Cohn warnt, „die Verschiebung der Risiken in die Schattenbanken sei die größte Gefahr für die Finanzstabi-lität".

Gleichzeitig scheuen sich die Geldhäuser allerdings nicht, die Schatteninstitute in großem Stil als Handelspartner zu nutzen, um Risiken loszuwerden.

Die Transaktionen, mit denen dies bewerkstelligt wird, bleiben in aller Regel im Verborgenen. „Reg Caps" werden die Wunderwaffen in der Branche genannt, eine Verkürzung von „Regulatory Capital Relief Trades", Geschäfte zur Freisetzung von regulatorischem Kapital. Längst hat diese neue Generation von Bilanzverschönerern jene „Special Investment Vehicles" und „Conduits" abgelöst, die maßgeblich zum Ausbruch der jüngsten Finanzkrise beigetragen haben.

Statt „SIV" und „Conduit" gibt es jetzt „Reg Caps"

Nunmehr bleiben die Kredite in der Bilanz. Stattdessen lagern die Geldhäuser nur einen Teil der Risiken aus – häufig das sogenannte „First Loss Piece". Darin werden aus einem oft mehrere Tausend Einzeldarlehen umfassenden Kreditpaket die Risiken mit dem höchsten Verlustpotenzial zusammengetragen. Anschließend wird dieses im Branchenjargon auch „Junior Tranche" genannte Gefahrenbündel mittels einer sogenannten synthetischen Verbriefung extrahiert und verkauft.

Den Banken sind solche kapitalschonenden Deals einiges wert: Bis zu 15 Prozent Zinsen zahlen sie den Investoren, die ihnen das First Loss Piece abnehmen. Dennoch bleibt das Geschäft für die Geldhäuser attraktiv, weil der in eine Junior Tranche ausgelagerte Anteil von Kreditrisiken in der Regel nur einen kleinen Teil der gesamten Kreditsumme ausmacht. „Bei einem typischen Mittelstandsportfolio sind das vielleicht drei bis vier Prozent", sagt ein Investmentbanker.

Als Käufer der Hochrisikotranche kommt im Prinzip jeder infrage: Hedgefonds ebenso wie Family Offices oder Versicherungen – und auch eigens gegründete Zweckgesellschaften.

Ob die dann in Frankfurt, Singapur oder auf den Kaimaninseln sitzen, muss die Banken nicht interessieren.

Laut CRC-Manager Richard Robb nutzt kaum jemand die neuen Techniken so exzessiv wie die deutschen Geldhäuser. Als Topkunden gelten mal wieder die deutschen Landesbanken, die – oftmals getrieben von Auflagen der Europäischen Union – rasch ihre Bilanzen und damit auch ihren Eigenkapitaleinsatz verkleinern müssen. Die Arrangeure solcher Geschäfte sind ebenfalls alte Bekannte: große Investmenthäuser wie Goldman Sachs, Royal Bank of Scotland (RBS), UBS – und die Deutsche Bank.

So bietet etwa die RBS ihren Kunden derzeit eine „Efficient Capital Relief Structure" zur Verringerung des Kapitaleinsatzes für US-Immobilienkredite an.

Wie vor der letzten Krise auch werden die Deals nach Kräften kaschiert. „Vor allem in Finanzoasen werden bereits wieder zahlreiche neue Zweckgesellschaften gegründet", berichtet Barrie Wilkinson, Londoner Partner der Unternehmensberatung Oliver Wyman. Oft sei nicht erkennbar, wer hinter diesen Vehikeln stehe. „Meistens sind das nur Papiere in den Schubladen irgendeines Anwalts", sagt Wilkinson.

Entsprechend groß sind die Spielräume solcher Investoren. Sie können die Kreditrisiken mit geliehenem Geld aufkaufen. Und sie können die Gefahrenbündel am Kapitalmarkt beliebig weiterreichen. „Ob sich die Risiken, die im Schattenbankensystem gelandet sind, zu stark bei einzelnen Marktteilnehmern konzentrieren, entzieht sich unserer Kontrolle", gesteht BaFin-Chef Sanio ein. Der Gedanke, die Risiken eines Kredits durch Verbriefung auf viele Schultern zu verteilen und somit die Stabilität des Finanzsystems zu erhöhen, werde dadurch ad absurdum geführt.

Der Verkauf einer künstlich hergestellten Risikotranche ist wohl die zurzeit beliebteste Methode, mit der Banken ihr Eigenkapital freischaufeln. Die einzige Möglichkeit ist es indes nicht. So reichen etliche Institute bereits wieder ganze Finanzierungspakete über Anleihen direkt an private Investoren durch.

„Weltweit dürfte nur noch ein knappes Drittel aller Kreditrisiken tatsächlich bei den Banken liegen", schätzt ein Topinvestmentprofi. Egal wie das Geld am Ende verschoben wird – der Versuch der Aufsichtsbehörden, den Risikoappetit der Finanzindustrie zu zügeln, scheint wieder einmal zu scheitern.

Erst wenige Bankchefs, darunter HSBC-Frontmann Stuart Gulliver, haben ihre Investoren darauf eingestimmt, dass die Gewinne in Zukunft deutlich geringer ausfallen könnten. Das Gros der Branche kämpft weiter darum, die alten Margen zu halten – und sucht verzweifelt nach neuen Profitquellen.

Allenthalben gründen Banken derzeit etwa sogenannte Dark Pools, streng geheime, weitgehend unregulierte Handelsplätze, an denen die Zocker der Welt anonym ihren Geschäften nachgehen können. Die Deutsche Bank etwa hat einen Dark Pool kurzerhand in Hongkong angesiedelt – hätte sie das in Deutschland getan, hätte sie sich wieder lästigem Regelwerk und Transparenzvorschriften unterwerfen müssen.

Aufsichtsbehörden sind hilflos – und verärgert

Die Aufsichtsbehörden in Europa und den USA stehen diesem Treiben weitgehend hilflos gegenüber. Zwar haben die Behörden die Möglichkeiten der Geldhäuser, Kredite in Zweckgesellschaften auszulagern und abseits der Bilanzen zu verstecken, erheblich eingeschränkt. Die aktuellen Reg-Cap-Deals sind jedoch so konstruiert, dass BaFin & Co. kaum eine andere Wahl bleibt, als sie abzusegnen.

Entsprechend verärgert sind die Kontrolleure. Im Financial Stability Board (FSB), einem internationalen Gremium zur Stabilisierung der Finanzmärkte, kursiert seit Wochen eine Giftliste mit möglichen Maßnahmen gegen die Risikoverschiffung. Das 26 Seiten starke „Scoping Paper", entwickelt von einer Arbeitsgruppe unter der Leitung des britischen Finanzaufsehers Adair Turner, sieht von einer direkten Aufsicht über die Hedgefondsbranche bis zu einer Beschränkung des „Prime Brokerage", der Geschäftsbeziehung zwischen Investmentbanken und Hedgefonds, eine ganze Reihe zum Teil drakonischer Einschnitte vor.

Doch die Chancen, die Pläne in die Praxis umzusetzen, sind gering. Mehr als ein Minikonsens scheint kaum möglich.

Die führenden Industrienationen sind sich nämlich keineswegs einig, ob und in welchem Ausmaß die Schattenbanken tatsächlich stärker kontrolliert werden sollten. Während Deutsche und Franzosen nach härteren Regeln rufen, versuchen Amerikaner und Briten, die Debatte zu beenden. Immerhin stammen rund 30 Prozent der Erträge der Londoner City direkt oder indirekt aus dem Schattenbankensystem.

Deshalb wird um jedes Detail gefeilscht. In der aktuellen FSB-Definition des Schattenbankensystems wird etwa der Handel mit Aktien auf eigene Rechnung außen vor gelassen – obwohl dieses Geschäft nach Ansicht vieler Experten große Gefahren birgt. Außerdem plädieren die Gegner einer schärferen Regulierung ein ums andere Mal dafür, das Thema Schattenbanken über eine verstärkte freiwillige Selbstkontrolle der Branche in den Griff zu bekommen.

Doch warum sollten die Schattenbanker selbst ihr Geschäft erdrosseln?

Noch immer gibt es zu viele Regulierungsoasen, in die sie flüchten können. Anders als Banken schleppen Hedgefonds keine Tausendschaften von Mitarbeitern mit sich herum. Ihren Firmensitz auf die Kaimaninseln oder in ein anderes Dorado der Finanzanarchie zu verlegen, ist für sie kaum anstrengender als ein gewöhnlicher Umzug, zumal auch immer mehr Geldgeber solche Standorte aufsuchen, um den wachsenden Transparenzauflagen zu entgehen.

Manchem Aufseher schwant bereits, dass es nahezu unmöglich sein dürfte, den Schattenbankensektor vollends unter Kontrolle zu bekommen. „Sämtliche künftigen Innovationen und Ausweichstrategien der Branche im Voraus erkennen zu wollen ist illusorisch", sagt etwa Andreas Dombret, im Vorstand der Bundesbank zuständig für die Finanzmarktaufsicht. Dombret weiß, wovon er spricht: Bevor er 2010 zur Bundesbank wechselte, arbeitete er lange Jahre für internationale Investmenthäuser.

Aufgeben will er indes nicht. „Die Lücken in der Überwachung der Schattenbanken zu schließen", ahnt der Ex-Banker, der heute seine früheren Kollegen kontrolliert, „wird zu einer Daueraufgabe werden und viel Flexibilität erfordern."

24. BlackRock – die mächtigste Firma der Welt

BlackRock (BR) bezeichnet sich selbst als eines der „weltweit führenden Investment-Manager und einen der größten Anbieter von Anlageverwaltungs-, Risikomanagement– und Beratungsleistungen für institutionelle und private Anleger sowie Finanzvermittler aus aller Welt".[474]

Ich sage Ihnen, BR ist viel mehr als diese lapidare Aussage auf der firmeneigenen Webseite. Das Unternehmen hat weitaus mehr Geld und Macht als jede Bank, und trotzdem kennt fast niemand diese Finanzfirma.

Was verbürgt sich wirklich hinter dem Hedgefonds BlackRock (BR)? BR ist als Financial-Management-Gruppe innerhalb der Blackstone Group entstanden. Im Jahre 1992 trennten sich Gründer Larry Fink, Ralph Schlosstein und Keith Anderson von Blackstone und gründeten unter dem Namen BlackRock ein Vermögensverwaltungs-Unternehmen. Drei Jahre später erfolgte eine Fusion mit dem US-Finanzunternehmen PNC. 1996 fusionierte BR mit Merrill Lynch Investment Managers (MLIF). Von nun an ist BlackRock eines der weltgrößten Asset-Management-Unternehmen. 1999 wurde das Unternehmen an die Börse gebracht. Im Oktober 2007 übernahm BR von der „Quellos Capital Management" deren Dachfondsgeschäft. Zwei Jahre später stieg BR mit der Übernahme von Barclays gesamter Vermögensverwaltung Barclays Global Investors (BGI) zum weltgrößten Vermögensverwalter auf.[475]

Was steckt hinter dem Hedgefonds BlackRock (BR)?

Black Rock verwaltet ein Vermögen in Höhe von unglaublichen 3 560 000 000 000 US-Dollar (3,56 Billionen) in über 1000 Fonds. Dies entspricht dem Bruttoinlandsprodukt Deutschlands.[476] BR ist in über 24 Ländern mit 74 Niederlassungen vertreten. Allerdings benötigt das Unternehmen zur Verwaltung all des vielen Geldes ausschließlich 8500 Mitarbeiter.[477] Das heißt: im Schnitt verwaltet jeder Angestellte statistisch 418 823 529,41 US-Dollar. Die Deutsche Bank verwaltet mit 101 877 Mitarbeitern etwas mehr als die Hälfte (1842 Billionen US-Dollar)[478]

Im Schnitt verwaltet jeder Angestellte statistisch 418 823 529,41 US-Dollar

Wie kann das sein?

BR ist mit seinen verschiedenen Fonds und Gesellschaften am Who's who der deutschen Wirtschaft beteiligt, egal ob Adidas, Allianz (6,2 Prozent), BASF (6,7 Prozent), Daimler (5,72 Prozent), Deutsche Bank (5,14 Prozent), Eon (6,5 Prozent), HeidelbergCement (6,7 Prozent), Lufthansa (5,7 Prozent), MAN (4,5 Prozent), RWE (4,5 Prozent), ThyssenKrupp (3,7 Prozent), VW (2,1 Prozent) etc.[479]

BR ist als einzige ausländische Anlagefirma an allen 30 Schwergewichten des DAX beteiligt. Zusätzlich übernimmt BR Dienstleistungen wie das Risikomanagement – für zehn Billionen Dollar Investorenkapital. Keine Großbank und kein Versicherer beherrscht so viel Kapital. [480] Warum kennt fast niemand dieses Unternehmen, und warum steht zu BR kaum etwas in den Medien?

25. China – Wahnsinn im Reich der Mitte

Alle Augen und der Fokus der meisten DAX-Konzerne richten sich auf China. Das Land hat ein unglaubliches Wirtschaftswachstum über die letzten 20 Jahre vorzuweisen.
Es ist besorgniserregend, dass sich viele Manager der Illusion hingeben, dass dies unbegrenzt so bleiben wird.
Mittlerweile bildet sich jedoch auch auf dem chinesischen Markt eine gigantische Blase.
Selbst die Strategen Albert Edwards und Dylan Grice von Société Générale sind der Meinung, Chinas Wirtschaft sei außer Kontrolle: „Die beiden Ökonomen sind überzeugt, dass sich in China ein neues USA 2007 zusammenbraut."[481] Grice machte in einem Interview mit der Berner Zeitung folgende bedeutende Aussage: „China hat kaum Lehren aus dem Debakel des Westens gezogen."[482]

„Durch die laxe Geldpolitik wurde die Spekulation geradezu provoziert. Nominal wächst die chinesische Wirtschaft fast 20 Prozent pro Jahr. Die Zinsen sollten demzufolge auch etwa 20 Prozent betragen. Der reale Zins ist jedoch negativ. Chinesische Bürger können wegen der Kapitalverkehrskontrollen ihr Geld nicht ins Ausland transferieren, und sie bringen es nicht zur Bank, da die Inflation deutlich höher ist als der Depositenzins." [483]

„China hat die Begrenzung des Preisanstiegs
zur Priorität erklärt.
Dies hat funktioniert."
Wen Jiabao, Chinas Ministerpräsident, am 24. Juni 2011[484]

Im Vergleich zum Vorjahresmonat ist die Inflation in China im September 2011 um 6,1 Prozent auf den höchsten Stand seit drei Jahren gestiegen.[485] Nahrungsmittel verteuerten sich binnen eines Jahres um 14,8 Prozent – Schweinefleisch kostete im Juli 2011 knapp 57 Prozent mehr als ein Jahr zuvor.[486]

„Was bleibt den Chinesen somit übrig? Der Erwerb von und die Spekulation mit Wohneigentum. Einen durch negative reale Zinsen induzierten Bauboom sahen wir auch schon in Spanien, Irland und USA. Dasselbe machen nun die Chinesen, sie sind auf der Jagd nach Rendite – das klingt doch irgendwie bekannt. Sie glauben an ein Wunder, das nicht eintreten wird."[487]

Fatalerweise haben die meisten Erwerber von Immobilien 70 Prozent der Kaufpreise über Kredite finanziert. Folglich droht bei einem Crash Chinas Bankensystem aus den Fugen zu geraten.[488] Das Volumen der ausstehenden Immobilienkredite ist laut IWF zwischen 2000 und 2011 von umgerechnet weniger als 50 Milliarden auf rund 700 Milliarden Euro gestiegen.[489]

Fokus auf Immobilien

Ungesunde 60 Prozent des chinesischen Bruttoinlandsprodukts hängen an der Bauwirtschaft.[490] Der chinesische Immobiliensektor macht fast 50 Prozent der weltweiten Nachfrage nach Rohstoffen wie Zement, Eisen, Erz und Kupfer aus.[491] Allein im Jahr 2009 verdreifachte sich die Zahl der Baubeginne für Wohnungen.[492] Trotz massiver staatlicher Interventionen steigen die Preise weiter. Die Wohnungspreise in Schanghai sind 2009 um 25 Prozent gestiegen, in Peking haben sie allein in der zweiten Jahreshälfte 2009 um 35 Prozent zugelegt, und die Preise für Wohnungen auf Pachtland stiegen in 70 Großstädten um über 30 Prozent.[493] 2010 und 2011 geht der Boom weiter. In Peking sind die Immobilienpreise 2010 um 28 Prozent gestiegen, in Shanghai um 26 Prozent. Im ersten Quartal 2011 kletterten sie fast in allen der 70 größten Städte Chinas trotz staatlicher Maßnahmen weiter.[494] In Hongkong kennen die Immobilienpreise ebenfalls nur einen Weg – den nach oben. Dort sind die Immobilienpreise allein im Jahr 2010 um 24 Prozent gestiegen. Für 2011 sagt Barclays Capital einen weiteren Anstieg um 15 Prozent voraus. Die Höchstpreise von vor der Asienkrise 1997 sind schon längst übertroffen.[495]

Laut Sozialblaubuch der Akademie für Sozialwissenschaften ist Wohneigentum inzwischen für 85 Prozent aller Chinesen und auch für die Mittelschicht unbezahlbar geworden.

Durchschnittsverdiener in Deutschland müssen etwa drei bis fünf Jahreseinkommen für den Kauf einer Immobilie aufwenden – Chinesische Durchschnittsverdiener mehr als zwanzig.[496] Mittlerweile sind die Wohnungspreise in Peking teurer als in Tokio – die Einkommen liegen jedoch weit unter den japanischen. Wohnungen, die zehn bis 15 Kilometer von der Pekinger Innenstadt entfernt sind – dies ist zwischen dem vierten und fünften Autobahnring kosten ab 2200 Euro pro Quadratmeter. Näher zur Innenstadt, d. h. innerhalb des vierten Autobahnrings, liegt man schon zwischen 3800 und 7000 Euro – pro Quadratmeter.[497] Laut Statistiken liegt das Durchschnittseinkommen in China bei etwa 200 Euro – im Monat.[498]

64 Millionen Häusern stehen leer
Laut der Zeitung „Die Presse" stehen mittlerweile 64 Millionen Häusern leer, die meisten davon in neu errichteten, kaum bewohnten Satelliten(geister)städten. Der Grund für den unglaublichen Leerstand liegt wahrscheinlich daran, dass Regionalverwaltungen von der Staatsführung in Peking sehr strikte Vorgaben für das BIP-Wachstum vorgeschrieben bekommen. Diese sind am leichtesten zu erfüllen, wenn die Regionalverwaltungen mit Staatsgeld solche Geisterstädte hochziehen. Der Bedarf steht hierbei im Hintergrund, während die Planerfüllung im Vordergrund steht. Ist dies der Fall, hat dieses Verhalten gravierende Auswirkungen auf die Weltwirtschaft: Es würde bedeuten, dass die Zahlen des gigantischen chinesischen Wirtschaftswachstums durch sinnlose Tätigkeiten immens aufgeblasen und somit nicht besonders repräsentativ sind und folglich früher oder später zu einem Platzen der gigantischen Immobilienblase führen werden.[499]

Nikkei von 40 000 auf 9000 Punkte

Wird dies geschehen, könnte es China und die chinesischen Aktienmärkte sehr hart treffen. In Japan war der japanische Aktienindex Nikkei zum Höhepunkt des dortigen Immobilienbooms bei sagenhaften 40 000 Punkten – heute ist er bei unter 9000 Punkten.[500] Zu Japans Immobilienboomzeiten sollte allein das Grundstück des Kaiserpalastes in der Mitte von Tokio angeblich so viel wert gewesen sein wie der gesamte Staat Kalifornien.[501] Heute dürfte das Grundstück etwas weniger wert sein.

...und die Reichen immer reicher werden

Laut Handelsblatt wetten mittlerweile die ersten Hedgefonds auf einen Zusammenbruch Chinas, da die Hauspreise bereits zu stagnieren beginnen. „Sollten sie anfangen zu fallen, so wie 2007 in den USA, dann könnte eine verheerende Kettenreaktion einsetzen."[502]

Schulden, die fast keiner kennt

Die in der westlichen Welt unbekannte chinesische Verschuldung sorgt für zusätzliche Unsicherheit. Allein im Zuge des 2008 durchgeführten Konjunkturprogramms haben Städte, Gemeinden und Kreise zwischen 1,5 und 2,1 Billionen Dollar an Verbindlichkeiten angehäuft. Der Anteil notleidender Kredite in China kann in den folgenden Jahren von einem Prozent auf fünf bis acht Prozent steigen, schlimmstenfalls auf bis zu 18 Prozent – ein Wert, der zu einem Bankenkollaps führen kann. Die Ratingagentur Standard & Poor's warnte im April 2011, bis zu 30 Prozent der Schulden der Regionalregierungen seien ausfallgefährdet.[503]

Die Schuldenquote Chinas liegt nach offiziellen Angaben zwar nur bei 17 Prozent vom Bruttoinlandsprodukt (BIP). Doch kann man dies glauben? Dies sind offizielle Zahlen aus einem kommunistischen Land. Was nicht heißen soll, dass wir den Zahlen aus der westlichen Welt mehr Glauben schenken können.

Die Experten des angesehenen Analystenhaus Dragonomics in Peking gehen von einer Schuldenquote in Höhe von 89 Prozent aus – dies wäre höher als in Portugal.

Der Vizepräsident des Instituts für Weltwirtschaft, Rolf Langhammer, befürchtet sogar, dass „China Auslandsanlagen auflösen muss, um überschuldete Städte, Provinzen oder Staatsbetriebe vor der Pleite zu retten.[504]

Für die USA wäre das ein Fiasko, denn China hält US-Anleihen im Wert von 1,260 Billionen Dollar. Berechnungen der Schweizer Investmentbank UBS zeigen, wie bedenklich die Situation in China ist. Die Kredite des chinesischen Bankensektors sind zwischen 2008 und 2010 von 121 auf 180 Prozent des BIPs gestiegen. UBS-Analystin Wang Tao warnt: „Ein Anstieg um 35 bis 40 Prozentpunkte über einen Zeitraum von fünf Jahren hat historisch immer zu einer Krise geführt".[505]

26. Verschuldungswahnsinn

„Verschuldung ist nichts weiter als vorgezoge-
ner Konsum, der in der Zukunft ausfällt."
Dr. Hjalmar Schacht, von 1923–1930 Reichsbankpräsident[506]

Mit dieser Aussage hat Hjalmar Schacht bereits vor über 80 Jahren den Nagel auf der Kopf getroffen. Ich habe viel mit der Generation meiner Eltern gesprochen, die argumentierten, dass früher alles besser, gerechter und leichter gewesen sei. Es sei immer nur bergauf gegangen. Hat sich die Generation meiner Eltern – ich betone meiner Eltern und nicht Großeltern – all ihren Wohlstand wirklich hart erarbeitet?

1970 bis 2000 – eine schöne Zeit
Nehmen wir einmal ein einfaches Beispiel. Sie ziehen in den Süden, sagen wir beispielsweise Mallorca. Dort kaufen Sie sich ein schönes großes Haus und ein schickes Boot – auf Pump, versteht sich. Sie lassen es sich gut gehen, es wird viel gefeiert und wenig gearbeitet. Kontinuierlich leben Sie weit über Ihre Verhältnisse. Bezahlt wird mit neben dem eigenen Gehalt mit dem aufgenommenen Kredit und diversen Kreditkarten. Kontinuierlich decken Sie eine Kreditkarte nach der anderen mit einer neuen Karte.

Leben auf Pump

Es ist nicht von der Hand zu weisen, dass Sie eine tolle Zeit haben. Jedoch wird eher früher als später jemand auf Sie zukommen und sein geliehenes Geld plus Zinsen zurückfordern. Ähnlich wie dieses extreme Beispiel hat die westliche Welt die letzten Jahrzehnte gelebt – weit über ihre Verhältnisse.

Doch irgendwann ist Zahltag, und dann ist die schöne Zeit sehr schnell vorbei. Der Zeitpunkt des Zahltags rückt für die westlichen Staaten immer näher, denn unsere Verschuldung zeigt ein exponentielles Wachstum – sie beginnt uns über den Kopf zu wachsen.

Die angesprochene Generation wird jetzt bestimmt argumentieren, dass das obige extreme Beispiel nicht der Fall ist und sie sehr wohl und auch sehr viel gearbeitet und nicht über ihre Verhältnisse gelebt haben. Das stimmt bestimmt größtenteils auch.

Betrachten wir jedoch die Entwicklung der Staatsverschuldung der Bundesrepublik Deutschland, ist klar zu erkennen, dass der Staat und somit wir als Gesellschaft sehr wohl kontinuierlich auf Kosten der kommenden Generationen und weit über unsere Verhältnisse gelebt haben.

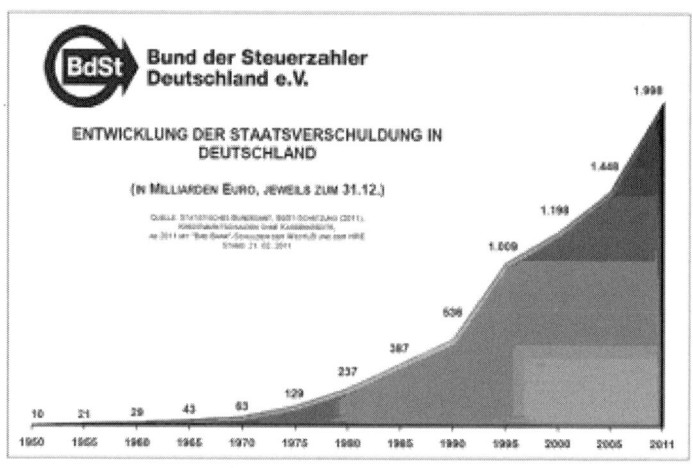

Abbildung 14: Entwicklung der Staatsverschuldung in Deutschland[507]

All die staatlichen Leistungen, die uns in vielen unterschiedlichen Bereichen das Leben erleichterten und die jetzt gnadenlos zusammengestrichen werden, konnten wir nur deshalb genießen, weil diese auf „Pump" finanziert wurden. Zweifellos wurde ein großer Teil unseres hochgelobten Sozialstaats mit all seinen Leistungen auf Kredit und somit zulasten der kommenden Generationen finanziert.

Keiner hat die Politiker in den letzten 30 Jahren in ihre Schranken gewiesen und sie aufgefordert, den Schuldenirrsinn zu unterlassen.

Warum der Bund 48 Milliarden Euro weniger Schulden machte

Abbildung 15: Schulden (Karikatur von Rabe)

Was ist eigentlich Staatsverschuldung?

„Die Staatsverschuldung bezeichnet die vom Staat akzeptierten Gesamtforderungen der Gläubiger an den Staat."[508] Hierbei unterscheidet man zwischen den internen Schulden (Staatsschulden in eigener Währung) und den externen Schulden (Verschuldung in ausländischer Währung). Im Gespräch ist immer nur die explizite Verschuldung, das heißt die verbriefte Staatsverbindlichkeit (Bundesanleihen, -schatzbrief, Kommunalanleihen).

Von der implizierten Verschuldung (versteckte Schulden, zukünftige staatliche Verpflichtung für beispielsweise künftige Sozialkosten wie Renten- und Pensionszahlungen) spricht jedoch kein Mensch, obwohl diese Renten- und Pensionsansprüche bereits heute gesetzlich feststehen. Der Freiburger Finanzwissenschaftler Bernd Raffelhüschen kalkuliert alle durch das heutige Steuer- und Abgabenniveau nicht gedeckten Leistungsversprechen des Staates, insbesondere der Sozialversicherungen, auf mehr als 4,8 Billionen Euro oder 185 Prozent des BIP. Rechnet man die implizierte Verschuldung der Staatsverschuldung hinzu, kommt man laut einer Studie des Forschers auf mehr als sieben Billionen Euro.[509]

Mehr als sieben Billionen Euro implizierte Verschuldung

Diese unvorstellbare Summe von sieben Billionen Euro sind nichts anders als ein ungedeckter Scheck auf die Zukunft, ausgestellt von uns allen und einzulösen von unseren Kindern und Enkeln. Hinzu zu diesen sieben Billionen kommen jedoch noch die vielen Verpflichtungen, die wir zur Bekämpfung der Finanzkrise eingegangen sind und – schlimmer noch – eingehen werden.[510] **Wer soll das bezahlen?**

Die Zukunft der Rentner sieht düster aus

Nach meiner Kenntnis wurden und werden für die Renten und Pensionen jedoch keine Rücklagen gebildet. Somit ist es nur eine logische Konsequenz, dass in Zukunft bei einer alternden Gesellschaft noch mächtig an der Pension „gedreht" wird. Somit, liebe Beamte, ist Ihre Pension alles andere als sicher! Länder wie beispielsweise Griechenland machen uns dies zurzeit schon vor.

Auch für alle Angestellten und somit gesetzlich verpflichteten Rentenbeitragseinzahler sieht es alles andere als rosig aus. Detailliert wird auf das Rentenproblem im Kapitel „Die Rente – das größte legale Schneeballsystem der Welt" eingegangen.

„Die Staatsschulden sind nur ein anderes Wort für heimliche Konfiszierung von Vermögen."
Alan Greenspan, Ehemaliger Präsident des US-Notenbank FED[511]

Schuldenexplosion in Deutschland

Die Notenbanken drucken fleißig Geld und die westliche Welt lebt auf „Pump"

Seit der Aufhebung des Goldstandards Anfang der Siebzigerjahre drucken die Notenbanken fleißig Geld und die westliche Welt lebt auf „Pump".

Seit 1950 hat sich die Pro-Kopf-Staatsverschuldung mehr als verhundertfacht.[512] Pro Sekunde wächst die Verschuldung des Staates um 2279 Euro.[513] Nach Berechnungen der Bundesbank standen Bund, Länder und Gemeinden Ende 2010 mit mehr als 2 000 000 000 000 Euro – in Worten: zwei Billionen Euro – in der Kreide. Fünf Jahre zuvor waren es noch 555 Milliarden Euro weniger. Somit ist die Verschuldung um 27,75 Prozent binnen fünf Jahren angestiegen. Heute kommen auf jeden Bürger 24 901 Euro Schulden (Stand März 2012).[514]

In Deutschland sieht es wahrlich nicht gut aus. Die deutschen Kommunen müssen mit einem Defizit von rund 9,8 Milliarden Euro 2010 das größte Haushaltsloch in der Geschichte der Bundesrepublik verkraften. Die kurzfristigen Kassenkredite zur Deckung laufender Kosten belaufen sich auf 40,5 Milliarden Euro – doppelt so viel wie im Jahr 2004. Viele Kommunen haben keinerlei Einsparmöglichkeiten mehr und leben schlichtweg auf Kredit.[515]

Die deutschen Bundesländer sind ebenfalls immens überschuldet. Sie haben mittlerweile einen Schuldenberg von rund 554,4 Milliarden Euro angehäuft. Trotz Steuermehreinnahmen sind auch 2011 neue Schulden hinzukommen. Die Länder im Vergleich:

Baden-Württemberg: Schulden in Höhe von 43,3 Milliarden Euro;
Bayern: 32,6 Milliarden Euro;
Berlin: 63,2 Milliarden Euro;
Brandenburg: 18 Milliarden Euro;
Bremen: 18 Milliarden Euro;
Hamburg: 24 Milliarden Euro;
Hessen: 39 Milliarden Euro;
Mecklenburg-Vorpommern: 10 Milliarden Euro;
Niedersachsen: 54 Milliarden Euro;
Nordrhein-Westfalen: 131,2 Milliarden Euro;
Rheinland-Pfalz: 34 Milliarden Euro;
Saarland: 12 Milliarden Euro;
Sachsen: 11,7 Milliarden Euro;
Sachsen-Anhalt: 20 Milliarden Euro;
Schleswig-Holstein: 9,3 Milliarden und
Thüringen: 17 Milliarden Euro (Stand August 2011)[516]

Ein Schuldenberg von rund 554,4 Milliarden Euro

Im Jahr 1969 wurde in der BRD zum letzten Mal einen ausgeglichener Bundeshaushalt vorgelegt.[517] Bereits seit 1995 sind Zinsen und Tilgung der zweitgrößte Etat im Bundeshaushalt.[518]

Wie soll die Staatsverschuldung abgebaut werden, wenn es ohne Neuverschuldung noch nicht einmal möglich ist, die ausstehenden Zinsen zu begleichen?

...und die Reichen immer reicher werden

Damit die BRD die Kriterien des EU-Stabilitätspakts bis 2030 erreicht und die Schuldenquote auf 60 Prozent reduziert, müsste die Wirtschaft laut Volkswirten von Unicredit jährlich um astronomische 4,2 Prozent wachsen. Niemals ist die deutsche Wirtschaft über so einen langen Zeitraum dermaßen gewachsen.[519]

Die 4,8 Millionen Kilometer hohe Ein-Euro-Münzen-Säule
Der Focus hat versucht, die unvorstellbare Verschuldung folgendermaßen bildlich darzustellen:

780 000 LKWs voll mit 1 Euro-Münzen

„Sagenhafte 4,8 Millionen Kilometer wäre die Säule hoch, stapelte man die Schulden der öffentlichen Hand in Form von Ein-Euro-Münzen übereinander. Mehr als Zwölfmal wäre damit die Entfernung von der Erde zum Mond überbrückt. Ein Konvoi von rund 780 000 schweren Lkws wäre notwendig, um die Silberlinge mit einem Gewicht von 15,6 Millionen Tonnen zu transportieren."[520]

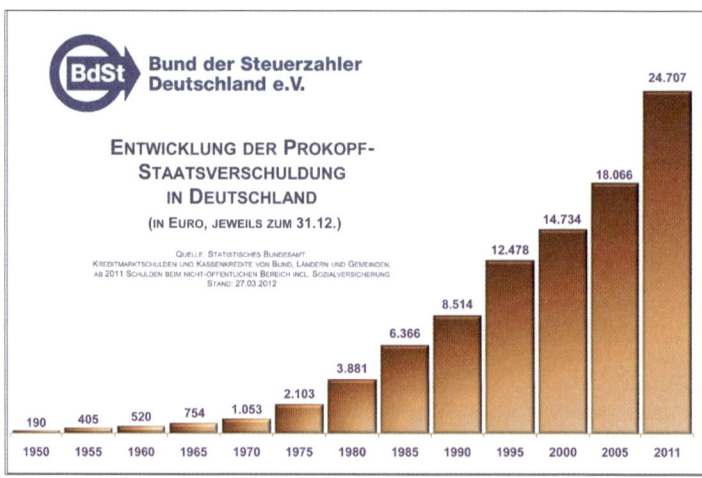

Abbildung 16: Staatsverschuldung[521]

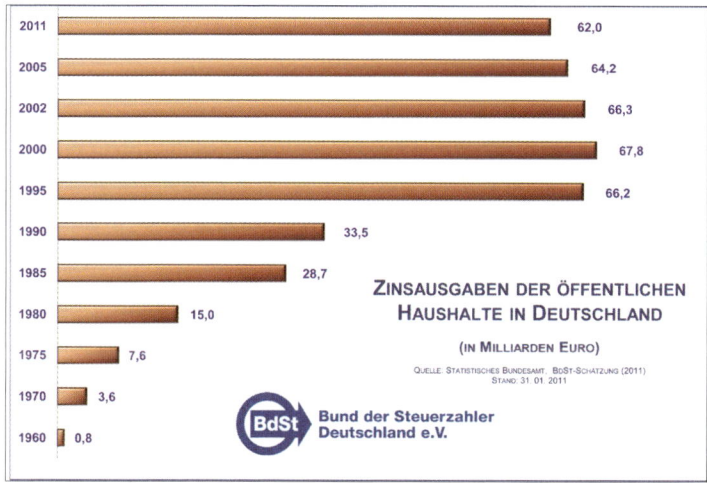

2011	62,0
2005	64,2
2002	66,3
2000	67,8
1995	66,2
1990	33,5
1985	28,7
1980	15,0
1975	7,6
1970	3,6
1960	0,8

ZINSAUSGABEN DER ÖFFENTLICHEN
HAUSHALTE IN DEUTSCHLAND

(IN MILLIARDEN EURO)

QUELLE: STATISTISCHES BUNDESAMT, BDST-SCHÄTZUNG (2011)
STAND: 31.01.2011

BdSt **Bund der Steuerzahler
Deutschland e.V.**

Abbildung 17: Zinsausgaben[522]

Fazit: Wir leben seit den 80er Jahren gravierend über unsere Verhältnisse. Die schöne Zeit meiner Jugend habe ich der kommenden schlechten Zeit im Alter und der meiner Kinder zu verdanken. Ich sage Ihnen knallhart: „Die fetten Jahre sind definitiv vorbei!"

„Von jetzt an werde ich nur so viel ausgeben, wie ich einnehme – und wenn ich mir Geld dafür borgen muss!"
Mark Twain, Schriftsteller[523]

Fast jeder zehnte Bürger über 18 Jahre war Ende 2010 extrem überschuldet

Zusätzlich nimmt die private Verschuldung drastisch zu. Laut der Auskunftei Creditreform waren 6,49 Millionen Deutsche und damit fast jeder zehnte Bürger über 18 Jahre Ende 2010 extrem überschuldet – 300 000 mehr als noch im Jahr zuvor, was einem Anstieg von 4,7 Prozent entspricht. Man spricht von Überschuldung, wenn ein Schuldner nachhaltig in Zahlungsschwierigkeiten gerät und seine Verbindlichkeiten in absehbarer Zeit nicht begleichen kann. Seit 1999 wurden mehr als 700 000 Privatinsolvenzen in Deutschland verzeichnet.[524]

Wie wir bereits wissen, Geld ist ein Anspruch auf Leistung. Was ist also eine Kreditschuld?

Logischerweise ist eine Kreditschuld ein Anspruch auf eine noch zu erbringende Leistung. Betrachten wir die unvorstellbaren Schuldenberge, die sich global angehäuft haben, sollte uns allen bewusst werden, dass von irgendjemandem zukünftig eine gigantische Leistung erwartet wird. Wer könnte dieser Irgendjemand sein und wie realistisch ist es, dass dieser diese Leistung jemals erbringen wird und kann? Ich sage Ihnen knallhart: Niemand wird diese Leistung jemals erbringen können!

Wer soll die Leistung erbringen?

27. Drohende Staatsbankrotte

„Wenn der Staat Pleite macht,
geht natürlich nicht der Staat pleite,
sondern seine Bürger!"
Carl Fürstenberg, deutscher Bankier (1850–1933)[525]

Ein Staatsbankrott erscheint mittlerweile lange nicht mehr so abwegig wie vor wenigen Jahren. Etwa 4,5 Billionen Dollar haben die Regierungen der Industriestaaten 2010 neu aufnehmen müssen. Das ist dreimal mehr als im Durchschnitt der vergangenen fünf Jahre. In den Vereinigten Staaten ist die Verschuldung seit 2006 um 50 Prozent gestiegen.[526]

Laut der Zeitung „Die Welt" droht mittlerweile 60 Staaten die Zahlungsunfähigkeit.[527] Experten fordern bereits dringend ein internationales Insolvenzverfahren für Staaten. Von einem Staatsbankrott spricht man, sobald ein Staat bekannt gibt, seine Schulden nicht mehr bezahlen zu können. Dies bedeutet, das Land bedient nicht mehr seine Auslandsschulden – Staatsanleihen verlieren an Wert.

Wie uns die Geschichte lehrt, können Staaten sehr wohl bankrott gehen. Allerdings sind hierbei zwei unterschiedliche Formen zu beachten. Zum einen die Form des offenen Staatsbankrotts. Diese kommt eher selten vor. Zum anderen der Weg des verdeckten Staatsbankrotts. Dieser wird von Regierungen bevorzugt. Dies bedeutete früher eine Münzverschlechterung und heute das Drucken von ungedecktem Papiergeld. Folgen dieser Maßnahmen sind meistens Inflation, Hyperinflation und schlussendlich eine Währungsreform.

Anzeichen für einen drohenden Staatsbankrott ist die Herabstufung der Bonität durch internationale Ratingagenturen. Diese hat zur Folge, dass es immer teurer und somit schwieriger für einen Staat wird, sich mit Liquidität zu versorgen. Eine Abwärtsspirale kommt in Gang. Je mehr sich die Kredite verteuern, desto gravierender werden die fiskalischen Probleme des Staates. Diese Probleme reduzieren das Vertrauen der Gläubiger und erschweren eine weitere Kreditaufnahme. Der Bankrott erfolgt, sobald der Staat seine Kreditzinsen nicht mehr bedienen kann. Verlierer eines verdeckten Staatsbankrotts ist die breite

Bevölkerung, deren Ersparnisse vernichtet werden. Sie kann die Vermögenswerte des Schuldners weder pfänden noch verwerten, muss auf Zinsen verzichten und bekommt oftmals nur einen Bruchteil ihres Kapitals zurück.[528]

Zumeist endet ein Staatsbankrott in einer drastischen Abwertung der Währung sowie der Möglichkeit eines Totalverlusts bei Staatsanleihen. Laut einer Untersuchung der 13 staatlichen Zahlungsausfälle zwischen 1998 und 2008 mussten die Gläubiger 30 Tage nach dem Zahlungsverzug einen durchschnittlichen Abschlag von rund 50 Prozent hinnehmen. Hierbei gab es erhebliche Schwankungen zwischen den einzelnen Ländern. Gläubiger der Dominikanischen Republik hatten nur einen Verlust von fünf Prozent zu verzeichnen – Besitzer russischer Anleihen einen Verlust in Höhe von 82 Prozent.[529] Wenn man eine Lehre aus der Vergangenheit ziehen kann, dann die, dass bei Staatsbankrotten und Währungsreformen immer 99 Prozent der Bürger die Zeche bezahlen mussten. Nur ein Prozent war vorbereitet. Bereiten auch Sie sich auf das Unmögliche vor!

99 Prozent der Bürger bezahlen die Zeche

Staatsbankrotte[530]

•   Afrika: Nigeria fünfmal, Marokko viermal, Südafrika dreimal und Ägypten zweimal.
•   China: 1425, 1921 und 1939.
•   Deutschland: 1923 und 1948.
•   Frankreich: acht Staatsbankrotte zwischen den Jahren 1500 und 1800.
•   Griechenland: seit Unabhängigkeit 1829 fünf Staatspleiten.
•   Indien: seit Unabhängigkeit 1974 dreimal Staatsbankrott: 1958, 1969 und 1972.
•   Mexiko: seit 1821 acht Staatspleiten.
•   Österreich: 1796 und fünfmal im 19. Jahrhundert sowie nach dem Zweiten Weltkrieg.
•   Portugal: 1828, 1837, 1841, 1852 und 1890.
•   Russland: 1839 und 1885, 1918, 1991 und 1998.
•   Spanien: 19 Staatspleiten. Bis 1800 sechsmal pleite, im 19. Jahrhundert siebenmal.

- Venezuela: Zehn Staatsbankrotte.
- Südamerika: Jedes Land ist seit dem Jahr 1800 mindestens dreimal zahlungsunfähig geworden.
- Im 19. Jahrhundert war Venezuela sechsmal pleite, Costa Rica, Honduras, Kolumbien und die Dominikanische Republik waren es jeweils viermal.
- Weitere Staatsbankrotte im 20. Jahrhundert: Venezuela: 1983, 1990, 1995 und 2004.
- Costa Rica: 1901, 1932, 1962, 1981, 1983 und 1984. Brasilien ging siebenmal Bankrott, Ecuador sechsmal. Argentinien war seit der Unabhängigkeit 1816 siebenmal pleite. Letzter Fall von Staatsbankrott 2002.
- Türkei: 1876, 1915, 1931, 1940, 1978 und zuletzt 1982.

Und möglicherweise bald: Griechenland, Portugal, Ungarn, Spanien, Slowenien, Italien, Belgien ...

„Kein Staat ist in der Lage, sich genügend einzuschränken,
wenn ihm unbeschränkte Finanzierungsmöglichkeiten
eingeräumt werden. Diese Erfahrung muss jeder Generation,
die nicht bereit ist,
aus der Geschichte zu lernen, von Neuem machen."
Erich Leverkus, Bankier[531]

28. Argentinien – Augenzeugenbericht von Marc Friedrich

Dieser Augenzeugenbericht von Marc Friedrich, der zum Zeitpunkt des Staatsbankrotts 2001 in Argentinien weilte und hautnah erlebte, mit welchen Folgen ein solches Geschehen verbunden ist, soll deutlich machen, warum wir vor den Gefahren warnen und warum wir Sie auffordern, vorbereitet zu sein.

Argentinien war schon immer eines meiner Traumziele.

Im Jahr 2001 verwirklichte ich meinen Traum und machte mich auf den Weg, um dort zu arbeiten. Mein Gehalt wurde in US-Dollar ausbezahlt. Dies ermöglichte mir in Buenos Aires einen angenehmen Lebensstil. Die Sonne schien, es gab alles zu kaufen, und die Stadt ist atemberaubend schön. Nicht ohne Grund nennt man Buenos Aires das Paris Südamerikas.

Aber dies war alles nur Fassade, die im Laufe des Jahres immer mehr zu bröckeln begann. Ich wurde Zeuge eines historischen Umbruchs und Zeuge eines Staatsbankrottes. Dieses Erlebnis veränderte mein ganzes Leben. An nichts, woran ich zuvor geglaubt habe, konnte ich mehr glauben.

Zu meinem Entsetzen sehe ich zehn Jahre später in Europa erschreckende Parallelen zu meinen damaligen Erlebnissen.

Inflation

Genauso wie die Mitgliedsländer der EU hatte auch Argentinien damals seine Zinspolitik aufgegeben und den Peso an den Dollar gekoppelt. Jahrelang lebten auch die Argentinier enorm über ihre Verhältnisse. Durch die Bindung an den Dollar hatte Argentinien eine negative Handelsbilanz und eine daraus resultierende stark steigende Staatsverschuldung vorzuweisen. Die Inflation war absurd hoch. Im Laufe der Zeit verteuerten sich alle Güter immens.

Beispielweise kostete ein Joghurt bei meiner Ankunft ca. zwei Dollar. Was an sich schon teuer war. Nur drei Monate später waren es schon 2,50 Dollar und wiederum einen Monat später schon 3,20 Dollar. Telefonieren war purer Luxus. Meine Telefonkosten beliefen sich auf über 1000 Euro pro Monat. Mir blieb bei meiner ersten Rechnung beinahe das Herz stehen. Ich war davon überzeugt, dass es sich bei der Rechnung um einen Irrtum handelte – dies war jedoch nicht der Fall. Argentinien hatte zeitweise die höchsten Telefongebühren der Welt. Die Inflation war enorm. Die Preise stiegen täglich.

Der IWF versuchte Argentinien zu helfen – ohne Erfolg. Ganz im Gegenteil, die Lage wurde eher „verschlimmbessert".

Die Beschwichtigungen des unglücklich agierenden Präsidenten De la Rúa wurden immer häufiger und verzweifelter. Spätestens im Herbst war vielen klar, dass Argentinien hoffnungslos verschuldet war. Ähnliche Beteuerungen sehe ich momentan von einem Herrn Trichet, Barroso, Schäuble und Juncker.

Aufgrund der zunehmenden Kapitalflucht sah sich die Regierung gezwungen, sämtliche Bankguthaben einzufrieren (Corralito) und die Banken zeitweise zu schließen. Als ich an jenem Morgen aufwachte, waren alle Banken geschlossen und die Bankautomaten funktionierten nicht mehr. Die Leute waren außer sich.

Es durften nur noch 250 Peso pro Konto und Woche abgehoben werden. Die Währung wurde über Nacht abgewertet und alle Dollarguthaben wurden in Pesos umgewandelt. Jeder Bürger war über Nacht ärmer geworden. Viele aus der Ober- und Mittelschicht verloren viel bis zu teilweise fast alles. Die Wut war enorm und absolut verständlich. Der Staat hatte seine eigenen Bürger in einer Nacht- und Nebelaktion beraubt.

Die Folge waren starke soziale Unruhen und Plünderungen. Die Kriminalität stieg immens. Der Peso verlor weiter drastisch an Wert, und die Immobilienpreise fielen stark (bis zu 90 Prozent). Die Lage spitzte sich weiter dramatisch zu. Es gab viele Tote und Verletzte bei den Demonstrationen und schließlich musste Präsident De la Rúa filmreif im Helikopter vor dem wütenden Mob aus dem Präsidentenpalast flüchten. Anschließend wurde ein trauriger Rekord aufgestellt: Es gab innerhalb von zehn Tagen fünf verschiedene Präsidenten.

Auf den Straßen herrschte pure Anarchie. Die Stadt war nicht mehr sicher. Die Menschen hatten viel oder sogar alles verloren. Die, die nun nichts mehr zu verlieren hatten, ließen ihrer Not, Wut und Verzweiflung freien Lauf. Geschäfte brannten oder wurden geplündert, Menschen überfallen und in Häuser eingebrochen. Die Kriminalität war allgegenwärtig. Die Polizei war maßlos überfordert und beging teilweise selber kriminelle Handlungen.

Anarchie auf den Straßen

Ich selber wurde zweimal überfallen und dabei sogar mit einer Waffe bedroht. Auch Handgeld an Polizisten zu bezahlen war gang und gäbe. Ich wollte nur noch raus aus Argentinien, und war froh, als ich es geschafft hatte. Den Glauben an den Kapitalismus, an Papierwerte sowie an ungedecktes Geld hatte ich in Argentinien zurückgelassen. Ich fing an, mich kritisch mit dem System auseinanderzusetzen und Lösungen für die Vermögenssicherung zu finden.

Fazit: Es war der bislang größte Staatsbankrott eines souveränen Staates in der neueren Zeit.
Staatsanleihen im Wert von über 140 Milliarden Dollar wurden wertlos, ein großer Teil davon kam von Privatgläubigern, auch aus Europa und vor allem aus Deutschland. Die deutschen Bankberater empfahlen ihren Kunden die hochverzinsten Papiere mit dem Hinweis: „Ein Staat, der kann doch gar nicht pleitegehen." Pustekuchen! Kann er doch!

...und die Reichen immer reicher werden

Der Peso verlor 75 Prozent an Wert, Immobilien bis zu 90 Prozent!
Die Banken wurden immer wieder geschlossen. Die komplette Mittelschicht war von heute auf morgen verarmt. Die Armutsrate stieg auf
unglaubliche 57 Prozent und die Arbeitslosenquote überstieg die 20
Prozent-Marke.

Das BIP verlor (offiziell) 2001 4,4 Prozent und 2002 knappe 11 Prozent. Die Inflation war bei 26 Prozent!

Innerhalb weniger Tage bildeten sich neue wirtschaftliche Strukturen.
Tauschhandel und Regionalwährungen halfen vielen Argentiniern, die
Misere zu überstehen.

Übrigens: Die deutschen Gläubiger warten bis heute auf ihr Geld. Und
der nächste argentinische Staatsbankrott ist so sicher wie das Amen in
der Kirche!

29. Amerika – Land der begrenzten Möglichkeiten

„Die USA und China führen eine Ehe wie meine Frau und ich. Die Frau gibt aus, was der Mann spart und verdient."
Niall Ferguson, britischer Historiker[532]

Die „Zeit" bringt es im Februar 2011 auf den Punkt: Die USA sind wie Griechenland – nur viel schlimmer.[533]
Meiner Ansicht nach ist dieser Aussage nichts hinzuzufügen.

Die USA haben den Bogen schon längst überspannt, und es ist nur noch eine Frage der Zeit, bis das Land in die Insolvenz schlittert. Doch bis dahin wird es die Welt noch weiter mit Dollars überfluten und die Kaufkraft der eigenen Währung aushöhlen. *Ben Bernanke, Chef der amerikanischen Notenbank FED, hat es ja bereits angekündigt:* „Im Zweifel kann die FED die Dollarpresse beliebig rotieren lassen und notfalls Geld mit dem Helikopter abwerfen, um die Wirtschaft anzukurbeln."[534] Ich sage Ihnen, das machte der Mann auch. Er prügelte binnen kürzester Zeit die Zinsen auf 0,25 Prozent herunter und hält sie seit Dezember 2008 auf diesem unnatürlich niedrigen Niveau. Ferner kündigte er an, dies „mindestens" weitere 24 Monate zu tun. Der Titel eines Berichts im Focus vom August 2011 bringt es auf den Punkt: „Inflation. Ben Bernanke – der Mann, der die Welt ruiniert."[535] Das FED hat seine Bilanzsumme in nicht einmal fünf Jahren verdreifacht (Stand September 2011).[536]

Die US-Notenbank FED – die größte „Bad Bank" der Welt

„Die Fed kauft alles außer Ketchup."
Bernd Weidensteiner; Commerzbank-Volkswirt[537]

Zwischen 2008 und 2009 ist die Geldmenge in den USA um fast 140 Prozent gestiegen.[538] Seit 2006 hat sie sich um das 3,5-Fache erhöht.[539] Bis Ende August 2011 kaufte die FED für 3000 Milliarden Dollar US-Staats- und Zinspapiere.[540] Die US-Notenbank FED hat China als größten Gläubiger überholt.[541] Mittlerweile kauft das FED 70 Prozent der amerikanischen Staatsanleihen auf. Faktisch drucken sich die USA einen Großteil ihres Geldes selbst.[542]

„Zusätzlich kaufte das FED durch Hypotheken besicherte Wertpapiere (‚Mortgage Backed Securities') in großem Stil auf. Weil viele davon nicht werthaltig sind, kann die US-Zentralbank mittlerweile durchaus als größte ‚Bad Bank' der Welt bezeichnet werden."[543]

Wenn die eigene Notenbank der größte Gläubiger des eigenen Landes ist, kann man nur noch von volkswirtschaftlichem Irrsinn sprechen. In Anbetracht all dieser Fakten ist es nicht überraschend, dass der US-Dollar in den letzten 100 Jahren unglaubliche 96 Prozent an Kaufkraft verloren hat.[544]

„Die US-Regierung verfügt über eine Technologie, genannt Druckerpresse (oder heute ihr elektronisches Äquivalent), die ihr die Produktion so vieler US-Dollars erlaubt, wie sie wünscht – und das ohne Kosten."
Ben Bernanke, Präsident des FED[545]

15 000 000 000 000 Dollar Schulden

Die USA haben ein unvorstellbares Schuldenproblem. 1980 kletterten die US-Staatsschulden erstmals über eine Billion Dollar. Hierfür hat das Land 200 Jahre gebraucht. Seitdem sind die Schulden um das 15-Fache gestiegen, auf über 14 Billionen Dollar.[546] Allein im Jahr 2010 haben die Vereinigten Staaten von Amerika mit 45 Prozent der globalen Schulden fast so viele Schulden aufgenommen wie der Rest der Welt zusammen.[547] Jedoch leben in den USA nur 307 Millionen Menschen. Auf der gesamten Erde sind es 6775 Millionen.[548] Also haben 2010 weniger als fünf Prozent der Erdbevölkerung 45 Prozent aller neuen Schulden aufgenommen.

Die gesamten Staatsschulden der USA haben Ende Dezember 2010 die Marke von 14 000 000 000 000 Dollar (14 Billionen Dollar) überschritten. Im Juni 2010 betrug der Schuldenstand noch 13 Billionen

Dollar.[549] Im November 2011 wurde die 15 Billionen-Dollar-Marke überschritten. Im März 2012 ist man bereits bei 15,46 Billionen angelangt – Tendenz weiter steigend. Seit 2000 ist die Wirtschaftsleistung der USA um die Hälfte gestiegen – die Regierungsschulden haben sich verdoppelt.[550] Rein mathematisch gesehen muss dies im Supergau enden.

Wie kann man die gigantische US-Staatsverschuldung plakativ darstellen? Die Financial Times hat am 20.05.2011 eine Bilderserie zusammengestellt mit dem Titel „Verblüffende Vergleiche – US-Schulden reichen bis zum Mond": Sie bringen den US-Schuldenwahnsinn auf den Punkt:

*   „In einem Monat mit 31 Tagen borgen sich die USA täglich vier Milliarden Dollar. Würde diese Summe in Form von Dimes, den amerikanischen Zehncentstücken, zu einem Türmchen geformt, könnte der Stapel locker die Erde umrunden.
*   Monatlich leihen sich die USA 125 Milliarden Dollar. Damit kann man jedem der mehr als 300 Millionen Einwohner der Vereinigten Staaten ein iPad kaufen – jeden Monat.
*   1867 kauften die USA Alaska von Russland für 168 Millionen Dollar – dies ist weniger als die derzeitige Neuverschuldung der USA in nur einer Stunde.
*   1803 kauften die Vereinigten Staaten Frankreich die Kolonie Louisiana (zu der heute unter anderen Arkansas, Missouri und Iowa gehören) ab. Heute macht das Land in zwei Stunden mehr Schulden, als die Kolonie damals wert war.
*   Pro Sekunde macht die US-Regierung 40 000 Dollar Schulden. Damit kann ein junger Mensch an vielen amerikanischen Universitäten ein Jahr lang studieren – Miete inbegriffen.
*   Selbst die Superreichen des Landes anzupumpen, macht keinen Sinn mehr. Der Nettowert von Bill Gates, er wird derzeit auf 56 Milliarden Dollar geschätzt, würde die Neuverschuldung der USA gerade mal 15 Tage lang abdecken."[551]

Im März 2012 schulden die USA ihren Gläubigern

Monatlich leihen sich die USA 125 Milliarden Dollar

...und die Reichen immer reicher werden

15 461 956 904 511 Dollar. Das sind 49 383 Dollar pro Staatsbürger und 136 649 Dollar pro Steuerzahler.[552] Zu den Staatsschulden kommen noch die Verbindlichkeiten von Kommunen, Unternehmen und Bürgern. Laut Claus Vogt, Chefanalyst der Quirin Bank, dürfte dies zusammengerechnet 500 Prozent des Bruttoinlandsprodukts entsprechen.[553]

Viele US-Bundesstaaten können ihre gigantischen Haushaltslöcher nicht mehr stopfen. Insgesamt fehlen 125 Milliarden Dollar – es droht der Bankrott.[554]

Amerikanische Städte haben Zins-Anleihen („Municipal Bonds") im Wert von mehr als 2800 Milliarden Dollar ausgegeben. Ob die Investoren ihr Geld je wieder sehen, ist unklar, denn in jedem zweiten Bundesstaat der USA dürfen Städte bankrottgehen.[555] Die Gesamtverbindlichkeiten der Vereinigten Staaten (inklusive Firmen- und Privatschulden) betragen 360 Prozent des Bruttoinlandsprodukts.[556] Bereits heute sind 33 von 50 US-Bundesstaaten nicht mehr in der Lage, Arbeitslosenunterstützung zu zahlen.[557] Im Oktober 2011 hat Harrisburg, die Hauptstadt des US-Bundesstaates Pennsylvania, Konkurs angemeldet – als bereits neunte Stadt in den USA[558]. Im Dezember 2011 erfolgte mit Jefferson bereits die zwölfte kommunale Pleite.[559] Ich sage Ihnen, dass noch zahlreiche Pleiten folgen werden.

> *„US-Staatsanleihen sind finanzieller Selbstmord."*
> Marc Faber, Investor[560]

Exorbitante private Verschuldung

Auch im privaten Sektor sieht es verheerend aus. Im Jahr 2010 sind 1,53 Millionen Amerikaner pleitegegangen – dies war der höchste Stand seit Verschärfung der Insolvenzordnung im Jahr 2005.[561] Elf Millionen US-Amerikaner schulden den Banken mehr Geld, als ihre Immobilien wert sind.[562]

Es klingt unglaublich, aber es ist wahr: Knapp 40 Millionen Amerikaner (das ist die Bevölkerung von halb Deutschland) sind auf Essensmarken des Landwirtschaftsministeriums angewiesen. Das sind 12,5 Prozent der US-Bevölkerung. 2010 zahlte das amerikanische Sozialver-

Elf Millionen US-Amerikaner schulden den Banken mehr Geld, als ihre Immobilien wert sind!

sicherungssystem zum ersten Mal mehr Beiträge aus, als es an Steuern einnahm. Dies ist die Bankrotterklärung des amerikanischen Systems.

Die Immobilien- und Wirtschaftskrise ist noch lange nicht vorbei
Die Folgen des Immobiliencrashes sind noch keinesfalls ausgestanden. Seit 2007 sind die Preise von Gewerbeimmobilien um mehr als 40 Prozent gefallen – fast jedes fünfte Bürohaus im Land steht leer. 1,4 Billionen Dollar an Darlehen müssen bis 2014 refinanziert werden.[563] Als Folge der Finanzkrise 1.0 sitzen die großen US-Banken auf minderwertigen Häusern in gigantischer Zahl. Der Bestand mit knapp 900 000 Häusern ist mittlerweile doppelt so hoch wie vor der Finanzkrise – Tendenz steigend. Eher früher als später werden die Banken diese Immobilien verkaufen, was zu einem weiteren Preisverfall führen kann.[564] Wie weit, kann heute noch keiner sagen, denn am US-Häusermarkt herrscht weiterhin Depression. Der Case-Shiller-Index, der die Hauspreise in 20 amerikanischen Städten misst, fiel im März 2011 im Vergleich zum Jahr 2010 um 3,6 Prozent auf ein Achtjahrestief von 138,16 Punkten – dies ist der stärkste Rückgang seit Ende 2009.[565] Im Vergleich zum Juni 2010 sanken die Hauspreise um 4,5 Prozent. Im Juni 2011 belief sich das Immobilienvermögen der privaten Haushalte auf 16,1 Billionen Dollar – dies sind 6,6 Billionen Dollar weniger als noch im Jahr 2006. Im Vergleich zum Tiefpunkt 2009 haben die Häuser der Amerikaner landesweit nochmals an Wert verloren. Mit rund zehn Billionen Dollar sind die Hypothekenschulden noch genauso hoch wie vor fünf Jahren.[566]
Auch die Wirtschaft steht keinesfalls so positiv da wie von der Politik kommuniziert. Amerika hat dummerweise seine „Werkbank" nach China verlegt und dadurch die eigene Industrie größtenteils zerstört. Wann haben Sie das letzte Mal ein Produkt mit der Aufschrift „Made in USA" in der Hand gehabt? Selbst der Technologieführer Apple designt nur noch in den USA, hergestellt wird aber in China.[567]
In einem gigantisch großen Land wie den USA erzielte im letzten Quartal 2010 die US- Finanzbranche mit 57,7 Milliarden Dollar 29 Prozent aller Unternehmensprofite.[568] Ein Gewerbe, das eigentlich nichts produziert, erzielt ein Drittel aller Unternehmensprofite – dies ist mehr als bedenklich. Die US-Finanzindustrie kassiert in guten Jah-

ren in den USA über 40 Prozent aller Unternehmensgewinne. Und in schlechten Jahren werden die Banken vom Steuerzahler gerettet.[569] Gewinne werden weiterhin privatisiert und Verluste werden bestimmt auch weiterhin sozialisiert.

Der amerikanische Dow-Jones-Index ist wieder auf dem Vor-Krisen-Niveau von 2008. Auf der einen Seite existiert also eine blühende Finanzlandschaft und der anderen Seite eine stagnierende Realwirtschaft. Wie soll das funktionieren?

Obamas Traum

Damit Obamas Ziel – die Neuverschuldung bis 2021 auf drei Prozent des Bruttoinlandprodukts (BIP) zu reduzieren und die Gesamtschulden auf 77 Prozent des BIP zurückzufahren – aufgeht, müssten die USA in jedem der nächsten zehn Jahre 3,9 Prozent Wachstum erreichen und die Arbeitslosenrate entsprechend senken.[571]

Hierzu fällt mir nur eine Passage der legendären Rede von Martin Luther King ein: „I have a dream ...“

200 000 000 000 000 Dollar Schulden

Laut Ökonomie-Professor Laurence Kotlikoff ist das Land faktisch bankrott, denn unter Berücksichtigung der impliziten Zahlungsversprechen der Sozialsysteme der USA zusätzlich zu den Staatsschulden existiert eine fiskalische Lücke von rund 200 Billionen Dollar.[571] Jawohl, Sie haben richtig gelesen: 200 000 000 000 000 Dollar. Somit stehen die USA wesentlich schlechter da als Griechenland.

Mittlerweile bekommen auch Großinvestoren kalte Füße. Pimco der weltgrößte Bondinvestor, zeigt sich noch skeptischer gegenüber US-Staatsanleihen als bisher. Er hat nicht nur bereits im Februar 2011 alle seine US-Staatsanleihen verkauft – er wettet bereits auf fallende Kurse bei US-Staatsanleihen.[572]

Großinvestoren bekommen kalte Füße

Minnesota im Juli 2011 – der US-Bundesstaat ist zahlungsunfähig.

Der Zoo des US-Staats und die Nationalparks blieben am amerikanischen Nationalfeiertag geschlossen. Die Bauarbeiten an Schnellstraßen wurden eingestellt. 22 000 Staatsangestellte bekommen auf unabsehbare Zeit keinen Lohn und bleiben vorerst zu Hause. Seit dem 1. Juli 2011 ist Minnesota zum zweiten Mal binnen sechs Jahren zahlungsunfähig. Der demokratische Gouverneur und die republikanische Mehrheit im Kapitol des US-Staats konnten sich auf keinen gemeinsamen Haushalt einigen. Folglich standen deshalb weite Teile der Verwaltung still.[573] Mittlerweile geht es in Minnesota weiter wie bisher – auf „Pump".

Keine Einigung in Haushaltsfragen

Bankrott gerade noch einmal hinausgezögert

Im August 2011 hat Amerika mit der Anhebung seiner Schuldengrenze gerade noch einmal seine eigene Zahlungsunfähigkeit verhindert.[574] Dies ändert jedoch nichts an dem Fakt, dass das Land pleite ist. Steht eine verschuldete Person, welche niemals ihre Schulden zurückbezahlen kann und deren Dispo weiter erhöht wird, etwa besser da als zuvor? Die Staatsverschuldung der USA ist nach der Anhebung der Schuldengrenze auf über 100 Prozent des Bruttoinlandsproduktes (BIP) gestiegen. Direkt nach dem Inkrafttreten des Gesetzes nahm die US-Regierung 238 Milliarden Dollar an neuen Krediten auf.[575]

USA – wie soll das funktionieren?

„Das Land muss seine zerfallende Infrastruktur erneuern, wenn es wettbewerbsfähig bleiben will. Die Vereinigten Staaten investieren nur halb so viel wie Europa in Strassen, Brücken, Eisenbahnen, und Flughäfen – 2,4 Prozent des BIP anstatt fünf Prozent. Gemäss einer Rangliste des WEF befinden sich die USA auf Platz 23, was die Qualität der Infrastruktur betrifft."[576]

Von 2000 bis 2007 wendeten die USA Dollar 6,50 an Verschuldung für Dollar 1 Wachstum auf. 2009 waren es bereits Dollar 18,50 – Tendenz weiter steigend. [577]

Um zu verstehen, dass dieser Irrsinn auf Dauer nicht gutgeht, benötigt man weder ein volkswirtschaftliches oder betriebswirtschaftliches Studium, sondern hierzu genügt abermals der gesunde Menschenverstand.

Mittlerweile sprechen sogar die Vereinten Nationen von dem Risiko eines Kollapses des US-Dollars.[578]

„Die zunehmende Verschuldung der USA untergräbt das Vertrauen. Für mich ist die Vorstellung irrsinnig, dass irgendjemand noch bereit wäre, der Regierung für 30 Jahre Kapital zu einem Zinssatz von drei, vier, fünf oder sechs Prozent zu leihen. Ich setze mit Leerverkäufen auf Verluste bei US-Staatsanleihen."

Jim Rogers, Hedgefondsmanager[579]

30. Europas Südschiene und Irland sind bankrott – und die Politik will es nicht wahrhaben

Zu Beginn möchte ich Ihnen sagen, dass ich überzeugter Europäer, aber ein strikter Gegner des Euros bin. Meine Gründe hierfür finden Sie in dem Kapitel: Der Euro – eine Währung, die zum Scheitern verurteilt ist. Mittlerweile sollte auch der Letzte einsehen, dass die Südschiene Europas schlichtweg pleite ist. Leider ist dies nicht der Fall. Wir, oder besser gesagt unsere planlosen Politiker in Berlin, können weiterhin noch Abermilliarden gen Süden schicken. Dass sie damit gegen gültiges EU-Recht verstoßen, sei einmal dahingestellt.[580] Allein die Staaten der Euro-Zone haben mittlerweile Verbindlichkeiten in Höhe von unvorstellbaren sieben Billionen Euro angehäuft. Es ist bis heute vollkommen unklar, wer das Geld je zurückzahlen soll.[581]

Schlussendlich werden die südeuropäischen Länder eher früher als später die Bücher auf den Tisch legen und ihren Bankrott verkünden. Wir werden bitterlich erkennen müssen, dass unser Geld nicht, wie heute von Politikern aller Couleur behauptet, zurückbezahlt wird, sondern dass das Gegenteil der Fall sein wird. Um diesen Sachverhalt zu verstehen, benötigt man wahrlich keine hellseherischen Fähigkeiten.

Abbildung 18: Rettungsschirm (Karikatur von Rabe)

Portugal – das Armenhaus Europas

Portugal mit seinen knapp zehn Millionen Einwohnern war schon immer das Armenhaus Europas. Seit 2008 hat sich jedoch die Lage in dem Land erheblich verschlimmert. Im Dezember 2012 hat die Arbeitslosigkeit mit 14,8 Prozent ein 30-Jahres-Hoch erreicht – „neun von zehn Neubeschäftigten in Portugal arbeiten zu prekären Bedingungen."[582] Das heißt: Sie arbeiten für ein paar Stunden, ein paar Tage, ein paar Wochen und dann sind sie wieder ohne Arbeit. Der Mindestlohn beträgt 485 Euro. Das Durchschnittsgehalt liegt zwischen 600 und 700 Euro. Eine Million Leute haben keine Arbeit. Portugal befindet sich seit 2008 in einer Rezession, diese verschärft sich kontinuierlich. Die Gesamtstaatsschuld liegt mit 160 Milliarden Euro bei 101,6 Prozent des Bruttoinlandsprodukts. Zur Erinnerung: Der europäische Stabilitätspakt erlaubt nur einen Gesamtschuldenstand von 60 Prozent und eine jährliche Neuverschuldung von drei Prozent des Bruttoinlandsprodukts (BIP).[583] Das BIP misst die Produktion von Waren und Dienstleistungen im Inland nach Abzug der Vorleistungen.[584] Im Mai 2011 haben sich IWF und EU auf ein Rettungspaket in Höhe von 78 Milliarden Euro für die kommenden drei Jahre geeinigt, um Portugal vor der Pleite zu bewahren.[585] Im November 2011 meldet die portugiesische Regierung, dass weitere 20 bis 25 Milliarden Euro benötigt werden.[586] Einen Tag später stuft die Rating Agentur Fitch Portugal auf Ramsch-Niveau herab. Die zehnjährigen Staatsanleihen verteuern sich auf 12,4 Prozent.[587] Im Februar 2012 erhält Portugal ein weiteres Hilfspaket in Höhe von 52 Milliarden Euro.[588] Es wird bestimmt nicht das letzte Hilfspaket sein.

Portugiesischer Staat entnimmt 6 Milliarden aus Pensionskasse

Laut einer Studie der Universität Porto ist die Schattenwirtschaft in Portugal seit 2010 enorm gewachsen. Ihr Anteil am Bruttoinlandsprodukt hat 2010 um 2,5 Punkte auf 24,8 Prozent zugelegt. „Um die entgangenen Einnahmen zu kompensieren, hat Portugal eine einmalige Übertragung von fast sechs Milliarden Euro aus den Pensionskassen in die Staatskasse vorgenommen. Im Zuge des Sparpakets hatte es unter anderem eine Erhöhung der Mehrwertsteuer 2010 auf 21 Prozent und 2011 auf 23 Prozent gegeben. Diese Sparmaßnahmen haben einen beispiellosen Einbruch des privaten Konsums verursacht, sagt die Zentralbank."[589]

Italien – die Erfinder der Staatsverschuldung

Italien erfand vor 500 Jahren die Staatsanleihe und somit die Staatsverschuldung.[590] Auch heute hat Italien Schulden bis unters Dach. Ingesamt beläuft sich die Verschuldung auf 119 Prozent des BIPs – das sind ca. 1,9 Billionen.[591] Das Land ist der drittgrößte Anleiheschuldner der Welt.[592] Italien gab im Jahr 2011 durchschnittlich 35 Milliarden Euro neue Schuldscheine aus – jeden Monat.[593] Auf dem Arbeitsmarkt sieht es in Italien ebenfalls verheerend aus. Fast ein Drittel der italienischen Jugend hat keinen Job und flüchtet zurück zur Familie. Zeitungen sprechen bereits von einer verlorenen Generation.[594] Sechzig Prozent der 18- bis 29-jährigen Italiener verdienen weniger als 1000 Euro.[595] Die Politiker bedienen sich nach wie vor großzügig: Abgeordnete verdienen monatlich 15 000 Euro – netto. Der Fahrdienst italienischer Politiker verschlingt pro Jahr eine Milliarde Euro.[596] Es ist nur eine Frage der Zeit, bis es in Italien zu krachen anfängt. Einen kleinen Vorgeschmack gab es bereits Anfang Juli 2011, als sich die Märkte auf Italien einschossen. In aller Eile hat das italienische Parlament Einsparungen in Höhe von 48 Milliarden Euro durchgesetzt mit dem Ziel, das Vertrauen der Kreditwürdigkeit zurückzugewinnen.[597] Mit dieser Aktion hat das Land jedoch nur eins gewonnen – Zeit. Eher früher als später werden wir wieder von Italien hören – und es wird bestimmt nichts Erfreuliches sein. Ein erster Indikator für eine italienische Krise ist der Aufkauf von italienischen Staatsanleihen durch die EZB im August 2011.[598]

Mitte August forderte der italienische Finanzminister Giulio Tremonti die Einführung von Eurobonds. Dies ist ein Indikator, dass Italien offenbar nicht mehr an die Rettung aus eigener Kraft glaubt.[599] Richtig spannend wird es für das Land 2012, denn dann muss Italien auslaufende Anleihen im Wert von mehr als 300 Milliarden Euro refinanzieren, mehr als die Hälfte davon bereits im ersten Jahresdrittel.[600] Im November 2011 musste Italien wieder soviel Zinsen bezahlen wie 1997. Die Renditen auf zehnjährige Anleihen haben in der zweiten Novemberwoche 2011 einen Rekordwert von 7,45 Prozent erreicht.[601]

Der italienische Finanzminister Giulio Tremonti forderte die Einführung von Eurobonds

Unter den
Rettungsschirm
gekrochen

Anzumerken ist, dass Irland und Portugal bei sieben Prozent sind. Am 14. November wurde die Aktie der italienischen Bank Unicredit vom Handel ausgesetzt. Italiens größte Bank machte im dritten Quartal 2011 einem Mega-Verlust von mehr als zehn Milliarden Euro.[602] Im November 2011 geschieht in Italien ein kleines Wunder. Was unzählige Gerichtsverfahren und Misstrauensvoten nicht geschafft haben, haben die „Märkte" binnen kürzester Zeit geschafft – der italienische Premierminister Silvio Berlusconi ist zurückgetreten. Sein Nachfolger ist Mario Monti. Wer ist dieser Mann? Monti ist Mitglied des Board of International Advisors bei der US-Investmentbank Goldman Sachs. Somit ist mit Herrn Monti erstmals ein hochrangiger Vertreter der Finanzindustrie zum Regierungschef eines europäischen Landes aufgestiegen, ohne dass er vom Volk gewählt wurde. Herr Monti ist Berater jener Bank, welche die europäischen Regierungen und die EU bei der Bewältigung der Schuldenkrise berät. Zur Erinnerung: Goldman Sachs hatte Griechenland geholfen, seine Zahlen vor dem EU-Beitritt unter Täuschung der europäischen Statistikbehörde Eurostat so zu präsentieren, dass das wahre Haushaltsdefizit erst nach der Aufnahme in die EU zum Augenschein kam. Der Chefredakteur der italienischen Zeitung „Il Giornale" richtete folgende Willkommens-Botschaft, bezugnehmend auf seine Goldman-Vergangenheit: „Dies ist jene Bande von Kriminellen, die uns dieses finanzielle Desaster gebracht hat. Es ist, wie wenn man Brandstifter bitten würde, das Feuer zu löschen."[603] Mit Monti als italienischem Premier und Mario Draghi als Vorsitzendem der Europäischen Zentralbank (EZB) hat bereits der zweite Goldman Sachs-Mann einen Schlüsselposten in Europa übernommen.[604]

Schlüsselposten
in Europa

Übrigens: Die Investmentbank Goldman Sachs bietet seit Ausbruch der Eurokrise ihren Kunden ein attraktives Produkt an: „Wetten gegen Europa, ein Modell, welches schon bei der amerikanischen Subprime-Krise erfolgreich eingeführt wurde. Für dieses ‚Geschäftsmodell' war Goldman bei den Hearings vor dem amerikanischen Kongress hart gerügt worden – Konsequenzen gab es keine."[605]

Kippt Italien, wird es den Euro in seiner jetzigen Form nicht mehr lange geben.

Spanien – ein schönes Land ohne Zukunft

„Spanien ist Weltmeister – im Fußball. Aber auch in Sachen Staatsbankrotte. Seit dem Jahr 1500 ist das Land 19-mal zahlungsunfähig geworden."[606] Spanien ist der erste große „Wackelkanditat" in der Eurozone. Hinter den USA hat Spanien das zweitgrößte Zahlungsbilanzdefizit der Welt.[607] Die Verschuldung des iberischen Staates ist in den ersten drei Monaten des Jahres 2011 auf ein 13-Jahres-Hoch gestiegen. Ende März 2011 betrug die Schuldenlast der öffentlichen Haushalte knapp 680 Milliarden Euro und damit 63,6 Prozent des Bruttoinlandsprodukts (BIP).[608] Diese stieg bis Januar 2012 auf 69,6 Prozent.[609] Allein die siebzehn spanischen autonomen Regionen sitzen auf einem Schuldenberg von 121 Milliarden Euro – ein Viertel mehr als noch vor einem Jahr.[610]

Gigantische 200 Milliarden Euro benötigte Spanien 2011, im Jahr 2012 sind es rund 180 Milliarden Euro. Ein kippendes Spanien könnte zu einer echten Gefahr für die deutschen Banken werden. Die Bundesbank beziffert die an Spanien vergebenen Kredite auf 125 Milliarden Euro.[611] Im Herbst 2011 werden Spanien und einige seiner Regionen heruntergestuft. Auch Spanien zahlt nun fast sieben Prozent für zehnjährige Staatsanleihen. Ab sechs oder sieben Prozent ist man eigentlich reif für den Rettungsfonds. Dazu kommt, das Spanien wieder an der Schwelle zur Rezession steht. Durch die Wahlen im November 2011 wurde zwar die Regierung gewechselt, aber die Probleme sind die alten geblieben.[612]

Eine echte Gefahr für deutsche Banken

23,3 Prozent Arbeitslosenquote

Die Arbeitslosigkeit lag im ersten Quartal 2012 bei rund 23,3 Prozent, das ist zurzeit weltweit die höchste Arbeitslosenquote in einem Industrieland.[613] Die Zahl steigt weiterhin rapide an: 2011 wurden statistisch mehr als 230 000 zusätzliche Arbeitslose erfasst. Dies bedeutet: 2600 Menschen verlieren in Spanien täglich ihren Job.[614] Insgesamt sind 4,71 Millionen Spanier im Februar 2012 ohne Arbeit. Unvorstellbare 49,9 Prozent der jungen Spanier unter 25 haben keinen Job und keine Perspektive. Mittlerweile verlassen zunehmend besser Ausgebildete und Akademiker Spanien und versuchen ihr Glück im Ausland.[615]

...und die Reichen immer reicher werden

50 Prozent Einzelunternehmungen

Rein strukturell gesehen steht Spanien ebenfalls vor gravierenden Problemen. In mehr als 90 Prozent der spanischen Unternehmen arbeiten weniger als 20 Mitarbeiter, mehr als 50 Prozent aller Unternehmen sind nur Einzelunternehmungen. Ohne Frage schwächen diese Strukturen die Innovationstätigkeit sowie die Positionierung im internationalen Wettbewerb gravierend. Vor der Krise war besonders der Bausektor der größte Arbeitgeber für den Großteil der Geringqualifizierten aus allen Altersschichten, junge Menschen ohne Ausbildung sowie Arbeitskräfte mit Migrationshintergrund.[616]

700 000 neugebaute Häuser und Wohnungen stehen leer

Mit dem Platzen der Immobilienblase sind diese Einkommensstrukturen für wahrscheinlich lange Zeit zerstört. Ein weiteres großes Problem ist die zunehmende Last fauler Kredite aus der geplatzten Immobilienblase, die besonders spanische Sparkassen in die Bredouille bringt.[617] Insgesamt stehen in Spanien knapp 700 000 neugebaute Häuser und Wohnungen leer und zum Verkauf. Die Zahl der unverkauften Neubauwohnungen ist seit fünf Jahren kontinuierlich gestiegen. Im Jahr 2006 waren es noch rund 273 000, 2007 bereits 414 000 und 2008 schon 614 000. Zu Boomzeiten wurden in Spanien jährlich fast 700 000 Häuser und Wohnungen fertiggestellt – so viele wie in Deutschland, Frankreich und Großbritannien zusammen.[618]

Drastische Sparmaßnahmen und Gebührenerhöhungen

Überall im Land wird der Rotstift angesetzt, und die „breite Masse" hat darunter zu leiden. Katalonien kürzt die Zuschüsse für Kindertagesstätten, und die höchstverschuldete Region des Landes streicht beim Gesundheitssystem – bis Oktober 2011 soll jedes vierte staatliche Krankenhausbett abgebaut werden. In Valencia werden die Gebühren für die Müllabfuhr um 250 Prozent erhöht, in der Region Madrid werden die Preise für Bus- und U-Bahntickets um 50 Prozent erhöht, im neuen Schuljahr 2011 werden 2500 Lehrer freigestellt und auf den Kanarischen Inseln wurde vielen bedürftigen Senioren das Pflegegeld gestrichen.[619]

Pflegegeld gestrichen

Der Euro – ein Spiel für den Chefvolkswirt der Deutschen Bank
Nicht kommentieren möchte ich die Antwort von Thomas Mayer, Chefvolkswirt der Deutschen Bank, im Manager Magazin, auf die **Aussage:** „Herr Mayer, wie viele in Deutschland, so betonen auch Sie stark das Prinzipielle. Währenddessen riskieren wir, alle miteinander unterzugehen. Nach wie vor sind Kettenreaktionen mit verheerenden Folgen – die Spanien, Italien und am Ende vielleicht auch Deutschland mitreißen könnten – nicht ausgeschlossen."
Antwort Mayer: „Wenn Spanien oder Italien pleite gingen, dann wäre ohnehin das Spiel aus".[620]

Schlussendlich stellen sich folgende Fragen:
Warum sollten die Griechen, Iren, Portugiesen u. a. über viele Jahre hinweg Einsparungen und ein niedriges Wirtschaftswachstum hinnehmen, um die französischen und deutschen Bankensysteme zu stützen? Wie lange werden die Bürger und Wähler der Gläubigerländer hinnehmen, dass ihre Länder sich immer mehr Risiken aussetzen, um Länder zu retten, die faktisch pleite sind? Wenn Griechenland nun einen Schuldenschnitt erhält, wie lange dauert es dann, bis Italien, Irland, Spanien, Belgien und Portugal dies auch für sich beanspruchen?

Irland – der keltische Tiger liegt am Boden
Sie fragen sich jetzt bestimmt, wieso Sie neben Ländern wie Portugal, Italien, Spanien und Griechenland plötzlich Irland lesen. Obwohl das schöne Irland gewiß nicht in Südeuropa liegt, hat es jedoch eins mit den oben genannten Ländern gemeinsam – es ist total pleite.

Abbildung 19: Die Lösung (Karikatur von Rabe)

Wie konnte sich ein Land mit knapp 4,5 Millionen Einwohnern so verzocken?

Bis vor fünf Jahren war Irland ein Musterbeispiel moderner Wirtschaftspolitik. Die Staatsverschuldung lag 2006 bei fantastischen 25 Prozent trotz rekordtiefer Steuern. Die Unternehmenssteuern betrugen nur 12,5 Prozent und die Staatseinnahmen sprudelten. Aufgrund niedriger Steuern sowie einer jungen, gut ausgebildeten Bevölkerung ist Irland innerhalb von zwei Jahrzehnten vom Armenhaus Europas zum „keltischen Tiger" aufgestiegen.

Das Pro-Kopf-Einkommen ist von 18 000 auf über 40 000 Dollar pro Jahr gestiegen, und das BIP hat sich verfünffacht. Der Boom hat eine gigantische Immobilienblase zur Folge gehabt.[621] Der Hauptgrund waren wie in vielen Ländern besonders billige Kredite, die die Bauwirtschaft aufblähten. Diese machte vor dem Platzen der Blase 2008 etwa ein Fünftel der Wirtschaftskraft des Landes aus. Heute sitzen viele Iren auf einem Schuldenberg. Sie können die Kredite für ihre Immobilien nicht mehr bezahlen.

Immobiliencrash und Schuldenwahnsinn

Die Immobilienpreise haben sich seit 2007 halbiert – Tendenz weiter fallend.[622] 300 000 Neubauten stehen auf der Grünen Insel derzeit leer – Käufer sind nicht in Sicht.[623] Nach dem Platzen der Blase ist das Land in eine tiefe Rezession gerutscht. Das BIP-Wachstum sackte bis zu 15 Prozent ein, die Binnennachfrage kollabierte und die Arbeitslosigkeit stieg rasant an.[624]

Die private Verschuldung beträgt im Durchschnitt gigantische 175 Prozent des verfügbaren Einkommens pro Haushalt. Das ist noch höher als die 145 Prozent der Amerikaner. Auch die einstige Parade-branche des Landes, der überdimensionierte Bankensektor, erweist sich seit der Krise als schwere Hypothek für die Iren.[625] Die irrsinnig überschuldeten Banken mussten vom Staat übernommen und gerettet werden.[626]

Abbildung 20: Euro-Rettungsschirm (Karikatur von Rabe)

Ohne Bankenhilfen belief sich die staatliche Neuverschuldung 2010 auf 18,75 Milliarden Euro – knapp zwölf Prozent des Bruttoinlandsprodukts. Mit den gigantischen Kosten in Höhe von 31 Milliarden Euro für die Rettung von Banken beläuft sich die Etatlücke 2010 auf etwa 32 Prozent des BIP. Dies ist mehr als das Zehnfache der im Maastricht-Vertrag festgelegten Obergrenze von drei Prozent der Wirtschaftsleistung.[627] Im November 2010 musste das Land nach unzähligen Dementis schlussendlich unter den Euro-Rettungsschirm kriechen, um den Bankrott zu vermeiden. Seither unterstützt er das Land mit 85 Milliarden Euro.[628]

Düstere Zukunft
Auch im Jahr 2011 sah es für Irland nicht rosig aus. Das irische Haushaltsdefizit ist im ersten Halbjahr 2011 noch einmal um rund eine Milliarde Euro auf 10,8 Milliarden Euro gestiegen. Im ersten Quartal 2011 erlitt die irische Binnenwirtschaft mit einem Minus von 4,3 Prozent den heftigsten Einbruch seit Beginn der Statistik im Jahr 1997.
Im Juli 2011 wurde die Gefahr, dass es bei den irischen Staatsanleihen in den kommenden fünf Jahren zu einem Zahlungsausfall kommt, an den Finanzmärkten mit etwa 45 Prozent bewertet.[629]
Im Oktober 2011 veröffentlichte das Manager Magazin folgende Zahlen zu Irland, die ich nicht weiter kommentieren möchte:

Gesamtverschuldung: 1166 Prozent des Bruttoinlandsprodukts, darunter:

Banken: 689 Prozent,
Unternehmen: 245 Prozent,
private Haushalte: 123 Prozent,
Staat: 109 Prozent.[630]

31. Griechenland – wer solche Freunde in einer Währungsunion hat, braucht keine Feinde mehr

Das Thema Griechenland ist ein ganz heißes Eisen. Die Politik will schlicht und einfach nicht wahrhaben, dass dieses Land finanziell am Ende ist. Zum ersten Mal muss man sich früher oder später in der EU eingestehen, dass ein Euroland absolut pleite ist. Wir können noch etliche Milliarden an Euro nach Griechenland schicken – eine kommende Pleite wird auch dies nicht mehr verhindern.

Geisterstädte

Das Land steht voller Geisterstädte. Knapp 200 000 neu gebaute Häuser stehen leer.[631] Jeder vierte Erwerbstätige in Griechenland wird vom Staat bezahlt. Bei 11,4 Millionen Einwohnern arbeiten somit 768 000 Menschen für den Staat. In Deutschland arbeiten bei 81 880 000 Einwohnern gerade einmal 1,6 Millionen Einwohner für den Staat.[632] Im Laufe der Jahre wuchs die Anzahl der öffentlichen Bediensteten, die praktisch unkündbar sind, unaufhörlich, denn nach jedem Regierungswechsel mussten neue Günstlinge mit attraktiven Jobs versorgt werden. Auf diese Weise haben Politiker, Parteien und Gewerkschaften den Staat jahrzehntelang ausgeplündert.[633]

Griechenland: Knapp 200.000 neu gebaute Häuser stehen leer

31 566 Euro Schulden pro Einwohner

Rein rechnerisch schiebt jeder der 11,3 Millionen Griechen einen Schuldenberg von 31 566 Euro vor sich her. In Deutschland sind es zum Vergleich 25 000 Euro pro Bewohner. Die deutsche Wirtschaft brummt jedoch wieder, während die griechische am Boden liegt. Laut Handelsblatt erwartet der griechische Staat 56 Milliarden Euro an Einnahmen, wobei 50 Milliarden Euro gleich wieder ausgegeben werden. Zum Vergleich: Der deutsche Fiskus erwartet für 2011 Einnahmen in Höhe von 250 Milliarden Euro. Griechenland muss für seine Kredite immer höhere Zinsen bezahlen. Im Winter 2012 verlangte der Kapitalmarkt rekordverdächtige 28 Prozent Zinsen. Deutschland leiht sich sein Geld momentan für 1,76 Prozent – das ist 14-mal weniger.[634]

„Das Land hat keine Liquiditätsprobleme,
es ist insolvent."

Nouriel Roubini, Ökonom, der die Finanzkrise von 2007 vorher erkannt und davor gewarnt hat[635]

Selbstbedienungsladen Staat

In Griechenland sind in den letzten Jahrzehnten einige Dinge aus dem
Ruder gelaufen. Bis vor Kurzem wusste die Regierung nicht, wie viele
Beamte sie genau beschäftigt. Der Umfang des Staatsbesitzes ist man-
gels zuverlässiger Grundbücher ebenfalls unbekannt.

Im Land der Hellenen existieren Hunderte staatlich berufene Gremi-
en. Oft ist es schwer, den Sinn einzelner Gremien zu verstehen. Es gibt
beispielsweise eine Kommission, die den See Kopais verwalten soll –
dieser ist allerdings schon in den dreißiger Jahren des vorigen Jahrhunderts ausgetrocknet. Laut einer griechischen Zeitung beschäftigen die
Gremien insgesamt mehr als 10 000 Mitarbeiter. Kostenpunkt: mehr
als 100 Millionen Euro jährlich.[636]

Jeder der 300 griechischen Parlaments-Abgeordneten hat einen eigenen Dienstwagen (oder zumindest das Recht darauf). In Deutschland
müssen die Parlamentarier Bahn fahren.[637]

Jährlich zahlt der Staat für 4500 Rentner insgesamt 16 Millionen
Euro. Sie werden jetzt bestimmt einwerfen, dass dies nichts Besonde-
res ist – jedoch sind die Empfänger leider schon längst verstorben.[638]
Allein im März 2011 wurden 244 Fälle von Verstorbenen bekannt, die
weiter staatliche Leistungen bezogen hatten. In einem Fall waren den
Verwandten unglaubliche 22 Jahre lang die Renten eines Toten gezahlt
worden.[639] Griechenlands größter Rentenfonds soll laut dem Magazin
Focus im vergangenen Jahrzehnt bis zu acht Milliarden Euro an Tote
überwiesen haben.[640] Unverheiratete oder geschiedene Töchter von
Beschäftigten des öffentlichen Dienstes erhalten nach dem Tod ihrer
Eltern deren Pension. Davon profitieren ca. 40 000 Frauen. Kosten-
Korruption   punkt: 550 Millionen Euro pro Jahr. Die Staatsbediensteten können
schon vor Erreichen des 50. Lebensjahres in den Ruhestand gehen und
eine Pension beziehen.[641]

Korruption ist gang und gebe. Laut einem Bericht der Organisation
Transparency International (TI) zahlte jeder Grieche 2009 durch-

schnittlich 1355 Euro Bestechungsgeld, um die Ausstellung eines Füh-
rer- oder Fahrzeugscheins zu beschleunigen, eine Baugenehmigung
zu kaufen, schneller in ein öffentliches Krankenhaus aufgenommen
zu werden oder die Ergebnisse einer Steuerprüfung zu manipulieren.
2009 haben griechische Haushalte insgesamt 787 Millionen Euro Bestechungsgeld bezahlt: 462 Millionen Euro an Staatsdiener, 325 Millionen Euro im privaten Sektor.[642]
Der Maßlosigkeit sind in dem Land anscheinend keine Grenzen mehr
gesetzt. Ein Verwandter des früheren Regierungschefs Kostas Kara-
manlis hatte laut Steuererklärung neben Ministergehalt, Abgeordne-
tendiäten und Kapitaleinnahmen einen Zuschuss für bedürftige Rentner von rund 6400 Euro eingesteckt.

Alle Beschäftigten in Griechenland beziehen 14 Monatsgehälter. Beamte erhielten eine Prämie für pünktliches Erscheinen zum Dienst, für
die Nutzung eines Computers und das Beherrschen einer Fremdspra-
che. Forstbedienstete erhalten einen Bonus für das Arbeiten im Frei-
en.[643] Boten von Ministerien bekommen einen Zuschuss von 290 Euro
im Monat – wenn sie Akten tragen. Zahlreiche Bedienstete des griechischen Kulturministeriums bekommen eine „Bekleidungszulage".[644]
Bei dem staatlichen Mineralölkonzern Hellenic Petroleum scheint das
Jahr besonders viele Monate zu haben, denn er zahlt 18 Monatslöhne
pro Jahr. Ein Nachtwächter verdient unvorstellbare 72 000 Euro im
Jahr. Und jeder der Angestellten darf auf Firmenkosten fünf Tage im
Jahr in einem Luxushotel verbringen – mit seiner ganzen Familie, versteht sich.
Bei der Stadtbahngesellschaft ISAP verbringen Triebwagenführer (Gehalt bis zu 7000 Euro pro Monat) ganz offiziell die Hälfte der Acht-
stundenschicht mit Pausen. Bei den Staatsbahnen OSE haben die
freien Tage der Lokführer nicht 24, sondern 28 Stunden.[645] Ferner
erhalten sie eine Prämie für jeden gefahrenen Kilometer und einen
Zuschuss für das Händewaschen in Höhe von 420 Euro monatlich.
Busfahrern der staatseigenen Athener Verkehrsbetriebe wird der Weg
zur Arbeit und der Heimweg auf die Arbeitszeit angerechnet. Für den
rechtzeitigen Arbeitsantritt gibt es 310 Euro.

Alle Beschäftigten in
Griechenland beziehen
14 Monatsgehälter

Die Angestellten der bereits teilprivatisierten Telefongesellschaft OTE erhalten einen Zuschuss für Aufwärmung der Dienstfahrzeuge in Höhe von 25 Euro monatlich.[646]
Zahnärzten der staatlichen Versicherungskasse IKA wird eine Reisekostenpauschale bezahlt – auch wenn sie ihre Praxis nie verlassen. Kassierer im Staatsdienst bekommen eine Zulage, damit sie nicht in die eigene Tasche greifen müssen, wenn in der Kasse etwas fehlt.[647]
Die Gewerkschaften verhinderten dauerhaft die Privatisierung der vollkommen überschuldeten Fluggesellschaft Olympic Airways. Folge: immense Kosten für den Steuerzahler, aber großzügige Privilegien für die Beschäftigten, denn ihre Familien konnten mit der Airline kostenlos um den Globus fliegen. Selbst als private lokale Anbieter die Strecken bereits viel billiger anboten, steckte die Regierung noch Steuergelder in das Unternehmen.[648]

Wie das funktionieren soll, kann ich mir nicht erklären.
Sechs von zehn Handelsfirmen haben in den ersten zwei Monaten 2011 Verlust gemacht. 65 000 Unternehmen sind 2010 pleitegegangen, die meisten davon waren kleine Familienbetriebe. Unter den griechischen Hochschulabsolventen herrscht 40 Prozent Arbeitslosigkeit; ihre Einstiegsgehälter liegen bei 700 Euro. Folglich wandern immer mehr junge Griechen ins Ausland ab.[649]
Während ein Großteil der Bevölkerung verarmt, haben sich einige wenige immens bereichert. In Athen herrscht die höchste Porsche-Cayenne-Dichte von allen europäischen Metropolen, jedoch gibt es die wenigsten Steuerzahler, die ein jährliches Einkommen von über 100 000 Euro anmelden.[650] Schaut man sich in den griechischen Häfen um, sieht man Jachten, die an kleine Kreuzfahrtschiffe erinnern. Eigentlich werden diese „Bötchen" mit bis zu 40 Prozent Luxussteuer besteuert. Laut griechischer Finanzbehörden sind die meisten dort liegenden Jachten jedoch ohne Steuern gekauft, also mit Schwarzgeld bezahlt. Laut „plusminus" ist Schwarzgeld in Griechenland fast so verbreitet wie der Euro. Restaurants, Tankstellen, Taxis … alle verzichteten jahrzehntelang am liebsten auf die Quittung. Laut griechischen Steuerbehörden laufen mindestens 25 Prozent aller Umsätze am Finanzamt vorbei.[651]

Schwarzgeld (margin note)

Das Kapital verlässt das Land

Mittlerweile bekommen es auch die wohlhabenden Griechen mit der
Angst zu tun. Sie holen große Summen ihrer Geldeinlagen von den
Banken. Laut Angaben der Bank von Griechenland sanken die Geldeinlagen von Privatpersonen zwischen Januar 2010 und April 2011 um
mehr als 30 Milliarden Euro.[652]
Diese Angst ist berechtigt, denn auch das 110-Milliarden-EU-Hilfs-
paket im Mai 2010 hat nicht viel gebracht. Immer mehr Superreiche
schaffen ihr Geld nach London. Beim Kauf von Immobilien in guten
Londoner Wohnlagen ist der Anteil von Kunden aus dem westeuropäischen Ausland 2011 auf 14 Prozent nach elf Prozent 2010 gestiegen.
Der Anteil der Käufer aus Spanien, Italien und Griechenland stieg von
25 Prozent auf 36 Prozent. Bei Luxusimmobilien über 15 Millionen
Pfund kommt fast die Hälfte aller westeuropäischen Investoren aus
den drei Ländern.[653] Nach einer Schätzung der Immobiliengesellschaft
Knight Frank sind bereits 2010 etwa 295 Millionen Euro aus Griechenland in den Londoner Immobilienmarkt geflossen.[654] Mittlerweile
haben die Griechen rund 600 Milliarden Euro in der Schweiz gebun-
kert, fast dreimal so viel Geld wie im eigenen Land.[655]
Seit Herbst findet in dem Land ein sogenannter Bank Run statt. Dies
bedeutet, dass die Bankkunden ihre Konten räumen und ihr Geld abheben. Im November 2011 lagen die Einlagen der griechischen Geschäftsbanken deutlich unter 180 Milliarden Euro liegen, dem stehen
ausgereichte Kredite von 253 Milliarden Euro gegenüber. Dies kann
auf Dauer nicht funktionieren.[656]

> *„Lassen Sie es mich ganz deutlich sagen:*
> *Umschuldung ist kein Thema, und davon redet auch*
> *niemand, der in der Regierung ein Amt hat."*
> Wolfgang Schäuble am 28.04.2010[657]

Das Ende ist nahe

Mittlerweile glauben weder die deutschen Banken und Versicherer an
Griechenland noch die heimischen. Insgesamt hatten die deutschen
Banken im Schlussquartal 2010 knapp 34 Milliarden Euro in Grie
chenland. Laut der Bank für Internationalen Zahlungsausgleich (BIZ)

haben sie ihr Engagement im Vergleich zum Vorquartal bereits um mehr als sechs Milliarden Euro verringert.[658]
Deutsche Versicherer haben sich ebenfalls in großem Stil von griechischen Staatsanleihen getrennt. Laut einem Papier aus dem Finanzministerium für den Bundestag gingen die Anlagen deutscher Versicherer von 5,8 Milliarden 2010 auf 2,8 Milliarden Euro bis Ende März 2011 zurück.[659]
Zu Beginn der Griechenland-Krise Ende 2009 stockte die größte griechische Bank, die National Bank of Greece (NBG), ihren Bestand an griechischen Staatsanleihen von 16,2 auf 18 Milliarden Euro auf. Ende März 2011 hatte sie nur noch einen Bestand von 13,2 Milliarden Euro – Tendenz weiter sinkend.[660] Das letzte große verabschiedete Sparpaket ist eine Farce und hilft dem Land garantiert nicht, wieder auf die Beine zu kommen. Ganz im Gegenteil: Das Land wird kaputt gespart. Durch Privatisierung und Veräußerung von Staatsbesitz sollen ca. 50 Milliarden Euro generiert werden. Problem dabei ist nur: Durch die Börsenturbulenzen im August sind die Werte der Banken und Telefongesellschaften in den Keller gerasselt und haben teilweise 90 Prozent ihres Werts verloren.[661] Nachdem Premierminister Giorgos Andrea Papandreou massiv unter Druck gesetzt wurde, weil er ein Referendum bezüglich der Rettungspakete abhalten wollte, tritt er im November zurück. Demokratie scheint nicht sehr beliebt in der EU zu sein. Ersetzt wird er durch Loukas Papadimos. Der ehemalige Vizepräsident der Europäischen Zentralbank war bereits bei der FED in Boston tätig.[662] Loukas Papadimos wurde nicht vom Volk gewählt.
Bei einem Bruttoinlandsprodukt in Höhe von 230 Milliarden, einem Gesamtschuldenstand von 360 Milliarden Euro, Steuereinnahmen von 45 Milliarden und einen Zinsdienst von 25 Milliarden Euro ist es mathematisch auf Dauer schlicht und einfach unmöglich, dass Griechenland an einer Insolvenz vorbeikommt.[663]

Gerechte Verteilung

Abbildung 21: Griechenlandkrise (Karikatur von Rabe)

Da hat der Norbert Recht

Norbert Blüm wurde in einem Artikel in der Welt mit dem Titel „Schuldenkrise – Im Würgegriff der Mafia aus Finanzwelt und Politik" vom 01.06.2011 mit den folgenden Worten zitiert: „der Staat sei zum Schmiersteher von Zockern geworden".

„Jetzt muss der Schmiersteher für das Treiben der Zocker einstehen. Er ist der Bürge der Milliardenverluste. Er bekommt die Rechnungen präsentiert. Und deutsche und französische Banken fürchten nichts mehr als den Staatsbankrott der Griechen, weil sie nämlich dann das viele Geld abschreiben und schwerste Verluste hinnehmen müssten. Also wird das noch vorhandene deutsche Steueraufkommen dafür eingesetzt, Leute rauszuhauen, die für die Lage, in der sie stecken, selbst verantwortlich sind".[664]

„Die Politiker wollen Zeit kaufen,
aber die Zeit arbeitet gegen sie."
George Soros, Hedgefonds-Manager[665]

Wir kaufen griechische Staatsanleihen!
Geschockt war ich 2010 über eine Aktion des von meiner Seite geschätzten Handelsblatts: „Wir kaufen griechische Staatsanleihen!" Aus diesem Grunde möchte ich all denen, die griechische Staatsanleihen erworben haben zur herausragenden Performance ihrer Kapitalanlage gratulieren und hoffen, dass sich niemand zu dem Wahnsinn hat hinreißen lassen.

Hier ein Teil derjenigen, die im Mai 2010 stolz verkündet haben, griechische Staatsanleihen gekauft zu haben: Gabor Steingart, Chefredakteur des Handelsblatts, Hans Eichel, ehemaliger Bundesfinanzminister, Bert Rürup, ehemaliger Berater der Bundesregierung und Unternehmer, Gustav Horn, wissenschaftlicher Direktor des Institutes für Makroökonomie und Konjunkturforschung (IMK), Jürgen Großmann, Vorstandsvorsitzender RWE, Dr. Mathias Bühring-Uhle, Vorstand der Asstel Lebensversicherung, Wolfgang Kirsch, Vorstandsvorsitzender der DZ Bank, Manfred Lahnstein, ehemaliger Bundesfinanzminister und Unternehmensberater, Fritz Horst Melsheimer, Vorstandsvorsitzender der Hanse-Merkur Versicherungsgruppe, Wolfgang Nowak, Geschäftsführer der Alfred Herrhausen Gesellschaft, Michael Vassiliadis, Chef der Industrie-Gewerkschaft IG BCE, Matthias Machnig, Wirtschaftsminister in Thüringen, Werner Bahlsen, Vorstandschef der Bahlsen GmbH, Manfred Oedingen, Generalbevollmächtigter der Generali Deutschland, Burkhard Schwenker, CEO Roland Berger.[666] Über die brutalen Verluste, die diese Herrschaften gemacht haben, hört man jedoch nichts.

Welche Aktion kommt als Nächstes? Wir kaufen italienische oder vielleicht spanische Staatsanleihen?

Griechenland hat für die Wirtschaft im Euroraum eine verschwindend geringe Bedeutung. Mit einem Bruttoinlandsprodukt von 235 Milliarden Euro trägt das Land gerade einmal 2,5 Prozent zur Wirtschaftsleistung bei. Der Anteil am deutschen Export liegt bei läppischen 0,8 Prozent.[667]

Der slowakische Parlamentspräsident Richard Sulík verweigert zu Recht, sich an der Griechenlandhilfe zu beteiligen, und bringt es auf den Punkt: „Wir retten nicht die Griechen, sondern die Gewinne der deutschen und französischen Banken, die ihre Forderungen an Griechenland nicht abschreiben müssen, wie es sich gehört."[668]

Die Gelder für die Rettung Griechenlands sind nichts Weiter als ein weiteres verstecktes Bankenrettungspaket. Denn damit werden die Banken in Frankreich, Deutschland, Großbritannien usw. bedient, welche von einem Ausfall bedroht wären. 86 Prozent der Gelder fließen wieder aus dem Land heraus.[669]

Nachdem sich das erste Rettungspaket vom Mai 2010 als nicht ausreichend erwiesen hat, wurde ein zweites Rettungspaket in Höhe von 130 Milliarden Euro im Juli 2011 auf den Weg gebracht. Bereits im Februar 2012 ist sicher, dass ein drittes Hilfspaket an Griechenland erfolgen muss.[670]

32. Großbritannien – ein Land wie Nitroglycerin

Das Land hat eine Staatsverschuldung von 1,004 Billionen Pfund (1,2 Billionen Euro), und eine Inflationsrate von 5,2 Prozent. Die Gesamtverschuldung beträgt 847 Prozent des Bruttoinlandsproduktes (Banken: 547 Prozent; Unternehmen: 118 Prozent, private Haushalte: 101 Prozent; Staat: 81 Prozent).[671] Gerät die britische Finanzbranche in Schieflage – und ich bin mir sicher, dass sie das wird –, dann steht Großbrittanien vor unvorstellbaren und voraussichtlich unlösbaren Problemen. „Die Kreditkarten der Briten wiesen im September 2011 Kredite in Höhe von 151,8 Milliarden Pfund auf. Verglichen mit den 56,9 Milliarden Pfund, die sie im selben Monat auf ihren Kreditkarten besaßen, zeichnet sich in Großbritannien ein Teufelskreis der Überschuldung ab. Insgesamt lieh sich die britische Bevölkerung über ihre Kreditkarten und Kredite 629 Millionen Pfund im September 2011, ein Drittel mehr als noch im Vormonat."[672] Der Chef der Allianztochter Pimco sagte bereits 2010 Folgendes: „Britische Staatsanleihen sind wie Nitroglycerin".[673]

Teufelskreis der Überschuldung

Die Krawalle im Sommer 2011 sind nur ein Indikator für die soziale Ungerechtigkeit in Großbritannien und wahrscheinlich nur ein schlimmer Vorgeschmack zu dem, was noch kommen wird. Während die Arbeitslosigkeit das letzte Mal vor 17 Jahren so hoch war wie heute und die Realeinkommen in Großbritannien sinken, steigen die Löhne im Londoner Finanzsektor um zwölf Prozent. Laut einer Umfrage unter 1380 Londoner Bankern verdienen Banker im Durchschnitt 83 000 Pfund brutto (96 000 Euro) – das landesweite Durchschnittseinkommen liegt dagegen gerade einmal bei 26 000 Pfund (30 000 Euro). Noch besser verdienen Banker in gehobenen Führungspositionen – ihre Gehälter kletterten in den vergangenen zwölf Monaten sogar um 21 Prozent auf 237 000 Pfund (272 000 Euro). Vorstände von im britischen FTSE-Index gelisteten Firmen verdienten in diesem Jahr 49 Prozent mehr als im Vorjahr. Ein Beispiel für die exorbitante Lohnexplosion der vergangenen Jahrzehnte in Großbritannien ist das Gehalt des ehemaligen Barclays-Chefs John Varley. Der Manager verdiente im Jahr 2010 ungefähr 4,3 Millionen Pfund (fünf Millionen Euro) – das 169-fache eines durchschnittlichen Angestelltengehalts. Das Vorstandsgehalt bei Barclays ist seit 1980 um 4899,4 Prozent gewachsen.[674]

Kernstaaten verlieren ihre Bestnote

Im Januar 2012 geschieht das bisher laut Politik Unvorstellbare. Frankreich und Österreich verlieren von Standard & Poor's ihre Bestnote „AAA" und werden um je eine Stufe auf „AA+" herabgesetzt. Die Bonität von Malta, der Slowakei und Slowenien büßten eine Stufe ein, und Italien, Spanien, Portugal und Zypern gingen gleich um zwei Stufen in den Keller. Jetzt bekommen die Staaten nach und nach die Quittung für ihre exorbitante Verschuldung.[675] Kurze Zeit später wird auch Deutschland von der Agentur Egan-Jones von AA auf AA- herabgestuft. Laut Focus gehört die Agentur zwar nicht zu den bekanntesten Agenturen, genießt aber wegen ihrer Unabhängigkeit einen guten Ruf.[676] Diese Herabstufungen werden 2012 wahrscheinlich nicht die letzten gewesen sein.

Unvorstellbares geschieht

33. Der Euro – eine Währung, die zum Scheitern verurteilt ist

„Die Währungsunion ist ein großer Irrtum, ein abenteuerliches, waghalsiges und verfehltes Ziel, das Europa nicht eint, sondern spaltet."
Ralf Dahrendorf, liberaler Vordenker, im Dezember 1995[677]

Konsequent wird von der Politik in den Medien verbreitet: Der Euro ist sicher. Die wichtigsten Währungen wie der Euro, aber auch der US-Dollar, das britische Pfund und der japanische Yen stellen ausschließlich ungedeckte Zahlungsversprechungen dar. Das bedeutet – ich wiederhole mich –, hinter all diesen Währungen steht keinerlei Gegenwert – außer Vertrauen. Die Amerikaner vertrauen in Bezug auf ihre Währung zusätzlich auf Gott, denn auf dem Dollarschein steht: In God We Trust. Da kann man nur hoffen, dass der Herrgott unseren Freunden über dem Großen Teich auch helfen wird. Ich persönlich bin mir hier nicht ganz sicher.

Der Euro hat im Gegensatz zu den oben genannten Währungen jedoch ein weiteres gravierendes Problem – er war und ist ein politisches Projekt. Von Anfang an haben führende Ökonomen die Zukunftsfähigkeit des Euros bezweifelt. Es ist unmöglich, dass einerseits wirtschaftlich sehr starke Länder wie beispielsweise Deutschland und wirtschaftlich wesentlich schwächere Länder wie Griechenland, Spanien und Portugal ein und dieselbe Währung haben und sich für denselben Zinssatz Geld leihen können. Heute haben wir mit den Folgen des politischen Wahnsinns des Euro zu kämpfen. In Spanien und Irland hat das billige Geld eine nie da gewesene Immobilienblase ausgelöst, und in Portugal und Griechenland wurde maßlos über die eigenen Verhältnisse gelebt. Hätten Länder wie Portugal, Griechenland, Spanien usw. noch ihre eigene Währung, könnten sie diese abwerten. Folglich würden ihre eigenen Produkte billiger, was den Export fördern würde, und ausländische Produkte teurer, was den Import reduzieren würde. Aufgrund des Euros bleibt den Ländern nur eine Möglichkeit, wieder wettbewerbsfähig zu werden: drastische Lohnkürzungen und massive

Ein konsequentes Gerücht:
Der Euro ist sicher

...und die Reichen immer reicher werden

Kürzungen der Staatsausgaben. Diese Maßnahmen wird jedoch keine Regierung auf Dauer überleben.

Rein volkswirtschaftlich gesehen ist der Euro ein absoluter Irrsinn.

„Es war Wahnsinn dieses System zu schaffen, jahrhundertelang wird darüber als eine Art historisches Monument kollektiven Wahnsinns geschrieben werden."
William Hague, Außenminister von Großbritannien[678]

Der Euro:
Ein
volkswirtschaftlicher
Irrsinn

Regeln, die niemand beachtet

Obwohl die Staatsdefizite von Belgien und Italien schon in den neunziger Jahren die Marke von 100 Prozent überschritten – zulässig waren und sind 60 Prozent –, hielt Helmut Kohl im Herbst 1995 wenig von einer Debatte über die Euro-Tauglichkeit der Länder. Laut Kohl „ist es das deutsche Interesse, dass möglichst viele Länder die Kriterien erreichen". Seltsamerweise wurden die Euro-Geldscheine von Anfang an mit der griechischen Bezeichnung „Evro" konzipiert – obwohl Griechenland noch gar nicht Mitglied in der Euro-Zone war.

„Der Euro wird nur dann eine erfolgreiche und geachtete Währung sein, wenn er auch eine stabile Währung ist."[679] Dieser Aussage unseres damaligen Finanzministers ist nichts entgegenzusetzen. Auf deutschen Druck hin wurde 1996 der Stabilitätspakt (Obergrenze von drei Prozent des Bruttoinlandsprodukts (BIP) für das Haushaltsdefizit, eine Deckelung der Staatsverschuldung bei 60 Prozent vom BIP) beschlossen. Dummerweise verstießen Deutschland und Frankreich mehrere Jahre gegen die Defizitregel. Um dieses Malheur zu beheben, setzten Bundeskanzler Gerhard Schröder und Präsident Jacques Chirac kurzerhand eine Aufweichung des Stabilitätspakts durch. Diese ermöglicht den Euro-Ländern Spielraum bei der Haushaltsführung. Seltsamerweise verliefen Defizitverfahren gegen die beiden Staaten im Sande. Jetzt ist es also auch kein Wunder, dass die aktuellen Versuche der Verschärfung des Stabilitätspaktes geradezu lächerlich wirken. Wesentlich gravierender ist jedoch, dass nun auch noch die Sanktionen des Marktes wegfallen, wenn der Rettungsfonds künftig Anleihen von Krisenstaaten zurückkauft. Ifo-Chef Sinn warnt völlig zu Recht: „Jeder Staat

Europas kann sich nach Belieben verschulden, ohne durch höhere Zinsen bestraft zu werden."

Sanktionen, die der Stabilitätspakt vorsah, wurden bisher nicht ein einziges Mal angewandt.[680]

Selbst Experten aus der Finanzbranche wie Alan Greenspan, ehemaliger Chef der US-Notenbank, und Albert Edwards, Chefstratege der Société Générale, vertreten mittlerweile offen die Meinung, dass die Euro-Zone zusammenbrechen wird.[681] Der tschechische Präsident Václav Klaus hält die europäische Währungsunion schlichtweg für gescheitert.[682]

Nicht zu verkennen ist die Antwort von Barclays-Chefvolkswirt Professor Thorsten Polleit auf die Frage: „Was empfinden Sie, wenn Sie Geldscheine in den Händen halten?" Polleit: „Ein gewisses Erstaunen, dass so ein Scheingeld tagtäglich ein so großes Vertrauen bei den Menschen genießt."[683] Stefan Keitel, Chef-Anlagestratege der Credit Suisse, sieht die wichtigen Welt-Leitwährungen wie Dollar, Euro, Pfund und teilweise auch den Yen bereits auf der Intensivstation liegen.[684]

Bis dahin wird jedoch noch eine Menge deutsches Geld in die Krisenländer fließen, denn die deutschen Banken und Anleger haben in den Euro-Krisenländern Forderungen von mehr als einer halben Billion Dollar.[685]

Für was benötigt man Regeln, wenn sich keiner an diese hält? Der Euro ist gescheitert! Genauso wie die EU in ihrer jetzigen Form.

Eurobonds – Europas Subprime

Seit November 2011 wird die Option von Eurobonds intensiv diskutiert. „Als Eurobonds (auch Euro-Staatsanleihe oder EU-Anleihe genannt) wird eine theoretische Art Staatsanleihen in der Europäischen Union oder der Eurozone bezeichnet, bei denen EU-Staaten gemeinsam Schulden am Finanzmarkt aufnehmen, die aufgenommenen Mittel unter sich aufteilen und gesamtschuldnerisch für die Rückzahlung und Zinsen dieser Schulden haften würden."[686] Etwas Ähnliches wurde bereits in den USA mit den sogenannten Subprimekrediten versucht. Auch hier wurden die Kredite von Schuldnern mit hoher und geringer Bonität in einem Finanzprodukt verkauft. Das Resultat ist uns hinlänglich bekannt. Falls Eurobonds wirklich auf den Markt kommen, stellen sich mir folgende Fragen:

- Wer soll diese Bonds kaufen?
- Wieso sollte jemand diese Bonds kaufen?
- Welche Ambitionen haben die verschuldeten Länder zu sparen, wenn sie wieder günstig Geld bekommen?
- Wieso müssen wir Deutschen höhere Zinsen bezahlen, um den Verschuldungswahnsinn anderer Länder zu finanzieren?
- Wie lange nimmt die deutsche Bevölkerung es hin, sich für die EU und den Euro melken zu lassen?

„Durch Kunstgriffe der Bank- und Währungspolitik kann
man nur vorübergehende Scheinbesserung erzielen,
die dann zu umso schwererer Katastrophe führen muss.
Denn der Schaden, der durch Anwendung solcher Mittel
dem Volkswohlstand zugefügt wird, ist umso größer,
je länger es gelungen ist, die Scheinblüte
durch Schaffung zusätzlicher Kredite vorzutäuschen.“

Ludwig von Mises, Ökonom[687]

34. EZB – eine Zentralbank, die nicht mehr unabhängig ist

„Keine Regierung und kein Staat könnten eine spezielle Behandlung erwarten. Die Notenbank wird ihre Prinzipien nicht ändern, nur weil die Staatsanleihen eines Mitgliedslandes die entsprechenden Kriterien nicht mehr erfüllen."
Jean-Claude Trichet, EZB-Präsident, Januar 2010[688]

Anfang April 2010 versicherte der damalige EZB-Präsident und jetziger Verwaltungsrat der EADS, Jean-Claude Trichet, keinerlei Ausnahmen für Länder bei den Sicherheiten zuzulassen. Unglaublicherweise akzeptiert die Europäische Zentralbank (EZB) seit Mai 2010 griechische Staatsanleihen als „Sicherheit" – Papiere, die von Ratingagenturen als „Ramsch" bewertet und vom Markt auch als solche betrachtet werden. Damit hat der EZB-Präsident der ganzen Welt verdeutlicht, dass seine Worte in einer Krise nichts mehr wert sind. Seit Mai 2010 existiert somit ein Freifahrtschein der EZB für alle Defizitsünder.[689] Brisanterweise beabsichtigt die EZB, auch zukünftig Anleihen von hoch verschuldeten Staaten und privaten Schuldnern zu kaufen, um die Märkte weiterhin am Leben zu halten.[690] Somit druckt die EZB faktisch Geld. Hiermit verstößt die EZB gegen gültiges EU-Recht. Laut Artikel 123 ist eine Finanzierung des Staatshaushalts durch die gemeinsame Zentralbank, die über den Umweg der Anleihenkäufe der EZB seit Mai 2010 faktisch praktiziert wird, verboten.[691] Die EZB missachtet jedoch das Verbot der Staatsfinanzierung. Die FAZ bringt es auf den Punkt: „Aus der Notenbank ist ein Büttel der Politik geworden."[692] Selbst der deutsche Bundespräsident Wulff hält den massiven Aufkauf von Anleihen einzelner Staaten durch die EZB für „rechtlich bedenklich"[693]. Die EZB ist nun eine riesige Bad Bank. Es wurde Vertragsbruch begangen, und viele Regeln wurden gebrochen. Wie soll solch ein System funktionieren, wenn sich niemand an vorgegebene Regeln hält? Das ist Anarchie, und die endet schlussendlich im Chaos.

Die EZB missachtet das Verbot der Staatsfinanzierung.

„Mit der christlich-liberalen Koalition wird es
keine Vergemeinschaftung von Schulden geben.
Die wird es nicht geben."
Angela Merkel am 24.3.2011[694]

Bis November 2011 hat die EZB bereits für rund 590 Milliarden Euro
strukturierte Wertpapiere, sogenannte Asset-Backed Securities (ABS),
angenommen. Weitere 360 Milliarden stehen als „nicht marktfähige
Finanzinstrumente" in den Büchern. Hinzu kommen noch Staatsanleihen in Höhe von vielen Milliarden Euro aus Portugal, Spanien,
Griechenland und Irland, deren Wert fraglich ist.[695] Auf der Liste der
Sicherheiten der EZB befinden sich mittlerweile die „tollsten Dinge"
wie beispielsweise eine portugiesische Anleihe aus dem Jahr 1943. Ob
Sie es glauben oder nicht – sie soll möglicherweise erst in rund 8000
Jahren zurückgezahlt werden: am 31.12.9999. Sie werden jetzt wahr-
scheinlich sagen: Was für ein Unfug! Doch bereits heute ist diese Anleihe beispielsweise für eine portugiesische Bank richtig wertvoll – denn

Rückzahlung   sie kann die Anleihe bei der EZB als Sicherheit einreichen und im Ge-
31.12.9999   genzug frische Euro erhalten.[696] Weil der internationale Kapitalmarkt
für Banken aus Portugal, Griechenland und den anderen europäischen
Krisenländern so gut wie geschlossen ist, sind sie auf das Geld der Zentralbank dringend angewiesen.[697]
Seit August 2011 kauft die EZB spanische und italienische Staatsanleihen – dem Irrsinn sind jetzt keine Grenzen mehr gesetzt![698] Die EZB
hat allein im August innerhalb einer Woche für die Rekordsumme von
22 Milliarden Euro Staatsanleihen gekauft.[699] Insgesamt stehen Staatsanleihen aus Griechenland, Irland, Portugal, Spanien und Italien in
Höhe von 115,5 Milliarden Euro in den Büchern der EZB.[700] Seit
November 2011 hat der ehemalige Goldman Sachs-Vizepräsident in
London Mario Draghi das Zepter der EZB übernommen.[701] Mittlerweile hat die EZB Bonds im Gesamtwert von 183 Milliarden Euro
aufgekauft (Stand November 2011). Sicherlich wird diese Summe in
Zukunft noch weiter steigen, denn der neue EZB-Präsident hat bereits
in seiner ersten Woche im Amt Papiere im Wert von 9,5 Milliarden
Euro am Sekundärmarkt erworben.[702] Herzlich willkommen in der
Welt des Irrsinns. Der Maastrichter Vertrag scheint für die Politiker

keine Relevanz mehr zu haben, denn darin steht: Artikel 107: „Die Regierungen der Mitgliedstaaten verpflichten sich, nicht zu versuchen, die Mitglieder der Beschlussorgane der EZB zu beeinflussen."
Artikel 104: „Kredite sind ebenso verboten wie der unmittelbare Erwerb von Schuldtiteln durch die EZB."[703]
Mit dem Aufkauf der Staatsanleihen verhindert die EZB nur eines: Dass diese von den Geschäftsbanken – und anderen Besitzern – erworbenen Anleihen abgeschrieben werden müssen.[704]

Deutsche Ansichten sind bei der EZB nicht gefragt

Im März 2011 berichtet Bundesbankpräsident Axel Weber, dass er nicht mehr Präsident der Europäischen Zentralbank werden möchte. Mit dieser Aussage brüskiert er Kanzlerin Merkel.[705] Weber vertrat nicht die Politik der EZB und äußerte dies auch: „Wenn er jedoch zu wichtigen Fragen eine Minderheitsmeinung vertritt, leidet die Glaubwürdigkeit dieses Amts." Weber hat bei einigen wichtigen Entscheidungen in den vergangenen zwölf Monaten klare Positionen bezogen. „Die Positionen mögen für die Akzeptanz meiner Person bei einigen Regierungen nicht immer förderlich gewesen sein".[706]
Am 9. September 2011 erfolgte mit dem Rücktritt von EZB-Chefvolkswirt Jürgen Stark der nächste Paukenschlag. Stark galt im Gremium der europäischen Währungshüter als Garant solider Geldpolitik.[707] Der DAX verlor an diesem Tag binnen kürzester Zeit vier Prozent. Die Financial Times schreibt: „Das Ende der EZB, wie wir sie kannten. Eine nach dem Vorbild der Bundesbank aufgebaute EZB: Mit diesem Versprechen wurde in Deutschland der Euro argumentativ unterfüttert. Das war einmal." Mit dem überraschenden Rücktritt Starks wird sich der Einfluss Berlins bestimmt weiter abschwächen. Offiziell hat Stark seinen Rücktritt wegen „persönlicher Gründe" angegeben, wahrscheinlich konnte er den Kurs der EZB nicht länger mit seinen wirtschafts- und geldpolitischen Überzeugungen vereinbaren.[708] Laut Spiegel waren die Krisenhilfen für hochverschuldete Euro-Länder für Weber und Stark ein Sündenfall, da die Notenbank sich damit von ihrem eigentlichen Auftrag entfernte und zum Erfüllungsgehilfen der Politik machte. Im Sommer 2011 eskalierte der Streit wegen des EZB-Beschlusses, künftig auch spanische und italienische Staatsanleihen

aufzukaufen. Dieser Beschluss soll gegen den Widerstand der beiden deutschen Vertreter, Bundesbank-Präsident Jens Weidmann und Jürgen Stark, gefallen sein.[709] Deutschland als mit Abstand größter Kapitalgeber kann einfach überstimmt werden. Wie lange werden wir das noch hinnehmen? Seit dem 9. September sitzen nur noch Entscheidungsträger bei der EZB, die nach meiner Überzeugung dem Euro das „letzte Hemd" nehmen werden.

> *„Es gibt keine Zentralbank der Welt,*
> *die von der Politik so unabhängig ist*
> *wie die Europäische Zentralbank."*
> Wim Duisenberg, erster EZB-Präsident, Juni 1998[710]

Eine Billion Euro für Europas Banken – noch mehr billiges Geld zu niedrigen Zinsen

2011 gab es abermals ein Weihnachtsgeschenk für die Banken – diesmal von der EZB. Der ehemalige Goldman Sachs-Banker und jetzige EZB-Chef Mario Draghi zeigt sich seinen Ex-Bankkollegen erkenntlich und überschüttet sie mit billigem Geld zu niedrigen Zinsen. Die EZB beabsichtigt die drohende Kreditklemme zu verhindern und die Banken mit „ausreichend" Liquidität zu versorgen, da das Vertrauen zwischen den Banken abermals gestört ist. Die Banken leihen sich untereinander kaum noch Geld, weil keine Bank weiß, welche Bank welche Staatsanleihen und sonstige „Leichen" im Keller liegen hat. Die europäischen Banken erhielten unvorstellbare 489 Milliarden Euro Kredit zu einem Traumzinssatz von einem Prozent über eine Dauer von drei Jahren. Dieser Zinsvorteil wird selbstverständlich nicht an uns Bankkunden weitergereicht.

Was erwarten Sie noch von Ihrer Bank? Immerhin kämpfen die Banken ums Überleben und um ihre Boni. Also bitte zeigen Sie ein wenig Verständnis, wenn Sie weiterhin zwischen 7,75 % und 17 % Dispo- und Überziehungskredit bezahlen.

489 Milliarden Euro reichten jedoch für die Rettung nicht aus. Deshalb gab es Ende Februar 2012 einen kräftigen Nachschlag von der EZB mit unfassbaren 529 Milliarden Euro zu denselben Konditio-

nen. Die Banken haben nun über eine Billion Euro an „frischem" Geld
aufgenommen.

Sie fragen sich jetzt bestimmt: Woher hat die EZB das ganze Geld?
Die Antwort ist ganz einfach: Sie hat es einfach geschaffen. Das Geld
ist FIAT-Geld, dem absolut kein Wert gegenübersteht. Wurde die Kreditklemme damit erfolgreich – wie geplant – gelöst? Nein, natürlich
nicht, denn die Banken vertrauen sich weiterhin nicht. Deshalb legen
die Banken das Geld lieber jeden Abend bei der EZB in der sogenannten Einlagefazilität oder „Angstkasse" zu lächerlichen 0,25 % an.
War diese Angstkasse vor der ersten Tranche im Schnitt mit 50 bis 80
Milliarden Euro täglich gefüllt, legten die Banken ihr Weihnachtsgeschenk vollständig bei der EZB über Nacht an. Nach dem zweiten Kredit der EZB lagern nun über 80 % der Gelder – also 827 Milliarden
Euro, die eigentlich für die Ankurblung der Wirtschaft und Auflösung
der Kreditklemme gedacht waren – bei der EZB, Tendenz weiterhin
steigend (Stand: 06.03.2012). Ein Teil des Geldes verwenden die Banken zum Kauf von Staatsanleihen, beispielsweise von Spanien, Italien
usw. mit einer Verzinsung von fünf bis sieben Prozent. Ein richtig guter Deal![711]

Die Bank hat also die Lizenz zum Gelddrucken mithilfe der EZB. Wer
hier kein Geld verdient, sollte die Branche wechseln. **Die Bank gewinnt immer.**

Die EZB steht vor einem gravierenden Problem – einem möglichen Bankrott

Sollte Griechenland pleitegehen, könnte die Zentralbank in die technische Insolvenz schlittern. Dies könnte ein fiskalisches Chaos mit
verheerenden Folgen in den Euro-Ländern auslösen. Deshalb ist die
EZB so strikt gegen jede Umschuldung oder Laufzeitverlängerung in
Griechenland, Irland oder Portugal.

Selten liest man in den Medien, warum die EZB von einem Bankrott
bedroht ist. Der Grund hierfür festigt bestimmt nicht unser Vertrauen
in den Euro. Laut der Zeitung „die Welt" ist „die EZB momentan
mit dem 23-Fachen ihres Eigenkapitals nahezu so gehebelt wie Lehman Brothers in den dunkelsten Zeiten (damals das 30-Fache) – Tendenz steigend. Der Durchschnitt anderer europäischer Notenbanken

Vertrauen in den Euro?

– Schweiz, Schweden, Norwegen – liegt bei einem Hebel von etwa 5,5. Selbst schlecht geführte Hedgefonds liegen sehr selten höher als das Zehnfache ihres Eigenkapitals. Darauf achten die Aufsicht führenden Gremien extrem genau, etwa die deutsche BaFin, die Schweizer FINMA, die amerikanische SEC oder die britische FSA. Die EZB hat aber nur 82 Milliarden Euro Eigenkapital und knapp 1900 Milliarden Euro Papiere auf ihrer Bilanz. Sie unterliegt keiner Aufsicht führenden Behörde."[712]

Geht die EZB über die Wupper, was wir alle nicht hoffen, was aber durchaus möglich ist, haftet der deutsche Steuerzahler mit 27 Prozent, denn so hoch ist der Anteil der Bundesbank an der EZB.[713]

Abbildung 22: Euro (Karikatur von Rabe)

„Es gibt kein subtileres und besseres Mittel zum Sturz der bestehenden Gesellschaftsordnung als die Ruinierung der Währung."
John Maynard Keynes, der große Ökonom der Weltwirtschaftskrise[714]

35. Der Euro ist gut für Deutschland – wer es glaubt, wird bestimmt nicht selig

Mittlerweile werden aberwitzige Summen mit dem netten Namen „Rettungsschirme" zum Schutz insolvenzbedrohter Staaten und schlussendlich des Euros verschoben, obwohl der Anteil Portugals, Griechenlands und Irlands am BIP der EU bei rund fünf Prozent liegt. Der Anteil Deutschlands am BIP der EU liegt bei 20,4 Prozent.[715] Die Haftungssumme beläuft sich im Mai 2011 auf 1542 Milliarden Euro – davon fallen auf Deutschland 391 Milliarden. Diese unterteilen sich folgendermaßen:

* 15 Milliarden für IWF-Garantien,
* 22 Milliarden Bareinzahlung in den Europäischen Stabilitätsmechanismus (ESM),
* 168 Milliarden Bürgschaften für den ESM,
* zwei Milliarden IWF-Rettungsplan Griechenland,
* 22 Milliarden EU-Rettungsplan Griechenland,
* 26 Milliarden Staatsanleihekäufe durch die Europäische Zentralbank (EZB),
* 114 Milliarden Verbindlichkeiten bei der EZB,
* 22 Milliarden EZB-Ausleihungen an Geschäftsbanken.[716]

(Stand: Mai 2011)

Im Herbst 2011 umfassen sämtliche Rettungspakete bereits ein Volumen von insgesamt 1849 Milliarden Euro. Im denkbar schlechtesten Fall entfallen auf die Bundesrepublik Deutschland 732 Milliarden Euro.[717]

Die Target-Verbindlichkeiten von Griechenland, Irland, Italien, Portugal und Spanien gegenüber der EZB machen im Februar 2012 rund 800 Milliarden Euro aus. Entsprechend hoch sind die Targetforderungen Deutschlands: Die Targetforderungen der Deutschen Bundesbank gegenüber der EZB belaufen sich auf knapp 500 Milliarden Euro. Ein Ausfall der Targetforderungen der EZB würde zwangsläufig in gleicher Höhe zu einem Ausfall der Forderungen der Deutschen Bundesbank

…und die Reichen immer reicher werden

führen und dies zu einer entsprechenden Belastung des Bundeshaushalts.[718]

Deutschland hat vom Euro profitiert

Laut dem Chef des Ifo-Instituts, Hans-Werner Sinn, ist die Vorstellung, dass die Deutschen in besonderer Weise vom Euro profitiert hätten, falsch. In diesem Punkt muss ich ihm ohne Zweifel recht geben. Genauso wie seiner Aussage, dass Deutschland unter dem Euro sehr viel Kapital exportiert hat, welches folglich bei uns im Land nicht mehr investiert wurde, was eine Flaute verursachte, sowie dass die Flaute eine Massenarbeitslosigkeit in Deutschland bewirkte und diese wiederum eine Lohnzurückhaltung, wodurch die Exportwirtschaft wettbewerbsfähiger wurde. Dies hat uns ohne Zweifel geholfen, aber noch lange nicht zu Gewinnern gemacht.

Die eigentlichen Gewinner sind die Südstaaten, die dank des deutschen Kapitalexports einen gewaltigen Wirtschaftsboom durchlebten. Was von den meisten Eurobefürwortern vergessen wurde: **1995 hatte Deutschland in Europa das dritthöchste Bruttoinlandprodukt pro Kopf, heute liegt es auf Platz zehn. Deutschland hat unter dem Euro bis zur Krise das zweitniedrigste Wachstum aller Länder.**[719]

Die deutsche Wirtschaft ist in den zwölf Jahren seit Einführung des Euro durchschnittlich um 1,2 Prozent pro Jahr gewachsen. Die Wachstumsrate zu D-Mark-Zeiten, von 1990 bis 1999, war mit 2,3 Prozent mehr als doppelt so hoch.[720] Mit Jahresraten von 3,9 und 2,7 Prozent sind Irland und Griechenland klar Wachstumsgewinner. Falsch ist ebenfalls die Behauptung, dass die deutsche Exportwirtschaft vor allem vom Euroraum lebe. Der deutsche Exportanteil in Euroländer ist von 46 auf 41 Prozent gesunken.[721]

Dieter Spethmann, seines Zeichens Jurist und Volkswirt und 18 Jahre lang Chef der Thyssen AG, hat den euro-basierten Nachteil Deutschlands klar erkannt. Aus diesem Grund hat er berechtigt gegen den EU-Reformvertrag prozessiert und eine Klage gegen die Milliardenhilfe für Griechenland eingereicht. Diese Klage wurde angenommen.[722]

Spethmann führt folgende Gründe an, warum der Euro für Deutschland Nachteile bringt:

1. **Mehrzins.** Diesen müssen die deutschen Kreditnehmer deshalb zahlen, weil die früheren Weichwährungsländer seit Euro-Einführung weniger zahlen. Laut Spethmann war dies ein erklärtes Ziel des Euro: „All diesen Minderleistern die Kapitalkosten zu senken, damit sie per Zinssubvention, also Verbesserung ihrer Produktivität, zu den ‚Kernländern' (Deutschland und einige Nachbarn) aufschließen konnten. Was keiner von ihnen tat – die Zinssubventionen erwiesen sich als reiner Kaufkrafttransfer, also als ‚Konsumhilfe'."[723] Beispiel Italien: Das Land war bereits bei der Einführung des Euro mit mehr als 100 Prozent seines Bruttoinlandsprodukts verschuldet – erlaubt waren 60 Prozent. Der Zinssatz Italiens sank per Januar 1999 von elf auf fünf Prozent. Die Einsparung des Landes von sechs Prozent betrug angesichts der Höhe der Staatsschuld schon im ersten Jahr 70 Milliarden Euro – und seither alle Jahre wieder. Auf der anderen Seite zahlen die deutschen Kreditnehmer seither höhere Zinsen als in der DM-Zeit, denn die Banken müssen ihre Einnahmen von irgendwoher bekommen. Spethmann zeigt hiefür ein plakatives Beispiel auf: Der Schweizer Kapitalmarkt hatte mit dem deutschen Kapitalmarkt in der DM-Zeit anhaltende Ähnlichkeiten. Zurzeit muss ein deutscher Kreditnehmer für einen Kredit über 36 Monate trotz erstklassiger Sicherheiten vier Prozent zahlen, und zwar Tilgung pro Quartal – ein Schweizer jedoch lediglich 1,75 Prozent Jahreszins. Dies macht bei einem anzunehmenden Kreditvolumen in Deutschland in Höhe von 5000 Milliarden Euro ca. 100 Milliarden im Jahr aus – ungefähr vier Prozent unseres BIPs von 2500 Milliarden Euro.[724]

2. **Die im Außenhandel erzielten Überschüsse werden den „Südflanken-Minderleistern" verschenkt.** Deutschland schenkt seine im Außenhandel erzielten Überschüsse den „Südflanken-Minderleistern", welche es bis heute nicht geschafft haben, Überschüsse im Außenhandel zu erzielen. Auf diese Weise bezahlt Deutschland (über die EZB) die ungedeckten Importe der Länder. Dies ergibt

nochmals sechs Prozent unseres BIPs beziehungsweise 150 Milliarden Euro.

Diese zehn Prozent unseres BIPs werden seit 1999 jährlich abgeführt. Insgesamt ist das mittlerweile mehr als ein Jahres-BIP Geld, das unserem Staat bitter fehlt.[725]

Spethmann fordert Folgendes:

1. „Wir müssen darauf bestehen, wieder zu unseren natürlichen Standortkosten Wettbewerb betreiben zu können. Wenn wir modernere Arbeitsplätze haben als andere, müssen wir die damit verbundenen niedrigeren Kosten an den Markt bringen können.
2. Wir müssen aufhören, durch überhöhte Bankzinsen anderen Euro-Staaten die Zinsen zu subventionieren.
3. Wir müssen unsere im Außenhandel erzielten Überschüsse wieder für uns behalten dürfen.
4. Mit den ‚Rettungsschirmen' muss Schluss sein. Sie bewirken bei den betroffenen Volkswirtschaften, die allesamt durch den für sie überhöhten Außenkurs des Euro partiell wettbewerbsunfähig geworden sind, keine Besserung der Wettbewerbsfähigkeit, sondern schonen nur fremde Gläubiger fremder Staaten.
5. Deutschland muss zum Vor-Euro-Status des ‚Europäischen Währungssystems' zurückkehren und eine Revision der EU fordern."[726]

Dem kann ich mich in Gänze anschließen, denn ansonsten werden wir weiterbezahlen bis zum bitteren Ende.

Abbildung 23: Schäuble (Karikatur von Rabe)

Deutschland exportiert mehr in Nicht-Euro-Länder als in Euro-Lander

2010 exportierte Deutschland Waren im Wert von 951,9 Milliarden Euro. In die Länder der Europäischen Union exportierte Deutschland Waren im Wert von 570,6 Milliarden Euro, davon 386,2 Milliarden Euro in den Euro-Raum. In sogenannte Drittländer wie China, Indien, Brasilien, Russland usw. gingen Waren im Gesamtwert von 381,2 Milliarden Euro.[727] Somit exportierte Deutschland Waren im Wert von 565 Milliarden Euro in Länder, die keinen Euro haben. Ferner benötigt es keine hellseherischen Fähigkeiten um festzustellen, dass diese Zahl in Zukunft weiter steigen wird, weil viele Euroländer schlicht und einfach pleite sind. Deshalb ist es meiner Ansicht nach zielführend, aus dem Euro auszutreten anstatt Länder weiter finanziell zu stützen, die faktisch pleite sind. Eurobefürworter argumentieren, dass eine neue starke Deutsche Währung den Export abwürgen würde. Diese

Personen lassen jedoch außer Betracht, dass Deutschland Rohstoffe zu einem wesentlich günstigeren Preis einkaufen könnte. Ferner hat Deutschland immer durch die Innovativität und Qualität seiner Produkte und niemals wegen des Preises überzeugt. Für hochqualitative und innovative Produkte wird es immer einen Markt geben.

Für das Alter vorsorgen und ärmer werden

Der beliebte Banker-Spruch der vergangenen Jahrzehnte „Lassen Sie Ihr Geld für sich arbeiten" gilt nicht mehr! Das Leitmotiv des modernen Wohlfahrtsstaates, der seine Bürger zu einem Vermögensaufbau, zu einer privaten Daseinsvorsorge ermutigte, ist nichts mehr wert. Inhaber von Tagesgeld-Konten, Aktien-Anleger und wahrscheinlich bald auch Halter von Lebenspolicen lernen eine harte Lektion: Man kann „vorsorgen" und trotzdem ärmer werden. Der Grund hierfür ist, dass der durchschnittliche Tagesgeld-Sparer mit Zinsen weniger Vermögen aufgebaut hat, als ihm die Inflation an Kaufkraft geraubt hat. Auch Aktien-Sparer stehen keinesfalls besser da. Deutsche Dividendenpapiere bescherten dem deutschen Aktien-Sparer 2011 (Stand: November 2011) ein Minus von durchschnittlich zwölf Prozent. Somit könnte dieses Jahr das fünfte Verlustjahr seit der Jahrtausendwende werden. „Die Welt" bringt es knallhart auf den Punkt: Anleger zahlen insgeheim schon längst für die Euro-Krise![728]

Anleger zahlen insgeheim schon längst für die Euro-Krise!

36. Frau Merkel & Co,
halten Sie uns für blöd?

„Es wird nicht so sein, dass der Süden
bei den so genannten reichen Ländern abkassiert.
Dann nämlich würde Europa auseinanderfallen.
Es gibt eine ‚no bail-out rule'.
Das heißt, wenn sich ein Land
durch eigenes Verhalten hohe Defizite zulegt,
dann ist weder die Gemeinschaft
noch ein Mitgliedstaat verpflichtet,
diesem Land zu helfen."
Horst Köhler, damals Finanzstaatssekretär, April 1992[729]

Am 1. März 2010 verkündete unsere Kanzlerin großspurig, dass es keine Haushaltsmittel für Griechenland gebe. Dummerweise war zu diesem Zeitpunkt mehr als hinlänglich bekannt, dass Griechenland pleite ist. Zwei Monate später haben die Euroländer und der IWF ein Rettungspaket in Höhe von 110 Milliarden Euro beschlossen. Das Geld kommt zwar nicht direkt aus dem Haushalt, sondern von der Staatsbank KfW – für die dummerweise der Bund bürgt. Somit wird definitiv der Steuerzahler für alle Bürgschaften der KfW zahlen müssen. Dies war der erste Verstoß gegen die Europäischen Verträge, welche Hilfszahlungen an bedürftige Euro-Länder ausschließen.

> „In Artikel 125 des Vertrags über die Arbeitsweise der Europäischen Union (AEUV) heißt es daher, dass ‚ein Mitgliedstaat nicht für die Verbindlichkeiten (...) eines anderen Mitgliedstaats haftet und nicht für derartige Verbindlichkeiten eintritt'."[730]

Ohne diese sogenannte „No-Bailout-Klausel", die garantieren sollte, dass aus der Währungsunion keine Transferunion wird, hätte der deutsche Bundestag sicherlich nicht der Währungsunion zugestimmt.
Am 9. Mai 2010 wurde der erste Eurorettungsschirm (EFSF) mit einem Volumen von 440 Milliarden Euro geöffnet. Laut Merkel und Finanzminister Schäuble sei der Rettungsschirm eine befristete „reine

Vorsichtsmaßnahme", die nicht in Anspruch genommen werde. Am 16. September sagte Merkel: „Eine Verlängerung der jetzigen Rettungsschirme wird es mit Deutschland nicht geben." Knapp ein Jahr später, exakt am 25.03.2011, beschlossen die Staats- und Regierungschefs einen neuen „Schirm" mit dem Namen ESM. Hierfür sollen die Euroländer 700 Milliarden aufbringen, inklusive einer Bareinlage. Ferner wurde von den Euro-Mitgliedern beschlossen, dass sowohl der Rettungsschirm EFSF als auch ESM künftig Staatsanleihen von Pleitekandidaten aufkaufen dürfen.[731] Im Januar 2012 gibt es bereits Forderungen, den Rettungsschirm auf eine Billion Euro zu verdoppeln. Dem Irrsinn scheinen keinerlei Grenzen mehr gesetzt zu sein.[732] Frau Merkel bleibt laut Handelsblatt bei ihrem Nein zu einer Aufstockung des künftigen Euro-Rettungsschirms ESM auf eine Billion Euro, wie es Italien und der IWF fordern.[733] Ich bin gespannt wie lange noch.

Können die Krisenländer ihre Anleihen oder Kredite nicht zurückzahlen, müssen die Steuerzahler der anderen Länder einspringen und dem EFSF die Mittel zur Verfügung stellen, damit dieser seine Anleihen bedienen kann.

Besonders fatal ist, dass der EFSF seine niedrigen Refinanzierungskosten an die Kreditnehmer in Form niedriger Zinsen weitergeben soll. Das verringert die Anreize für Schuldnerländer weiter, ihre Staatshaushalte zu sanieren. Aus der erhofften Stabilitätsunion ist somit eine Haftungs- und Schuldengemeinschaft geworden.[734]

Seitdem die Euro-Staaten das erste Hilfspaket für Griechenland beschlossen haben, predigt Angela Merkel unablässig, europäische Solidarität habe ihren Preis. „Die Vergabe ist an strenge Konditionen geknüpft", versprach die Kanzlerin den Bundesbürgern, als im Mai 2010 der Übergangs-Rettungsfonds EFSF geschaffen wurde. O-Ton Merkel: „Wir helfen unter der Bedingung, dass sich der betroffene Staat zu umfassenden Eigenanstrengungen verpflichtet."[735]

Auch bei ihrer Regierungserklärung zum künftigen ständigen Rettungsfonds ESM hob Merkel im Dezember 2010 die „strikten Auflagen" hervor. Im März 2011 kündigte Merkel zu den künftig einstimmig zu treffenden Beschlüssen zum ESM an: „Deutschland kann sein Veto einlegen, wenn die Voraussetzungen für Hilfen nicht gegeben sind – und davon werde ich Gebrauch machen." Die Realität sieht an-

anders aus. Griechenland hat - „oh Wunder" - laut EZB und IWF die Auflagen aus dem ersten Paket nicht erfüllt. Im ersten Halbjahr 2011 sind die Staatsausgaben um 8,8 Prozent gestiegen, anstatt zu sinken. Dessen ungeachtet bekommt das Land nun sogar ein zweites Hilfspaket.[736]

Der Spiegel hat die dreistesten Lügen der Politiker in einer Slideshow zusammengetragen mit dem Titel:
„Die Lüge von der stabilen Währung: Wie Politiker den Euro als D-Mark-Ersatz lobten."

Hier das Best-of:

- „Ihr könnt darauf vertrauen, dass der Euro eine stabile Währung sein wird. Das funktioniert."
  Wolfgang Schäuble, damals Unionsfraktionschef, Dezember 1996
- „Die Stabilität des Euro hängt langfristig von der Reaktion der Finanzmärkte ab. Wenn die Teilnehmer der Währungsunion, was ich befürchte, nach politischen Erwägungen ausgewählt werden, dann wird das die Devisenhändler beeindrucken."
  Gerhard Schröder, damals niedersächsischer Ministerpräsident, Februar 1997
- „Auf keinen Fall darf es einen weichen, inflationstreibenden Euro geben."
  Jacques Delors, früherer EG-Kommissionspräsident, Juni 1997
- „Es gibt keine Zentralbank der Welt, die von der Politik so unabhängig ist wie die Europäische Zentralbank."
  Wim Duisenberg, erster EZB-Präsident, Juni 1998
- „Der Euro ist eine außerordentlich stabile Währung, stabiler als zum Beispiel die Mark während der meisten Zeit ihrer 50-jährigen Existenz."
  Otmar Issing, damals Chefökonom der Europäischen Zentralbank, Januar 2000
- „Der Euro beruht auf derselben Art von Stabilität wie die Mark. Dafür haben wir mit dem Stabilitätspakt gesorgt."

Romano Prodi, damals EU-Kommissionspräsident, September 2001
- „Dieses Geld wird eine große Zukunft haben!"
    Helmut Kohl, Altbundeskanzler, Dezember 2001
- „Auf mittlere Sicht erwarte ich, dass die Preise für Autos und Medikamente sinken. Der Euro ist kein Teuro. Er ist genauso hart wie die D-Mark, auch im Verhältnis zum Dollar."
    Hans Eichel, damals Bundesfinanzminister, Dezember 2001
- „Die EZB würde problematisch handeln, wenn sie auf die Interessen einzelner Länder einginge. Das wäre, wie wenn die Bundesbank früher auf die Situation einzelner Bundesländer geschaut hätte."
    Hans Tietmeyer, früherer Bundesbankchef, Dezember 2006
- „Der Euro ist ein riesiger Erfolg. Wenn wir ihn nicht hätten, stünden wir um vieles schlechter da."
    Theo Waigel, früherer Bundesfinanzminister, Januar 2009 [737]
- „Wir Deutschen können nicht für Griechenlands Probleme zahlen."
    Bundesfinanzminister Wolfgang Schäuble, 21. Dezember 2009[738]

Rein wirtschaftlich ist Europa definitiv nicht näher zusammengewachsen. Bald wird auch der letzte Politiker erkennen müssen, dass man volkswirtschaftliche Gesetzmäßigkeiten über längere Zeit nicht ignorieren kann. Das Problem ist jedoch, dass wir alle für diese späte Erkenntnis bitter bezahlen werden. Laut einer Allensbach-Umfrage zweifeln 71 Prozent der Deutschen mittlerweile am Euro – das heißt, nur jeder Fünfte vertraut der Gemeinschaftswährung noch.[739] Dies ist der Supergau für eine Währung, die ausschließlich auf Vertrauen basiert. Wahrscheinlich wird sich dann der heutige Finanzminister Wolfgang Schäuble an all die Geschehnisse nicht mehr so recht erinnern. Er hatte ja bereits im Parteispendenskandal in den 90er Jahren vergessen, dass er 100 000 DM in bar erhalten hat. Aber was sind auch schon 100 000 DM?[740] Heute hantiert er mit wesentlich größeren Beträgen, und ich sagen Ihnen – er wird sich in Zukunft bestimmt wieder nicht mehr so richtig erinnern können. Das Dumme ist nur, in den Neunzigern war es das Geld von Waffenhändler Karlheinz Schreiber – heute ist es unseres.

Der Euro-Rettungsschirm – geht es wirklich um Geld?[741]

Genau diese Frage sollten Sie sich stellen. Wie Sie bereits wissen, können Banken beliebig viel Geld aus dem „Nichts" erschaffen. Eines können sie jedoch nicht erschaffen: reale Werte und Leistung! Sagen uns die von den Regierungen beschlossenen Rettungspakete und Rettungsschirme sinngemäß nicht Folgendes?

Banken können keine realen Werte und Leistungen erschaffen!

> „Wenn die von den Banken vergebenen Kredite nicht mehr einbringbar sind, d. h. dieses Buchgeld nicht mehr durch Leistung bzw. reale Werte der jeweiligen Kreditnehmer gedeckt werden kann (aus welchen Gründen auch immer), dann garantieren wir, die Regierungen, dass unsere Bürger dieses Buchgeld durch ihre Leistung bzw. ihre realen Werte decken werden."

Handelt es sich bei den beschlossenen Rettungspaketen und Rettungsschirmen vielleicht um die größtangelegte Enteignungsaktion aller Zeiten?
Wurden Sie als Bürger gefragt, ob Sie das überhaupt wollen?
Sind Banken vielleicht systemrelevant, weil sie das System sind?

37. Die Rente – ein gigantisches legales Schneeballsystem

„Die Rente ist sicher!"
Norbert Blüm (CDU), ehemaliger Bundesarbeitsminister

Es stellt sich die Frage, ob „unser" Norbert Blüm diese Aussage damals ernst gemeint hat. Wenn ja, zweifle ich ernsthaft an seinem Verstand, wenn nein, hat er uns gründlich hinters Licht geführt. Es ist hinlänglich bekannt, dass die Rentensysteme von den arbeitenden Jungen für die gleichzeitig lebenden Älteren bezahlt werden. Hierzu benötigen wir jedoch immer mehr Junge, da die Älteren immer älter werden.

Laut einem Weltbankbericht haben alle Rentensysteme den „Alten" wesentlich mehr versprochen, als später bezahlt werden konnte.[742] Der Grund hierfür: immer mehr ältere und immer weniger junge Menschen. Ferner wächst die Volkswirtschaft nicht so stark wie vorausgesetzt.

Der Ökonom Paul Samuelson sagte bereits vor vierzig Jahren, „Umlagesysteme sind versicherungstechnisch falsch (…), sie sind die größten Ponzi-Systeme, die je erfunden wurden.". Der Schwindler Charles Ponzi hatte 1920 ein enormes Schneeballsystem ausgelöst.[743]

Was ist eigentlich ein Schneeballsystem?

Die „Neue Zürcher Zeitung" erklärt dies in ihrem Artikel „Die USA stehen schlechter da als Griechenland" vom 11.03.2011 folgendermaßen:

Anleitung zum Bau eines Schneeballsystems[744]

Laut Professor Kotlikoff sind auch Pensionssysteme der Industriestaaten nichts anderes als Schneeballsysteme, die früher oder später zusammenbrechen werden. In seinem Vortrag liefert er auch gleich eine Anleitung an Politiker, um ein generationenübergreifendes Ponzi-Schema aufbauen und verschleiern zu können:

1. Man nehme der heutigen Jugend einen Betrag X weg

2. Man gebe den Alten X

3. Man verspreche der heutigen Jugend, dass sie im Alter Y erhalten wird, wobei Y größer ist als X

4. Man werde gewählt oder gewinne die Wiederwahl

5. Man nehme der Jugend der Zukunft den Betrag Y weg

6. Man gebe Y den Alten der Zukunft

7. Man verspreche der Jugend der Zukunft, dass sie im Alter Z erhalten werden, wobei Z größer ist als Y

8. Man werde gewählt oder gewinne die Wiederwahl

9. Man wiederhole Schritt 5 bis 8

10. Man wähle ein geeignetes fiskalisches Label, um sicherzustellen, dass die Verbindlichkeiten nicht als offizielle Schuld ausgewiesen werden.

Laut Kotlikoff kann man, um das Schneeballsystem zu verschleiern, beispielsweise die von der Jugend bezahlten Beträge als Steuern ausweisen und gleichzeitig die von den Alten erhaltenen Beträge als Transferzahlungen. Dies erlaube es, keine höheren offiziellen Defizite auszuweisen und ein ausgeglichenes Budget zu präsentieren. Dadurch werden die Verbindlichkeiten zu inoffiziellen und impliziten Zahlungsversprechungen. Die fundamentalen Probleme blieben aber weiterhin bestehen.

Besser kann man es nicht ausdrücken!
So liebe „junge Mitbürger", zukünftige Rentner, bitte jetzt genau aufpassen!

Laut Bundesregierung wird das Niveau der gesetzlichen Rente bis zum Jahr 2025 um zehn Prozent sinken. „Während das aktuelle Sicherungsniveau bei 50,8 Prozent vor Steuern liege, werde es im Jahr 2025 nur noch 45,2 Prozent betragen, heißt es. Unter dem Sicherungsniveau versteht man das Verhältnis zwischen der Rente, die ein Durchschnittsverdiener nach 45 Jahren erhält, und dem aktuellen Durchschnittseinkommen."[745] Laut Focus sind die zu erwartenden Rentenansprüche im Jahr 2040 höchstens 40 Prozent des letzten Bruttogehalts.[746] Ein heutiger Durchschnittsverdiener muss heute 26 Jahre lang Beiträge einzahlen, um später ein Einkommen auf Hartz-IV-Niveau zu erhalten.[747] Ferner wird sich durch den Ausbau des Niedriglohnsektors in Deutschland die Altersarmut nach Einschätzung des Chefs der Deutschen Rentenversicherung, Herbert Rische, drastisch erhöhen und letztlich zur Existenzgefahr für alle Sozialsysteme werden. Laut Rische führe die Entwicklung dazu, „dass immer mehr Menschen immer weniger Rente haben". Die Folge, so Riesche: „Wenn der Niedriglohnsektor weiter so wächst, können Sie jedes lohnbezogene Sozialsystem in die Tonne treten."[748]

Von 2012 an soll die Rente mit 67 nach und nach eingeführt werden. Daher müssen ab diesem Jahr auch genügend Jobs für Ältere zur Verfügung stehen. 2010 gingen nur 21,5 Prozent aller Deutschen zwischen 60 und 64 Jahren einer sozialversicherungspflichtigen Arbeit nach.[749] Bereits seit zehn Jahren verlieren Rentner trotz leichten Rentenerhöhungen an Kaufkraft. Seit 2001 ist der Wert der Renten aufgrund von Inflation und schneller als die Altersbezüge steigender Sozialkosten real um sieben Prozent gefallen. Die gesetzlichen Altersbezüge legten von 2001 bis 2010 um jährlich 0,82 Prozent zu. Unter Berücksichtigung der Beiträge zur Kranken- und Pflegeversicherung hat das Plus lediglich 0,56 Prozent jährlich betragen. Die Verbraucherpreise sind gleichzeitig um durchschnittlich 1,36 Prozent pro Jahr gestiegen.[750]

Es ist nicht von der Hand zu weisen: Rein mathematisch kann unser Rentensystem bei einer alternden Gesellschaft nicht funktionieren. Es gibt nur zwei Möglichkeiten: Entweder es findet ein Babyboom in Deutschland statt oder die Zukunft wird für die meisten von uns bitter – sehr bitter.

Babyboom oder bittere Zukunft?

„Das Sicherste an der Rentenversicherung
ist die Versorgungslücke."
André Kostolany, Investmentlegende[751]

Die Rentenlüge ist legal[752]

In Anbetracht der stetigen Rentenkürzungen und Nullrunden ohne Inflationsausgleich ist zu vermuten, dass die angeblichen Zusagen der Politik eine bewusste Täuschung der vorherrschenden Lage sind. Deshalb hat im Jahr 2006 der Axel Springer Verlag als Herausgeber der Bildzeitung Strafanzeige wegen Verdachts des Betrugs gestellt. Das Ermittlungsverfahren wegen Verdachts auf Rentenbetrug und Untreue wurde von Oberstaatsanwalt Karl-Heinz Dalheimer in Berlin eingestellt (§ 170 Abs. 2 StPO).

Bezeichnend sind die Begründungen für die Einstellung. (Alle nachfolgenden Zitate sind wörtlich aus der Einstellungsbegründung übernommen – Gesch.-Nr. der Staatsanwaltschaft Berlin: 76 Js 363/06.)

Anfangs gibt der Oberstaatsanwalt dem Anzeigenden Recht: „Zuzustimmen ist Ihnen, dass das von Ihnen beanstandete Verhalten der für die Rentenproblematik Verantwortlichen aus der Sicht des Bürgers in mancher Hinsicht beanstandenswert und diskussionswürdig sein mag."

Ein strafrechtlich relevanter Tatbestand sei jedoch nicht zu erkennen, da: **„Mit der Entrichtung des Rentenbeitrages erwirkt der Versicherte aufgrund der solidarischen Ausrichtung des Rentensystems keinen Anspruch auf Rückzahlung seiner eingezahlten Beiträge, sondern vielmehr nur eine Anwartschaft oder Chance auf eine künftige Rentenzahlung. Dabei ist rechtlich nicht die Höhe der Rente geschützt, sondern nur der Anspruch als Sicherungsobjekt steht fest."** Im Klartext: Es ist absolut legal, dass Millionen Beitragszahler als Rentner nicht die eingezahlten Beitragsgelder ausgezahlt bekommen und dass die Höhe der Rente willkürlich festgesetzt werden kann! Auf diese Weise ist es amtlich. Sie haben keinerlei Anspruch auf Ihre eingezahlten Beitragsgelder. Sie erhalten bestimmt etwas – wie viel es sein wird, kann und wird Ihnen jedoch niemand sagen.

38. Wie kommt der Staat an sein Geld oder: Warum verleiht der Staat über Banken dem Staat Geld?

Schulden, Schulden, Schulden

Die ganze Welt ist verschuldet. Laut Bund der Steuerzahler (BdSt) sind „die Schulden von heute (…) die Steuern von morgen".[753] Mit dieser Aussage unterstützt der BdSt die Politiker bei jeder Steuer- und Abgabenerhöhung, denn ansonsten müssten „zukünftige Generationen noch mehr Schulden zurückzahlen".

Wenn gesamte Staaten verschuldet sein sollen, stellt sich doch die legitime Frage: Bei wem eigentlich?
Der Staat sind doch wir alle. Bei wem stehen wir in der Kreide und wer profitiert von unseren Schulden?

Wem schulden wir alle gemeinsam in Deutschland über zwei Billionen Euro?
Anderen westlichen Staaten wohl nicht, denn die sind genauso verschuldet. Den Chinesen? So viel Geld können die auch nicht haben, dass die gesamte hoch verschuldete Welt bei ihnen in der Kreide steht. Also warum und bei wem muss sich der Staat Geld leihen und wie kommt der Staat laufend an frisches Geld?

Der Staat erhält sein Geld aus zwei Quellen:

1. Durch die von uns Bürgern tagtäglich entrichteten Steuern und Abgaben
2. Durch den Verkauf von Staatsanleihen

Die Ende 2000 gegründete Bundesrepublik Deutschland Finanzagentur GmbH bietet Bundesanleihen, Bundesobligationen und weitere Produkte mit selbigem Vornamen – allesamt Staatsanleihen – über den älteren Bruder, die Bundesbank, auf den öffentlichen Finanzmärkten an.[754] Die größten Käufer dieser Staatsanleihen sind Banken und Versicherungsgesellschaften.

Somit „verleiht" eine staatliche Institution (Bundesbank als Miteigentümerin der Europäischen Zentralbank) mit der Stellung einer obersten Bundesbehörde einem privaten Unternehmen (Bank) zu einem niedrigen Zinssatz Geld, damit diese das Geld zu einem wesentlich höheren Zinssatz zurück an den Staat, Unternehmen und seine Bürger verleiht. Nicht nur das, in Zeiten finanzieller Unsicherheit haben Banken keinerlei Interesse, das Geld an irgendjemand anderen als den Staat zu verleihen. Denn hierfür bürgen schließlich alle Bürger mit ihrem Hab und Gut.

> *„Wenn Banken zinsenfrei Geld beim Staat ausleihen,*
> *um es in Staatsanleihen zu investieren und Zinsen zu kassieren,*
> *während die Unternehmen keine Kredite bekommen,*
> *dann ist das ein völlig perverses System."*
>
> Phillip Blond, Tory-Vordenker und
> Chef der Londoner Denkfabrik „ResPublica"[755]

Warum erschafft der Staat sein Geld nicht selbst?

Zumeist kommt ein und dieselbe Antwort: weil der Staat dann Geld ohne Ende druckt und es folglich Inflation gibt. Dummerweise haben wir aber auch jetzt Inflation. Der US-Dollar hat bekanntlich seit Gründung der Notenbank FED 1913 ungefähr 96 Prozent seiner Kaufkraft verloren und der Euro seit seiner Gründung 1999 knapp 22 Prozent.[756]

39. Wer erhält die Zinsen, die unser Staat und somit wir alle bezahlen?

„Das Geld ist für den Tausch entstanden,
der Zins aber weist ihm die Bestimmung an,
sich durch sich selbst zu vermehren.
Daher widerstreitet auch diese Erwerbsweise un-
ter allen am weitesten dem Naturrecht."

Aristoteles, Philosoph[757]

„**Zins** ist das Entgeld für ein über einen bestimmten Zeitraum zur Nutzung überlassenes Sachgut oder Finanzinstrument (Geld), das der Empfangende (Schuldner) dem Überlasser (Gläubiger) zahlt."[758]

„Als **Zinseszins** wird die Berechnung von Zinsen auf Kapital und bereits kapitalisierte (dem Kapital zugeschriebene) Zinsen vergangener Berechnungsperioden verstanden. Erforderlich ist somit, dass dem Kapital bereits fällige Zinsen zugeschlagen (kapitalisiert) wurden, sodass die neue Berechnungsgrundlage von Kapital und kapitalisierten Zinsen ausgeht. Durch Zinseszinsen steigen Vermögen und Schulden exponentiell, da der Zuwachs pro Zinsperiode immer größer wird."[759]

Wer erhält die Zinsen, die unser Staat und somit wir alle bezahlen?
Diese Frage ist recht leicht zu beantworten: alle Besitzer von Staatsanleihen.

Die nächste Frage ist schon etwas schwieriger zu beantworten.

Wer sind denn die Besitzer von Staatsanleihen?

Dies sind:

a) Menschen, die sich Staatsanleihen ins Portfolio gelegt haben,
b) Versicherungen und

c) Banken, die unser erspartes Geld dem Staat – also eigentlich uns selbst, da wir der Staat sind, „leihen".

Bei Punkt c) wird es spannend. Wie wir wissen, können Banken Geld aus dem „Nichts" erschaffen und sich aktuell für weit unter einem Prozent bei den Notenbanken „leihen", um es dann für einen wesentlich höheren Zinssatz dem Staat weiter zu „verleihen" – also dem Staat einen Kredit zu geben.

1611,3 Milliarden Euro Zinsen in 40 Jahren

Nach Schätzungen des Bundes der Steuerzahler gaben Bund, Länder und Gemeinden in den Siebzigerjahren für Zinszahlungen 102,87 Milliarden Euro aus; in den Achtzigerjahren waren es bereits 263,65 Milliarden Euro; in den Neunziger Jahren haben sich die Zinszahlungen bereits auf 595,09 Milliarden Euro verdoppelt. Das letzte Jahrzehnt bescherte uns trotz historisch niedriger Zinsen Zinszahlungen in Höhe von 649,69 Milliarden Euro. In den letzten 40 Jahren hat der deutsche Steuerzahler sage und schreibe 1611,3 Milliarden Euro Zinsen bezahlt.[760] Allein 2011 gibt Deutschland ungefähr 62 Milliarden Euro nur für Zinszahlungen aus. Dies entspricht dem Umsatz der Deutschen Telekom im Jahr 2010.[761]

Wer erhält denn die gigantischen 62 Milliarden Euro – Tendenz stark steigend –, die wir alle gemeinsam pro Jahr ausschließlich an Zinsen bezahlen?

Ganz einfach: alle Besitzer von Staatsanleihen.

Wem schulden wir über zwei Billionen Euro?

Leider kann uns das anscheinend niemand sagen. Ich habe beim Bundesfinanzministerrium angerufen, aber diese Behörde hat mich an die Bundesbank verwiesen. Die Pressestelle der Bundesbank hat mir telefonisch mitgeteilt, dass Privatpersonen, Banken und Fonds die Besitzer von Staatsanleihen sind. Wer genau das ist, können sie nicht sagen, da dies unter das Bankgeheimnis fällt. Die Bundesrepublik Deutschland Finanzagentur GmbH veröffentlicht lediglich die Bietergruppen der Bundesemissionen. Wer sich hinter diesen Bietergruppen verbirgt, wird nicht veröffentlicht.

Etwas Licht in diese Angelegenheit bringt die WDR-Sendung „Quarks & Co" vom 28.10.2010: Laut dieser Sendung besteht ein reger Handel mit Staatsanleihen. 2009 wurde statistisch jede Staatsanleihe viermal weiterverkauft, daher ändern sich die Schuldner kontinuierlich.

Momentaufnahme Frühjahr 2011

Im Frühjahr 2011 wurden beispielsweise knapp elf Prozent der Anleihen in Deutschland gehalten. Von diesen elf Prozent gehörten 50 Prozent Investmentfonds, 25 Prozent Banken, 20 Prozent Privatpersonen und zehn Prozent Versicherungen und Pensionskassen. Nicht zu verkennen ist, dass hinter den Banken, Versicherungen und Investmentfonds Privatmenschen stehen.[762]

Wir alle sind also verpflichtet, über 60 Milliarden Zinsen pro Jahr zu bezahlen, aber deren Empfänger werden uns nicht verraten. Sicherlich ist aber der eine oder andere (Bundes-)Bürger darunter, welcher in einem der zahlreichen Steuerparadiese sitzt und sich über die Steuergelder aus „good old Germany" erfreut.

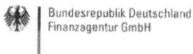

Bundesrepublik Deutschland
Finanzagentur GmbH

PRESSEMITTEILUNG
Seite 1 von 1

Herausgeber: Bundesrepublik Deutschland Finanzagentur GmbH
                60439 Frankfurt am Main, Lurgiallee 5

Redaktion: Abteilung: Unternehmenskommunikation
                Telefon: 069 25 616 13 65
                Fax: 069 25 616 14 29
                Internet: http://www.deutsche-finanzagentur.de

Nr. 36/10   Frankfurt am Main, 15. Dezember 2010

Bietergruppe Bundesemissionen

Im Jahr 2010 sind in 73 Auktionen Bundeswertpapiere (Bundesanleihen, Bundesobligationen, Bundesschatzanweisungen, Unverzinsliche Schatzanweisungen des Bundes und inflationsindexierte Bundeswertpapiere) über die Bietergruppe Bundesemissionen platziert worden.

Die nachfolgende Liste zeigt die Mitglieder der Bietergruppe für das Jahr 2011 in der Reihenfolge der von ihnen im Jahre 2010 übernommenen – und nach Kapitalbindungsdauer und Zinsänderungsrisiko gewichteten – Zuteilungsbeträge. Zum Jahresbeginn 2011 bleibt die Zusammensetzung der Bietergruppe Bundesemissionen unverändert.

Mitglieder der Bietergruppe
DEUTSCHE BANK AKTIENGESELLSCHAFT
The Royal Bank of Scotland plc Niederlassung Frankfurt
Citigroup Global Markets Limited
UBS Deutschland AG
Goldman Sachs International
HSBC Trinkaus & Burkhardt AG
Société Générale S.A.
Barclays Bank PLC
Morgan Stanley & Co. International plc
J.P. Morgan Securities Ltd.
COMMERZBANK Aktiengesellschaft
Bank of America Merrill Lynch
DZ BANK AG Deutsche Zentral-Genossenschaftsbank
WestLB AG
Crédit Agricole Corporate and Investment Bank
Bayerische Landesbank
BNP Paribas S.A.
Scotiabank Europe plc
Natixis
Landesbank Hessen-Thüringen Girozentrale
Banco Santander S.A.
ING Bank N.V.
Credit Suisse Securities (Europe) Limited
Nomura Bank (Deutschland) GmbH
UniCredit Bank AG
Jefferies International Limited
Landesbank Baden-Württemberg
DekaBank Deutsche Girozentrale
Norddeutsche Landesbank Girozentrale
BHF-Bank Aktiengesellschaft
Banco Bilbao Vizcaya Argentaria S.A. *)
Bankhaus Lampe KG *)
Royal Bank of Canada Europe Limited *)

*) Ohne Rangzuordnung. Unterjährige Aufnahme in die Bietergruppe Bundesemissionen.

Geschäftsführer: Dr. Carl Heinz Daube, Dr. Carsten Lehr. Sitz der Gesellschaft und Registergericht: Frankfurt am Main. HRB 51411
Alleiniger Gesellschafter: Bundesrepublik Deutschland, vertreten durch das Bundesministerium der Finanzen
Bankverbindung: Deutsche Bundesbank - Frankfurt am Main - Kto.-Nr. 0050408990 - BLZ 504 000 00
Es gelten die Allgemeinen Geschäftsbedingungen der Gesellschaft.

Bei publizistischer Verwertung wird die Angabe der Quelle erbeten.

Abbildung 24: Quelle: Bundesbank[763]

40. Warum findet eine Umverteilung von den Fleißigen zu den Reichen statt?

„Die Staaten haben die Schulden nicht im Griff, und gleich-
zeitig wird die Finanzoligarchie begünstigt. Wir schüt-
zen die Reichen, die den Staat gekapert haben."

Prof. Dr. Max Otte, Ökonom[764]

Extremer Reichtum in den Händen Weniger

Heute gibt es weltweit zehn Prozent mehr Superreiche als vor der Krise.[765] Das Vermögen der Deutschen hat sich in den letzten 20 Jahren
von 3,68 auf 7,37 Billionen Euro fast verdoppelt.[766] Laut einer Studie
der Unternehmensberatung Boston Consulting gibt es in Deutschland
839 Haushalte mit einem Vermögen von mehr als 100 Millionen US-
Dollar (ungefähr 70 Millionen Euro). Somit leben in Deutschland
mehr Superreiche als im Ölstaat Saudi-Arabien. In den USA schwim-
men sogar 2692 Haushalte im Geld – dort leben jedoch mit über 310
Millionen Einwohnern fast viermal so viele Menschen wie in Deutschland.

USA: immer mehr Arme und einige Superreiche - die Mittelschicht verschwindet

Die Schere zwischen Arm und Reich geht immer weiter auseinander:
Amerika wuchs zuletzt fast nur noch für seine reichen Bürger, die
mittleren und unteren Schichten büßten im Schnitt sogar Kaufkraft
und Jobs ein.[767] 2010 galten 46,2 Millionen Menschen in den USA als
arm, das sind 15,1 Prozent der Bevölkerung. In den USA gilt offiziell
als arm: eine vierköpfige Familie, die weniger als 22 314 Dollar pro
Jahr zur Verfügung hat, beziehungsweise Einpersonenhaushalte, die
pro Jahr 11 139 Dollar zur Verfügung haben. Bei der Mittelschicht
sieht es keinesfalls besser aus. Deren Haushaltseinkommen sank seit
Beginn der Krise im Jahr 2007 um 6,4 Prozent auf 49 445 Dollar.
Laut der „Zeit" hat sich verglichen mit der Inflation das Einkommen
der US-Haushalte in den vergangenen 30 Jahren kaum bewegt. Eine
Durchschnittsfamilie verdient heute preisbereinigt lediglich elf Prozent

mehr als 1980 – die Verbraucherpreise sind jedoch um rund 155 Prozent gestiegen.[768]

Zwei Drittel der Einkommenszuwächse zwischen 2002 und 2007 landeten bei einem Prozent der Bevölkerung – den Superreichen.[769] Das oberste Prozent der US-Bürger bezieht fast ein Viertel aller Einkommen – doppelt so viel wie vor 25 Jahren.[770] Die obersten fünf Prozent unter den 350 Millionen Amerikanern kontrollieren über zwei Drittel des Gesamtvermögens, die „unteren" 80 Prozent der Amerikaner sieben Prozent.[771]

Während in den USA die einfache Bevölkerung seit der Finanzkrise 2008 deutlich verarmte und zum Teil verelendete, geht es den Reichen so gut wie nie zuvor. Zusammen mit Kanada haben die USA ein Drittel der weltweiten Finanzvermögen. Nordamerikas kleine Oberschicht kontrolliert Besitztümer, die das Fünffache dessen sind, was die „Eliten" Lateinamerikas, Afrikas und des Nahen Ostens zusammengerafft haben. In den USA leben 5,2 Millionen Dollarmillionäre und 2692 Superreiche.[772] Immer mehr Menschen leben in Trailer Parks und unglaubliche 45,86 Millionen US-Amerikaner beziehen staatliche Lebensmittelkarten.[773] Aus diesen Gründen nimmt die „Occupy Wall Street"-Bewegung („Wir sind die 99 Prozent") immer größere Ausmaße an – auch in Deutschland. Die Menschen wachen auf und wollen ein Ende der Ungerechtigkeit und der Umverteilung von unten nach oben.

45,86 Millionen US-Amerikaner beziehen staatliche Lebensmittelkarten

China: das Land der Tagelöhner und Superreichen

Im Schnitt besitzt jeder der 1000 reichsten Chinesen 924 Millionen US-Dollar. Innerhalb eines Jahres ist die Zahl der bekannten Dollar-Milliardäre von 189 auf 271 gestiegen. Da die Superreichen vielfach ihre Vermögen verstecken, um nicht aufzufallen, dürfte ihre Zahl laut Focus in Wirklichkeit fast doppelt so groß sein.[774] Unvorstellbar bei einem Durchschnittslohn von knapp 200 Euro in China.[775]

Ein Großteil der Bevölkerung ist jedoch weit entfernt von 200 Euro pro Monat. Chinas Mindestlohn ist laut „World Wage Research" (WWR) niedriger als der in 32 afrikanischen Ländern – er ist fast der niedrigste in der Welt. Laut dem unabhängigen chinesischen Wissenschaftler und Autor des WWR Liu Zhirong liegt das niedrigste Jahreseinkommen in 183 Ländern und Regionen bei etwa 6078 US-Dollar, während es in China nur 896 US-Dollar beträgt.[776]

Ungleiche Verteilung in Deutschland

Nach Angaben des Deutschen Instituts für Wirtschaftsforschung (DIW) sind die privaten Vermögen in Deutschland sehr ungleich verteilt. Rechnet man Ansprüche an Rentenkasse und Beamtenpensionen mit dem individuellen Geld- und Sachvermögen zusammen, verfügen die Deutschen statistisch im Schnitt über ein Gesamtvermögen von 155 000 Euro pro Person. Statistisch, wohl gemerkt![777]

Zehn Prozent der Deutschen besitzen mehr als 67 Prozent des Gesamtvermögens.[778] Das oberste Prozent verfügt über knapp ein Viertel des Gesamtvermögens.[779] Seit 2010 ist die Anzahl der Einzelpersonen oder Familien in Deutschland mit einem Vermögen von mindestens einer Milliarde Euro von 91 auf 108 gestiegen.[780]

Tatsächlich besitzt jeder zweite Deutsche weniger als 15 000 Euro, 25 Prozent der Bevölkerung haben gar kein Vermögen oder sind überschuldet.

80 Prozent der Deutschen mussten in den vergangenen Jahren bereits reale Einkommensverluste hinnehmen – Tendenz steigend![781] Mittlerweile ist knapp jeder fünfte Vollzeitarbeitnehmer in Deutschland im Niedriglohnsektor beschäftigt – Tendenz steigend. Laut der Bundesagentur für Arbeit verdienten Ende 2010 ungefähr 4,6 Millionen der rund 21 Millionen sozialversicherungspflichtig Vollzeitbeschäftigten in Deutschland weniger als 21 600 Euro brutto pro Jahr. Somit liegt der Anteil der Geringverdiener an der Gesamtheit aller Vollzeitbeschäftigten bei 22,7 Prozent.[782]

Anders sieht es bei den Spitzenverdienern aus. In den ersten 20 Jahren seit der Gründung des Deutschen Aktienindexes (1978–1998) sind die Vorstandsgehälter der größten börsenotierten Unternehmen um rund 650 Prozent gestiegen. Beispielsweise verdiente ein Vorstand im Jahr 1987 im Durchschnitt insgesamt 445 800 Euro. Zehn Jahre später waren es 3,33 Millionen Euro.[783] Ein weiteres Jahrzehnt später, wir schreiben mittlerweile das Jahr 2009, wurden die Bezüge wieder erheblich erhöht. Bei Allianz, K+S, Linde, Post oder RWE beispielsweise sind die Bezüge innerhalb von zehn Jahren explodiert – sie stiegen um bis zu 483 Prozent.[784] Die Aufsichtsräte der DAX-Unternehmen mussten sich in den Jahren 2000–2010 mit Gehaltssteigerungen von durchschnittlich 52 Prozent „zufriedengeben".[785] 2011 werden die Vergütungen laut der Beratungsgesellschaft Towers Watson voraussichtlich um neun Prozent auf durchschnittlich 297 800 Euro erhöht.[786]

Die ungefähr 500 000 leitenden Angestellten in Deutschland können für die Jahre 2000–2010 lediglich eine Gehaltssteigerung von 20 Prozent verzeichnen. Der Präsident des Führungskräfteverbands ULA bringt es auf den Punkt: „Das klassische mittlere Management ist seit der Jahrtausendwende von der Gehaltsentwicklung in den Top-Etagen abgekoppelt."[787] Wenn dies der Fall ist, wie ist dann die Gehaltsentwicklung der normalen Angestellten gegenüber den Top-Etagen zu deuten?

2009 betrug das Durchschnittsbruttogehalt in Deutschland 40 642 Euro.[788]

Angelegte Geldvermögen sind nichts anderes als Forderungen gegen einen Schuldner. Die Verschuldung nimmt exakt um den gleichen Betrag zu, wie die Geldvermögen durch den Zins wachsen. Das Geld, das wir besitzen, ist nichts anderes als Schuldgeld. Alles sich im Umlauf befindliche Geld schuldet irgendwer irgendwem und muss dafür Zinsen zahlen!

Steuergeschenke für die Reichen und Steuererhöhungen für die breite Masse[789]

Unabhängig, welche Partei in den letzten 20 Jahren das Zepter in Deutschland in der Hand hatte, die kleine reiche Oberschicht hat immer profitiert. 1996 schaffte die Regierung Kohl die Vermögenssteuer ab. Dies kostet den Staat laut der ZDF-Sendung „Frontal21" ungefähr 4,8 Milliarden pro Jahr. Die Regierung Schröder senkte den Unternehmens- und Spitzensteuersatz – Kostenpunkt 30 Milliarden – pro Jahr. In den letzten 20 Jahren ist der Steuersatz für sehr Reiche (Jahreseinkommen über 1,5 Millionen Euro) von 42,1 auf 33,7 Prozent gesunken. Der Steuersatz von Superreichen (Jahreseinkommen über 174 Millionen Euro) ist von 43,6 Prozent auf sage und schreibe 23,7 Prozent gesunken.

Achim Truger hat in einer Studie die Steuerverluste des deutschen Staats bedingt durch die Steuerreformen 2000 zusammengestellt. Das Ergebnis: 50 Milliarden Steuerausfälle für den Staat. Überproportional haben davon Wohlhabende und Unternehmen profitiert. Ohne diese Steuersenkungen hätte der deutsche Staat in diesem Jahr 50 Milliarden mehr und würde somit kein Defizit aufweisen. Besonders die rot-grüne Einkommensteuerreform mit deutlicher Senkung der Spitzensteuersätze hat demnach durchgeschlagen.[790]

Würde man in Deutschland Vermögen über eine Millionen Euro mit einem Prozent belasten, hätte der Staat neun Milliarden Euro zusätzlich. Betroffen wären hiervon nur 0,6 Prozent der Bevölkerung.

Am krassesten ist jedoch die Besteuerung von Kapitalerträgen im Vergleich zur Einkommenssteuer. Jeder Angestellte und Selbstständige wird gnadenlos besteuert. Reiche, die ausschließlich von ihren Kapitalerträgen leben, werden mit 25 Prozent + 5,5 Prozent Solidaritätszuschlag besteuert.[791]

Mittlerweile ist es einigen Reichen bereits peinlich, dass sie so wenig Steuern bezahlen, und sie protestieren global gegen die eigene Bevorzugung. In Deutschland gründeten Millionäre bereits eine Initiative für eine Vermögensabgabe, da sie selbst die Meinung vertreten, dass der Staat die Reichen jahrelang verschont habe. In Frankreich erschien ein Aufruf mit dem Titel „Taxez-nous" (besteuert uns!), unterzeichnet von den 16 reichsten Unternehmern Frankreichs. Auch Warren Buffet, der drittreichste US-Amerikaner, protestiert gegen seinen Steuersatz – er bezahlt prozentual weniger Steuern als seine Angestellten. Er fordert: Wer mehr als eine Million Dollar pro Jahr verdient – dies sind 0,3 Prozent der US-Bevölkerung –, soll einen angemessenen Beitrag leisten.

Auch die italienische, von Berlusconi gesteuerte Regierung verzichtete in ihrem milliardenschweren Sparpaket auf eine Sondersteuer für Besserverdiener. Geplant war ursprünglich eine Solidaritätssteuer für Besserverdiener ab einem Jahreseinkommen über 90 000 Euro – dafür soll jetzt bei den Renten stärker gespart werden.[792]

Wie viel verdienen wir an den Staatsschulden – oder wer verdient eigentlich daran?
Die WDR-Sendung „Quarks & Co" hat sich dieser Frage angenommen und zeigt mit einem plakativen Beispiel, wer eigenlich von dem Staatsschuldenwahnsinn nicht profitiert nämlich ein Großteil der Bevölkerung. Doch warum ist das so?

Ein fiktives Beispiel:

Eine fiktive Familie mit zwei Kindern hat sich im Verlaufe der Zeit ein Vermögen in Höhe von 50 000 Euro angespart.

Diese 50 000 Euro hat die Familie angelegt, u. a. in Investmentfonds, eine Lebensversicherung und eine Rentenversicherung. Die Fonds und Versicherungen haben das Geld ebenfalls investiert, beispielsweise in Staatsanleihen. Statistisch steckt ein Viertel (11 400 Euro) des Vermögens in Staatsanleihen. Diese Staatsanleihen werfen Zinsen ab – exakt 340 Euro. Somit verdient die Familie indirekt an den Staatsanleihen und somit an den Staatsschulden 340 Euro pro Jahr.

Die Familie zahlt für Schulden des Staates jedoch Steuern und Abgaben.

Sie bezahlt jährlich: 7000 Euro Lohnsteuer, 4500 Euro Mehrwertsteuer und 4500 Euro indirekte Steuern, z. B. Mineralölsteuer, Kaffeesteuer usw., insgesamt sind das 16 000 Euro.

Ein Achtel der Steuern gibt der Staat für Zinszahlungen aus, die er für seine Schulden leisten muss.

Von den bezahlten Steuern der Familie gehen sage und schreibe 1900 Euro nur für die Zinszahlungen des Staates drauf.

Die Schulden des Staates kosten die Familie also 1560 Euro pro Jahr.[793]

Jedoch bezahlt Familie nicht nur Zinsen für den Staat, sondern für alle Güter, die sie erwirbt, mietet und least. Denn nicht nur der Staat ist verschuldet, sondern auch die meisten Unternehmen. Logischerweise legen diese ihre Kapitalkosten auf den Endverbraucher um.

Dies belegt Prof. Dr. Jürgen Kremer in seiner dynamischen Analyse: „Gruppen mit vergleichsweise geringen Vermögen verfügen über geringfügige oder keine Zinseinnahmen, zahlen aber über ihren Konsum so viel Zinsen, dass sie Nettozahler sind. Bei Gruppen vergleichsweise vermögender Haushalte überwiegen dagegen die Zinseinnahmen über die Zinszahlungen. Diese Gruppe besteht aus Netto-Zinsempfängern. Es ist ein auf den ersten Blick nicht sichtbarer Umverteilungsmechanismus, dessen negative Auswirkungen bei hohen Wachstumsraten der Wirtschaft kaum erkennbar sind. Zerstörerisch wird dieser Mechanismus aber dann, wenn das Wachstum nachlässt."[794]

Aus diesem Grund erfolgt durch den Zinseszins-Mechanismus und die daraus resultierende exponentielle Zunahme der Verschuldung eine kontinuierliche Einkommens- und Vermögensumverteilung von „unten nach oben" – von den Fleißigen zu den Reichen. Dieser Mechanismus lässt kontinuierlich immer mehr Menschen verarmen. Die exponentiell steigende Staatsverschuldung sowie die Verschuldung von Unternehmen und Privatpersonen treiben diese Umverteilung immer weiter voran. Parallel werden durch die Inflation die Ersparnisse kontinuierlich immer weniger wert, da die Preise der Waren und Dienstleistungen steigen. 1,5 bis zwei Prozent Inflation pro Jahr werden von der Politik als „Preisstabilität" bezeichnet. Zwei Prozent Inflation pro Jahr halbieren die Geldvermögen innerhalb von 35 Jahren.

Prof. Dr. Jürgen Kremer kommt in seiner dynamischen Analyse zu folgendem Ergebnis: „Wächst das Bruttoinlandsprodukt (Gesamtwert aller Güter, die innerhalb eines Jahres innerhalb der Landesgrenzen einer Volkswirtschaft hergestellt wurden) weniger stark als die Zinsanteile, so verringern sich die Einkommen in der Ökonomie. In diesem Fall fließt ein größerer Teil des Bruttoinlandsprodukt über Zinszahlungen an Geldkapitaleigner, während sich der Lohnanteil verringert."[795]

Der Staat ist gezwungen, aufgrund der immer größeren Zinslast immer mehr Staatsbesitz zu privatisieren, was nichts anderes bedeutet, als Staatsbesitz zu verkaufen. So landen nach und nach alle Besitztümer des Staates in den Händen von immer weniger Eigentümern. Beispiele hierfür sind: Deutsche Telekom, Deutsche Post, Deutsche Postbank, Krankenhäuser, Regionalverkehr usw. Gleichzeitig ist der Staat gezwungen, seine Leistungen kontinuierlich einzuschränken und Steuern und Abgaben laufend zu erhöhen.

> „Die Haushalte mit geringerem Lohneinkommen können sich den Konsum bei wachsendem Zinsanteil im BIP zunehmend weniger leisten und verschulden sich schließlich. Dies kann als Verarmung oder als Beschäftigungslosigkeit charakterisiert werden."[796]

Wirtschaftswachstum erzeugt erst dann Wohlstand für die „breite Masse", wenn die Wachstumsrate höher ist als der Zinssatz.

Wohlstand für die „breite Masse"?

Genau mit dieser Situation sind wir in Deutschland konfrontiert. In England und den Vereinigten Staaten von Amerika ist diese Situation schon wesentlich weiter fortgeschritten.

> *„Weder Privatisierung noch*
> *Verstaatlichung hätten funktioniert.*
> *Die freie Marktwirtschaft habe nämlich,*
> *zu einer Konzentration des Reichtums'geführt,*
> *verwies Blond auf die Tatsache,*
> *dass in Großbritannien die untere Einkommenshälfte mit nur*
> *einem Prozent des gesamten Vermögens auskommen muss.*
> *‚Wir haben eine neue Form der Sklaverei geschaffen,*
> *und die Sklaven stellen die Mehrheit', kritisierte Blond.*
> *‚Kapitalismus führt zur Bildung von Kartellen.*
> *Wir haben keinen freien Markt.'"*
>
> Phillip Blond, Tory-Vordenker und
> Chef der Londoner Denkfabrik „ResPublica"[797]

Vorteile ziehen aus unserem Finanzsystem also nur diejenigen, deren Zinseinnahmen die Zinszahlungen übertreffen. Je mehr das Vermögen bei den Profiteuren des Systems wächst, desto größer werden logischerweise bei der Verlierermehrheit die Zinslasten.

Warum die Fleißigen immer ärmer...

Der kontinuierliche Vermögenszuwachs der wenigen Reichen und Superreichen ist ausschließlich möglich dadurch, dass laufend den unteren und mittleren Schichten direkt oder indirekt Vermögen entzogen wird.

Hermann Benjes, einer der bekanntesten Aktivisten der Freiwirtschaftsbewegung, kommt zu folgendem äußerst bedenklichen Schluss: „Eine Gesellschaft, die das möglich macht und auf Dauer zulässt, ist entweder hilflos oder kriminell."[798]

Handelt es sich bei der Staatsverschuldung um eine Lüge?

- Ja, weil der Staat – also wir alle – schließlich ja gar nicht verschuldet ist. Für die Schulden und die daraus resultierenden Zinsen aber muss tatsächlich nur ein Teil des Staates arbeiten, nämlich der Teil, dessen Zinsausgaben die Zinseinnahmen übersteigen, also der Großteil der Bevölkerung.
- Ja, weil das Geld, mit dem der Staat verschuldet ist, ohne dass Gegenleistung hergestellt wurde.
- Wäre der Staat verschuldet, wenn er das Geld selbst herstellt, anstatt dieses Privileg den privaten Banken zu überlassen?
- Ja, denn profitieren von der immer weiter steigenden Staatsverschuldung letztendlich nicht zumeist die Bezieher leistungsloser Einkommen auf Kosten der arbeitenden Menschen?
- Ja, denn wieso steigen Steuern und Abgaben kontinuierlich und warum werden Staatsausgaben, welche dem Gemeinwohl dienen, gekürzt – Zinszahlungen jedoch nicht?

Denken Sie bitte einmal darüber nach!

41. Der Fehler liegt im System – exponentielles Wachstum ist nicht möglich

*„Jeder, der glaubt, exponentielles Wachstum kön-
ne ewiglich in einer endlichen Welt fortschreiten,
ist entweder ein Verrückter oder ein Ökonom."*
Kenneth Boulding, Ökonom[799]

Exponentielles Wachstum: Wenn sich eine Menge während einer bestimmten Zeiteinheit immer um den gleichen Faktor vergrößert.[800]

Das Märchen vom Schachbrett und dem Weizenkorn
Es gibt die Legende, dass ein schlauer Untertan seinem König zum
Zeitvertreib ein Schachbrett schenkte. Der König war so erfreut über
das geniale Geschenk, dass er seinem Untertan sagte, dass er einen
Wunsch frei habe. Dieser gibt sich bescheiden. Er möchte lediglich ein
Schachbrett voller Reis. Auf das erste Feld möge er ein Reiskorn legen
und dann auf jedes weitere Feld stets die doppelte Anzahl an Körnern.
Der Herrscher gibt sich geschmeichelt über die Bescheidenheit des
Untertans und gewährt diesem sofort den Wunsch.
Nach kurzer Zeit steht der König vor einem großen Problem. Aus ei-
nem Korn sind über neun Trillionen Körner geworden.

Was war passiert? Der König hat das exponentielle Wachstum unterschätzt.

Werfen wir ein Blick auf das Schachbrett:

	A	B	C	D
8	1	2	4	8
7	256	512	1024	2048
6	65536	131072	262144	524288
5	16777216	33554432	67108864	134217728
4	4294967296	8589934592	17179869184	34359738368
3	1099511627776	2199023255552	4398046511104	8796093022208
2	281474976710656	562949953421312	1125899906842620	2251799813685250
1	72057594037927900	144115188075856000	288230376151712000	576460752303423000

	E	F	G	H
8	16	32	64	128
7	4096	8192	16384	32768
6	1048576	2097152	4194304	8388608
5	268435456	536870912	1073741824	2147483648
4	68719476736	137438953472	274877906944	549755813888
3	17592186044416	35184372088832	70368744177664	140737488355328
2	4503599627370500	9007199254740990	18014398509482000	36028797018964000
1	1152921504606850000	2305843009213690000	4611686018427390000	9223372036854780000

Tabelle 1: Schachbrett

...und die Reichen immer reicher werden

Hierbei handelt es sich hierbei um die Funktion 2^{n-1} mit $n=1, ...;64$, eine Expoentialfunktion. Bildet man die Summe sämtlicher Körner auf dem Schachbrett, so ergibt sich die unvorstellbare Zahl von 18446744073709600000 Reiskörnern. Damit könnte man die gesamte Erdoberfläche bedecken. Jetzt sehen Sie, was exponentielles Wachstum bedeutet.

Es gibt kein unbegrenztes exponentielles Wachstum in der Natur – selbst die Ausbreitung einer Art, die keine natürlichen Feinde hat, wird irgendwann durch Nahrungsmangel gestoppt. Für die Wirtschaft sagen uns Ökonomen dagegen, dass sie nur gesund ist, wenn sie stetig weiter wächst.
Sie fragen sich bestimmt, was dieses Beispiel mit Finanzen zu tun hat. Jedes Finanzsystem, welches auf dem Zinseszins basiert, steht vor dem Problem des exponentiellen Wachstums. Durch Zinseszinsen steigen Vermögen und Schulden exponentiell, da der Zuwachs pro Zinsperiode immer größer wird.[801] **Aus diesem Grund ist jedes auf dem Zinseszinssystem basierende Finanzsystem zum Scheitern verurteilt, denn der Mensch kann fast alles und jeden überlisten – nicht aber die Mathematik.**

Kenneth Boulding bringt es auf den Punkt: Exponentielles Wachstum ist auf unserer Welt langfristig nicht möglich, da unsere Ressourcen durch die Natur limitiert sind. Ein auf Zinseszins basierendes Finanzsystem benötigt jedoch exponentielles Wachstum![802]

Warum?
Theoretisch dürfte es uns bei konstant gleicher Wirtschaftsleistung weder schlechter noch besser gehen. Dies ist jedoch aufgrund des Zinseszinssystems nicht der Fall. In einem Zinseszinssystem muss die Wirtschaft ständig mindestens so schnell wachsen wie der Geld- und Schuldenberg. Der Zinseszinseffekt hat jedoch ein exponentielles Wachstum der Geld- und Schuldenmenge zur Folge. Mit steigender Geschwindigkeit geht die Zinslast ins Unendliche. Die Wirtschaft kann eine Weile exponentiell wachsen – auf Dauer ist dies jedoch nicht möglich.

Die Erlaubnis, für einen „Rohstoff" (Buchgeld), der einfach als digitale Recheneinheit geschaffen wird, einen Preis (Zins) kassieren zu dürfen, ist ein Alleinstellungsmerkmal der Banken am Markt. Buchgeld zieht zudem weiteres Geld an. Wer viel hat, bekommt im bestehenden Geldsystem immer noch mehr: Geld, das auf Konten oder Sparbüchern geparkt ist und verzinst wird, wird durch die Zinsen mehr und die Gesamtsumme wird dann wiederum verzinst, der sogenannte Zinseszinseffekt. Mathematisch gesehen handelt es sich hierbei um eine Exponentialfunktion: eine Kurve, die erst langsam ansteigt, aber nach einigen Jahrzehnten regelrecht nach oben „explodiert".

...und die Reichen immer reicher werden

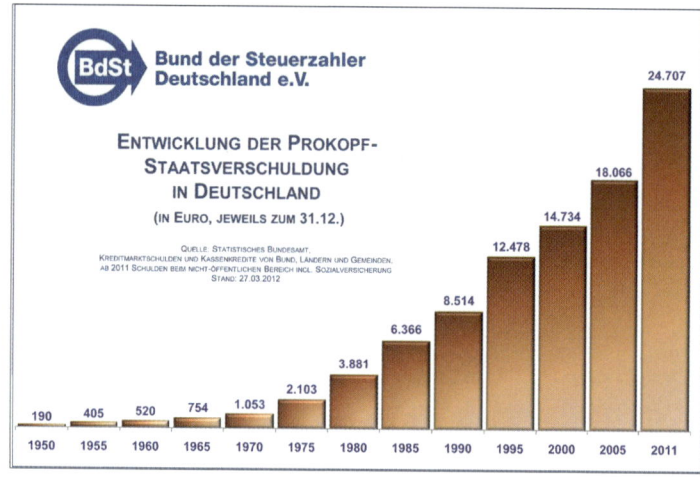

Abbildung 25: Staatsverschuldung[803]

Wer hingegen verschuldet ist, muss nicht nur seine Schuld abtragen, sondern auch noch die Zinsen für seinen Kredit finanzieren. Zu beachten gilt dabei auch, dass die „vollen" Konten der einen das Rückzahlen der Schulden der anderen erschweren bzw. unmöglich machen.

Wie bereits erklärt, entsteht Buchgeld als Schuld. Wird Buchgeld auf einem Konto gespart und nicht mehr ausgegeben, muss die Buchgeldmenge also weiter erhöht werden, damit überhaupt an anderer Stelle die laufenden Kredite (= Schulden) bedient werden können. Dies führt zu immer neuen Schulden.

Auch die Tatsache, dass der Zins in der geschöpften Kreditbuchgeldmenge nie enthalten sein kann, führt zu immer neuen Schulden.

Der Zins muss entweder der bereits vorhandenen Geldmenge anderer Marktteilnehmer entnommen werden oder aber wiederum durch neue Kredite finanziert werden (entweder vom Kreditnehmer selbst oder von anderen Marktteilnehmern, die ihrerseits im Wirtschaftsprozess den Beispielkreditnehmer bezahlen). Unser Finanzsystem ist ein klassisches Schneeballsystem.[804] Aus diesem Grund ist die Zukunft unseres Geldsystems zweifellos mathematisch vorhersagbar. In dieser Form kann und wird es dauerhaft keinesfalls weiterexistieren.

Wie es bereits unzählige Male passiert ist, wird ein Großteil der Menschen, die noch etwas besitzen, abermals ihre Ersparnisse verlieren. Denn wieder fällt der Großteil der Bevölkerung auf die Versprechungen von Politik, Finanz- und Versicherungskonzernen herein und investiert ihr hart erarbeitets Geld nicht in „Realgüter" wie Immobilien, Land, Wald und Edelmetalle, sondern in „bedrucktes Papier" wie Staatsanleihen, Renten- und Lebensversicherungen, Bausparverträge, Zertifikate usw. oder lässt es auf Giro-, Tages- oder Festgeldkonten liegen, obwohl sie wissen, dass es sich um ein Schneeballsystem handelt.

> *„Jetzt endlich habe ich erkannt, dass nicht das*
> *Wirtschaftswachstum den Zinseswahnsinn erzeugt,*
> *sondern dass der Zins die einzige*
> *wahre und wirkliche Ursache dafür ist, dass die Welt*
> *dem Wahnsinn des ewigen Wachstums verfallen ist."*
>
> Konrad Lorenz, Nobelpreisträger[805]

42. Warum wird an dem System nichts geändert?

„Ich habe bisweilen den Eindruck, dass sich die meisten Politiker immer noch nicht darüber im Klaren sind, wie sehr sie bereits heute unter der Kontrolle der Finanzmärkte stehen und sogar von diesen beherrscht werden."

Prof. Dr. Dr. h. c. mult. Hans Tietmeyer, ehemaliger Staatssekretär im Bundesfinanzministerium und ehemaliger Präsident der Deutschen Bundesbank [806]

Die bisherigen Vorkommnisse zeigen, dass die Politik immer mehr ein „Handlanger" der Finanzwirtschaft ist und deren Interessen gnadenlos gegen die eigene Bevölkerung durchsetzt. Global werden die Staaten und ein immer größerer Teil der Bevölkerung aufgrund der Struktur des Geldsystems immer tiefer in die Schuldenfalle getrieben.

„Handlanger" der Finanzwirtschaft

Die produktiv arbeitende Bevölkerung muss kontinuierlich höhere Steuern und Abgaben für Zinsen, Pensionen, Diäten, Provisionen und Boni erwirtschaften, damit sich einige wenige auf Kosten der Allgemeinheit immer weiter bereichern können. Wir sind aktuell Zeugen dessen, wie Hunderte Milliarden an Euro dem deutschen Steuerzahler von der Politik als „alternativlos" argumentiert durch sogenannte Rettungspakete für insolvente Staaten und „systemrelevante" Banken unwiederbringlich gestohlen werden.

„‚Seit 2008 hat Deutschland 335 Milliarden Euro aufgewendet, vor allem in Form von Garantien, aber auch von Finanzspritzen für sogenannte Bad Banks, in denen Problemkredite ausgelagert sind', bilanzierte Ex-Bundesbank-Vorstand Axel Weber in seiner letzten Pressekonferenz Mitte April 2011."[807]

Die Maßnahmen zur Stützung der Banken in der Finanzkrise haben viele Staaten an den Rand des Bankrotts und teils sogar hineingetrieben.

Weshalb wird immer noch nichts geändert?

Ganz einfach, weil die Profiteure dieses Systems alles tun, damit sich nichts ändert. Selbst alle großen westlichen Demokratien sind gnadenlos verschuldet und somit von den Betreibern des privaten Finanzsystems schlicht und einfach abhängig.

Alle etablierten Politiker können, dürfen, wollen und werden daran niemals etwas ändern, denn dadurch würden sie sich den Ast absägen, auf dem sie alle selbst sitzen. Die Finanzwirtschaft und die Politik sind global eng miteinander verstrickt.

Verstrickungen zwischen Politik und Finanz

Laut Handelsblatt wechselt der deutsche Botschafter in Indien, Thomas Matussek, zum größten deutschen Kreditinstitut, der Deutschen Bank – als Chef-Lobbyist. Mit Stationen in London, Washington, Lissabon und bei den Vereinten Nationen gilt Matussek als Topdiplomat. Seine Aufgabe: im Bereich „Public Affairs" die politischen Kontakte der Bank zu Ministerien, Bundeskanzleramt und Parlamentariern pflegen.[808]

Das TV-Magazin Monitor stellte in seiner Sendung am 25.08.2011 folgende Frage: Warum wurden bei all den Finanzkrisen die Banken nicht mehr zur Kasse gebeten? Wo sind die dringenden Reformen geblieben? Wo sind die Regeln, die das Spekulieren wirklich einschränken?

Die Antwort ist ganz einfach: Die Maßnahmen blieben aus, weil die Lobbyisten einen verdammt guten Job gemacht haben.

Wer sind diese Lobbyisten und wie erreichen sie ihre Ziele?

Institute of International Finance - der Champion unter den Lobbyisten

Vorsitzender der Lobbyvereinigung der mächtigsten Banken weltweit, dem Institute of International Finance (IIF), ist Josef Ackermann.[809] Diese Vereinigung ist ohne Zweifel der Champion unter den Lobbyisten – niemand ist besser vernetzt. Die etwa 700 Finanzlobbyisten in Brüssel verfügen über einen geschätzten Etat von 300 Millionen Euro.

Die Sendung Monitor belegt den Einfluss der Finanzbranche auf die Politik mit besorgniserregenden Beispielen:
Bei der Kommission in Brüssel werden die europäischen Gesetze entworfen. Experten-Gruppen erarbeiten die Vorschläge für diese Gesetze. Skandalöserweise sitzen in den Experten-Gruppen fast ausschließlich Finanzlobbyisten.
Beispielsweise sitzen in der Expertengruppe für die Bankenregulierung fast nur Vertreter von Banken. Yiorgos Vassalos von der NGO Europäische Unternehmensüberwachung formuliert es wie folgt: „Die Kommission hat im Moment 260 Experten, die sie bei der Gesetzgebung am Finanzmarkt beraten sollen, die werden von der Kommission eingeladen. Nur 200 von diesen 260 kommen direkt von der Finanzindustrie." Myriam Vander Stichele, Mitglied der Expertengruppe Bankwesen in der EU-Kommission, führt aus: „Der Effekt dieser Art von Gesetzgebung ist, dass die Situation, die uns in die Krise geführt hat, zementiert wird. Die Finanzlobbyisten in diesen Expertengruppen haben den Gesetzgeber fest im Griff. Alles, was verabschiedet wird, nimmt große Rücksicht auf ihre Interessen."

Sven Giegold, EU-Abgeordneter der GRÜNEN-Fraktion kommt zu dem Schluss, dass die Finanzmarktlobbys absolut erfolgreich sind. Denn die von der Finanzlobby vorformulieren und an alle Abgeordneten verschickten Anträge landen tatsächlich im Gesetzgebungsverfahren.[810]

Ein besonders krasses Beispiel:
Der CDU-Abgeordnete Burkhard Balz hat mehrere Änderungsanträge eingereicht. Sie glichen den Vorschlägen der Finanzindustrie. Die Finanzlobby schlug vor, einen kompletten Artikel, der übermäßige Spekulationen eindämmen soll, zu streichen – Balz strich den Artikel ersatzlos.

Als Monitor den Politiker damit konfrontierte, kam folgende lächerliche Antwort: „Das kann eigentlich so in der Form nicht sein, und auch eigentlich nicht unbedingt so gewesen sein. Ich gucke mir, wie gesagt, viele Sachen an und schaue dann und entscheide dann letztendlich, was ich für Änderungsanträge einbringe."

Der Reporter wirft ein, dass er den Originaltext übernommen habe.
Burkhard Balz: „Ja, ja, das ist doch schön. Wenn andere Organisationen eine Meinung haben, und ich vielleicht zufällig auch mal diese Meinung habe."
„Es spricht doch in keiner Weise etwas dagegen, wenn ich aufgrund meines beruflichen Hintergrundes dementsprechend und mit meiner Sachkenntnis hier Meinungen vertrete. Die können doch auch durchaus mal mit Institutionen aus der Finanzbranche übereinstimmen."[811]

Noch origineller ist die Erklärung des CSU-Abgeordneten Markus Ferber: „Nicht er habe die Vorschläge der Börsenlobby übernommen, sondern sie von ihm."[812]

Hier stellt sich mir die Frage: Wer regiert wen?

Die Bankenlobby sagt Brüssel, wo es langgeht
Die Banken haben an Griechenland gut verdient, und deshalb sollen die Banken laut Angela Merkel auch ihren Teil zur Rettung des Landes beisteuern. Beim letzten Krisengipfel im Juli 2011 war Ackermann selbstverständlich zur Stelle und fleißig am Verhandeln. Nach Abschluss der Verhandlungen verkündete er, dass die Banken schwer bluten müssten. Josef Ackermann: „Ja, es trifft uns hart, das sind Abschreibungen von 21 Prozent, die wir auf die Positionen nehmen, also auf die griechischen Positionen."

Bankenlobby

Was Ackermann laut Monitor verschweigt, ist, dass der angebliche Verlust eigentlich ein großer Erfolg ist, denn die Lobbyorganisation IIF hat genau diese 21 Prozent als Wunschvorgabe festgelegt. Zusätzlich hat die Finanzlobby die technische Umsetzung ausgearbeitet und – oh Wunder – findet vieles davon Eingang in die Schlusserklärung der Staats- und Regierungschefs.
Der Chefökonom der Bundesregierung, der Wirtschaftsweise Prof. Wolfgang Franz, hätte die Banken weit mehr zur Kasse gebeten. Der Sachverständigenrat hatte laut Franz eine private Gläubigerbeteiligung in Höhe von etwa 50 Prozent vorgeschlagen.

Jetzt stellt sich doch die Frage: Warum ist dies nicht passiert? Warum werden die Großbanken geschont?

Yiorgos Vassalos von der NGO Europäische Unternehmensüberwachung sagt in der Sendung Monitor: „Was wir gerade erleben, ist, dass hier in Brüssel die Politik zunehmend von Leuten gemacht wird, die nicht gewählt sind, also etwa von der Finanzlobby. Es gibt immer mehr kleine Zirkel, die hier das Sagen haben. Das heißt, auf der einen Seite bekommt die Finanzindustrie einen Luxuszugang zur Politik, auf der anderen Seite verliert man hier den normalen Wähler mehr und mehr aus dem Blick. Der aber zahlt das alles. Wenn Sie das zusammennehmen, wird das zu einer ernsthaften Bedrohung für die Demokratie."[813] **Es ist festzuhalten: Banken und Versicherungen machen nicht nur Produkte gegen Menschen und für ihr Eigenwohl, sondern sie machen sich sogar Gesetze!**

Die Vereinigten Staaten von Goldman Sachs

> *„Goldman Sachs ist eine*
> *politische Organisation, die sich als Investmentbank tarnt."*
> Christopher Whalen, Geschäftsführender Direktor
> von Institutional Risk Analytics[814]

Es wird bestimmt auch in den USA zukünftig keine Finanzmarktkontrolle geschweige denn eine Finanzmarktreform geben.

Kein Finanzkonzern ist enger mit der Politik verstrickt als Goldman Sachs. Nicht nur Mario Draghi, aktueller EZB-Präsident und ehemaliger italienischer Zentralbankpräsident, war vor seinem Aufrücken ins Währungshüteramt Teilhaber bei Goldman Sachs.

Weitere Beispiele von ehemaligen Goldman Sachs-Mitarbeitern, die in der Politik und im öffentlichen Dienst Karriere gemacht haben:

- Henry M. Paulson, ehemaliger US-Finanzminister, davor CEO von Goldman Sachs. Er ließ den größten Konkurrenten und ehemaligen Erzrivalen Lehman Brothers pleitegehen und räumte damit einen wichtigen Konkurrenten aus dem Weg.[815]

- Joshua Bolten, vormaliger White House Chief of Staff.
- Jon Corzine, Gouverneur von New Jersey und früherer US-Senator von New Jersey, CEO von MFGlobal, die jetzt eine aufsehenerregende Pleite hingelegt haben. Es fehlen 1,2 Milliarden Kundengelder.[816]
- Henry Fowler, US-Finanzsekretär (1965–1969).
- Stephen Friedman, Vorsitzender der National Economic Council (2002–2005), Vorsitzender der President's Foreign Intelligence Advisory Board (seit 2005).
- Robert Rubin, Vorsitzender der National Economic Council (1993–1995), US-Finanzminister (1995–1999).
- John C. Whitehead, stellvertretender US-Außenminister (1985–1989), Vorsitzender der Federal Reserve Bank of New York (1996–1999), Vorsitzender der Lower Manhattan Development Corporation (2001–2006).
- Bradley Abelow, Finanzminister von New Jersey.
- Kenneth D. Brody, früherer Präsident und Aufsichtsratsvorsitzender der Export-Import Bank of the United States.
- E. Gerald Corrigan, früherer Präsident und CEO der Federal Reserve Bank of New York.
- Paul Deighton, CEO des Londoner Organisationskomitees der Olympischen Spiele.
- Gary Gensler, Untersekretär der Finanzen (1999–2001) und Assistent des Finanzministers (1997–1999)
- Robert D. Hormats, Assistent des Außenministers (1981–1982) und stellvertretender US- Handelsvertreter (1979–1981).
- Reuben Jeffery III, Vorsitzender der Commodity Futures Trading Commission.
- Philip D. Murphy, National Finance Chair of the Democratic National Committee (2006–2009), Botschafter der USA in Deutschland (seit 2009).[817]

„Der Kapitalismus basiert auf der merkwürdigen Überzeugung, dass widerwärtige Menschen aus widerwärtigen Motiven irgendwie für das allgemeine Wohl sorgen werden."

John Maynard Keynes, Ökonom[918]

43. Investments in Krisenszenarien – was ergibt Sinn und was nicht?

Dies ist für jeden Anleger die Frage aller Fragen. Leider kann ich nicht in die Zukunft sehen – problemlos jedoch in die Vergangenheit. Diese ist meist ein erfahrener und guter Ratgeber. Auf Basis einer grundlegenden Analyse des Verhaltens von Kapitalanlagen in früheren Szenarien haben wir eine Matrix erstellt, die das Verhalten einzelner Anlageformen in unterschiedlichen Wirtschaftsszenarien aufzeigt.

	Boom	Börsen-crash	Deflation	Inflation	Währungs-reform
Bargeld	-	+	+	-	-
Aktien	+	-	-	-	-
Aktienfonds	+	-	-	-	-
Anleihen	0	-	-	-	-
Sparbuch	0	+	+	-	-
Tagesgeld	0	+	+	-	-
Lebensversicherung	+	-	-	-	-
Riester/ Rürup	+	-	-	-	-
Immobilien	+	+	-	0	0
Bausparvertrag	+	+	-	-	-
Gold/ Silber	-	+	-	+	+

– negativ; 0 neutral; + positiv

Tabelle 2: Investments in Krisenszenarien

Aktien

> *„Eine Aktiengesellschaft ist eine raffinierte Einrichtung*
> *zur persönlichen Bereicherung*
> *ohne persönliche Verantwortung."*
> Ambrose Bierce, Schriftsteller[819]

Aktien können durchaus eine krisensichere Anlage sein. Allerdings weiß niemand vorher, welches Unternehmen die Krise überstehen wird. Die Chance erheblicher Kursschwankungen oder eines Totalausfalls ist zweifellos gegeben. Bei der Auswahl ist ein äußerst rationales Vorgehen erforderlich. Welche Branche und somit welches Unternehmen könnte eine Krise überstehen beziehungsweise von ihr profitieren? Wie uns die Geschichte lehrt, ist in Krisensituationen mit erheblichen Kurseinbrüchen zu rechnen. Diese Kursschwankungen werden seit 2008 immer extremer. Der Deutsche Aktienindex jagte binnen 19 Tagen um 25 Prozent nach unten. An den Weltbörsen ist es ähnlich. Zwischen dem Tief- und dem Höchstpunkt des Jahres 2011 lagen in London, New York und Frankfurt bisher unvorstellbare 6,5 Billionen Euro.[820] Bei Aktien handelt es sich nicht um einen greifbaren Sachwert, sondern um ein Stück bedrucktes Papier. Leonhard Fischer, ehemaliger Vorstand der Dresdner Bank, Chef der Beteiligungsgesellschaft RHJ International und Teilhaber der Quirin Bank hat folgende äußerst bedenkliche Aussage zu den Märkten gemacht: Die Märkte sind manipuliert und es existiert kein freies Spiel von Angebot und Nachfrage – besonders seit 2008 die Notenbanken mit riesigen Summen Anleihen kaufen und so die Preise entscheidend mitbestimmen. Auch ist die Aussage, dass Aktienkurse langfristig steigen müssten, Humbug. „Aktienkurse steigen, wenn die Wirtschaft wächst, wenn nicht, steigen auch die Aktienkurse nicht."[821]

• Für Aktien spricht: Aktien sind jederzeit handelbar, hohe Kurssteigerungen sind möglich, Aussicht auf Dividenden gegeben, direkte Beteiligung an einem Börsenunternehmen, Teilhabe an Kursteigerungen durch Aktien, Bezugsrechte (wenn Aktiengesellschaften ihr Kapital aufstocken), der Wert von Aktien erhöht sich durch Kapitalherabsetzung und der Wert Aktien erhöht sich in der Regel durch Aktienrückkauf.

• Gegen Aktien spricht: Möglichkeit von Kursschwankungen bzw. Kursverlusten, Möglichkeit eines Totalverlusts, Gewinn hängt vom wirtschaftlichen Erfolg des Unternehmens ab, Aktiengewinne sind steuerpflichtig (bei Verkauf), Depotgebühren, Liquiditätsrisiko, Kapitalverwässerung durch Kapitalerhöhungen.

„Das Schöne an den Aktien ist, dass man 1000 Prozent ge-
winnen kann, aber höchstens 100 Prozent verlieren."
Börsenweisheit[822]

Aktienfonds

„Aktionäre sind dumm und unverschämt.
Dumm, weil sie mir ihr Geld überlassen, und unverschämt,
weil sie auch noch Dividende dafür wollen."
Carl Fürstenberg, Bankier[823]

Für Aktienfonds zählt das gleiche wie für Aktien. Teilhabern eines Aktienfonds sind zumeist die exakten Investments unbekannt. Ein direkter
Einfluss auf deren Zusammensetzung ist nicht möglich. Es besteht die
Gefahr der Schließung eines Fonds. In diesem Falle ist eine Veräuße-
rung ausgeschlossen. Laut einer Studie des IBM Institute for Business
Value vernichtet die globale Fondsindustrie 1,3 Billionen Dollar jährlich. Dies sind knapp zwei Prozent der globalen Wirtschaftsleistung.
Den Privatanlegern werden Jahr für Jahr fürstliche Gebühren nach
dem Prinzip „wenig Leistung, hohe Kosten" abgenommen. Knapp 40
Prozent der Manager eines Deutschlandfonds schneiden über zehn
Jahre besser ab als ihre selbst gesetzte Benchmark. Das heißt, nicht einmal jedem zweiten Fondsmanager gelang es, eine höhere Performance
als der DAX zu erzielen. Über den Zeitraum der letzten 20 Jahre haben nur 15 Prozent der Fondsmanager den Leitindex geschlagen. In
der Realität sind es jedoch noch weniger, da der Großteil der schlecht
gelaufenen Fonds in der Zwischenzeit vom Markt verschwunden ist.[824]

Ernüchternd ist das Resultat von Aktienfonds, welche sich im Gleich-
schritt mit dem DAX bewegen. Anfang Juli 1998 stand der DAX
bei rund 5900 Punkten – genau wie im August 2011. Das Ergebnis
stimmt nicht positiv: Ein Verlust von 30 Prozent Kaufkraft ist zu verzeichnen. „Wer beispielsweise 10 000 Mark, also gut 5100 Euro, investiert hat, dem bleiben heute unterm Strich nur noch etwas mehr als
3500 Euro übrig.

Der Verlust kommt dadurch zustande, dass

- der DAX unter dem Strich nichts hinzugewonnen hat,
- die durchschnittlichen Fondsgebühren pro Jahr 1,5 Prozent der Rendite gefressen haben
- und die Inflation zusätzlich jedes Jahr im Schnitt rund zwei Prozent weggenommen hat."[825]

Für Aktienfonds spricht: Die Auswahl einzelner Aktien oder Rentenpapiere aus dem unüberschaubaren Angebot des Marktes entfällt und eine ständige Marktbeobachtung ist nicht erforderlich.

Gegen Aktienfonds spricht: Totalverlust möglich, Kursrückschläge des Marktes ziehen auch Investmentpreise nach unten, keine Kenntnis der einzelnen Werte, bei großen Crashes sind sämtliche Fonds betroffen, Ausgabenaufschläge und Verwaltungsvergütungen können wesentlich höher sein als Unkosten bei Direktkauf von Aktien, Depotgebühren.

Totalverlust möglich

Oberster Fondsmanager der DWS kauft privat Land

Asoka Wöhrmann verwaltet als oberster Fondsmanager der DWS 110 Milliarden Euro Kundengelder. Er gibt in einem Interview mit der „Welt" an, dass er vor dem Aktien-Crash im August 2011 privat Gewerbeland gekauft hat.[826] Ich bin mir nicht so sicher, ob er diesen Schritt auch DWS-Kunden empfohlen hat.

Dotcom 2.0 – eine neue Megablase?

„Die ganze Börse hängt nur davon ab, ob es mehr Aktien gibt als Dummköpfe oder mehr Dummköpfe als Aktien."
André Kostolany, Investmentlegende[827]

Zehn Jahre nachdem die Dotcom-Blase geplatzt ist – weil sich die überhöhten Geschäftserwartungen nicht erfüllt haben – sieht es ganz danach aus, dass wieder eine gigantische Blase entsteht.[828]

Anscheinend hat man bereits vergessen, dass der Dotcom-Crash die Welt ungefähr fünf Billionen Dollar gekostet hat.[829] Mittlerweile wird der Wert von Internetunternehmen auf unvorstellbare Größenordnungen taxiert.

Hier einige Beispiele, die zum Nachdenken anregen sollten:

Twitter

- Geschäftsfeld: Internetkommunikation.
- Unternehmenswert wird auf rund acht bis zehn Milliarden Dollar beziffert.
- Angepeilter Umsatz für 2011: 100 Millionen US-Dollar.
- Mitarbeiter: 350.
- Unternehmen wurde vor fünf Jahren gegründet und wirft noch keinen Gewinn ab.
- Twitters Vermögen: 175 Millionen Nutzer, die täglich 95 Millionen Kurznachrichten austauschen.
- Der Firmenwert entspricht ungefähr dem des deutschen Kosmetikkonzerns Beiersdorf mit einem jährlichen Umsatz von sechs Milliarden Euro und 20 000 Mitarbeitern.[830]

Demand Media

- Geschäftsfeld: Produzent von Kurzartikeln.
- Werbefinanziertes Unternehmen, das seinen 13 000 Autoren rund 15 Dollar pro Beitrag bezahlt, ist am Aktienmarkt 1,5 Milliarden Dollar wert – mehr als die New York Times.
- Demand Media schreibt seit der Gründung rote Zahlen.[831]
- Geschäftsmodell: „Ausnutzung eines systemimmanenten Fehlers von Google, der die Suchmaschine für Tricksereien mit Trash-Inhalten empfindlich macht. An einer Abhilfe arbeiten die Suchmaschinen-Betreiber allerdings fieberhaft (und damit an der Erledigung des Demand-Media-Geschäftsmodells)."[832]

Acme Packet

- Geschäftsfeld: Cloud Computing; Internetkommunikation.

…und die Reichen immer reicher werden

- 2010 Wertsteigerung von 424 Prozent – die höchste der US-Technologiebörse Nasdaq.
- Auf dem Höhepunkt lag die Börsenbewertung des Unternehmens 96-mal über den Umsatzzahlen.

Zynga

- Geschäftsfeld: kostenfreie Onlinespiele.
- Unternehmenswert wird mittlerweile auf sieben bis neun Milliarden Dollar taxiert.
- 1500 Mitarbeiter.
- 275 Millionen Spieler pro Monat.
- Umsatz 2010: Dollar 850 Millionen
- Gewinn 2010: Dollar 400 Millionen[833]

Facebook

- Geschäftsfeld: Internetkommunikation.
- Mitte 2010 wurde das Unternehmen auf Dollar 26 Milliarden bewertet.
- Im Februar 2011 von der US-Investmentbank Goldman Sachs bereits auf Dollar 50 Milliarden geschätzt. Im Juni 2011 spricht man schon von Dollar 100 Milliarden[834]
- Die Umsätze an der privaten US-Graumarktbörse Sharespost unterstellten jüngst einen Wert von 63 Milliarden Dollar. Laut Focus liegt Facebook damit auf Augenhöhe mit dem größten Versicherer der Welt – der Allianz. Die Allianz hat 60 Millionen zahlende Kunden in 70 Ländern und wird im laufenden Jahr das Vierfache des Umsatzes von Facebook erwirtschaften – als Reingewinn.
- Umsatz 2010: zwei Milliarden US-Dollar.
- Betriebsvermögen Facebook: Server und ein Karteikasten mit 500 Millionen E-Mail-Adressen.[835]

Eine mittelständische Internetfirma namens LinkedIn macht 243 Millionen Dollar Umsatz und 15 Millionen Gewinn, aber kurz nach dem

Börsengang im Mai 2011 sind ihre Aktien acht Milliarden Dollar wert. Microsoft erwarb den Internettelefonanbieter Skype für 8,5 Milliarden Dollar, obwohl der nur ein paar Hundert Millionen Dollar Umsatz und keinen Gewinn macht. Ein Finanzinvestor kaufte die Mehrheit an der deutschen Firma Bigpoint, die Computerspiele im Internet anbietet. Er taxierte den Unternehmenswert auf rund 400 Millionen Euro – bei 52 Millionen Euro Umsatz und 12 Millionen Euro Gewinn. Bei knapp 20 Millionen Dollar Umsatz kostet das chinesische Online-Videoportal Youku an der Börse fast sechs Milliarden Dollar. Die russische Internetholding Mail.ru bilanzierte Mitte 2011 rund 300 Millionen Euro Umsatz, ist an der Börse aber knapp acht Milliarden Dollar wert.[836]

Laut „Forbes" waren acht der zehn Börsenüberflieger 2010 folgendermaßen aufgestellt: hohe Aktienkurse, geringe Umsätze, viel versprechende, pragmatische Produkte.[837]

Anleihen

Die Rückzahlung einer Anleihe ist immer von der Kreditwürdigkeit des Emittenten abhängig. Beim Verkauf einer Anleihe vor Ablauf zählt der aktuelle Börsenkurs. Steigen die Kapitalmarktzinsen über den Anleihezins, verliert das Papier an Wert. Der Anleihemarkt ist in Krisenzeiten und drohender Inflation alles andere als ein sicherer Hafen.

Staatsanleihen

> *„Eine Staatsanleihe ist nicht mehr das, was sie früher war, ein in jeder Beziehung sicheres Investment."*
> Nikolaus von Bomhard, Vorstandschef der Münchener Rück[838]

Diese Papiere werden von Staaten ausgegeben. Zumeist sind diese maßlos überschuldet und müssen kontinuierlich neue Schulden anhäufen, um teilweise überhaupt die Zinslast stunden zu können. An eine Tilgung der Schulden ist in den meisten Fällen nicht mehr zu denken. Entschulden sich Staaten durch einen Währungsschnitt oder eine

Währungsreform, besteht die Gefahr erheblicher Verluste bis hin zum Totalverlust. Abzuraten ist davon, auf Prognosen bezüglich steigender oder fallender Zinsen zu vertrauen. Laut einer Studie des Geschäftsführers der Hertiestiftung waren 57 Prozent der Vorhersagen von 30 Banken zur Rendite zehnjähriger Bundesanleihen falsch. Im Falle einer Inflation können sich diese „sicheren Investments" rasend schnell zu Kapitalvernichtern entwickeln. Bill Gross, Anlagestratege beim weltgrößten Anleihen-Fondsverwalter Pimco, vergleicht den Markt für US-Staatsanleihen mit einem Schneeballsystem und bezeichnet die Schuldenmacherei der USA als kopflos.[839] Er empfiehlt, um britische Bonds einen Bogen zu machen, weil diese „wie Nitroglycerin sind".[840] Harvinder Sian, Zinsstratege bei der Royal Bank of Scotland, bezeichnet alle europäischen Staatsanleihen mit Ausnahme der deutschen schlichtweg als „spekulatives Investment". Doch wie lange werden die deutschen Anleihen noch sicher sein?[841]

Diese Aussagen steigern wahrlich nicht das Vertrauen in Staatsanleihen. Laut Claus Vogt, Chefanalyst der Quirin Bank, sind US-Staatsanleihen sogar die größte Spekulationsblase aller Zeiten.[842]

Seit Anfang August verzeichnen deutsche Sparer Verluste mit ihren lang laufenden Bundesanleihen. Die Rendite der zehnjährigen Papiere ist unter das Niveau der Inflationsrate gerutscht, somit erhalten Anleger mit Bundesanleihen noch nicht einmal einen Ausgleich für die Teuerung, von einer Rendite ganz zu schweigen.[843] Auch Anleger Schweizer Staatsanleihen stehen vor einem gravierenden Problem, denn Schweizerische Anleihen mit zwei Jahren Laufzeit haben mittlerweile ebenfalls eine Minusrendite von 0,2 Prozent. Der Anleger gibt voller Überzeugung sein Geld, wohl wissend, dass er am Ende der Laufzeit weniger zurückerhält. Er erhält nicht nur keinen Zins, sondern verliert auch noch.[844] Der Sinn einer solchen Anlage erschließt sich mir nicht.

Gefahren:

- Kursrisiko: Wer vor Ablauf verkauft, muss den Kurs an der Börse in Kauf nehmen. Steigen die Kapitalmarktzinsen über den Anleihezins, ist das Papier weniger wert.

- Ausfall des Schuldners und eine Währungsreform.
- In einem Katastrophenszenario würde viel Kapital zunächst in vermeintlich sichere Staatsanleihen fließen.
- Folge: steigende Kurse – bis entweder die Inflation zuschlägt oder die finanzschwachen Staaten ihre Schulden nicht mehr begleichen können.
- Währungsreform 1948: Für eine Staatsanleihe über einen Nennwert von 100 Reichsmark erhielt man 6,50 DM. Dies ist ein **Verlust von 93,5 Prozent.** Zum Vergleich: **Forderungen aus Kaufverträgen stellte die Bank Deutscher Länder im Verhältnis eins zu eins um.**[845]

Unternehmensanleihen

Bei Unternehmensanleihen ist die Gefahr großer Kursschwankungen oder eines Totalausfalls zweifellos gegeben. Niemand weiß, welches Unternehmen die Krise übersteht. Unternehmensanleihen sind, ähnlich wie Aktien, nicht über Sicherungssysteme gesichert.

Bankguthaben (Sparbücher, Sparpläne etc.)

„Papiergeld kehrt früher oder später zu seinem inneren Wert zurück – null!"
Voltaire, Schriftsteller[846]

Seit Lehman ist bekannt, dass Großbanken zahlungsunfähig werden können. Vergleichen Sie das Volumen des Einlagensicherungsfonds mit der Höhe der deutschen Sparguthaben. Sie werden eine erhebliche Differenz zulasten des Einlagensicherungsfonds feststellen. Wie bereits oben erwähnt, wurde die Garantie der Spareinlagen niemals gesetzlich verankert. Laut dem Banker bei der Verbraucherzentrale und Mitautor des Buches „Lexikon der Finanzirrtümer", Niels Nauhauser, gibt es keine sichere Anlage. Auch Sparbücher und Bundesschatzbriefe sind spekulativ. Niemand kann für alles garantieren, auch nicht der Staat.

Der Einlagensicherungsfonds des Bundesverbandes deutscher Banken suggeriert den Kunden, das angesparte Geld sei in jedem Fall sicher. Hierbei handelt es sich jedoch um einen gravierenden Irrtum. Das Urteil des Landgerichts Berlin (Aktienzeichen 10 O 360/09) schwächt die Rechte der Kunden auf Schadenersatz aus dem Einlagensicherungsfonds des Bundesverbandes deutscher Banken immens. Die Richter wiesen eine Klage mit der Begründung ab, es bestehe für Bankkunden grundsätzlich kein Rechtsanspruch auf Leistungen aus dem Einlagensicherungsfonds.[847] „Das Gericht sagt vereinfacht gesprochen, selbst wenn ein Anleger nach den Statuten des Einlagensicherungsfonds einen Anspruch auf Entschädigung hätte, könnte er diesen nicht vor Gericht einklagen", sagt Axel Halfmeier, Professor für Privat- und Wirtschaftsrecht an der Frankfurt School of Finance.[848]

Bausparvertrag

Ein Bausparvertrag ist zumeist eine sehr langfristige Investition. In der Regel ist ein schneller Zugriff auf das angesparte Kapital nicht möglich. Zu beachten sind die unterschiedlich langen Zuteilungsfristen, die Abschlussgebühren für den vermittelnden Vertreter, die geringen Guthabenzinsen während der Ansparphase sowie eine mangelnde Transparenz. Ein frühzeitiges Aussteigen aus einem laufenden Vertrag ist mit erheblichen finanziellen Verlusten verbunden.

(Marginalie: Bausparvertrag)

Edelmetalle

„Sie haben die Wahl zwischen der natürlichen Stabilität des Goldes und der Ehrlichkeit und Intelligenz der Politiker. Und mit dem Respekt für diese Herren, rate ich Ihnen, solange das kapitalistische System besteht, das Gold zu wählen."

George Bernard Shaw, irischer Dramatiker,
Literaturnobelpreisträger[849]

Bereits vor 100 Jahren sagte der Gründer der Bank JPMorgan, John Pierpont Morgan: „Gold and silver are money. Everything else is credit." Bis heute können Regierungen Edelmetalle weder herstellen noch durch inflationären Gebrauch entwerten. Physische Edelmetalle sind, anders als Anleihen, an kein Zahlungsversprechen einer Regierung oder eines Unternehmens gebunden. Kurzfristig können Edelmetalle erheblichen Schwankungen unterliegen. Langfristig aber schützen

(Marginalie: Gold und Silber)

einige Edelmetalle vor Inflation und zählen bis heute zu den erfolgreichsten Anlagen überhaupt. Die bedeutendste Papierwährung der Welt, der US-Dollar, verlor in den letzten 100 Jahren knapp 96 Prozent seines Wertes. Gold stieg in derselben Zeit um den Faktor 50.[850] Auch in den letzten zehn Jahren hat sich Gold als wesentlich werthaltiger als Papiergeld erwiesen. Gemessen an Gold hat der Euro 75 Prozent seines Wertes verloren und der US-Dollar sogar 84 Prozent.[851]

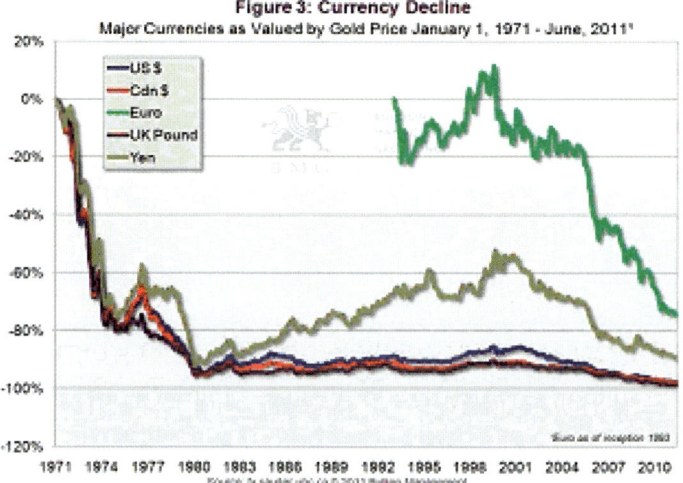

Abbildung 26: Währungsverfall gegenüber Gold[852]

Zu beachten ist, dass man Edelmetalle ausschließlich in physischer Form erwerben sollte. Aufgrund von früheren Goldverboten ist ein nicht anonymer Kauf (im Internet oder über eine Bank) zu überdenken. Selbst in einem demokratischen Land wie den Vereinigten Staaten von Amerika war der private Goldbesitz von 1933 bis 1974 verboten. Seit Jahren wird von Finanzinstituten argumentiert: Gold ist viel zu teuer. In Anbetracht der aktuellen Situation ist Gold momentan noch günstig.

Der Goldpreis ist im Verhältnis zum Anstieg der globalen Staatsschulden sowie der Ausweitung der ungedeckten Geldmenge noch nicht bemerkenswert gestiegen. Bisher hat noch kaum ein Großanleger in Gold investiert.[853] Beispielsweise haben die großen amerikanischen Pensionsfonds weniger als 0,2 Prozent ihres Kapitals in Gold investiert. Der Welt-Anleihemarkt ist etwa 65 Billionen Euro und der Welt-Aktienmarkt ist etwa 30 Billionen Euro groß. Bisher wurde global in physisches Gold und Goldfonds ungefähr 0,2 Billionen Euro investiert. Da sich die enorme Staatsverschuldung weiter ausbreitet, werden eher früher als später Großinvestoren ihre Staatsanleihen abstoßen. Ein Indikator hierfür ist Pimco, der weltgrößte Privatinvestor. Dieser hat sich im Februar 2011 auf einen Schlag von allen US-Staatspapieren getrennt. Seit März 2011 wettet Pimco sogar gegen US-Schulden.[854]

Seit einigen Jahren wenden sich mehr und mehr Zentralbanken von ausländischen Währungen und Staatsanleihen ab und setzen wieder verstärkt auf Gold. China, Russland und Indien haben bereits massiv Gold gekauft. Jetzt wendet sich auch Mexiko vom „Papier" ab. Die mexikanische Zentralbank kaufte Edelmetall im Wert von 4,5 Milliarden Dollar. Dies ist der größte Golddeal des Landes seit 40 Jahren.[855]

Der größte Golddeal des Landes seit 40 Jahren

Mit rund 3400 Tonnen ist die Deutsche Bundesbank der weltweit zweitgrößte Halter von Gold. Nur die amerikanische Notenbank Federal Reserve (FED) verfügt über mehr: 8134 Tonnen lagert sie in den Tresoren von Fort Knox und der FED-Filiale New York.[856]

Ist Gold teuer?
Ende der siebziger Jahre lag der Goldpreis bei 875 Dollar. Rechnet man die Inflation mit ein, entspricht dies einem heutigen Preis von rund 2500 Dollar. Aktuell liegt der Goldpreis bei gut 1700 Dollar. Somit ist Gold heute günstiger als vor 30 Jahren.[857]

> *„Optimisten kaufen Gold oder Silber, Pessimisten Konserven."*
> Anonym

Gold ist kein Papier, kein Versprechen; es ist knapp, die Gewinne sind nach einem Jahr abgeltungssteuerfrei, es ist eine wertbeständige inflationsgeschützte Anlage, Wertsteigerungen sind steuerfrei, die Lieferung von Goldbarren ist mehrwertsteuerfrei.

Fazit: Langfristig schützt Gold vor Inflation und zählt zu den erfolgreichsten Anlagen überhaupt. Der anonyme Edelmetallkauf (bis 15 000 Euro pro Person pro Tag) bietet Ihnen die Möglichkeit, Ihr Geld vor Inflation, einer möglichen Währungsreform und dem Zugriff des Staats zu schützen.

Gold schützt vor Inflation

> *„Die Zeit ist gekommen,*
> *das internationale Finanzsystem*
> *auf eine unbestrittene Grundlage zu stellen,*
> *welche nicht den Stempel irgendeiner speziellen Nation trägt.*
> *Auf welche Grundlage?*
> *Wahrlich ist es schwer, sich vorzustellen,*
> *dass es irgendein anderer Standard außer Gold sein könnte.*
> *Ja, Gold, dessen Eigenschaft sich nie ändert,*
> *das keine Nationalität hat und das seit Ewigkeiten*
> *und universell als die unveränderliche Währung*
> *par excellence angesehen wurde."*
>
> General Charles de Gaulle, Präsident von Frankreich[858]

Immobilien

Das Platzen der Immobilienblasen in den USA, Irland, Spanien usw. hat uns die Volatilität von Immobilien klar aufgezeigt. In Deutschland haben sich die Immobilien äußerst unterschiedlich entwickelt. Die so genannten hochgepriesenen „Ostimmobilien" haben sich für zahlreiche Anleger zu einem finanziellen Fiasko entwickelt. Auch in ländlichen Regionen haben Immobilienbesitzer teilweise gravierende Verluste zu verzeichnen. Die Immobilienlage ist heute ausschlaggebender denn je. Zu beachten sind mögliche steigende steuerliche Belastungen für Immobilienbesitzer. Momentan arbeiten die Bundesländer an einer Reform der Grundsteuer.[859]

In Griechenland hat der Staat beispielsweise im September 2011 eine Immobiliensteuer eingeführt: Jeder Immobilienbesitzer muss durchschnittlich vier Euro pro Quadratmeter bezahlen.[860] Wie gesagt, wenn dem Staat das Wasser bis zum Hals steht, sind seiner Kreativität, den Bürgern das Geld aus der Tasche zu ziehen, keine Grenzen gesetzt. In Deutschland gab es in der Vergangenheit (1924 bis 1943) bereits eine Hauszinssteuer, auch Gebäudeentschuldungssteuer genannt. Diese erhobene Ertragsteuer wurde auf das vor Juli 1918 entstandene Wohneigentum erhoben. Da durch den Wertverlust von Hypotheken aufgrund der Hyperinflation Grundeigentümer praktisch vollständig entschuldet wurden, während ihr Grundbesitz durch die Inflation nicht an Wert verloren hatte, griff der Staat zu solch einer drastischen Maßnahme.[861] Vergleichbare Ziele hatten nach dem Zweiten Weltkrieg Teile des Lastenausgleichsgesetzes. Immobilienbesitzer mussten die Hälfte ihres Immobilienvermögens nach dem Stand vom 21. Juni 1948 in 120 vierteljährlichen Raten, also verteilt auf 30 Jahre, in einen Ausgleichsfonds einzahlen.[862]

Wertverlust von Hypotheken

Ohne Zweifel garantiert eine schuldenfreie Immobilie ein Dach über dem Kopf und schützt vor Mietpreissteigerungen. Das in Wohneigentum investierte Kapital wird bei Unterhaltsverpflichtungen verschont. Zwangsabgaben für Immobilienbesitzer sind jedoch auch bei politisch stabilen Verhältnissen nicht für alle Zukunft ausgeschlossen.

Immobilienfonds

Jahrelang zählten die als „Betongold" vermarkteten Immobilienfonds als sichere Kapitalanlage und wurden oftmals als Altersvorsorge verkauft. Im Zuge der Finanzkrise 2008 mussten jedoch ein Großteil der Immobilienfonds die Rückgabe von Anteilen aussetzen, da besonders institutionelle Anleger aus Geldnot ihr Kapital zurückhaben wollten – und das alle zur gleichen Zeit. Dies hatte zur Folge, dass Anleger nicht mehr an ihr Geld kamen. Laut einer Übersicht des Branchenverbands BVI waren Ende August 2010 rund ein Dutzend offene Immobilienfonds in Deutschland eingefroren worden, die zusammen knapp 25 Milliarden Euro vor allem für Privatanleger verwalten.[863] Nach einem dramatischen Wertverlust von 23,7 Prozent im Jahr 2010 kündigte im Oktober 2010 mit dem „Degi Europa" erstmals ein großer, etablierter Fonds an, sich ganz aufzulösen.[864] Folglich werden in den nächsten Jahren die Immobilien des Fonds veräußert, und es ist mit erheblichen

Verlusten zu rechnen. Immobilienfonds sind schon lange nicht mehr eine sichere und zuverlässige Kapitalanlage und können keinesfalls mit einer eigenen Immobilie als Kapitalanlage verglichen werden.

Bei Immobilienfonds ist zwischen offenen und geschlossenen Fonds zu unterscheiden.

Bei einem offenen Immobilienfonds werden eine Reihe von Immobilien gekauft. Bei deutschen offenen Immobilienfonds schreibt der Gesetzgeber vor, dass der Fonds mindestens 15 Objekte umfassen muss. Offene Immobilienfonds gehören zu den offenen Investmentfonds. Diese unterliegen in Deutschland der staatlichen Aufsicht und Kontrolle der BaFin.

Offene Immobilienfonds

Geschlossene Immobilienfonds haben nichts mit den offenen Immobilienfonds zu tun. Sie werden weder von Investment-Gesellschaften betrieben noch unterliegen sie einer staatlichen Aufsicht oder Kontrolle. Jährlich verlieren Anleger in dubiosen geschlossenen Immobilienfonds Hunderte Millionen Euro. Hier wird das Geld mehrerer Anleger gesammelt, um damit ein bestimmtes Objekt zu finanzieren. Ist ausreichend Geld in den Fonds geflossen, wird dieser für neue Anleger geschlossen. Zu beachten ist, dass der Anleger Beteiligter an einer Gesellschaft wird, die das Objekt realisiert. Die Gesellschaftsform ist entweder eine Kommanditgesellschaft (KG) oder eine Gesellschaft bürgerlichen Rechts (GbR). Nicht zu verkennen ist, dass der Anleger im Falle der GbR mit seinem gesamten (auch zukünftigen) Privatvermögen und nicht nur mit seinem Anlagekapital haftet! Möchte man sein Anlagekapital zurück, muss man einen Käufer für seinen Immobilienanteil suchen und finden.

Geschlossene Immobilienfonds sind nichts für Privatanleger. „Bis auf Deutschland und Österreich werden in den übrigen EU-Staaten schon jetzt geschlossene Fonds nur für Profiinvestoren wie Pensionskassen, Versicherungen und Vermögensverwalter aufgelegt."[865] Die Wirtschaftswoche bezeichnet geschlossene Fonds als die schlechteste Geldanlage der Welt.[866]

Kapitallebensversicherungen

Bei einer Kapitallebensversicherung sind weder die genauen Investments noch deren Gewichtung bekannt. Meistens handelt es sich bei dieser Versicherung um einen langfristigen Sparvertrag mit einer oftmals erbärmlichen Rendite. Bereits 1983 fällte das Landgericht Hamburg ein vernichtendes Urteil (AZ: 74 047 / 83, LG Hamburg), dem bis heute Versicherungen nicht widersprochen haben. Der Kern des Urteils bildet der Satz: **Eine Kapital-Lebensversicherung zur Altersvorsorge ist legaler Betrug.** Bei einer Inflation kann die gesetzlich garantierte Rendite sehr schnell zu einem Verlustgeschäft werden. Kippen mehrere Versicherer, wird die Auffanggesellschaft „Protektor" voraussichtlich schnell an ihre Grenzen stoßen. Das Auflösen dieser Anlage vor Ablauf ist mit empfindlichen finanziellen Verlusten verbunden. Laut „Zeit" werden zwölf Prozent der Verträge pro Jahr bereits in der Anfangsphase wieder gekündigt. 75 Prozent aller 30-jährigen Rentenverträge werden vorzeitig aufgelöst, weniger als 50 Prozent der 20-jährigen Verträge laufen bis zum Vertragsende durch und selbst von den zwölfjährigen wird ein Drittel gekündigt.[867] Nicht zu verkennen ist, dass es sich bei der Garantieverzinsung nicht um die Mindestrendite handelt, die man bei Lebens- und Rentenversicherungen erzielt. Bei dem Garantiezins handelt es sich ohne Zweifel um Augenwischerei. Denn der Garantiezins bezieht sich immer nur auf den sogenannten Sparanteil. Der tatsächliche Zins, bezogen auf den Gesamtbeitrag, ist deutlich niedriger als der ausgewiesene Garantiezins.[868] Wie viel übrig bleibt, hängt auch an den Kosten für Abschluss und Verwaltung. Bei Direktversicherern fallen sieben bis acht Prozent der Beiträge dafür an, bei vertriebsstarken Gesellschaften zwölf bis 15 Prozent. Die teuersten Gesellschaften verlangen bis zu 18 Prozent.[869] Vom 1. Januar 2012 an erhalten Neukunden einer Lebensversicherung nur noch 1,75 Prozent Zinsen garantiert. Bislang waren es 2,25 Prozent. Laut Wirtschaftswoche ist eine Lebensversicherung keine geeignete Langfrist-Anlage mehr. Man sollte sich nicht von der Aussicht auf höhere, aber nicht garantierte Überschüsse über das fest zugesagte Mindestniveau hinaus blenden lassen. Bei über kurze Zeit laufenden Verträgen reicht der garantierte Mindestzins nicht einmal, um die Kosten auszugleichen. Der Versicherte macht dann bereits ohne Inflation Verluste.[870]

Garantiezins

Lebensversicherung

Wer seine private Altersvorsorge ausschließlich auf der Lebensversicherung aufbaut, hat laut Handelsblatt ein erhebliches Anleiherisiko im Depot. Dieses abzubauen ist äußerst schwierig. Wer kündigt, erleidet in den ersten Vertragsjahren – in denen die Versicherer die Abschluss- und Vertriebskosten berechnen – hohe Verluste. Verbraucherschützer haben gerichtlich erhebliche Verbesserungen im Sinne des Verbrauchers erzielt. „Aus seit 2008 abgeschlossenen Verträgen müssen Kunden mindestens 85 Prozent ihrer eingezahlten Beiträge zurückbekommen. Bei älteren Policen liegt die Mindestquote bei 50 Prozent."[871] Laut Handelsblatt können wegen der Anlagepolitik der Gesellschaften ungeahnte Risiken entstehen. Eine Ausfallwelle am Anleihemarkt hätte verheerende Konsequenzen.[872] Laut der Finanzaufsicht BaFin waren die Lebensversicherer im Herbst 2011 mit rund neun Prozent ihres gesamten Anlagekapitals in Staats- und Unternehmensanleihen der sogenannten PIIGS-Staaten (Portugal, Italien, Irland, Griechenland und Spanien) investiert. Ein Teil dieser Investitionen hat die Versicherer bereits eine Menge Geld gekostet. Im zweiten Quartal 2011 musste der Allianz-Konzern im Zuge der griechischen Umschuldung 644 Millionen Euro auf griechische Staatsanleihen abschreiben, die Münchener Rück rund 700 Millionen Euro.[873] Laut der Zeitung „Die Welt" fehlen den Lebensversicherungen und deren Kunden wegen der Niedrigzinsen für die vergangenen 15 Jahre 170 Milliarden Euro in der Kasse.[874]

Ausfallwelle am Anleihemarkt?

Steigende Inflation ist aufgrund der niedrigen Verzinsung und der mangelnden Flexibilität ebenfalls Gift für die Versicherten. Bei einer Verrentung ist die von den Versicherern angenommene Lebenserwartung exorbitant hoch – und die monatliche Rente deshalb niedrig. Eine zwanzig Jahre alte Frau soll laut Sterbetafel aktuell im Schnitt sage und schreibe hundert Jahre alt werden.[875] Eine Lebensversicherung ist eine sehr langfristige Anlage über mehrere Jahrzehnte. Aktuell wagen die Chefvolkswirte der großen Banken und Versicherungen keine Prognose für das kommende Jahr.

Steigende Inflation

Alternative Anlage von Versicherungsgeldern

Das Handelsblatt berichtete als erstes von der etwas anderen Anlage von Kundengeldern bei der Hamburg Mannheimer. Diese hat sich zur Motivation ihrer besten Vertreter etwas Besonderes ausgedacht – eine Sex-Party in Budapest im schicken Gellert Bad. 20 Prostituierte und Himmelbetten standen den Vertretern zur freien Verfügung. Laut Handelsblatt erschien sogar ein begeisterter Bericht im Vertriebspartner-Magazin „HMI Profil" „Unglaublich, was man in der HMI wirklich erleben kann", habe es dort geheißen. „Aus welchem Blickwinkel auch immer man diese Mega-Fete betrachtete, ein Mordsspaß[876] war es auf alle Fälle."[877] Laut Spiegel wurde die Rechnung in Höhe von 83 000 Euro von der Steuer abgesetzt. „Die Rechnung ist in voller Höhe als Betriebsausgabe behandelt worden", zitiert die Zeitung einen Ergo-Sprecher. „Nach unseren Prüfungen war das steuerrechtlich in Ordnung." Man werde aber prüfen, ob man „eine andere Beurteilung vornehmen kann".[878]

Riester und Rürup

Die „Wirtschaftwoche" hat zusammen mit Forschern der Universität Berlin die Riester-Rente analysiert. Das Ergebnis ist schockierend. So heißt es in der Ausgabe vom 25.07.2009: Die Riester-Rente rechnet sich für den Einzahler teilweise erst ab dem zweiundneunzigsten Lebensjahr. Laut Uwe Wystup, Mathematikprofessor an der Frankfurt School of Finance & Management, bleiben große Teile der Ersparnisse von potenziellen Riester-Rentnern in einem Gebührendschungel hängen. Hierzu gehören: Abschluss-, Verwaltungs- und Managementgebühr, Gebühren auf Zulagen und Zuzahlungen, Ratenzuschläge und Ausgabeaufschläge, Depot-, Fondswechsel-, Anbieterwechsel und Kapitalverrentungsgebühr. Insgesamt versickern so etwa zehn Prozent der eingezahlten Beiträge bei den Anbietern. Laut NTV.de beträgt bei klassischen Riesterverträgen die versprochene Garantieverzinsung 2,25 Prozent.[879] Auch diese wird durch die Vertragskosten aufgezehrt. Nach Berechnungen der Zeitschrift Ökotest (Juli-Ausgabe 2009) liegt die durchschnittlich garantierte Rentenrendite bei der klassischen Riesterrente bei 0,04 bis 1,24 Prozent pro Jahr. Die fondsgebundene Variante erzielt 0,02 bis 0,18 Prozent pro Jahr – schlimmstenfalls ist eine Minusrendite von bis zu 0,69 Prozent pro Jahr zu erwarten. Fondsgebundene Rentenversicherungen gehören keinesfalls zu den rentabelsten Möglichkeiten, Geld am Aktien- und Rentenmarkt anzulegen. Oftmals

Ein schockierendes Ergebnis

wird die Riesterrente unter dem Aspekt der Steuerersparnis verkauft. Die Riesterrente ist zwar abgeltungssteuerfrei, jedoch keineswegs steuerfrei. Es fallen für Riester-Einzahlungen keine Abgaben an. Die Rente muss jedoch später mit dem persönlichen Steuersatz versteuert werden. Nur 30 Prozent des Kapitals können zu Beginn der Rentenphase entnommen werden. Diese müssen voll versteuert werden, der Rest wird bis zum Lebensende in monatlichen Raten ausbezahlt. Zu beachten ist, dass Riester-Verträge oftmals nicht voll vererbbar sind.[880] Auch bei der Überschussbeteiligung herrscht wenig Transparenz. Die FAZ schreibt: „Der Marktführer Allianz etwa sei besonders einfallsreich bei der Überschussbeteiligung. Bei der Riester-Rente Klassik, haben Sie als Wenigverdiener oder Kinderreicher keine Chance zu erkennen, dass Sie wohl niemals Kostenüberschüsse erhalten', sagt Versicherungsmathematiker Axel Kleinlein. Ohnehin schlagen die Unternehmen bei den Riesterrenten so üppig zu, dass die Kosten höher sind als die Zulagen vom Staat, monieren Verbraucherschützer schon länger. Und es wird auch für Fachleute immer kniffliger, zu erkennen, in welchem Tarif welche Kosten stecken".[881]

Riesterrente

Die Riesterrente kostet den Staat und somit den Steuerzahler eine Stange Geld – seit der Einführung vor zehn Jahren knapp 8,7 Milliarden Euro. Bis 2015 dürften weitere 17,3 Milliarden fällig werden. Trotz dieser hohen Beträge findet keine Erfolgskontrolle statt. Diese ist derzeit auch gar nicht möglich. Laut der Volkswirtin Kornelia Hagen vom Deutschen Institut für Wirtschaftsforschung (DIW) ist die Datenlage eklatant unzureichend.[882] Besonders rechnet sich die Riester-Rente also ab dem ersten Tag für die vertreibenden Banken, Sparkassen, Versicherer und Finanzvertriebe. Das Manager Magazin titelt in der Ausgabe vom 17.07.2009 mit folgender Überschrift: „Rot für Riester, Rürup und Co."

Sparanteil bei 84 Prozent – 5,9 Milliarden Euro Verwaltungskosten und Provisionen
Nach einer Bilanzierung des Bundesfinanzministeriums sind seit der Einführung der staatlich geförderten Riester-Rente im Jahr 2002 bis Ende 2010 Gesamtbeiträge, also Eigenbeiträge plus Zulagen, von 36,7 Milliarden Euro geleistet worden. Dazu kommen noch staatlich nicht

erfasste zulagenfreie Riester-Verträge. Laut einem Bericht der „Leipziger Volkszeitung" – basierend auf Berechnungen des Ministeriums für den Bundestag – liegt „der Sparanteil bei Riester-Produkten im Durchschnitt bei 84 Prozent des Beitrags". Das heißt, dass bis heute (Stand: August 2011) 5,9 Milliarden Euro als Verwaltungskosten und Provisionen bei den Versicherungsunternehmen hängen blieben. Nicht ohne Grund erachten zahlreiche Kritiker die Verwaltungskosten als zu hoch und empfehlen, das Ersparte eigenständig anzulegen. Somit werden nicht nur die Provisionen und Verwaltungskosten minimiert, sondern es kann auch eine attraktivere Rendite erwirtschaftet werden, die deutlich über den staatlichen Förderungen liegt.[883]

Verwaltungskosten zu hoch?

Reduziert man die Rentenversicherungen nur auf garantierte Leistungen, werfen selbst beste Riester-Renten für den Kunden bis zum 85. Lebensjahr eine Rendite von 0,6 Prozent jährlich ab. Die Renditen bei fondsbasierten Policen sind sogar durchweg negativ. Dies bedeutet: Der Kunde zahlt drauf, wenn er „nur" 85 Jahre alt wird.[884]

Harald Martenstein bringt es in seiner Kolumne in der „Zeit" zum Thema vernünftige Planungen für den Lebensabend auf den Punkt. Er schreibt, dass er fleißig jährlich in seine Zusatzversicherung einbezahlt hat und postalisch jährlich einen Brief erhalten habe, welcher den Betrag seines einbezahlten Geldes zeigte. Dieser Betrag scheint jedoch nicht ganz korrekt zu sein. Martenstein schreibt: „Auf einer Party traf ich unlängst einen Herrn, der gerade in den Ruhestand gegangen war. Er hatte die gleiche Versicherung. Er sagte: ‚Die Summe, die in dem Brief steht, können Sie vergessen.' Es würde ein Haufen Krankenkassenbeiträge von der Summe abgezogen werden. Ich fragte, wieso, ich zahle doch jeden Monat für die Krankenkasse, von dem Rest, der übrig ist, spare ich was fürs Alter – wo ist da die Logik? Der Herr sagte, es sei nicht logisch, es hänge damit zusammen, dass der Staat Geld brauche. Bei seiner Suche nach Geld habe der Staat festgestellt, dass einige Menschen, auf Anraten des Staates, für ihr Alter etwas gespart hätten. Davon würde er sich jetzt ein Stück abschneiden. Ich sagte: ‚Als ich den Vertrag abgeschlossen habe, hat keiner was davon erzählt.' Der Herr sagte: ‚Klar. Das haben die ja erst kürzlich eingeführt.' Ich sagte, man kann doch in einem laufenden Vertrag während der Laufzeit nicht die Spielregeln ändern, das ist sittenwidrig. Der Staat aber ist in seiner Geldnot so verzweifelt, dass er auf Sitten keine Rücksicht nehmen kann.“[885]

Martenstein schreibt weiter: **„Wenn ich die Summe verjubelt oder versteckt hätte, statt vorzusorgen, wäre nichts abgezogen worden. Versteht ihr? Es ist Betrug. Hinter dem ganzen Vorsorge-Gerede steckt ein gigantischer Betrug. Sie wollen, dass wir unser Geld irgendwohin bringen, wo sie es unter Kontrolle haben, dort nehmen sie es uns dann ab. Riester, Rürup, Lebensversicherung, daran verdienen die Versicherungen und der Staat, für dich selbst, mein Freund, bleibt fast nichts übrig.“**[886]

Bei der Währungsreform 1948 wurden private Rentenversicherungsverträge im Verhältnis zehn zu eins von Reichsmark auf D-Mark umgerechnet. Die staatlichen Renten wurden eins zu eins umgerechnet. Bei dem Staatsbankrott in Argentinien vor bald zehn Jahren wurden selbst die privaten Rentenkassen aufgelöst und zwangsverstaatlicht.[887]

Zertifikate

Anlegerzertifikate (Bonus-, Discount- oder Garantiezertifikate) sind ein Investmentvehikel für versierte Anleger und fallen in der Regel nicht unter Schutzmechanismen (Einlagensicherungsfonds). Zertifikate sind lediglich so gut wie die Bank, die sie auflegt. Geht die Bank pleite, ist das Zertifikat wertlos – und das Geld verbrannt. „Auch bei Zertifikaten gilt der alte Grundsatz der Geldanlage: Je geringer das Risiko, desto geringer auch die Gewinnchancen. Nichtsdestotrotz werden Finanzproduktverkäufer ihren Kunden weiter Zertifikate zum Kauf empfehlen. Aus einem einfachen Grund: Für die Vertriebsmitarbeiter sind die Papiere äußerst lukrativ. Anders als beispielsweise Investmentfonds haben Zertifikate meist eine begrenzte Laufzeit. Ist diese abgelaufen und kann der Berater dem Kunden ein neues Zertifikat verkaufen, kassiert er dafür erneut Provision – laut Branchenkennern sind das in der Regel ein bis zwei Prozent des investierten Geldes.“[888]

Anlegerzertifikate

Fazit

Es ist der größte Raubzug der Geschichte – und wir alle sind die Opfer!

Täter: Die Finanzindustrie mithilfe der Politik und der Notenbanken!

Opfer: 99 Prozent der Menschen – wir alle!

2008 mussten die Banken von den Regierungen gerettet werden. Jetzt stehen die Banken schon abermals mit aufgehaltener Hand da und benötigen Geld – sehr viel Geld! Die Finanzindustrie hat es geschafft, die Staatskassen zu plündern und die Politiker in eine gefährliche Abhängigkeit zu bringen. Das Problem ist, dass sich die Staaten eine weitere Rettung des aufgeblasenen und spekulationsgetriebenen Finanzmarktes nicht mehr leisten können. Eine weitere Bankenrettung kann nur noch auf Kosten der Allgemeinheit geschehen.

Die Vergangenheit ist immer ein guter Ratgeber. Aus diesem Grund lohnt es sich, einen Blick in die Vergangenheit zu werfen. Bei allen großen Krisen in der Geschichte der Menschheit haben 99 Prozent der Menschen unvorstellbare finanzielle Verluste hinnehmen müssen, und nur ein sehr kleiner Teil hat zu den Gewinnern gehört.

Die Übeltäter – Banker und Versicherungen – werden geschützt, gedeckt und von den Politikern und Notenbankchefs weltweit unterstützt.

Sie haben nun das Wissen und die Möglichkeit, diesem nachweislich gescheiterten System die Grundlage für sein gefährliches Handeln zu entziehen und sich von Papierwerten zu verabschieden und sie in Sachwerte umzuschichten. Schützen Sie Ihr Vermögen! Schützen Sie Ihren Wohlstand! Schützen Sie Ihre Familie! Werden Sie aktiv! Reden Sie mit Ihrer Familie, Freunden, Bekannten, Nachbarn … Geben Sie Ihr Wissen weiter und verleihen oder verschenken Sie dieses Buch!

Noch nie war so viel Geld im Finanzsystem wie derzeit – Tendenz auch weiterhin stark steigend. Das Spiel ist aus. Rein mathematisch verrinnt die Zeit des Handelns.

Werden Sie aktiv!

Abschied von Papierwerten

Jetzt ist es entscheidend, das persönliche Vermögen zu sichern. Dass der „Big Bang" kommen wird, steht außer Frage. Noch haben Sie die Gelegenheit, Ihre Papierwerte in Realgüter umzuwandeln und somit Ihr Erspartes in Sicherheit zu bringen. Es ist nur eine Frage der Zeit, bis die größte Blase aller Zeiten – die Staatsanleihenblase – platzen wird. Kurz davor wird ein unvorstellbarer „Run" auf Realgüter stattfinden, und folglich werden die Preise explodieren.

Bedenken Sie: Bevor ein Staat pleitegeht, wird er alle, aber auch alle Register ziehen, um den Staatsbankrott so weit wie möglich hinauszuzögern bzw. auf Sie abzuwälzen. Dies hat er in der Vergangenheit immer getan, und dies wird er auch in der Zukunft tun.

Bitte stecken Sie nach dem Lesen dieses Buches nicht den Kopf in den Sand. Es liegt bei Ihnen, ob Sie das Geschehen an den globalen Finanzmärkten weiterhin stillschweigend hinnehmen oder selbst die Initiative ergreifen. In jeder Krise steckt eine Chance – nutzen Sie diese Chance und bringen Sie Ihr Vermögen in Sicherheit und bewahren Sie Ihren Wohlstand.

Wir hoffen, dass Sie das Buch aufgeklärt hat und Ihnen die Augen geöffnet hat. Wir freuen uns, wenn Sie das Buch weiterempfehlen und wir Sie bei einem unserer Vorträge begrüßen dürfen.

„Ein positiv denkender Mensch weigert sich nicht,
das Negative zur Kenntnis zu nehmen. Er wei-
gert sich lediglich, sich ihm zu unterwerfen."

Norman Vincent Peale, Pfarrer und Autor[889]

Danksagungen

Matthias Weik:

Ich möchte mich bei allen Personen bedanken, die es möglich gemacht haben, dass dieses Buch erschienen ist. Besonderer Dank gilt meinem langjährigen Freund, Geschäftspartner und Co-Autor Marc Friedrich, Herrn Dr. Kubitza, dem Verlagsleiter des Tectum Verlags, Ina Beneke vom Tectum Verlag, der Lektorin Saskia Schulte (web-text.info), die einen fantastischen Job gemacht hat, meinen Eltern, meiner Schwester und meinem Schwager, Ursel, Rilo und Karin.

Marc Friedrich:

Ich danke von ganzem Herzen meinen Großeltern, meinen Eltern, Jule, Daliah, Aaron, Bertolinis, Stephan R., Joscha, Anna, David, Arthur, Janet, Juliane v. K., Lena, Christin, Ahmet & Lisa, Tanja & Tobi, Claudi mit Familie, Bille, Simone & Holger, Andreas mit Familie, Iris, Adrian, Helene, Miguel, Luis, Angie und all meinen Freunden. Danke, dass ihr seid! Ganz besonders möchte ich meinem langjährigen Freund, Geschäftspartner und Co-Autor Matthias Weik danken, der dieses Projekt überhaupt erst ermöglicht hat. Herzlichen Dank an Herrn Dr. Kubitza, dem Verlagsleiter des Tectum Verlags, Ina Beneke vom Tectum Verlag und der Lektorin Saskia Schulte.

Die Autoren danken:

Manfred Gburek, Jasmine Borhan, Thomas Brändle und Marcel Schneider für die Unterstützung. Ferner danken wir folgenden Personen dafür, dass sie ihre Artikel und Texte für dieses Buch zur Verfügung stellten: Professor Dr. Lesch, Michael Houben, Dietrich Kraus, Ingo Blank und den Teams von Lobbypedia und den Deutschen Mittelstands Nachrichten. Des Weiteren möchten wir uns herzlich bei folgenden Karikaturisten für ihre passenden Karikaturen bedanken, die wir in diesem Buch abdrucken dürfen: Ralf Böhme, Rainer Ehrt (Rabe) (http://www.rabe-karikatur.de/), Andreas Prüstel (http://andreas-pruestel.cartooncommerz.de/) und Trumix. Wir danken dem Bund der Steuerzahler, der Bullion Management Group und Leitzinsen.info für die Einwilligung zum Abdruck der Grafiken. Wir bedanken uns bei den beiden Lesern Martin Müller und Prof. Dr.-Ing. Jürgen Schwager für Ihre hilfreiche und konstruktive Kritik.

Über die Autoren:

Matthias Weik befasst sich seit über einem Jahrzehnt eingehend mit der globalen Wirtschaft und ihren Finanzmärkten. Jahrelange Arbeits- und Studienaufenthalte in Deutschland, Südamerika, Asien und Australien sowie die Absolvierung seines Studiums „International Business" am Royal Melbourne Institute of Technology ermöglichten ihm tiefe Einblicke in das Wirtschaftsleben fremder Nationen. Während seiner Tätigkeit bei einem großen schwäbischen Automobilhersteller absolvierte er einen berufsbegleitenden Masterstudiengang (MBA). Er gründete gemeinsam mit Marc Friedrich die Finanzstrategieberatung „Friedrich & Weik Vermögenssicherung". Friedrich & Weik Vermögenssicherung steht für eine Abkehr von spekulativen Papierwerten und für eine länderübergreifende Anlage in Realgüter. Auch hier ist man gewissen Kursschwankungen ausgesetzt, jedoch werden diese Anlagen immer einen realen Wert haben, unabhängig von politischen Systemen und Währungen. Friedrich & Weik Vermögenssicherung verfolgt einen völlig neuartigen Ansatz der Finanzbetreuung und richtet sich an mündige, mitdenkende, hinterfragende, rationale und weitsichtige Anlegerinnen und Anleger. Gemeinsam mit Marc Friedrich hält Matthias Weik seit mehreren Jahren Seminare und Fachvorträge zum Thema Kapitalanlagen in Realgütern. Seit vielen Jahren befasst er sich aktiv mit Investments in Edelmetalle und Immobilien im In- und Ausland.

Marc Friedrich studierte an der FH Aalen den renommierten Studiengang „Internationale Betriebswirtschaftslehre". Während des Studiums beschäftige er sich intensiv mit der Finanzwirtschaft und den Finanzmärkten. Durch seine Tätigkeit bei einer schweizerischen Venture-Capital-Firma hatte Marc Friedrich frühzeitig Kontakt zu den Themen Risikokapital, Kapitalanlage und Vermögensberatung. Mit Stationen in Argentinien, Großbritannien, Schweiz und den USA sammelte er zahlreiche und wertvolle Arbeitserfahrungen. Während eines Arbeitsaufenthalts in Argentinien hat er 2001 einen Staatsbankrott und dessen verheerende Folgen selbst miterlebt. Nach dem Gewinn eines Businessplanwettbewerbes bei der Dresdner Bank machte er sich selbstständig.

Finanzberatung/Vortragsveranstaltungen der Autoren

Matthias Weik und Marc Friedrich stehen für eine persönliche und bankenunabhängige Beratung mit dem Fokus auf Vermögenssicherung. Sie verfolgen einen völlig neuartigen Ansatz der Finanzbetreuung. Sie richtet sich an mündige, mitdenkende, hinterfragende, rationale und weitsichtige Anlegerinnen und Anleger. Konträr zu einigen Finanzdienstleistern ist von ihrer Seite ausdrücklich keinerlei Zugriff auf Ihre Finanzen erwünscht. Sie arbeiten weder für einen Finanzstrukturvertrieb noch haben sie ein Interesse daran, Ihnen diverse Finanzprodukte (Versicherungen, Fonds, Derivate ...) zu verkaufen. Ihr Ziel ist es, mit Ihnen gemeinsam die für Sie bestmöglichen vermögenssichernden Kapitalanlagen zu ermitteln und Sie somit optimal für die Zukunft aufzustellen. Die Fakten zeigen uns: Unsere Zukunft ist – finanziell gesehen – äußerst bedenklich, aber keineswegs aussichtslos.

Seit vielen Jahren halten Matthias Weik (Bachelor of International Business, MBA) und Marc Friedrich (Diplom-Betriebswirt FH) Fachvorträge zum Thema Finanzen, unter anderem an Volkshochschulen. Unsere Vorträge und Seminare basieren auf einer Mischung von grafischen Darstellungen, Kurzfilmen und Erzählungen eigener Erfahrungen. Sie machen auch für Laien die teilweise abstrusen Vorgänge des globalen Finanzsystems verständlich und zeigen die Gefahren für ihre Kapitalanlagen auf. Ferner bietet die „Friedrich & Weik Vermögenssicherung" für Privatpersonen sowie Unternehmen Seminare zu den Themengebieten krisensichere Geldanlage, Wirtschaft und Finanzen an. Ziel unserer Seminare ist das Aufzeigen von Maßnahmen zur Sicherung von privatem und unternehmerischem Vermögen sowie eine Vermittlung fundierten Hintergrundwissens zum globalen Finanzsystem.

Informationen zur persönlichen Finanzberatung und zu unseren Vorträgen finden Sie unter www.fw-vs.de.

Quellenverzeichnis

1   ZDF-Sendung „abenteuer forschung"; Prof. Dr. Harald Lesch;
     „Das perfekte Verbrechen"; 13.10.2010
2   Handelsblatt; Finanzkrise; Tanzen bis zum Umfallen; 30.10.2007
3   Zitat: http://www.silberknappheit.de/zitate.php;
     abgerufen am 14.08.2011
4   Zitat: http://www.tischendorf.com/quotes/; abgerufen am
     14.08.2011
5   Das Kartenhaus Weltfinanzsystem; Eichhorn, Wolfgang;
     Sollte, Dirk; 2009; S. 42
6   Pick's Currency Yearbook 1977–1979; Pick, Franz; Pick Pub. Corp.
7   Webseite Wikipedia; http://de.wikipedia.org/wiki/Fiatgeld;
     abgerufen am 12.07.2011
8   Das Kartenhaus Weltfinanzsystem; Eichhorn, Wolfgang;
     Sollte, Dirk; 2009; S. 44 f. und:
     http://de.wikipedia.org/wiki/Fiat_Money;
     abgerufen am 16.08.2010
9   http://de.wikipedia.org/wiki/Fiat_Money;
     abgerufen am 16.08.2010
10   http://www.chrismartenson.com/crashcours/deutsch;
     abgerufen am 09.08.2011
11   http://www.bundesbank.de/download/bildung/sek1/
     eurobargeld.pdf; abgerufen am 19.08.2010
12   Zitat: http://www.zitate.de/db/ergebnisse.php?sz=2&
     stichwort=&kategorie=Geld&autor;
     abgerufen am 14.08.2011
13   Zitat: http://www.geldsystem.de/
     wirtschaftskrisen-und-finanzkrisen-zitate;
     abgerufen am 12.06.2008
14   Die Presse; Geld und Finanzkrisen: Eine Welt aus Papier;
     28.05.2011
15   Webseite Bundesbank; http://www.bundesbank.de/aufgaben/
     aufgaben_faktenblatt.php?print=yes&; abgerufen am 10.8.2011
16   Webseite Bundesbank; http://www.bundesbank.de/download/
     presse/publikationen/bbkgesetz.pdf, abgerufen am 10.8.2011
17   FAZ.NET; Geldpolitik; Schöpfung aus dem Nichts: Wie das Geld
     in die Welt kommt; 13.12.2007
18   FAZ.NET; Geldpolitik; Schöpfung aus dem Nichts:
     Wie das Geld in die Welt kommt; 13.12.2007
19   FAZ.NET; Geldpolitik; Schöpfung aus dem Nichts:
     Wie das Geld in die Welt kommt; 13.12.2007
20   Boerse.ARD; Lexikon; 18.08.2011
21   Zitat: http://ueberwachungsbuerger.wordpress.com/2011/02/07/
     mal-ein-paar-augenoffnende-zitate/;
     abgerufen am 14.8.2011
22   Das Kartenhaus Weltfinanzsystem; Eichhorn, Wolfgang; Sollte,
     Dirk; 2009; S. 46 f.

23   Webseite Bundesbank; http://www.bundesbank.de/gm/
      gm_mindestreserven.php; abgerufen am 12.08.2011, und:
      Webseite; http://de.wikipedia.org/wiki/Mindestreserve;
      abgerufen am 15.03.2011
24   Wirtschaftswoche; Das große Zittern; 24.10.2011
25   Website Bundesbank; http://www.bundesbank.de/download/
      bildung/geld_sec2/geld2_03.pdf; abgerufen am 12.08.2011
26   Wirtschaftswoche; *Gbureks Geld-Geklimper*;
      Die Euro-Rettung und die Folgen für Anleger; 2.2.2012
27   DasErste.de; Rückschau: Banken und Schuldenkrise;
      Warum Unternehmen bei Krediten den Kürzeren ziehen;
      19.01.2011
28   Webseite Wikipedia; http://de.wikipedia.org/wiki/
      Eigenhandel; abgerufen am 12.08.2011
29   http://de.wikipedia.org/wiki/Finanzkrise_ab_2007;
      abgerufen am 27.11.2011
30   taz; Die Finanzindustrie muss kleiner werden,
      ohne die Einlagen der Sparer zu gefährden;
      Wie schrumpft man eine Bank?; 07.03.2009
31   Der Standard; Inflationsanstieg; EZB vor erster
      Zinserhöhung nach der Krise; 04.04.2011, und
      http://de.wikipedia.org/wiki/Geldsch%C3%B6pfung,
      abgerufen am 11.09.2011
32   Der Standard; Schuldenkrise; Investoren sehen Amerikas
      „D-Day" nahe; 10.03.2011
33   http://de.wikipedia.org/wiki/Betrug
34   Der Standard; „Banken erfinden Geld aus Luft"; 13.10.2010
35   Der Standard; „Banken erfinden Geld aus Luft"; 13.10.2010
36   Zitat: http://www.handelsblatt.com/finanzen/boerse-maerkte/
      anlagestrategie/notenbanken-haben-ihre-glaubwuerdigkeit-
      verspielt/4551492.html?p4551492=all;
      abgerufen am 22.09.2011
37   Zitat: http://www.finanzprofil-online.de/HTML/
      Zitate/Home.html; abgerufen am 14.07.2011
38   http://de.wikipedia.org/wiki/Goldstandard;
      abgerufen am 27.11.2011
39   Bundesministerium für Finanzen; http://www.bundesfinanzmi
      nisterium.de/DE/BMF__Startseite/Service/Glossar/
      B/015__Bretton__Woods.html; abgerufen am 01.08.2011
40   ZDF; Heute Journal: Unser Geldsystem; 15.08.2011
41   WELT ONLINE, Ende des Goldstandards;
      Vor 40 Jahren begann die Ära des Gelddruckens; 15.08.2011
42   Zeit; Gold; „Eine deutsche Urangst"; 04.03.2011
43   WELT ONLINE, Ende des Goldstandards;
      Vor 40 Jahren begann die Ära des Gelddruckens; 15.08.2011
44   Zitat: http://boersenweisheiten.c1l.de/top_geld?page=1;
      abgerufen am 08.03.2011
45   Stern; Die Machtfrage: Bürger gegen Banker; S. 35 ff.; 42/2011

46 Bild; Nach der Verurteilung in der Sex-Affäre;
Warum kann VW Hartz die Rente nicht kürzen? 27.01.2007
47 Manager Magazin; G20-Gipfel;
Steueroasen geben dem Druck nach; 31.03.2009
48 FAZ.NET.net; Artikel-Services; Kreditrisiken;
Die meisten „Conduits" tauchen in keiner Bilanz auf; 12.09.2007
49 Capital; Dossier; Die Lehman-Lüge; 05.08.2009
50 SPIEGEL ONLINE; Hypotheken-Zockerei;
LBBW scheitert mit Klage gegen Goldman Sachs; 29.09.2011
51 SPIEGEL; Der Bankraub; 47/2008
52 SPIEGEL; Der Bankraub; 47/2008
53 Capital; Dossier; Die Lehman-Lüge; 05.08.2009
54 Capital; Dossier; Die Lehman-Lüge; 05.08.2009
55 Capital; Dossier; Die Lehman-Lüge; 05.08.2009
56 Capital; Dossier; Die Lehman-Lüge; 05.08.2009
57 SPIEGEL; Der Bankraub; 47/2008
58 SPIEGEL; Der Bankraub; 47/2008
59 SPIEGEL; Der Bankraub; 47/2008
60 SPIEGEL; Der Bankraub; 47/2008
61 Wirtschaftslexikon; http://wirtschaftslexikon.gabler.de/
Definition/bad-bank.html; abgerufen am 03.07.2011
62 Capital; Dossier; Die Lehman-Lüge; 05.08.2009;
Zeit; Wirtschaftspolitik Die heimlichen Lobbyisten; 01.03.2011;
Wikipedia; http://de.wikipedia.org/wiki/Hans-Werner_
Sinn#cite_ref-3; abgerufen am 03.07.2011, und
Hypo Real Estate; http://www.hyporealestate.com/pdf/Nach-
trag_Boersenzulassungsprospekt.pdf;
abgerufen am 03.07.2011
63 Wirtschaftslexikon; http://wirtschaftslexikon.gabler.de/
Definition/derivate.html; abgerufen am 22.08.2011
64 SPIEGEL; Der Bankraub; 47/2008
65 Capital; Dossier; Die Lehman-Lüge; 05.08.2009
66 Wirtschaftslexikon24; http://www.wirtschaftslexikon24.net/d/
verbriefung/verbriefung.htm;
abgerufen am 03.07.2011
67 Capital; Dossier; Die Lehman-Lüge; 05.08.2009
68 Sueddeutsche.de; Degler denkt – Asmussens Rollenspiel;
24.10.2008
69 http://www.boersennews.de/lexikon/begriff/abs/18;
abgerufen am 03.03.2012
70 Handelsblatt; Jörg Asmussen, Künftiger EZB-Chefvolkswirt
ist gnadenlos pragmatisch; 04.10.2011
71 Sueddeutsche.de; Degler denkt – Asmussens Rollenspiel;
24.10.2008
72 Sueddeutsche.de; Degler denkt – Asmussens Rollenspiel;
24.10.2008
73 Sueddeutsche.de; Degler denkt – Asmussens Rollenspiel;
24.10.2008

74   Handelsblatt; Bankenrettung;
SPD-Abgeordnete geben Steinbrück einen Persilschein;
28.07.2009

75   http://de.wikipedia.org/wiki/J%C3%B6rg_Asmussen;
abgerufen am 01.11.2011

76   SPIEGEL; Der Bankraub; 47/2008

77   SPIEGEL; Der Bankraub; 47/2008

78   SPIEGEL; Der Bankraub; 47/2008

79   SPIEGEL; Der Bankraub; 47/2008

80   SPIEGEL; Der Bankraub; 47/2008

81   http://www.1x1-boerse.de/Leerverkauf-Definition.html;
abgerufen am 12.10.2011

82   Koalitionsvertrag 2005, CDU; http://www.cducsu.de/
upload/koavertrag0509.pdf; abgerufen am 04.07.2011

83   Capital; Dossier; Die Lehman-Lüge; 05.08.2009

84   Finance Magazin; NPL 2006 – Was erwartet uns?;
Ausgabe 2; Dezember 2005

85   Zitat: http://www.wirtschaftszitate.de/thema/geld.php;
abgerufen am 12.08.2011

86   Financial Times; Keine Angst vor der Geldschwemme;
25.02.2009

87   Welt; Millionen Amerikaner leben über ihre Verhältnisse;
28.01.2003

88   Leitzinsen.info

89   Film: Inside Job; Takes a closer look at
what brought about the financial meltdown; 2010

90   Zitat: http://boersenweisheiten.c1l.de/
top_boersenweisheiten?page=12;
abgerufen am 14.04.2011

91   Film: Inside Job; Takes a closer look at
what brought about the financial meltdown; 2010

92   Film: Inside Job; Takes a closer look at
what brought about the financial meltdown; 2010

93   Die US Subprime Hypotheken-Krise;
Den Kreationen exotischer „Affordability-Produkte" sind kaum
Grenzen gesetzt ...; 10.09.2007

94   Die US Subprime Hypotheken-Krise;
Den Kreationen exotischer „Affordability-Produkte"
sind kaum Grenzen gesetzt ...; 10.09.2007

95   Manager Magazin.de; Vergütungsgesetz;
„Vorstände sind noch leichter zu erpressen"; 16.09.2009

96   Zitat: http://www.zitate.de/db/ergebnisse.php?sz=2&stichwort=
&kategorie=Finanzkrise&autor; abgerufen am 03.07.2011

97   http://de.wikipedia.org/wiki/Collateralized_Debt_Obligation

98   Handelsblatt; Bedingte Haftung für Schuldner:
Am Ende hat nur die Bank ein Problem; 03.10.2008

99   Zitat: http://www.handelsblatt.com/unternehmen/
banken/unternehmer-knoepfen-sich-die-banken-vor/4583630.
html?p4583630=all; abgerufen am 07.09.2011

100   SPIEGEL ONLINE; US-Notenbank;
      Fed erhöht Leitzins um 0,25 Punkte; 28.03.2006
101   Ntv.de; USA schaden Weltwirtschaft:
      „Die Party ist vorbei"; 18.03.2008
102   Manager Magazin.de; Out of Business:
      Chronik der Weltwirtschaftskrise; 07.05.2009
103   Manager Magazin; Case-Shiller-Index;
      US-Hauspreise fallen auf neues Tief; 28.02.2012
104   Wirtschaftswoche; Börsenpropheten;
      Düstere Prophezeiung; 05.10.2009
105   http://www.standardandpoors.com/servlet/
      BlobServer?blobheadername3=MDT-Type&blobcol=ur
      ldocumentfile&blobtable=SPComSecureDocument&b
      lobheadervalue2=inline%3B+filename%3Ddownload.
      pdf&blobheadername2=Content-Disposition&blobheadervalue
      1=application%2Fpdf&blobkey=id&blobheadername1=content-
      type&blobwhere=1245318537156&blobheadervalue3=abinary%
      3B+charset%3DUTF-8&blobnocache=true;
      abgerufen am 27.11.2011
106   Süddeutsche.de; Ökonom Nouriel Roubini; Der Prophet des
      Untergangs; 29.01.2009
107   SPIEGEL; MANAGER; Die Bank-Räuber; 13/2008
108   Wirtschaftswoche; Finanzkrise vom Immobilienboom
      zum Börsen-Crash; 04.05.2009
109   SPIEGEL; Der Bankraub; 47/2008
110   Handelsblatt; Baufinanzierer geraten in Schieflage:
      US-Immobilienkrise kocht hoch; 07.03.2007
111   Wirtschaftswoche;
      Finanzkrise vom Immobilienboom zum Börsen-Crash;
      04.05.2009
112   FOCUS ONLINE; Immobilienmarkt;
      US-Hypothekenriese ist pleite; 03.04.2007
113   Wirtschaftswoche; Finanzkrise
      vom Immobilienboom zum Börsen-Crash; 04.05.2009
114   Wirtschaftswoche; Prämienzahlungen Banker kassieren
      trotz Finanzkrise Milliarden als Bonus; 20.02.2008
115   Capital; Dossier; Die Lehman-Lüge; 05.08.2009
116   Manager Magazin.de; Milliardenbürgschaft:
      Staat hält IKB die Stange; 19.06.2009
      Süddeutsche.de; IKB-Verkauf an Lone Star – Ein Schnäppchen-
      preis; 21.08.2008
      Financial Times; Zwischen Insolvenz-Euphorie und Pleiten-
      Panik; 02.11.2009
      Handelsblatt; Krisenbank IKB macht mehr als halbe Milliarde
      Verlust; 26.02.2010
117   Süddeutsche Zeitung; Hypo Real Estate; So genannter Konzern
      will nach Zukauf Namen ändern; 23.07.2007

[118]   Wirtschaftwoche; Chefvolkswirte optimistisch;
IW-Chef: Hypothekenkrise lässt deutsche Wirtschaft kalt;
18.08.2007
[119]   SPIEGEL; Der Bankraub; 47/2008
[120]   SPIEGEL; Der Bankraub; 47/2008
[121]   SPIEGEL; Der Bankraub; 47/2008
[122]   WELT ONLINE; Bankenkrise; EZB pumpt 95 Milliarden Euro in
Geldmarkt; 09.08.2007.
[123]   http://de.wikipedia.org/wiki/Northern_Rock;
abgerufen 27.11.2011
[124]   http://de.wikipedia.org/wiki/Northern_Rock;
abgerufen 27.11.2011
[125]   Stern; US-Kreditkrise in Europa:
Konjunkturdelle statt Wirtschaftskrise; 16.01.2008
Tagesschau.de; Aus der US-Krise wird eine weltweite Krise;
21.11.2008
[126]   http://wirtschaft.t-online.de/richard-branson-kauft-skandal-
bank-northern-rock/id_51551468/index;
abgerufen 27.11.2011
[127]   SPIEGEL; Manager; Die Bank-Räuber; 13/2008
[128]   WELT ONLINE; Merrill Lynch;
Mega-Abfindung für geschassten Chef, 31.10.2007
[129]   Wirtschaftswoche; Finanzkrise vom Immobilienboom
zum Börsen-Crash; 04.05.2009
[130]   FOCUS ONLINE Money; Finanzkrise;
Chronologie der Misere; 06.10.2008
[131]   SPIEGEL; Der Bankraub; 47/2008
[132]   Manager Magazin; Out of Business:
Chronik der Weltwirtschaftskrise; 07.05.2009
[133]   Wirtschaftswoche; Finanzkrise vom Immobilienboom
zum Börsen-Crash; 04.05.2009
[134]   Capital; Dossier; Die Lehman-Lüge; 05.08.2009
[135]   Zitat: http://www.firehorse.at/joomla/index.php?option=com_
content&task=view&id=8&Itemid=28; abgerufen 13.07.2011
[136]   Capital; Dossier; Die Lehman-Lüge; 05.08.2009
[137]   Wirtschaftswoche; Bankenkrise KfW mit neuem Milliardenverlust; 27.03.2009
[138]   WELT ONLINE; Bankenkrise; KfW-Chefin
Matthäus-Maier rechnet ab; 07.04.2008
[139]   FOCUS ONLINE Money; Finanzkrise;
Chronologie der Misere; 06.10.2008
[140]   SPIEGEL ONLINE; Verluste im US-Immobiliensektor;
Heiße Wetten der Deutschen Bank; 16.04.2011
[141]   Wirtschaftswoche; Das verdienen die Top-Banker; 12.04.2011
[142]   Wirtschaftswoche; Das verdienen die Top-Banker; 12.04.2011
[143]   Wirtschaftswoche; Das verdienen die Top-Banker; 12.04.2011
[144]   Wirtschaftswoche; Das verdienen die Top-Banker; 12.04.2011
[145]   Berner Zeitung; 1,6 Milliarden Dollar für Top-Manager
von US-Banken; 31.12.2008

146   WELT ONLINE; Vorstandsgehälter;
       Was Josef Ackermann 2007 verdient hat; 27.03.2008
147   SPIEGEL; MANAGER; Die Bank-Räuber; 13/2008
148   Manager Magazin; Out of Business:
       Chronik der Weltwirtschaftskrise; 07.09.2010
149   Wirtschaftswoche;
       Finanzkrise vom Immobilienboom zum Börsen-Crash;
       04.05.2009
150   Film: Inside Job;
       Takes a closer look at what brought about
       the financial meltdown; 2010
151   http://de.wikipedia.org/wiki/Angelo_Mozilo;
       abgerufen 27.11.2011
152   Wirtschaftswoche;
       Finanzkrise vom Immobilienboom zum Börsen-Crash;
       04.05.2009
153   Manager Magazin; Börsen-Ausverkauf;
       Größter Einbruch seit dem 11. September; 21.01.2008
154   SPIEGEL; Der Bankraub; 47/2008
155   Wirtschaftswoche;
       Finanzkrise vom Immobilienboom zum Börsen-Crash;
       04.05.2009
156   Wirtschaftswoche;
       Finanzkrise vom Immobilienboom zum Börsen-Crash;
       04.05.2009
157   Wirtschaftswoche;
       Finanzkrise vom Immobilienboom zum Börsen-Crash;
       04.05.2009
158   Die Presse; Northern Rock bis zum Hals in roten Zahlen;
       31.03.2008
159   Bundesfinanzministerium; Gesellschaft und Zukunft; Entwick-
       lung der Finanzmarktkrise; Von der US-Subprime-Krise zum Bad
       Bank-Gesetz; 22.12.2009
160   FOCUS ONLINE Money; Finanzkrise;
       Chronologie der Misere; 06.10.2008
161   Die Presse; US-Großbank Bear Stearns am Abgrund; 16.03.2008
162   SPIEGEL ONLINE; Finanzkrise: EZB pumpt
       70 Milliarden Euro in den Markt; 16.09.2008
163   Handelsblatt; Finanzkrise;
       Bear Stearns Ex-Chefs keiner Schuld bewusst; 05.05.2010
164   Süddeutsche; Millionen für Pleite-Banker–
       Die Bosse des Kapitals; 07.03.2009
165   Wirtschaftswoche; Banken Finanzsektor weiter
       von Liquiditätssorgen belastet. 20.03.2008
166   Manager Magazin; Out of Business:
       Chronik der Weltwirtschaftskrise; 07.05.2009;
       Wirtschaftswoche; Finanzkrise Banken müssen weiter leiden;
       06.05.2008;
       Wirtschaftswoche; Banken,

Ackermann sieht Ende der Finanzkrise; 17.05.2008;
Handelsblatt; „Bankräuber!":
Markige Zitate zur Finanzkrise; 1.09.2009

[167] Wirtschaftswoche; Hauptversammlung der IKB
„Fast" alles getan?; 27.03.2008

[168] http://www.rechtslexikon-online.de/Aufsichtsrat.html;
01.03.2011

[169] SPIEGEL ONLINE; Kursmanipulation;
Ex-Chef der IKB zu Bewährungsstrafe verurteilt;
14.07.2010

[170] Wirtschaftswoche; Finanzkrise Merrill Lynch schockiert
mit neuerlicher Milliarden-Abschreibung; 17.04.2008

[171] Wirtschaftswoche; Finanzkrise Royal Bank of Scotland
muss 7,4 Milliarden abschreiben; 22.04.2008

[172] Wirtschaftswoche; Finanzkrise Deutsche Bank schreibt
erstmals seit 2003 rote Zahlen; 29.04.2008

[173] Tagesanzeiger; Dinner for Joe kommt vor Gericht;
4.04.2011

[174] Tages Anzeiger; „Dinner for Joe" kommt vor Gericht; 04.04.2011

[175] FOCUS ONLINE Money; Deutsche Bank;
Josef Ackermann steigert Gehalt um 580 Prozent; 16.03.2010

[176] Handelsblatt; „Bankräuber!": Markige Zitate zur Finanzkrise;
01.09.2009

[177] NZZ; NZZ am Sonntag; US-Bank IndyMac ist pleite;
Staatliche Rettung kostet vier bis acht Milliarden Dollar;
13.07.2008;
Wirtschaftswoche; Nach Indymac-Absturz
Milliardenhilfe für US-Hypothekengiganten; 14.07.2008

[178] T-Online; Größte Bankenpleite in den USA seit 1984; 14.07.2008

[179] Wirtschaftswoche; Tagung des internationalen Bankenverbandes IIF; Ackermann drängt auf neue Bilanzregeln; 17.07.2008

[180] Wirtschaftswoche; Investmentbanken;
Merrill Lynch sucht mit Rosskur Weg aus der Finanzkrise;
29.07.2008

[181] Stern; „Was auf Finanzmärkten läuft, ist Betrug"; 30.09.2011

[182] Manager Magazin; Rettungspaket; Neue Bilanzregeln
entlasten Banken; 23.10.2008.

[183] http://www.gaspreistabelle.de/mhouben/TV/docs/
frisieren.pdf; abgerufen März 2010

[184] Manager Magazin; Bankbilanzen;
Minus + Minus = Plus; 29.04.2009

[185] Manager Magazin; Out of Business:
Chronik der Weltwirtschaftskrise; 07.05.2009

[186] Wirtschaftswoche; Finanzkrise US-Regierung fängt Fannie Mae
und Freddie Mac auf; 08.09.2008

[187] http://de.wikipedia.org/wiki/Fannie_Mae;
abgerufen 27.11.2011

[188] Zitat: http://www.zitate.de/kategorie/Finanzkrise/;
abgerufen 04.03.2010

189   FOCUS ONLINE; Lehman Brothers insolvent; 15.09.2008;
        SPIEGELONLINE, Finanz-Crash;
        Lehman Brothers kaschierte Pleitegefahr mit Bilanztricks;
        12.03.2010
190   Film: Inside Job; Takes a closer look
        at what brought about the financial meltdown; 2010
191   Süddeutsche; Millionen für Pleite-Banker –
        Die Bosse des Kapitals; 07.03.2009
192   Financial Times; Hedge-Fonds-Chef im Interview;
        Der Leerverkäufer, der auf den China-Crash wartet; 01.05.2011
193   FAZ.NET; Banken; KfW überweist Lehman zum Konkurs
        300 Millionen; 17.08.2008
194   FOCUS ONLINE; Lehman-Überweisung;
        Keine Ermittlungen mehr gegen KfW-Vorstände; 07.09.2010
195   Süddeutsche; Hilmar Kopper, Mr. Klartext drückt sich vor dem
        Ruhestand; 12.03.2010
196   Handelsblatt; Weltwirtschaft: Vorsicht Investmentbanker!
        26.08.2011
197   Allianz zieht bei Börsenwert mit AIG gleich,
        Financial Times Deutschland (Printausgabe)
        vom 25. Juni 2008, Seite 17
198   WELT ONLINE; Staatliche Banken;
        Irland bittet private Gläubiger zur Kasse; 28.06.2011
199   Süddeutsche Zeitung; AIG
        Das gefährlichste Unternehmen der Welt; 07.03.2009
200   WELT ONLINE; Staatliche Banken;
        Irland bittet private Gläubiger zur Kasse; 28.06.2011
201   SPIEGEL ONLINE; Finanzkrise:
        US-Notenbank rettet Versicherungsgigant AIG; 17.09.2008
202   Tagesschau; Bilanz der Rettung des
        Versicherungskonzerns AIG ;
        „Undenkbar, diesen Giganten fallen zu lassen"; 16.09.2009
203   Focus; AIG: US-Regierung fordert Millionen-Boni
        zurück;18.03.2009
204   Zeit online; AIG: Nach der Rettung ist vor der Rettung;
        09.03.2009
205   http://de.wikipedia.org/wiki/American_International_Group;
        abgerufen 27.11.2011
206   Süddeutsche Zeitung; AIG,
        Das gefährlichste Unternehmen der Welt; 07.03.2009
207   Wirtschaftswoche; Finanzkrise Welche Banken
        Staats-Milliarden von AIG erhalten haben; 20.03.2009
208   Wirtschaftswoche; Finanzkrise Welche Banken
        Staats-Milliarden von AIG erhalten haben; 20.03.2009
209   WELT ONLINE; US-Versicherer AIG; Pleite-Manager erhielt eine
        Million – pro Monat; 8.10.2008 und
        der Film: Inside Job; Takes a closer look at what brought about
        the financial meltdown; 2010

[210] N24; „Würde mich schämen";
Ackermann: Deutsche Bank braucht keine Hilfe; 18.10.2008
[211] Zitat: http://www.zitate.de/; abgerufen am 01.08.2011
[212] Stern; Die Machtfrage: Bürger gegen Banker; S. 35 ff.; 42/2011
[213] FOCUS ONLINE; Washington Mutual;
Größte US-Sparkasse ist pleite; 26.09.2008
[214] Wirtschaftswoche; Finanzkrise; Washington Mutual
legt größte Bankenpleite der US-Geschichte hin; 26.09.2008;
Süddeutsche Zeitung; Die globale Finanzkrise und ihre Folgen
Washington Mutual bricht zusammen; 26.09.2008
[215] Süddeutsche; Millionen für Pleite-Banker –
Die Bosse des Kapitals; 07.03.2009
[216] Bundesfinanzministerium; Gesellschaft und Zukunft;
Entwicklung der Finanzmarktkrise;
Von der US-Subprime-Krise zum Bad Bank-Gesetz; 22.12.2009
[217] FOCUS ONLINE Money; Finanzkrise;
Chronologie der Misere; 06.10.2008
[218] Süddeutsche Zeitung; Hilfe für die Finanzbranche
US-Senat billigt 700-Milliarden-Paket; 02.10.2008
[219] Manager Magazin.de; Out of Business: Chronik der
Weltwirtschaftskrise; 07.05.2009
[220] SPIEGEL ONLINE; Merkel und Steinbrück im Wortlaut:
„Die Spareinlagen sind sicher"; 05.10.2008
[221] WELT ONLINE; Daran messen wir Angela Merkel;
Großes Gedrucke um Sparergarantie; 11.10.2009
[222] Wirtschaftswoche; Absatzeinbruch Autoindustrie
von Finanzkrise hart getroffen; 08.10.2008
[223] Zitat: http://www.wdr.de/tv/monitor/sendungen/
2011/0825/bruessel.php5; 25.08.2011
[224] Tagesschau; Britische Regierung gibt Rettungspaket bekannt;
500 Milliarden Pfund für die Banken; 08.10.2008
[225] http://www.dontox.de/2008/kaupthing-edge-hoechster-tages
geldzins-hoechste-unsicherheit; abgerufen 27.11.2011
[226] FAZ.NET; Island vor dem Staatsbankrott;
Informationsdebakel um russische Milliarden; 07.10.2008;
FOCUS ONLINE; Finanzkrise; Island verstaatlicht Kaupthing
Bank; 09.10.2008;
Wirtschaftswoche; Finanzkrise; Deutsche Kaupthing-Sparer
brauchen einen langen Atem; 30.10.2008
[227] Tagesschau; Hilfe im Kampf gegen drohenden Staatsbankrott;
IWF-Milliardenkredit soll Island retten; 24.10.2008
[228] Tagesschau; Sonderlösung für isländischen Sicherungsfonds;
Deutsche Kaupthing-Sparer erhalten ihr Geld zurück; 22.11.2009
[229] Tagesschau; Regierung sieht Finanzmarktkrise als Hauptgrund;
USA melden Rekorddefizit von 455 Milliarden Dollar; 15.10.2008
und
Wirtschaftswoche; Finanzkrise, Auch die UBS ist jetzt in
Staatshänden; 16.10.2008
[230] http://de.wikipedia.org/wiki/UBS; abgerufen 27.11.2011

231   SPIEGEL ONLINE; Fall Kweku Adoboli; UBS-Kontrolleure sollen
       Milliarden-Minus übersehen haben; 16.09.2011
232   Tagesschau; Köhler unterschreibt Eilgesetz; Bankenpaket ist
       unter Dach und Fach; 17.10.2008
233   FOCUS ONLINE Money; Finanzkrise;
       Chronologie der Misere; 06.10.2008
234   http://www.fmsa.de/de/SoFFin/ziele/
235   SoFFin; Vertrauen ist gut, Kontrolle besser; Ingo Blank und
       Dietrich Krauß; SWR, 19.05.2009; SoFFin.de, Sonderfonds
       Finanzmarktstabilisierung; Frank-Schaeffler.de, Das Finanz-
       marktstabilisierungsgesetz und die externen Anwaltskanzleien.
       Antwort der Bundesregierung auf die Parlamentarische Anfrage
       des Abgeordneten Frank Schäffler; Stroebele-online.de,
       Die Anfragen und Statements des Abgeordneten Stroebele zur
       Finanzmarktrettung; Report.de, Beitrag zum Finanzmarktstabi-
       lisierungsgesetz (20.04.2009); plusminus.de, Bad Bank – Risiko
       für Steuerzahler (WDR, 12.05.2009); plusminus.de, Good Bank
       – Rendite für Mensch und Natur? (WDR, 12.05.2009); plusminus.
       de, Finanzkrise – Wie deutsche Banken Kreditnehmer in Be-
       drängnis bringen (mdr, 21.10.2008); MDR.de, Lexikon: Stichwor-
       te zur Finanzkrise
236   Lobbypedia; Freshfields in der Finanzkrise; 09.03.2009
237   Schriftliche Fragen mit den in der Woche vom 27. Oktober 2008
       eingegangenen Antworten der Bundesregierung,
       Bundestags-Drucksache 16/10733 vom 31.10.2008, S. 10 f.
238   FOCUS ONLINE; Keiner weiß es genau, 27.10.2008,
       abgerufen am 27.10.2010
239   SZ; Im Feuer geschmiedet; 20.02.2009
240   Handelsblatt, 23.11.2008
241   Lobbypedia; Freshfields in der Finanzkrise; 09.03.2009
242   FOCUS ONLINE Money; Finanzkrise;
       Chronologie der Misere; 06.10.2008
243   NTV.de; Sorgenkinder HRE und WestLBSoFFin macht riesigen
       Verlust; 23.10.2011
244   Stern; Teure Bankenrettung – Milliardenlast für SoFFin,
       31.12.2011 und
       n-tv.de; Sorgenkinder HRE und WestLBSoFFin macht riesigen
       Verlust; 23. 10.2011
245   http://de.wikipedia.org/wiki/Ungarn#Wirtschaftsdaten, http://
       www.nzz.ch/nachrichten/wirtschaft/aktuell/ungarn_bittet_um_
       finanzielle_hilfe_1.13376806.html, http://www.welt.de/finanzen/
       article13724478/Nun-erschuettert-die-Schuldenkrise-auch-Ost
       europa.html; alle abgerufen am 27.11.2011
246   Tagesschau; Strauss-Kahn kündigt Finanzpakete an;
       IWF eilt Ungarn und Ukraine zur Hilfe; 27.10.2008
247   Wirtschaftswoche; Finanzkrise; Ungarn erhält
       20 Milliarden Euro von IWF, EU und Weltbank; 29.10.2008
248   Tagesschau; Chronologie der Krise; 04.11.2008

249   http://www.faz.net/aktuell/wirtschaft/
       ratingagentur-moody-s-ungarn-auf-ramsch-niveau-herabge
       stuft-11540638.html; abgerufen am 27.11.2011
250   Tagesschau; Wegen Liquiditätsproblemen;
       Zwei deutsche Immobilienfonds stoppen Auszahlungen;
       29.10.2008
251   Tagesschau; Chronologie der Krise; 31.10.2008
252   WELT ONLINE; Konjunkturflaute 29.10.2008;
       US-Notenbank senkt Leitzins auf 1,0 Prozent; 29.10.2008
253   Tagesschau; Kreditinstitut will Milliardenhilfe; Commerzbank
       nimmt Rettungspaket in Anspruch; 3.11.2008;
       Tagesschau; Chronologie der Krise; 03.11.2008
254   Zitat: http://www.zitate.de/; abgerufen am 16.02.2010
255   Tagesschau; Chronologie der Krise; 29.10.2008
256   Die Presse; Runter auf 2,5 Prozent:
       Rekord-Zinssenkung der EZB; 04.12.2008
257   SPIEGEL ONLINE; Bernard Madoff;
       Alle Artikel; Hintergründe und Fakten; 11.12.2008
258   Zeit; Krise; FED verabschiedet sich von traditioneller
       Geldpolitik; 09.04.2009
259   FAZ.NET; Finanzkrise; Japan folgt Amerika und senkt
       Leitzins auf fast Null; 19.12.2008
260   Tagesschau; Pleitewelle durch die Wirtschaftskrise;
       „Es gibt derzeit keinen Silberstreif am Horizont"; 3.02.2010
261   Wirtschaftswoche; Bankenkrise KfW mit neuem
       Milliardenverlust; 27.03.2009
262   Manager Magazin; KfW-Chef Schröder;
       Höheres Gehalt als bisher bekannt; 22.11.2008
263   Süddeutsche; Service; Gehaltstest; 22.06.2010, und
       Süddeutsche Zeitung; Gehältervergleich; Das verdient
       die Bundeskanzlerin; 15.07.2010
264   Wirtschaftswoche; Finanzkrise;
       Deutsche Bank mit Milliardenverlust; 14.01.2009
       http://www.deutsche-bank.de/medien/de/content/
       presse_informationen_2009_4366.htm
265   FAZ.NET; Banken;
       London schnürt zweites Milliarden-Rettungspaket; 19.01.2009
266   Wirtschaftswoche; Versicherungen;
       Dresdner Bank reißt Allianz tief in die roten Zahlen; 26.02.2009
267   Zitat: http://www.finanztip.de/recht/bank/
       boeersenweisheiten.htm; abgerufen am 03.07.2011
268   Basler Zeitung; Wie viel die Top-Banker der USA verdienen;
       26.05.2010
269   Manager Magazin; Blackstone-Chef Schwarzman;
       Zwei Millionen Dollar „Verdienst" pro Tag; 14.08.2009
270   FOCUS ONLINE Money; Finanzkrise;
       Chronologie der Misere; 06.10.2008
271   Süddeutsche Zeitung; Gehältervergleich;
       Das verdient die Bundeskanzlerin; 15.07.2010

272   Kölner Stadtanzeiger; Bürger verlieren 140 Milliarden;
       11.05.2009
273   Tagesschau; Export und Produktion brechen ein;
       Schwarzer Dezember für deutsche Autohersteller; 06.01.2009
274   Tagesschau; Autoindustrie reduziert Produktion;
       Kurzarbeit in der Krisenzeit; 12.01.2009
275   NTV.de; 61 000 Mitarbeiter betroffen;
       Kurzarbeit auch bei VW; 20.01.2009
276   Wirtschaftswoche; Finanzkrise;
       Commerzbank wird teilverstaatlicht; 08.01.2009
277   Zitat: http://www.spiegel.de/wirtschaft/soziales/
       0,1518,770666,00.html; abgerufen 27.06.2011
278   FOCUS ONLINE; Zentralbank EZB
       senkt Leitzins auf 2,0 Prozent; 15.01.2009
279   FAZ.NET; Anglo Irish Bank;
       Irland verstaatlicht erste Bank; 16.01.2009
280   FAZ.NET; Banken; London schnürt
       zweites Milliarden-Rettungspaket; 19.01.2009
281   Wirtschaftswoche; Royal Bank of Scotland;
       Rückkehr zum Kerngeschäft; 26.02.2009
282   Handelsblatt; Royal Bank of Scotland:
       RBS-Chef legt sich mit der Regierung an; 27.02.2009
283   Tagesschau; ING mit Milliardenverlust, ING-DiBa
       mit Gewinnen; Mutter im Minus, Tochter im Plus; 26.01.2009
284   Stern; Zwölf Milliarden Euro;
       Hypo Real Estate erhält neue Garantien; 21.01.2011
285   Wirtschaftswoche; Programm zur Konjunkturbelebung;
       Bundestag beschließt zweites Konjunkturpaket; 13.02.2009
286   WELT ONLINE; Ex-Notenbankchef;
       Wie die Finanzkrise Alan Greenspan entzauberte; 04.03.2011
287   FOCUS ONLINE Money; Finanzkrise; Chronologie der
       Misere; 06.10.2008
288   Tagesschau; Nachfrage übersteigt ursprüngliches Budget
       deutlich; Mehr als eine Million Anträge auf Abwrackprämie;
       01.04.2009, und
       Tagesschau; Chronologie der Krise; April 2009;
       Globaler Kampf gegen die Finanzkrise; 30.04.2009
289   SPIEGEL ONLINE; Goldman Sachs-Chef;
       „Banken verrichten Gottes Werk"; 08.11.2009
290   Siegel; Ausgabe Nr. 31; S. 61; 27.07.2009
291   Basler Zeitung; Wie viel die Top-Banker der USA verdienen;
       26.05.2010
292   Tagesschau; Studie: Länder steckten 39 Milliarden Euro in den
       Finanzsektor; Der Staat bleibt der größte Bankeninvestor;
       16.02.2010
293   Süddeutsche Zeitung; Puzzle des Grauens; S. 22; 28.09.2010
294   DasErste; Landesbanken zahlen trotz Staatshilfen
       weiter Luxusgehälter; 06.08.2009;
       SPIEGEL ONLINE; WestLB und LBBW;

…und die Reichen immer reicher werden

295   Landesbank-Chefs kassieren trotz Staatshilfen Spitzengehälter;
       06.08.2009;
       Focus; Landesbank Baden-Württemberg;
       Neuem Chef reichen 500 000 Euro Gehalt nicht; 12.05.2009
       Handelsblatt; FDP-Finanzexperte; „Die HRE ist als
       Zombie-Bank ein Fass ohne Boden"; 11.09.2010,
296   DP-Finanzexperte; „Die HRE ist als Zombie-Bank
       ein Fass ohne Boden"; 11.09.2010
297   NTV; Frei von Giftpapieren; HRE macht Gewinn; 20.05.2011
298   NTV; Bad Bank tiefrot;
       HRE-Müll bringt Milliardenverlust; 24.05 2011
299   Sueddeutsche.de; Milliardenfehler bei Bad Bank der HRE;
       Zu viele Nullen; 01.11.2011
300   SPIEGEL ONLINE; Milliardenpanne bei Hypo Real Estate;
       Schäuble schont die Pfusch-Banker; 02.11.2011
301   Bild; 19 840 Euro im Monat Skandal-Pension für Banker;
       25.09.2010
302   SPIEGEL ONLINE; US-Untersuchungsbericht;
       Hall of Shame der Finanzkrise; 28.01.2011
303   WELT ONLINE; Schuldenkrise;
       Im Würgegriff der Mafia aus Finanzwelt und Politik; 01.06.2011
304   Zitat: http://www.zitate.de/; abgerufen 18.07.2011
305   FAZ.NET; Alan Greenspan; Der Magier der Geldpolitik;
       24.10.2005, und SPIEGELONLINE; US-Untersuchungsbericht;
       Hall of Shame der Finanzkrise; 28.01.2011
306   SPIEGEL ONLINE; US-Untersuchungsbericht;
       Hall of Shame der Finanzkrise; 28.01.2011
307   http://de.wikipedia.org/wiki/Geldmenge;
       abgerufen am 01.03.2012
308   Wikipedia; http://de.wikipedia.org/wiki/Alan_Greenspan;
       abgerufen am 01.09.2011
309   http://de.wikipedia.org/wiki/Geldmenge;
       abgerufen am 22.11.2011
310   Boerse.ARD; Die Fed – Hüterin des Dollar; 24.09.2009, und
       Financial Times; Lehman-Krise:
       Fed stützte Banken mit 1200 Milliarden Dollar 23.08.2011
311   Boerse.ARD; Die Fed – Hüterin des Dollar; 24.09.2009
312   Zitat, http://www.geldsystem.de/wirtschaftskrisen-und-finanz
       krisen-zitate; abgerufen am 7.08.2011
313   SPIEGEL ONLINE; US-Untersuchungsbericht;
       Hall of Shame der Finanzkrise; 28.01.2011
314   SPIEGEL ONLINE; US-Untersuchungsbericht;
       Hall of Shame der Finanzkrise; 28.01.2011
315   Film: Inside Job; Takes a closer look
       at what brought about the financial meltdown; 2010
316   SPIEGEL ONLINE; US-Untersuchungsbericht;
       Hall of Shame der Finanzkrise; 28.01.2011
317   SPIEGEL ONLINE; US-Untersuchungsbericht;
       Hall of Shame der Finanzkrise; 28.01.2011

318   SPIEGEL ONLINE; US-Untersuchungsbericht;
Hall of Shame der Finanzkrise; 28.01.2011
319   Die Presse; Kritik: Deutsche Bank als
„Schlangengrube voller Gier"; 15.04.2011
320   SPIEGEL ONLINE; US-Untersuchungsbericht;
Hall of Shame der Finanzkrise; 28.01.2011
321   New York Times; Rubin Leaving Citigroup;
Smith Barney for Sale; 9.01.2009
322   SPIEGEL ONLINE; US-Untersuchungsbericht;
Hall of Shame der Finanzkrise; 28.01.2011
323   SPIEGEL ONLINE; US-Untersuchungsbericht;
Hall of Shame der Finanzkrise; 28.01.2011
324   Herald Tribune; Dollar17,000 an hour.
No success required; 18.09.2008
325   SPIEGEL ONLINE; US-Untersuchungsbericht; Hall of
Shame der Finanzkrise; 28.01.2011, und
http://de.wikipedia.org/wiki/Fannie_Mae;
abgerufen am 27.11.2011
326   Tagesanzeiger.ch; Fannie Mae bettelt wieder bei der US-Regierung; 1.03.2012
327   Teleboerse; Neue Milliarden vom Staat;
Fannie Mae braucht wieder Hilfe; 29.02.2012
328   SPIEGEL ONLINE; US-Untersuchungsbericht;
Hall of Shame der Finanzkrise; 28.01.2011
329   Wirtschaftswoche; Vorwurf des US-Senats;
Deutsche Bank ist Mitauslöser der Finanzkrise, 14.04.2011
330   Wirtschaftswoche; Vorwurf des US-Senats;
Deutsche Bank ist Mitauslöser der Finanzkrise, 14.04.2011
331   Wirtschaftswoche; Vorwurf des US-Senats;
Deutsche Bank ist Mitauslöser der Finanzkrise, 14.04.2011
332   SPIEGEL ONLINE; US-Bericht zur Finanzkrise;
Ohrfeige für die Deutsche Raffgierbank; 15.04.2011
333   SPIEGEL ONLINE; US-Bericht zur Finanzkrise;
Ohrfeige für die Deutsche Raffgierbank; 15.04.2011
334   Zeit; Wirtschaftspolitik Die heimlichen Lobbyisten; 01.03.2011;
Handelsblatt; Wirtschaft und Politik: Die heimlichen Lobbyisten;
01.03.2011
335   Zeit; Wirtschaftspolitik; Die heimlichen Lobbyisten; 01.03.2011;
Handelsblatt; Wirtschaft und Politik:
Die heimlichen Lobbyisten; 01.03.2011;
336   Managermagazin; Schattenbanken;
Geldhäuser verschieben erneut Milliardenrisiken; 27.04.2011
337   http://www.cesifo-group.de/portal/page/portal/ifoHome/
f-about/f3aboutifo/50ifostaff/_ifocv_sinn_h_lang
338   http://de.wikipedia.org/wiki/Bert_Rürup; abgerufen am
27.11.2011
339   http://de.wikipedia.org/wiki/Walter_Riester;
abgerufen am 27.11.2011

340   Zitat: http://www.der-buchspezialist.de/die-reinste-form-des-
       wahnsinns-ist-es-alles-beim-alten-zu-lassen-und-gleichzeitig-
       zu-hoffen-dass-sich-etwas-aendert/; abgerufen am 07.03.2010
341   Handelsblatt; Deutscher Bankentag:
       Wulff und Merkel warnen vor neuer Krise; 31.03.2011
342   Wirtschaftswoche; Schuldenkrise,
       Der Euro hat keine Chance – nutzen wir sie!; 30.11.2010
343   SPIEGEL ONLINE; Banken-Boom; Tanz auf dem Vulkan;
       08.05.2011
344   Handelsblatt; Interview mit Martin Mack: „Die meisten Staaten
       gehen nicht Pleite – sie sind es schon"; 12.05.2011
345   Manager Magazin; Staatsbankeninitiative;
       US-Schuldenstaaten revoltieren gegen Wall Street; 29.09.2011
346   Finanztest; http://www.finanzentest.de/lexikon/1579/Schatten
       bank.html; 02.08.2011, und
       Manager Magazin; Schattenbanken;
       Geldhäuser verschieben erneut Milliardenrisiken; 27.04.2011
347   SPIEGEL ONLINE; Banken-Boom;
       Tanz auf dem Vulkan; 08.05.2011
348   Wikipedia; abgerufen am 24.05.2011;
       http://de.wikipedia.org/wiki/Basel_III
349   SPIEGEL ONLINE; Banken-Boom;
       Tanz auf dem Vulkan; 08.05.2011
350   Bundesministerium der Finanzen;
       http://www.bundesfinanzministerium.de/nn_310/DE/
       BMF__Startseite/Service/Glossar/U/003 __ Umsatzsteuer.html;
       abgerufen am 20.09.2011
351   DasErste; Rückschau: Abgehobene Finanzmärkte;
       Wann kommt die Besteuerung?; 21.09.2011
352   Handelsblatt; S.62; Ex-Bankmanager kauft Wohnung
       für 11 Millionen; Nr. 140; 23.07.2011
353   SPIEGEL ONLINE; 7.700 Dollar:
       AIG zahlte Bleibeprämie für Küchenhilfe; 14.10.2009
354   WELT ONLINE; Goldman Sachs-Berater:
       Hohe Boni schaffen „größeren Wohlstand für alle"; 22.10.2009
355   WELT ONLINE; Goldman Sachs-Berater:
       Hohe Boni schaffen „größeren Wohlstand für alle"; 22.10.2009
356   Süddeutsche; Hypo Real Estate;
       Millionen-Boni für Manager der Krisenbank; 18.09.2010
357   Financial Times; FT-Studie;
       Bankmanager kassieren fast 40 Prozent mehr; 14.06.2011
358   Financial Times; HSH und WestLB; Landesbanken zahlen wieder
       Boni; 24.02.2010
       SPIEGEL ONLINE; Florierendes Investmentbanking;
       Wall-Street-Banker kassieren Rekordvergütung; 12.10.2010
       Manager Magazin; Marode Immobilienbank; Empörung über
       Millionenboni der HRE; 19.09.2010
       SPIEGEL ONLINE; Florierendes Investmentbanking;
       Wall-Street-Banker kassieren Rekordvergütung; 12.10.2010

359   SPIEGEL ONLINE, Bankenboom; Tanz auf dem Vulkan,
        08.05.2011
360   FOCUS ONLINE; John Paulson;
        Der Fünf-Milliarden-Dollar-Mann; 28.01.2011
361   Bundesministerium der Finanzen; http://www.bundesfinanz
        ministerium.de/nn_39826/DE/BMF__Startseite/Service/
        Glossar/H/001__Hedge-Fonds.html; abgerufen 2.08.2011
362   SPIEGEL ONLINE; Erfolgreiche Spekulation;
        Hedgefonds scheffeln mehr Geld als Großbanken; 02.03.2011
363   FOCUS ONLINE; John Paulson; Der Fünf-Milliarden-Dollar-
        Mann; 28.01.2011
364   Financial Times; Trotz Milliardengewinns 2010;
        Daimler fällt an der Börse durch; 16.02.2011
365   WELT ONLINE; Dickes Aktienpaket:
        Apple versüßt Tim Cook den Einstand; 27.08.2011
366   WELT ONLINE; Wall Street; Manager kassieren ab,
        Aktionäre gehen fast leer aus; 25.05.2011
367   WELT ONLINE; Wall Street; Manager kassieren ab,
        Aktionäre gehen fast leer aus; 25.05.2011
368   WELTONLINE; Wall Street; Manager kassieren ab,
        Aktionäre gehen fast leer aus; 25.05.2011
369   NZZ Online; Breite Kritik am neuen UBS-Chef
        Sergio Ermotti; 22.10.2011
370   Tages Anzeiger; Großzügig vor allem mit sich selbst; 10.12.2010,
        und
        http://de.wikipedia.org/wiki/UBS; abgerufen am 27.11.2011
371   SPIEGEL ONLINE; Urteil in Paris,
        Börsenzocker Kerviel soll Milliarden zurückzahlen, 05.10.2010
372   Handelsblatt; Skandal bei der UBS; Die Bad Banker; 15.09.2011
373   Handelsblatt; Pinocchio des Tages: Erwischt ...; 21.09.2011
374   WELT ONLINE; Grübel-Rücktritt;
        UBS droht nach Zockerskandal Führungschaos; 25.09.2011
375   Zitat: http://boersenweisheiten.c1l.de/top_bank?page=1; abge-
        rufen am 03.03.2009
376   Boerse.ARD; Goldman Sachs kauft sich mit Millionen frei;
        16.07.2010
377   Süddeutsche; Analyse von Goldman Sachs; Investmentriese
        schürt Angst vor zweiter Weltwirtschaftskrise; 01.09.2011
378   Handelsblatt; Einigung im US-Steuerstreit:
        Deutsche Bank kauft sich frei; 21.12.2010
379   Baseler Zeitung; Liechtensteiner Bank kauft sich frei; 16.12.2010
380   SPIEGEL ONLINE; Julius Bär;
        Schweizer Privatbank kauft sich von Steuerverfahren frei;
        14.04.2011
381   Manager Magazin; Steuerverfahren;
        Credit Suisse zahlt 150 Millionen Euro; 19.09.2011
382   N24; Risiko trägt Steuerzahler; Ackermann „einer der gefähr-
        lichsten Banker"; 14.04.2011

383 http://www.investorwissen24.de/boersenlexikon/e/news/
eigenkapitalrendite/; abgerufen am 3.07.2011
384 FOCUS ONLINE; Ex-IWF-Chefökonom Ackermann „einer der
gefährlichsten Banker der Welt"; 14.04.2011, und
N24; Risiko trägt Steuerzahler; Ackermann „einer der gefährlichsten Banker"; 14.04.2011
385 SPIEGEL ONLINE; 25-Prozent-Ziel;
Ex-IWF-Chefökonom zählt Ackermann zu gefährlichsten Bankern; 14.04.2011
386 Handelsblatt; Deutsche Bank:
Londoner Top-Banker nehmen Börsig aufs Korn; 30.05.2011
387 SPIEGEL ONLINE; Wall-Street-Lobbyismus;
Republikaner hebeln Obamas Finanzreform aus; 31.03.2011
388 SPIEGEL ONLINE; Griechenland-Angst an der Wall Street;
„Das ist Wahnsinn"; 29.06.2011
389 Manager Magazin; Finanzmarktregulierung;
Britische Banken spielen auf Zeit; 12.09.2011
390 FOCUS ONLINE; Subprime-Bonds:
Die Gift-Papiere der Finanzkrise sind zurück; 05.04.2011
391 Wall Street Jornal; ANALYSE;
Anleger finden wieder Geschmack an Subprime-Bonds;
16.02.2012
392 Handelsblatt; Anlageberatung;
Banker verheimlichen ihre Provisionen; 14.09.2011, und
FOCUS ONLINE; Verbraucherzentrale; Banken verheimlichen
oft die Provisionen; 14.09.2011
393 Handelsblatt; Anlageberatung;
Banker verheimlichen ihre Provisionen; 14.09.2011, und
FOCUS ONLINE; Verbraucherzentrale;
Banken verheimlichen oft die Provisionen; 14.09.2011
394 Zitat, mobil.handelsblatt.com/;type=artikel/top/4583630;
abgerufen am 07.09.2010
395 Handelsblatt; Medienbericht; Neue Hinweise zu riskanten Ma-
növern bei MF Global , 01.01.2012,
Handelsblatt; Nach dem Konkurs; MF-Global sucht immer noch
Kundengelder; 21.11.2011,
http://en.wikipedia.org/wiki/MF_Global;
abgerufen am 25.01.2012
396 SPIEGEL ONLINE; Pleite von MF Global;
Der Boss, der von nichts wusste, 16.12.2011
397 SPIEGEL ONLINE; Wall-Street-Insiderhandel; Im Club der Kriminellen; 20.01.2012
398 Handelsblatt; Optionsscheine; Commerzbank bietet Wette auf
den eigenen Untergang; 25.11.2011
399 Deutsche Mittelstands Nachrichten; Die Alchemisten kommen:
Banken tricksen wieder bei Risikopapieren; 16.11.11, 01:15
400 Deutsche Mittelstands Nachrichten; Die Alchemisten kommen:
Banken tricksen wieder bei Risikopapieren; 16.11.11, 01:15

401   Deutsche Mittelstands Nachrichten; Die Alchemisten kommen:
        Banken tricksen wieder bei Risikopapieren; 16.11.11, 01:15
402   Zitat: Handelsblatt; Medienbericht; Neue Hinweise zu riskanten
        Manövern bei MF Global, 01.01.2012
403   Stern; Theo Waigel zum Euro-Rettungsschirm
        „Was auf Finanzmärkten läuft, ist Betrug"; 30.09.2011
404   Die Presse; Bank of England:
        „Die Saat des eigenen Untergangs"; 07.03.2011
405   Zitat: IHK; Magazin der Wirtschaft;Verzicht auf Finanzmarktre-
        form bedroht Demokratie; Nr. 06/2011
406   Zitat, http://www.zitate-online.de/literaturzitate/
        allgemein/19784/nicht-die-kinder-bloss-speist-man-mit-maer
        chen-ab.html; abgerufen am 07.03.2010
407   Handelsblatt; Kolumne; Nachgerechnet:
        Wenn das eigene Depot nur für die Bank arbeitet; 05.09.2011
408   Handelsblatt; Kolumne; Nachgerechnet:
        Wenn das eigene Depot nur für die Bank arbeitet; 05.09.2011
409   FAZ.NET; Im Gespräch: Paul Woolley;
        „Der Finanzsektor blutet uns aus"; 28.03.2011
410   Deutsche Mittelstands Nachrichten; Finanzen;
        Wie die Stadt Pforzheim von JPMorgan
        für dumm verkauft wurde; 06.03.2012
411   Zitat: http://www.finanztip.de/recht/bank/
        fondsvergleich-grundlagen.htm, abgerufen am 09.03.2010
412   Süddeutsche Zeitung; Rechte der Sparer:
        Dann ist das Geld halt weg; 06.12.2010
413   Handelsblatt; Urteil mit Sprengkraft;
        Was ist die Einlagensicherung Wert; 07.12.2010
414   Zitat: http://www.zitate-online.de/literaturzitate/
        allgemein/134/ein-bankier-ist-ein-mensch-der-seinen-
        schirm.html; abgerufen am 09.03.2010
415   http://www.start-trading.de/blog/liste-der-pleitebanken-usa/
416   Capital; Deutsche Bankenpleiten; 05.12.2007;
        http://www.capital.de/finanzen/100008796.html
417   Zitat: http://www.zitate-online.de/sprueche/
        allgemein/16512/eine-bank-ist-ein-ort-an-dem-man-
        geld-geliehen.html; abgerufen am 09.03.2010
418   Zitat: http://finance.wiwi.tu-dresden.de/Wiki-fi/index.php/
        Warren_Buffet; abgerufen am 09.03.2010
419   Handelsblatt; Weltwirtschaft: Vorsicht Investmentbanker!;
        26.08.2011, und
        Finanzen.net; abgerufen am 03.3.2012
420   Zitat: http://boersenweisheiten.c1l.de/top_wirtschaft;
        abgerufen am 09.03.2010
421   Wirtschaftswoche; Finanzkrise Sein und Schein:
        Dumme Sprüche von Bankern und Analysten; 21.10.2008
422   Wirtschaftswoche; Finanzkrise Sein und Schein:
        Dumme Sprüche von Bankern und Analysten; 21.10.2008

423 Wirtschaftswoche; Finanzkrise Sein und Schein:
Dumme Sprüche von Bankern und Analysten; 21.10.2008
424 Wirtschaftswoche; Finanzkrise Sein und Schein:
Dumme Sprüche von Bankern und Analysten; 21.10.2008
425 Handelsblatt; „Bankräuber!":
Markige Zitate zur Finanzkrise; 01.09.2009
426 Handelsblatt; „Bankräuber!":
Markige Zitate zur Finanzkrise; 01.09.2009
427 Manager Magazin; Jahresgutachten;
Wirtschaftsweise fordern Steuersenkungen; 07.11.2007
428 Die Bundesregierung; Konjunktur;
Deutsche Wirtschaft wächst weiter; 5.2008
http://www.bundesregierung.de/Content/DE/Magazine/Maga-
zinWirtschaftFinanzen/058/t2-konjunktur-deutsche-wirtschaft-
waechst-weiter.html
429 Bundesbank; Pressenotiz; 06.06.2008; http://www.bundesbank.
de/download/presse/pressenotizen/2008/20080603.wirtschafts
prognose.php
430 FOCUS ONLINE; Konjunktur;
Bundesregierung senkt Wachstumsprognose; 02.01.2008
431 http://www.destatis.de/jetspeed/portal/cms/Sites/
destatis/Internet/DE/Presse/pk/2010/BIP2009/
Pressebroschuere__BIP2009,property=file.pdf
432 WELT ONLINE; Konjunktur;
Kommt Deutschland in die Rezession?; 09.08.2008
433 SPIEGEL ONLINE; Wirtschaftskrise;
Welthandel erleidet Rekordeinbruch; 24.02.2010
434 Lexikon der Finanzirrtümer; W. Bareis; N. Nauhauser; S. 67; 2009
435 Zitat: http://boersenweisheiten.blogspot.com/;
abgerufen am 22.07.2010
436 Zitat: http://www.fortunanetz.de/kbeobacht/2011/
Maerz/Mar10.php; abgerufen am 22.09.2011
437 Boerse.ARD; Ratingagenturen – so mächtig und so umstritten;
08.07.2010
438 Teleboerse.de; Umstrittene Bonitätsprüfer;
Ratingagenturen unter Beschuss; 29.04.2010
439 SPIEGEL ONLINE; US-Untersuchungsbericht;
Hall of Shame der Finanzkrise; 28.01.2011
440 Quelle: www.parlament.ch/d/suche/seiten/geschaefte.
aspx?gesch_id=20083644
441 www.dradio.de/dlf/sendungen/hintergrundpolitik/940365/)
442 SPIEGEL ONLINE; US-Untersuchungsbericht;
Hall of Shame der Finanzkrise; 28.01.2011
443 Zitat: http://www.der-betrieb.de/content/_p=285,
qdf=09.08.2011,qts=HANDELSBLATT,
qtxp=Geithner%252c+Timothy; abgerufen am 09.08.2011
444 Handelsblatt; Pinocchio des Tages: Erwischt ...; 16.08.2011,
445 Die Presse; „Ratingagenturen haben Schockzustand herbeige-
führt"; 29.04.2010

446   Financial Times; David Einhorn;
       Der lächelnde Totengräber; 29.05.2009
447   SPIEGEL ONLINE; US-Untersuchungsbericht;
       Hall of Shame der Finanzkrise; 28.01.2011
448   FAZ.NET; Im Gespräch: Professor James Galbraith;
       „Krise geht auf institutionalisierten Betrug zurück" 13.12.2010
449   Manager Magazin; Verflechtung;
       Moody's und S&P bieten Brüssel neue Angriffsflächen;
       17.08.2011
450   FOCUS ONLINE; Subprime-Bonds:
       Die Gift-Papiere der Finanzkrise sind zurück; 05.04.2011
451   Zitat: http://www.silberknappheit.de/zitate.php;
       abgerufen am 22.04.2010
452   Statisda.com; http://de.statista.com/themen/112/inflation/;
       abgerufen am 22.09.2011
453   http://de.wikipedia.org/wiki/Inflation, abgerufen am 14.03.2010
454   Finanzwissen.de; abgerufen am 22.05.2009
455   http://de.statista.com/statistik/daten/studie/1045/umfrage/
       inflationsrate-in-deutschland-veraenderung-des-verbraucher
       preisindexes-zum-vorjahresmonat/; abgerufen am 27.11.2011
456   Zitat: http://www.manager-magazin.de/magazin/
       artikel/0,2828,757203-2,00.html;
       abgerufen am 15.04.2011
457   WELT ONLINE am Sonntag;
       „Die Notenbank manipuliert seit Jahren den Markt"; 05.06.2011
458   Manager Magazin; Schuldenkrise;
       Die Meister des Verdrängens; 15.04.2012
459   Die Presse; Wenn Bankenkrisen der Staatsbankrott folgt;
       10.10.2009
460   SPIEGEL ONLINE; Finanzkrise treibt Neuverschuldung
       auf Rekordniveau; 24.01.2010
461   http://www.wirtschaftszitate.de/thema/politik.php
462   Zitat: http://www.silberknappheit.de/zitate.php;
       abgerufen am 15.04.2011
463   http://www.eurexchange.com/about_de.html;
       abgerufen am 06.06.2011
464   http://www.finanz-lexikon.de/finanzderivat_2610.html;
       abgerufen am 14.10.2011
465   Welt; Edelmetalle; Ist Gold ein gutes Investment
       oder nur Liebhaberei; 03.03.2012;
       Neue Zürcher Zeitung; Leicht höheres Derivate-Volu-
       men;18.05.2011 und
       Handelsblatt; Finanzderivate; EU macht Front gegen Finanz-
       spekulation; 09.02.2012 und http://de.wikipedia.org/wiki/
       Eurex#Handelsvolumen; abgerufen am 20.05.2011
466   Stern; Das globale Wettbüro; Ausgabe 36/2010
467   Neue Züricher Zeitung; Leicht höheres Derivate-Volumen;
       18.05.2011

...und die Reichen immer reicher werden

[468] Wirtschaftswoche; Börsenhandel Börse im Bann der Maschinen; 22.09.2010
[469] http://en.wikipedia.org/wiki/High-frequency_trading; abgerufen am 27.11.2011
[470] Stern; Das globale Wettbüro; Ausgabe 36/2010
[471] Stern; Das globale Wettbüro; Ausgabe 36/2010
[472] Zitat: Handelsblatt; „Bankräuber!": Markige Zitate zur Finanzkrise; 01.09.2009
[473] Manager Magazin; Schattenbanken; Geldhäuser verschieben erneut Milliardenrisiken; 27.04.2011
[474] Webseite BlackRock; Unternehmensprofil; abgerufen am 12.05.2011
[475] Webseite BlackRock; http://www2.blackrock.com/ global/home/AboutUs/History/index.htm; abgerufen am 27.06.2011
[476] WirtschaftsWoche; Finanzmarkt; Wie BlackRock von der großen Krise profitierte, 12.05.2011
[477] Webseite BlackRock; Unternehmensprofil; abgerufen am 12.05.2011 http://www.blackrockinvestments.de/content/groups/germansi te/documents/literature/1111085528.pdf Stand: 31. Dezember 2010
[478] Zahlen und Fakten des Geschäftsberichts zum 1. Quartal 2011. Website der Deutschen Bank; abgerufen am 03.05.2011. http://geschaeftsbericht.deutsche-bank.de /2011/q1/zahlenundfakten.html
[479] Handelsblatt; Neue Deutschland AG: In welchen DAX-Konzernen Blackrock steckt; 01.06.2011 und http://www.db.com/ir/de/content/aktionaersstruktur.htm
[480] Wirtschaftswoche; Finanzmarkt; Wie BlackRock von der großen Krise profitierte, 12.05.2011
[481] Tagesanzeiger.ch; „China ist ausser Kontrolle"; 27.05.2011
[482] Tagesanzeiger.ch; „China ist ausser Kontrolle"; 27.05.2011
[483] WELT ONLINE; Teure Produkte; Inflation in China steigt auf Drei-Jahres-Hoch; 09.08.2011; Tagesanzeiger.ch; „China ist ausser Kontrolle"; 27.05.2011
[484] Zitat: Handelsblatt; Pinocchio des Tages: Erwischt ...; 16.08.2011
[485] SPIEGEL ONLINE; Rasante Teuerung; Kampf gegen Inflation bremst Chinas Wachstum; 18.10.2011
[486] WELT ONLINE; Teure Produkte; Inflation in China steigt auf Drei-Jahres-Hoch; 09.08.2011
[487] Berner Zeitung; „China ist außer Kontrolle"; 27.05.2011
[488] Financial Times; Immobilien; Kampf gegen Immobilienblase; 20.05.2011
[489] SPIEGEL ONLINE; Finanzkrise in Fernost; In den Fängen der Schattenbanker, 16.11.2011
[490] Financial Times; Hedge-Fonds-Chef im Interview; Der Leerverkäufer, der auf den China-Crash wartet; 01.05.2011

491   Deutsche Mittelstands Nachrichten; China:
      Immobilienkrise hätte gravierende Folgen für die Weltwirt-
      schaft; 26.08.2011
492   Financial Times; Überhitzungsgefahr; China muss die
      Notbremse ziehen; 25.01.2010
493   Financial Times; Überhitzungsgefahr; China muss die Notbrem-
      se ziehen; 25.01.2010, und
      WELT ONLINE; Immobilienblase;
      Chinesen können sich kein Wohneigentum leisten; 08.03.2010
494   Manager Magazin; Immobilien;
      Chinas Millionäre stürmen Vancouver und London; 07.06.2011
495   Manager Magazin; Immobilien;
      Chinas Millionäre stürmen Vancouver und London; 07.06.2011
496   Zeit; Immobilienmarkt; Was, wenn die China-Blase platzt?;
      28.06.2011
497   WELT ONLINE; Immobilienblase; Chinesen können sich kein
      Wohneigentum leisten; 08.03.2010
498   http://www.chinesischbusiness.de/202_0/einkommen.html;
      abgerufen am 03.05.2011
499   Die Presse; Konjunkturgefahr durch Chinas „Geisterstädte";
      12.04.2011
500   Die Presse; Konjunkturgefahr durch Chinas „Geisterstädte";
      12.04.2011
501   SPIEGEL ONLINE; JAPAN; Dann geht Nippon unter; 15.11.2010
502   Handelsblatt; Bulle & Bär:
      Hedge-Fonds wetten auf Crash in China; 04.07.2011
503   Die Presse; Chinas verborgener Schuldenberg; 08.09.2011
504   Wirtschaftswoche; Ende des Booms;
      China fällt als Retter der Weltwirtschaft aus; 16.08.2011
505   Wirtschaftswoche; Ende des Booms
      China fällt als Retter der Weltwirtschaft aus; 16.08.2011
506   Zitat: www.geldsystem.de/wirtschaftskrisen-und-finanzkrisen
      zitate;
      abgerufen am 03.05.2011.
507   www.steuerzahler.de
508   http://www.spiegel.de/wikipedia/Staatsverschuldung.html;
509   http://www.spiegel.de/wikipedia/Staatsverschuldung.html;
      abgerufen am 12.05.2011,
      WELT ONLINE; Sechs-Billionen-Lücke;
      Forscher setzten deutsche Schulden dreimal höher an;
      21.03.2010, und
      Handelsblatt; Die wahre Schuldenlast; Deutschlands große
      Lüge; 24.09.2011
510   Handelsblatt; Die wahre Schuldenlast;
      Deutschlands große Lüge; 24.09.2011
511   Zitat: http://www.zitate-portal.com/ergebnisliste_popup.
      php?g autorid=5343&PHPSESSID=ce888c2d5325b01aeb554a57
      77203bdf;abgerufen am 14.05.2011
512   SPIEGEL ONLINE; Wie die Schuldenkrise entstand; 26.08.2010

513 www.steuerzahler.de/; abgerufen am 22.09.2011
514 FOCUS ONLINE; Staatsfinanzen; Wie pleite ist Deutschland?;
     27.07.2011 und
     www.steuerzahler.de; abgerufen am 05.03.2012
515 SPIEGEL ONLINE; Haushaltsloch; Kommunen
     so arm wie noch nie; 14.02.2011
516 Handelsblatt; Bundesländer im Minus:
     Wie Deutschland in seinen Schulden versinkt; 04.08.2011
517 SPIEGEL ONLINE; Marsch in die Billionen-Miese;
     Schuldenjunkie Deutschland; 26.08.2010
518 FOCUS ONLINE; Staatsverschuldung;
     Die unterschätzte Gefahr; 04.11.2009
519 FOCUS ONLINE; Staatsverschuldung;
     Die unterschätzte Gefahr; 04.11.2009
520 FOCUS ONLINE; Staatsfinanzen; Wie pleite ist Deutschland?;
     27.07.2011
521 www.steuerzahler.de
522 www.steuerzahler.de
523 Zitat: http://zeitenwende.ch/zitate/; abgerufen am 19.05.2011
524 FOCUS ONLINE; Staatsfinanzen; Wie pleite ist Deutschland?;
     27.07.2011, und
     SPIEGEL ONLINE; Krisen-Atlas; Wo die meisten Schuldner
     wohnen; 04.11.2010
525 Zitat: http://www.zitate-portal.com/
     ergebnisliste_popup.php?g_autorid=4647&PHPSESSID=09118b
     8ba234a42b5a816d40d08e2898; 19.05.2011
526 WELT ONLINE; Internationale Studie Schulden; 26.02.2010
527 WELT ONLINE; Internationale Studie Schulden; 26.02.2010
528 http://de.wikipedia.org/wiki/Staatsbankrott;
     abgerufen am 16.03.2011
529 Handelsblatt; Währung unter Druck:
     Enttäuschte Spekulanten lassen den Euro fallen; 17.05.2011
530 Handelsblatt; Überschuldung: Die spektakulärsten Staatsbank-
     rotte; 25.01.2010, und
     Berner Zeitung; Viele Staaten sind Mehrfach-Bankrotteure;
     30.08.2011
531 Zitat: http://www.zitate-portal.com/ergebnisliste_popup.
     php?g_autorid=7576&PHPSESSID=547aaca808884ec207fc26b8
     46109d08; 19.05.2011
532 Zitat: http://www.zitate.de/db/ergebnisse.php?sz
     =2&stichwort=&kategorie=Wirtschaft&autor;
     abgerufen am 19.05.2011
533 Zeit; US-Schulden; Amerika ist fast wie Griechenland; 15.02.2011
534 FOCUS ONLINE; WIRTSCHAFT; „Der Dollar fällt auf null";
     8.11.2010
535 FOCUS ONLINE; Inflation; Ben Bernanke – der Mann,
     der die Welt ruiniert; 23.08.2011
536 Wirtschaftswoche; Zwischen Inflation und Deflation, 22.09.2011

537   Zitat: http://www.handelsblatt.com/finanzen/boerse-maerkte/
       anleihen/kraeftige-kursgewinne-bei-deutschen-anleihen/
       3138052.html; abgerufen am 19.03.2009
538   SPIEGEL ONLINE; Wahnsinn 2.0; 23.11.2009
539   Neue Züricher Zeitung; Die USA stehen schlechter da als
       Griechenland; 200 Billionen Dollar implizite Schulden durch
       „Schneeballsysteme" in Altersvorsorge; 11.03.2011
540   FOCUS ONLINE; Inflation; Ben Bernanke – der Mann,
       der die Welt ruiniert; 23.08.2011
541   Financial Times; Umstrittene Anleihekäufe;
       FED überholt China als größten Gläubiger der USA; 02.02.2011
542   Manager Magazin; Schuldenkrise;
       Die Meister des Verdrängens; 15.04.2012
543   Die Presse; Fed: Die größte „Bad Bank" der Welt?; 10.08.2011
544   SPIEGEL ONLINE; Inflationsangst;
       Amerikas neuer Goldrausch; 30.03.2011
545   Zitat: http://www.wiwo.de/finanzen/krieg-der-worte-und-waeh
       rungen-464429/; abgerufen am 28.04.2011
546   Handelsblatt; Marc Faber im Interview:
       „US-Staatsanleihen sind finanzieller Selbstmord"; 19.08.2011
547   Handelsblatt; Schuldenkrise:
       Zehn unangenehme Wahrheiten über die USA; 18.04.2011
548   http://de.statista.com/statistik/faktenbuch/332/a/laender/
       usa---vereinigte-staaten-von-amerika/bevoelkerung-der-usa/
       und http://www.google.com/publicdata?ds=wb-wdi&met_y=sp_
       pop_totl&tdim=true&dl=de&hl=de&q=bev%C3%B6lkerung+w
       elt
549   SPIEGEL ONLINE; Kongress; US-Finanzminister fürchtet Staats-
       bankrott; 07.01.2011
550   Financial Times; US-Bundeshaushalt;
       Amerikas schlummernde Staatskrise; 08.03.2011, und
       Zeit; Tea-Party-Gründer; „Die Regierung nimmt uns
       unsere Freiheit"; 01.08.2011
551   Financial Times; Verblüffende Vergleiche;
       US-Schulden reichen bis zum Mond; 20.05.2011
552   http://www.usdebtclock.org/
553   FOCUS ONLINE Money; Staatsanleihen Kurz vorm Kollaps;
       20.08.2010
554   SPIEGEL ONLINE; Gigantische Schuldenberge;
       US-Bundesstaaten stehen vor der Pleite; 30.01.2011
555   FOCUS ONLINE; Euro-Turbulenzen;
       Wie die USA von ihrer Mega-Krise ablenken; 21.12.2010
556   Handelsblatt; Schuldenkrise:
       Zehn unangenehme Wahrheiten über die USA; 18.04.2011
557   Handelsblatt; Schuldenkrise: Zehn unangenehme
       Wahrheiten über die USA; 18.04.2011
558   Financial Times; Wall Streeter;
       Ist der Ruf erst ruiniert; 13.10.2011

559   Manager Magazin; Finanzkollaps in den USA; Pleitewelle erfasst US-Kommunen; 29.12.2011

560   Zitat: http://www.handelsblatt.com/finanzen/boerse-maerkte/anlagestrategie/us-staatsanleihen-sind-finanzieller-selbstmord/4508068.html?p4508068=all; abgerufen am 19.08.2011

561   Handelsblatt; Schuldenkrise: Zehn unangenehme Wahrheiten über die USA; 18.04.2011

562   FOCUS ONLINE; Euro-Turbulenzen; Wie die USA von ihrer Mega-Krise ablenken; 21.12.2010

563   Handelsblatt; Schuldenkrise: Zehn unangenehme Wahrheiten über die USA; 18.04.2011

564   Süddeutsche Zeitung; Neues Immobiliendrama in den USA; Gut gefülltes Pulverfass; 23.05.2011

565   Handelsblatt; Case-Shiller-Index: US-Hauspreise stürzen auf tiefsten Stand seit acht Jahren; 31.05.2011

566   Manager Magazin; Case-Shiller-Index; US-Häusermarkt bleibt am Boden; 30.08.2011

567   http://www.handelsblatt.com/unternehmen/it-medien/apple-zulieferer-muss-produktion-anhalten/5203816.html; abgerufen am 27.11.2011

568   SPIEGEL ONLINE; Wall-Street-Lobbyismus; Republikaner hebeln Obamas Finanzreform aus; 31.03.2011

569   SPIEGEL ONLINE; Finanzturbulenzen; „Der Markt stürzt ins Chaos"; 24.08.2011

570   Zeit; US-Schulden Amerika ist fast wie Griechenland; 15.02.2011

571   Neue Züricher Zeitung; Die USA stehen schlechter da als Griechenland; 200 Billionen Dollar implizite Schulden durch „Schneeballsysteme" in Altersvorsorge; 11.03.2011

572   Financial Times; Schuldenkrise; Pimco befeuert Wette gegen US-Staatsanleihen; 10.05.2011

573   Kurier; Minnesota pleite – USA könnten folgen; 05.07.2011

574   Cash.ch, USA: Pleite abgewendet, AAA-Rating bleibt vorerst. Auch der Senat billigte den Kompromiss; 03.08.2011

575   WELT ONLINE; Rekorddefizit; US-Schulden übersteigen eigene Wirtschaftsleistung; 04.08.2011

576   Tagesanzeiger; Die Menschen sind dumm; 02.08.2011

577   Financial Times; Die nicht an den Aufschwung glauben; 18.09.2009

578   Handelsblatt; US-Währung: Uno warnt vor Dollarkrise; 25.05.2011

579   Zitat: http://boersenweisheiten.c1l.de/top_wirtschaftskrise?page=4; abgerufen am 19.09.2011

580   WELT ONLINE; Euro-Schuldensünder; Griechenland hortet vier Millionen Unzen Gold; 27.06.2011

581   Wirtschaftswoche; Staatsanleihen; Italiener erfanden die Staatsverschuldung; 30.08.2011

582   Handelsblatt; Rezession in Portugal: Arbeitslosigkeit steigt auf 30-Jahres-Hoch; 18.05.2011 und

http://www.google.de/publicdata/
explore?ds=z8o7pt6rd5uqa6_&met_y=unemployment_
rate&idim=country:pt&fdim_y=seasonality:sa&dl=de&hl=de&q
=portugal+arbeitslosenquote
abgerufen am 22.01.2012 und
http://epp.eurostat.ec.europa.eu/cache/ITY_PUBLIC/
3-01032012-AP/DE/3-01032012-AP-DE.PDF;
abgerufen am 06.03.2012;

583   Tagesschau; Laut Statistikamt 9,1 Prozent Defizit im
vergangenen Jahr; Portugals Neuverschuldung
höher als angenommen; 24.04.2011
Neckar-Chronik; Harte Zeiten – und härtere Zeiten; Portugal
kommt an Sparauflagen von IWF und EU nicht vorbei; 6.06.2011
und
http://www.welt.de/wirtschaft/article13881555/
Auch-Portugal-wird-noch-laenger-am-EU-Tropf-haengen.html;
abgerufen am 06.03.2012

584   http://wirtschaftslexikon.gabler.de/Definition/
bruttoinlandsprodukt-bip.html?referenceKeywordName=BIP;
abgerufen am 8.08.2011

585   FOCUS ONLINE Money; Schuldenkrise; Portugal erhält
weitere Milliarden; 13.09.2011

586   http://www.boerse-go.de/nachricht/Portugal-braucht-wohl-
noch-mehr-Geld,a2699746,b207.html;
abgerufen am 27.11.2011

587   SPIEGEL ONLINE; Euro-Krise; Rating-Riese stuft Portugal auf
Ramschniveau; 27.11.2011

588   Focus Money; Wackliges Hilfspaket,
Griechen könnten nochmal 50 Milliarden brauchen;
04.03.2012,

589   Deutsche Mittelstands Nachrichten; Sparprogramme; In der
Krise boomt die Schattenwirtschaft in Portugal, 20.01.12

590   Wirtschaftswoche; Staatsanleihen Italiener erfanden die Staatsverschuldung; 30.08.2011

591   Zeit; Euro-Krise;
Schulden machen wird für Spanien und Italien teurer; 13.01.2011

592   Financial Times; Schuldenkrise.
Die Gründe für Italiens Misere; 20.09.2011

593   FOCUS ONLINE; Staatsverschuldung;
Hektik an der Espresso-Front; 28.08.2011

594   WELT ONLINE; Jugendarbeitslosigkeit; In Italien verzweifelt
eine ganze Generation; 31.05.2011

595   Tagesschau; Revolte der jungen Italiener; „Italien steht still!";
19.06.2011

596   WELT ONLINE; Euro-Krise; Slowakei –
„Lasst Griechenland pleitegehen!"; 26.08.2011

597   Zeit; Schuldenkrise Italien verabschiedet Milliarden-Sparpaket;
15.07.2011

...und die Reichen immer reicher werden

598   Die Presse; EZB kauft italienische und spanische Anleihen; 08.08.2011

599   Deutsche Mittelstands Nachrichten; Schuldenkrise: Italien verliert den Glauben an sich selbst; 14.08.11

600   Handelsblatt; Märkte in Aufruhr; Italien feiert Pyrrhussieg am Bondmarkt; 10.11.2011

601   Financial Times; Schuldenstaat Italien zahlt so viel wie zuletzt 1997; 10.11.2011

602   Handelsblatt; Italienische Großbank; Unicredit macht fast elf Milliarden Euro Verlust; 14.11.2011

603   Deutsche Mittelstands Nachrichten; Italien: Monti ist im Nebenjob Berater bei Goldman Sachs; 14.11.2011

604   Deutsche Mittelstands Nachrichten; Italien: Monti ist im Nebenjob Berater bei Goldman Sachs; 14.11.2011

605   Deutsche Mittelstands Nachrichten; Italien: Monti ist im Nebenjob Berater bei Goldman Sachs; 14.11.2011

606   Berner Zeitung; Viele Staaten sind Mehrfach-Bankrotteure; 30.08.2011

607   Finanzen.net; Eurokrise: Auch Spanien muss an den Tropf; 15.06.2011

608   Ntv.de; Arbeitslosenquote über 20 Prozent; Spaniens Defizit wächst; 17.06.2011

609   Welt; Auch-Portugal wird noch laenger am EU-Tropf haengen; 06.03.2012

610   Handelsblatt; Sparpläne; Italiener und Spanier verzweifeln an Staatsschulden; 18.08.2011

611   FOCUS ONLINE; Schuldenkrise; Gefährlicher Dominoeffekt; 20.06.2011

612   NTV; „Ungewisse Wachstumsaussichten"; S&P stuft Spanien herab; 14.10.2011, und Handelsblatt; Nächstes Sorgenkind; Spanien an der Schwelle zu Rezession; 11.11.2011

613   Die Presse; Spanien: Hunderttausend protestieren gegen Regierung; 20.06.2011

614   Finanzen.net; Eurokrise: Auch Spanien muss an den Tropf; 15.06.2011

615   Die Presse; Spaniens Jugend kehrt dem Staat den Rücken; 20.06.2011; http://www.tt.mtin.es/periodico/laboral/201203/FEBRERO%20 avance.pdf; abgerufen am 06.03.2012 und http://epp.eurostat.ec.europa.eu/cache/ITY_PUBLIC/3-01032012-AP/DE/3-01032012-AP-DE.PDF vom 01.03.2012; abgerufen am 06.03.2012

616   Finanzen.net; Eurokrise: Auch Spanien muss an den Tropf; 15.06.2011

617   Finanzen.net; Eurokrise: Auch Spanien muss an den Tropf; 15.06.2011

618   SPIEGEL ONLINE; Immobilienkrise; 700 000 spanische Neubauten stehen leer; 05.07.2011

619   Handelsblatt; Sparpläne;
       Italiener und Spanier verzweifeln an Staatsschulden; 18.08.2011
620   Manager Magazin; Währungskrise;
       „Dann steigen die Deutschen aus dem Euro aus"; 25.07.2011
621   Tagesanzeiger; Die Iren zahlen einen hohen Preis; 04.10.2010
622   SPIEGEL ONLINE; Schuldenkrise;
       Europa fürchtet die verflixten Fünf; 11.02.2010;
       Welt; Die Finanzkrise ist noch lange nicht überstanden;
       12.09.2010; Wirtschaft online; Schuldenkrise: Irlands Staatsdefi-
       zit klettert auf 32 Prozent; 30.09.2010
623   Immonet.news; Immobilienkrise in Irland: Insel der leeren Häu-
       ser; 23.11.2010
624   Tagesanzeiger; Die Iren zahlen einen hohen Preis; 04.10.2010
625   Sueddeutsche Zeitung; Finanzkrise in Irland.
       Da braut sich was zusammen; 9.09.2010
626   Tagesanzeiger; Die Iren zahlen einen hohen Preis; 04.10.2010
627   Ntv.de; Astronomisches Haushaltsdefizit; Bankenrettung
       schlaucht Irland; 05.01.2011
628   Süddeutsche Zeitung; Finanzkrise in Irland Da braut sich was
       zusammen; 09.09.2010
629   Handelsblatt; Erstes Halbjahr 2011: Irisches Defizit über zehn
       Milliarden Euro; 04.07.2011
630   Manager Magazin; Staat, Unternehmen, Privathaushalte:
       Wer am meisten Schulden anhäuft; 18.10.2011
631   Tages Anzeiger; Wir steuern hier in Griechenland
       auf eine Katastrophe zu; 29.06.2011
632   Deutsche Welle; Journal Extra;
       Wird der Beamte in Deutschland zum Auslaufmodell? 10.01.2011
       WELT ONLINE; Zählung;
       Das kleine Griechenland hat 768.000 Beamte; 30.07.2010
633   Der Tagesspiegel; Griechenland; Der geplünderte Staat;
       12.05.2011
634   Handelsblatt; Zahl des Tages: Griechenlands
       Offenbarungseid; 13.05.2011
635   Zitat: http://www.wirtschaftsblatt.at/home/international/
       wirtschaftspolitik/nouriel-roubini-gibt-der-eurozone-noch-
       fuenf-jahre-482133/index.do; abgerufen am 27.07.2011
636   Rheinische Post; Wie Griechenland Geld verschleuderte;
       31.05.2011
637   FOCUS ONLINE; Schuldenkrise in Europa.
       Bitte lasst Griechenland endlich Pleite gehen; 04.10.2011
638   SPIEGEL ONLINE; Chaotische Verwaltung;
       Griechenland überweist toten Rentnern Geld; 06.06.2011
639   FOCUS ONLINE; EURO-KRISE Athen:
       Beim Zeus, diese Griechen!; 17/2011
640   Focus; Rentenbetrug,
       Griechenland zahlte acht Milliarden Euro an Tote; 31.10.2011
641   Rheinische Post; Wie Griechenland Geld verschleuderte;
       31.05.2011

642   FOCUS ONLINE; Griechenland; Ohne Korruption läuft nichts; 02.03.2010

643   Rheinische Post; Wie Griechenland Geld verschleuderte; 31.05.2011

644   Handelsblatt; Verrückte Prämien: Wo die Griechen ungeniert abkassieren; 28.06.2011

645   Der Tagesspiegel; Griechenland; Der geplünderte Staat; 12.05.2011

646   Handelsblatt; Verrückte Prämien: Wo die Griechen ungeniert abkassieren; 28.06.2011

647   Handelsblatt; Verrückte Prämien: Wo die Griechen ungeniert abkassieren; 28.06.2011

648   Rheinische Post; Wie Griechenland Geld verschleuderte; 31.05.2011

649   Financial Times; Griechenland und Euro-Krise; Drachme oder Tod?; 07.06.2011

650   WELT ONLINE; Welt; „Wir sind nur auf andere Art korrupt"; 14.03.2010

651   ARD; plusminus; Rückschau: Steueroasen; Mekka für flüchtiges Kapital; 29.03.2011

652   Tagesschau; Finanzminister warnt vor baldiger Zahlungsunfähigkeit. Viele Griechen holen Ersparnisse von der Bank; 24.05.2011

653   Handelsblatt; Euro-Schuldenländern: Superreiche schaffen Geld nach London; 25.05.2011

654   Süddeutsche.de; Luxusimmobilien in London Griechen im Kaufrausch; 01.11.2011

655   SPIEGEL ONLINE; Griechenland; Angriff auf Schweizer Konten; 07.02.2011

656   Handelsblatt; Banken in der Klemme. Griechen räumen ihre Konten leer; 14.11.2011

657   Zitat: http://www.handelsblatt.com/panorama/ pinocchio-des-tages/erwischt-/3728114.html#image; abgerufen am 14.10.2011

658   Financial Times; Krise der Währungsunion; Juncker verteidigt Notlüge zu Griechenland; 12.05.2011

659   Financial Times; Rückzug; Deutsche Versicherer halbieren Griechenland-Investments; 09.06.2011

660   SPIEGEL ONLINE; Pleiteangst; Griechische Großbank flieht aus griechischen Anleihen; 15.06.2011

661   http://de.wikipedia.org/wiki/Athex_Composite_Share_Price_In dex; abgerufen am 25.11.2011

662   http://de.wikipedia.org/wiki/Loukas_Papadimos; abgerufen am 27.11.2011

663   Wirtschaftswoche; Griechenland; CDU-Finanzexperte warnt vor „Konkursverschleppung"; 17.09.2011

664   WELT ONLINE; Schuldenkrise;
Im Würgegriff der Mafia aus Finanzwelt und Politik; 01.06.2011
665   Zitat: http://www.wiwo.de/politik-weltwirtschaft/galerien/stim
men-zum-boersenchaos-2078/2/george-soros-hedge-fonds-
manager.html;
abgerufen am 18.09.2011
666   Handelsblatt-Aktion; Wir kaufen griechische Staatsanleihen!;
03.05.2010
667   FOCUS ONLINE; Schuldenkrise;
Wie gefährlich ist Griechenland?; 20.06.2011
668   WELT ONLINE; Euro-Krise; Slowakei – „Lasst Griechenland
Pleitegehen!"; 26.08.2011
669   http://de.wikipedia.org/wiki/Griechische_Finanzkrise;
abgerufen am 27.11.2011
670   http://de.wikipedia.org/wiki/Griechische_Finanzkrise#Erstes_
Rettungspaket_von_EU_und_IWF_.E2.80.93_April_2010;
abgerufen am 04.03.2012
671   SPIEGEL ONLINE; Rekordminus;
Britische Schulden durchbrechen erstmals Billionen-Pfund-
Grenze, 24.01.2012
Neue Züricher Zeitung; Schulden höher als das
Bruttoinlandsprodukt; Großbritannien versinkt im Schulden-
meer; 01.03.2010
FAZ; Staatsanleihen; „Großbritannien könnte das nächste Griechenland werden"; 24.02.2010
Manager Magazin; Staat, Unternehmen, Privathaushalte: Wer
am meisten Schulden anhäuft; 18.10.2011
FAZ; Staatsanleihen; „Großbritannien könnte das nächste Griechenland werden"; 24.02.2010
672   Deutsche Mittelstands Nachrichten; Schuldenfalle; Großbritannien: Explosion der Schulden auf Kreditkarten; 12.11.2011
673   Basler Zeitung; „Staatsanleihen sind wie Nitroglycerin";
03.02.2010
674   Welt; Großbritannien;
Londoner Banker bekommen dickes Lohnplus; 22.11.2011
675   WELT ONLINE; Kreditwürdigkeit; Ratingagentur S&P straft
neun Euro-Länder ab; 13.01.2012
676   Focus; AA- für Bundesrepublik;
Ratingzwerg stuft Deutschland herab; 18.01.2012
677   Zitat: http://www.spiegel.de/fotostrecke/fotostrecke-54834-15.
html; abgerufen am 14.05.2011
678   Zitat: http://www.focus.de/politik/deutschland/eu-hague-bau-
der-eurozone-war-kollektiver-wahnsinn_aid_669993.html;
abgerufen am 03.10.2011
679   Wirtschaftswoche; Währungsunion; Die Lebenslügen des Euro;
03.08.2011
680   Wirtschaftswoche; Währungsunion; Die Lebenslügen des Euro;
03.08.2011

...und die Reichen immer reicher werden

681 Wirtschaftswoche; „Die Euro-Zone wird zusammenbrechen"; 24.03.2010 und
Handelsblatt; Düstere Prognose:
Greenspan prophezeit Zusammenbruch des Euros; 23.08.2011

682 Finanzen.net; EUR/CZK CZ-Klaus: Euro gescheitert; 27.04.2010

683 WELT ONLINE; Papiergeld ist ein Experiment; 31.01.2010

684 Handelsblatt; Experten-Check: Wie Griechenland den Goldpreis treibt; 30.04.2010

685 Manager Magazin; Staatsverschuldung; Krisenländer schulden Deutschland 513 Milliarden; 13.12.2010

686 Wikipedia; http://de.wikipedia.org/wiki/EU-Anleihe; abgerufen am 05.11.2011

687 Zitat: http://www.geldsystem.de/wirtschaftskrisen-und-finanz krisen-zitate; abgerufen am 14.05.2011

688 Zitat: http://www.spiegel.de/fotostrecke/fotostrecke-54834. html; 14.05.2011

689 WELT ONLINE; Unverzeihlich, wie die EZB ihre Prinzipien op-fert; 3.05.2010 und
Wirtschafts Woche; EADS-Chef Gallois
Ich fühle mich mit 2,5 Millionen Gehalt nicht wohl"; 13.02.2012

690 Manager Magazin; Euro-Krise;
EZB beschließt Kauf von Staatsanleihen; 10.05.2010

691 WELT ONLINE; Euro-Schuldensünder;
Griechenland hortet vier Millionen Unzen Gold; 27.06.2011

692 FAZ.NET; Schuldenkrise;
Der Niedergang der Europäischen Zentralbank; 16.08.2011

693 SPIEGEL ONLINE; EZB-Politik;
Wulff greift Euro-Retter an; 24.08.2011

694 Handelsblatt; Pinocchio des Tages: Erwischt ...; 16.08.2011

695 http://www.ecb.int/press/pr/wfs/2011/html/fs111122.de.html; abgerufen am 27.11.2011, und
SPIEGEL ONLINE; EZB; Zweifelhafte Werte; 06.06.2011

696 SPIEGEL ONLINE; EZB; Zweifelhafte Werte; 06.06.2011

697 SPIEGEL ONLINE; EZB; Zweifelhafte Werte; 06.06.2011

698 WELT ONLINE; Euro-Krise;
EZB kauft Staatsanleihen von Italien und Spanien; 07.08.2011

699 FAZ.NET; Schuldenkrise.
Der Niedergang der Europäischen Zentralbank; 16.08.2011

700 Süddeutsche Zeitung; Zentralbank:
Weiter Anleihen gekauft; 30.08.2011

701 http://de.wikipedia.org/wiki/Mario_Draghi; abgerufen am 07.11.2011

702 Welt; Geldpolitik;
EZB stützt Italien mit Milliarden-Anleihen-Käufen; 07.11.2011

703 FAZ.NET; EZB-Nachfolger; Um jeden Preis; 10.09.2011

704 Wirtschaftswoche; Gbureks Geld-Geklimper;
Die nächste Gold- und Silberrunde; 11.08.2011

705 Süddeutsche.de; Axel Weber und die EZB;
Bundesbank-Chef brüskiert die Kanzlerin; 09.02.2011

706   WELT ONLINE; Bundesbank-Präsident Weber erklärt, warum er nicht EZB-Chef werden will; 12.02.2011

707   WELT ONLINE; Stabilitätsverfechter;
Gestatten, „Jürgen Stark – stark wie die Mark"; 09.09.2011

708   Financial Times; Stark-Rücktritt;
Das Ende der EZB, wie wir sie kannten; 09.09.2011

709   SPIEGEL ONLINE; Rücktritt von EZB-Chefvolkswirt Stark;
Banker-Zoff gefährdet die Euro-Rettung; 09.09.2011

710   Zitat: http://www.spiegel.de/fotostrecke/fotostrecke-54834.
html; abgerufen am 14.05.2011

711   Financial Times; Schuldenkrise;
800 Banken saugen 530 EZB-Milliarden auf; 29.02.2012;
Spiegel; Milliarden in Angstkasse; Draghi gerät wegen Euro-Flut
unter Druck; 05.03.2012 und
http://www.ecb.int/stats/monetary/res/html/index.en.html
abgerufen am 6.03.2012

712   WELT ONLINE; Euro-Zone;
Griechen-Anleihen sind ein Fiasko für die EZB; 24.06.2011

713   SPIEGEL ONLINE; Nr. 25; Auf Gedeih und Verderb; 20.06.2011

714   Zitat: http://www.manager-magazin.de/magazin/artikel/
0,2828,608921,00.html; abgerufen am 17.04.2009

715   Zeit; Euro-Krise Griechischer Schein; 24.06.2011

716   FOCUS ONLINE; DEBATTE, Der verheimlichte Super-GAU;
09.05.2011

717   Handelsblatt; Ex-CDU-Wirtschaftsminister
„Das Risiko beim Euro-Schirm ist nicht mehr kalkulierbar";
26.10.2011

718   FAZ; Analyse der Commerzbank;
Target-Saldo zwingt zur Transferunion; 28.02.2012

719   Bilanz.ch; Hans-Werner Sinn: „Fass ohne Boden"; 07.06.2011

720   Wirtschaftswoche; Währungsunion; Die Lebenslügen des Euro;
03.08.2011

721   FAZ.NET; Griechenland; Tausend Milliarden Euro; 24.6.2011

722   FOCUS ONLINE; Debatte;
Der verheimlichte Super-Gau; Nr. 19; 2011

723   FOCUS ONLINE; Debatte;
Der verheimlichte Super-Gau; Nr. 19; 2011

724   FOCUS ONLINE; Debatte;
Der verheimlichte Super-Gau; Nr. 19; 2011

725   FOCUS ONLINE; Debatte;
Der verheimlichte Super-Gau; Nr. 19; 2011

726   FOCUS ONLINE; Debatte; Der verheimlichte Super-Gau;
Nr. 19; 2011

727   Zeit; Konjunktur 2010 Deutschland steigert Export
um ein Fünftel; 09.02.2011

728   Welt; Vermögensverlust;
Anleger zahlen insgeheim schon längst für Euro-Krise;
13.11.2011

[729]   Zitat: http://www.spiegel.de/fotostrecke/
fotostrecke-54834.html; abgerufen am 14.05.2010
[730]   Wirtschaftswoche; Währungsunion;
Die Lebenslügen des Euro; 03.08.2011
[731]   Spiegel; Nr. 25; Auf Gedeih und Verderb; 20.06.2011
[732]   Finanznachrichten, Merkel: EU-Rat am 30. Januar soll Signal für
Wachstum aussenden; 23.1.2012
[733]   Handelsblatt; Schuldenkrise;
Lagarde fordert größeren Euro-Rettungsschirm; 23.1.2012
[734]   Wirtschaftswoche; Währungsunion.
Die Lebenslügen des Euro; 03.08.2011
[735]   Wirtschaftswoche; Währungsunion.
Die Lebenslügen des Euro; 03.08.2011
[736]   Wirtschaftswoche; Währungsunion.
Die Lebenslügen des Euro; 03.08.2011
[737]   SPIEGEL ONLINE; Die Lüge von der stabilen Währung:
Wie Politiker den Euro als D-Mark-Ersatz lobten; 14.05.2010
[738]   FOCUS ONLINE; Zitate zur Schuldenkrise.
Was kümmert mich mein Geschwätz von gestern; 13.09.2011
[739]   Manager Magazin; Krisenwährung;
Deutsche misstrauen dem Euro massiv; 26.06.2011
[740]   WELT ONLINE; Hartnäckige Nachfrage;
Journalist nervt Merkel und wird zum YouTube-Star; 26.10.2009
Wikipedia; http://de.wikipedia.org/wiki/CDU-
Spendenaff%C3%A4re; aufgerufen am 23.07.2011
[741]   http://www.banken-volksbegehren.at/index.php/banken/
rettungspakete-und-rettungsschirme; abgerufen am 14.09.2011
[742]   Neue Züricher Zeitung; Schneebälle rollen nicht nur auf Anleger;
06.12.2009
[743]   Neue Züricher Zeitung; Schneebälle rollen nicht nur auf Anleger;
06.12.2009
[744]   Neue Züricher Zeitung; «Die USA stehen schlechter da
als Griechenland» vom 11.03.2011
[745]   SPIEGEL ONLINE; Altersarmut;
Bundesbürgern droht Renten-Schock; 31.08.2011
[746]   FOCUS ONLINE; Rentenansprüche;
Viele machen sich falsche Hoffnungen; 05.10.2009
[747]   SPIEGEL ONLINE; Krise der Sozialversicherung;
Rente verkommt zum Hungerlohn; 24.11.2009
[748]   FOCUS ONLINE; Sozialsysteme;
Chef der Rentenversicherung fürchtet Altersarmut; 03.2011,
[749]   Zeit; Generationenvertrag: Die Renten-Lüge; 20.08.2010
[750]   SPIEGEL ONLINE; Drohende Altersarmut;
Rentner verlieren an Kaufkraft; 05.07.2011
[751]   Zitat: http://www.aktienlehrer.de/html/weisheiten.htm;
abgerufen am 12.04.2010
[752]   Bild; 31.03.2006; http://www.bild.de/news/aktuell/news/brief-
gross-334472.bild.html

753   Der Westen; Interview : „Die Schulden von heute sind die Steuern von morgen"; 26.04.2010
754   http://www.deutsche-finanzagentur.de/startseite/
755   Zitat: DiePresse; Tory-Vordenker kritisiert „völlig perverses"
Finanzsystem; 25.01.2011
756   FOCUS ONLINE; Finanzen; Goldene Sicherheit; 26.09.2009, und
Boerse.ard; Euro-Kaufkraft schwindet dahin; 18.01.2011
757   Zitat: http://wirtschaft.wikispaces.com/Zinsverbot;
abgerufen am 03.09.2010
758   http://de.wikipedia.org/wiki/Zins#Kritik_am_Zins;
abgerufen am 24.08.2011
759   http://de.wikipedia.org/wiki/Zinseszins; abgerufen am
24.08.2011
760   http://www.bundesbank.de/statistik/
statistik_zeitreihen.php?lang=de&open=&func=row&tr=BJ9182;
abgerufen am 20.09.2011
761   FOCUS ONLINE; Staatsfinanzen; Wie pleite ist Deutschland?;
27.07.2011
762   ARD, Quarks & Co; Wem schuldet Deutschland das Geld?
Vom kleinen Sparer bis zum Aktienmillionär; 28.10.2010
763   http://www.bundesbank.de/download/kredit/
kredit_bietergruppe_rangliste.pdf
764   Zitat: http://www.zeit.de/politik/2011-08/
finanzkrise-politik-eliten/seite-3; abgerufen am 21.08.2011
765   WELT ONLINE; Superreiche;
Zahl der Millionäre weltweit höher als vor der Krise; 22.06.2011
766   ZDF, Frontal 21; Schuldenland und Eurokrise;
Höhere Steuern für Reiche?; 23.08.2011
767   Zeit; Schuldenkrise; „Griechischer als die Griechen"; 03.06.2011
768   Zeit; US-Armutsrate; 46 Millionen Amerikaner sind arm;
13.09.2011
769   Handelsblatt; Schuldenkrise:
Zehn unangenehme Wahrheiten über die USA; 18.04.2011
770   Zeit; Schuldenkrise; „Griechischer als die Griechen"; 03.06.2011
771   FOCUS ONLINE; Protestbewegung in den USA;
Wutbürger gegen die Wall Street; 10.10.2011
772   Junge Welt; Mehr, immer mehr!; 04.06.2011
773   http://www.fns.usda.gov/pd/34SNAPmonthly.htm;
abgerufen am 27.11.2011
774   FOCUS ONLINE; Vermögen;
Chinas Milliardäre werden reicher und reicher; 07.09.2011,
775   http://www.chinesischbusiness.de/202_0/einkommen.html;
abgerufen am 03.05.2011.
776   The Epoch Times; Wissenschaftler untersuchen Löhne Chinas;
Mindestlohn einer der niedrigsten in der Welt; 01.03.2010
777   http://www.betriebsrentner.de/fileadmin/user_upload/
Die_Reichen_werden_immer_reicher_-_Deutsche_Wel
le__01.06.11.pdf; abgerufen am 03.07.2011

778   ZDF, Frontal 21; Schuldenland und Eurokrise;
       Höhere Steuern für Reiche?; 23.08.2011
779   Deutsche Welle; Gesellschaft; Die Reichen werden immer rei-
       cher; 01.06.2011
780   SPIEGEL ONLINE; Vermögens-Ranking.
       So reich sind Deutschlands Milliardäre; 10.10.2011
781   WELT ONLINE; Verschuldung;
       „Viele Staaten verhalten sich wie Drogensüchtige"; 02.08.2011
782   FOCUS ONLINE Money; Neue Debatte um Mindestlöhne;
       "Arbeit darf nicht so billig sein wie Dreck"; 09.09.2011
783   FAZ.NET; So genannte Vorstände;
       650 Prozent mehr Gehalt in 20 Jahren; 30.06.2008
784   Zeit; Spitzengehälter.
       Ein gutes Jahrzehnt für so genannte Vorstände; 30.03.2010
785   SPIEGEL ONLINE; Langfristige Gehaltsentwicklung;
       Goldenes Jahrzehnt für Aufsichtsräte; 08.04.2010
786   FOCUS ONLINE; So genannte Unternehmen; Dickes
       Gehaltsplus für die Aufsichtsräte; 21.09.2011
787   SPIEGEL ONLINE; Langfristige Gehaltsentwicklung;
       Goldenes Jahrzehnt für Aufsichtsräte; 08.04.2010
788   Stern; Durchschnittseinkommen.
       Zwischen 72 369 und 12 155 Euro; 24.03.2010
789   ZDF, Frontal 21; Schuldenland und Eurokrise; Höhere Steuern
       für Reiche?; 23.08.2011, und
       WELT ONLINE; Konjunkturforscher; Mit Steuersätzen von 1998
       wäre Deutschland saniert; 08.09.2011
790   http://de.wikipedia.org/wiki/Kapitalertragsteuer;
       abgerufen am 07.08.2011
791   http://de.wikipedia.org/wiki/Kapitalertragsteuer;
       abgerufen am 07.08.2011
792   Financial Times; Umbau des Reformpakets:
       Berlusconi spart sich die Reichensteuer; 29.08.2011
793   ZDF, Quarks & Co;
       Wie viel verdienen wir an den Staatsschulden?; 28.10.2010
794   Eine andere unsichtbare Hand des Marktes – von den blinden
       Flecken der Volkswirtschaftslehre; Jürgen Kremer; Professor für
       Wirtschaftsmathematik am RheinAhrCampus Remagen; 2009
795   Eine andere unsichtbare Hand des Marktes – von den blinden
       Flecken der Volkswirtschaftslehre; Jürgen Kremer; Professor für
       Wirtschaftsmathematik am RheinAhrCampus Remagen; 2009
796   Eine andere unsichtbare Hand des Marktes – von den blinden
       Flecken der Volkswirtschaftslehre; Jürgen Kremer; Professor für
       Wirtschaftsmathematik am RheinAhrCampus Remagen; 2009
797   Zitat: Die Presse;
       Tory-Vordenker kritisiert „völlig perverses" Finanzsystem;
       25.01.2011
798   Hermann Benjes; Wer hat Angst vor Silvio Gesell?
       Das Ende der Zinswirtschaft bringt Arbeit, Wohlstand und Frie-
       den für alle; Bickenbach 2003, 8. Auflage, Selbstverlag; S. 33

799   Zitat: http://derstandard.at/1293370815682/EU-Finanzminister-
       EU-Musterschueler-sollen-fuer-Rettungsfonds-buergen;
       abgerufen am 17.01.2011
800   http://www.mathenachhilfe.ch/lernhilfen/algebra/theorie/exp_
       wachstum_zerfall.pdf; abgerufen am 14.09.2011
801   http://de.wikipedia.org/wiki/Zinseszins;
       abgerufen am 17.08.2011
802   Die Presse; Schulden:
       Brüssel rechnet mit weniger Wachstum; 30.08.2011
803   www.steuerzahler.de
804   le-bohemien.net; Wie Banken Geld machen; Einblicke in ein
       Schneeballsystem; Tobias Tulinus und Florian Hauschild;
       abgerufen am 22.09.2011
805   SPIEGEL ONLINE; Wahnsinn 2.0; 23.11.2009
806   Zitat: http://www.silberknappheit.de/zitate.php;
       abgerufen am 16.08.2011
807   FOCUS ONLINE; Staatsfinanzen; Wie pleite ist Deutschland?;
       27.07.2011
808   Handelsblatt; Thomas Matussek:
       Spitzendiplomat wechselt zur Deutschen Bank; 18.08.2011
809   http://www.iif.com/about/bod/; abgerufen am 27.09.2011
810   DasErste.de; Monitor; Nr. 624 vom 25.08.2011
811   DasErste.de; Monitor; Nr. 624 vom 25.08.2011
812   DasErste.de; Monitor; Nr. 624 vom 25.08.2011
813   DasErste.de; Monitor; Nr. 624 vom 25.08.2011
814   Zitat: http://www.spiegel.de/spiegel/print/d-67871661.html;
       abgerufen am 14.03.2011
815   SPIEGEL ONLINE; Lehren aus der Lehman-Pleite;
       Wie die Finanzwelt die Politik erpresst; 14.09.2011
       http://de.wikipedia.org/wiki/Lehman_Brothers;
       abgerufen am 27.11.2011
816   http://de.wikipedia.org/wiki/MF_Global;
       abgerufen am 27.11.2011
817   http://de.wikipedia.org/wiki/Goldman_Sachs;
       abgerufen am 20.09.2011
818   Zitat: http://www.zitate-online.de/literaturzitate/
       allgemein/19610/der-kapitalismus-basiert-auf-der-
       merkwuerdigen.html; abgerufen am 14.08.2011
819   Zitat: http://boersenweisheiten.c1l.de/top_aktien?page=4;
       abgerufen am 3.12.2010
820   Handelsblatt; Weltwirtschaft:
       Vorsicht Investmentbanker!; 26.08.2011
821   WELT ONLINE; Die Bankenrettung war ein
       katastrophaler Fehler; 10.03.2010
822   Zitat: http://boersenweisheiten.c1l.de/top_aktien;
       abgerufen am 12.08.2010
823   Zitat: http://boersenweisheiten.c1l.de/top aktien?page=1;
       abgerufen am 12.08.2010

...und die Reichen immer reicher werden

824   SPIEGEL ONLINE; Brisante Studie;
       So teuer sind Aktienfonds; 05.05.2011
825   SPIEGEL ONLINE; Aktien-Investements;
       Wer Börsenweisheiten folgt, verliert viel Geld; 10.08.2011
826   WELT ONLINE; Asoka Wöhrmann;
       „Ich habe vor dem Crash Land gekauft"; 14.08.2011
827   Zitat: http://aphorismen-archiv.de/index_z.php?id=33318;
       abgerufen am 12.08.2010
828   Handelsblatt; Facebook-Spiele:
       „Farmville"-Anbieter Zynga soll Milliarden wert sein; 14.02.2011
829   SPIEGEL ONLINE; Neuer IT-Hype;
       Techinvestoren feiern Börsenboom; 14.02.2011
830   Boerse; ARD; Facebookfieber steigt weiter; 11.02.2011;
       Focus; Internet; Die Nutzer sind euphorisch, die Börsianer war-
       ten ab; 09.02.2011;
       SPIEGEL ONLINE; Erste Gespräche; Twitter-Interessenten bie-
       ten bis zu zehn Milliarden Dollar; 10.02.2011
831   FOCUS ONLINE; Internet; Die Nutzer sind euphorisch,
       die Börsianer warten ab; 09.02.2011
832   SPIEGEL ONLINE; Neuer IT-Hype;
       Techinvestoren feiern Börsenboom; 14.02.2011
833   Handelsblatt; Facebook-Spiele:
       "Farmville"-Anbieter Zynga soll Milliarden wert sein; 14.02.2011;
       SPIEGEL ONLINE; „Farmville"-Spiel; Virtuelle Schafe sollen neun
       Milliarden Dollar wert sein; 14.02.2011;
       N24, Internet-Blase 2.0; „Farmville"-Anbieter neun
       Milliarden Dollar wert; 14.02.2011
834   FAZ.NET; Börsengang; Facebook wird auf 100 Milliarden Dollar
       taxiert; 14.06.2011
835   Financial Times; Milliarden für Facebook; Blase oder nicht – die
       Bank gewinnt immer; 03.01.2011;
       Boerse; ARD; Facebookfieber steigt weiter; 11.02.2011;
       Focus; SPIEGEL ONLINE; Neuer IT-Hype; Techinvestoren feiern
       Börsenboom; 14.02.2011
836   Zeit; Internetfirmen; „Der Dotcom-Wahnsinn geht wieder los";
       26.05.2011
837   Forbes.com; Slide Show:
       The 10 Best Stocks Of 2010; (SPIEGEL ONLINE; Neuer IT-Hype;
       Technikinvestoren feiern Börsenboom; 14.02.2011
838   Süddeutsche.de; Munich-Re-Chef Nikolaus von Bomhard: „Eine
       Staatsanleihe ist nicht mehr das, was sie mal war"; 30.07.2011
839   Die Presse; Größter Anleiheninvestor flüchtet aus
       US-Staatsanleihen; 15.02.2011
840   Financial Times; Britische Staatsanleihen;
       Anleger fürchten sich vor Nitroglycerin-Bonds; 3.02.2010;
       Financial Times; Harte Kritik; Pimco-Topmanager beschuldigt
       FED als Inflationstreiber; 29.10.2010
841   Zeit; Banken mit Schwächeanfall; 08.09.2011

842   Handelsblatt; Quirin-Chefstratege Claus Vogt:
„Der Markt kann sich halbieren – das wird ungemütlich";
06.05.2010

843   WELT ONLINE; Geldanlagen;
Sparer können sich auf nichts mehr verlassen; 14.08.2011

844   Handelsblatt; BULLE & BÄR;
Der Zins – ein Fall für den Psychiater; 24.08.2011

845   Wirtschaftswoche; Finanzkrise und die Folgen, Was droht in
einer Weltwirtschaftskrise; 03.02.2009

846   Zitat: http://www.prosilber.de/Papiergeldsystem.html;
abgerufen am 07.03.2009

847   Süddeutsche.de; Zeitung; Rechte der Sparer. Dann ist das Geld
halt weg; 06.12.2010

848   Handelsblatt; Urteil mit Sprengkraft; Was ist die Einlagensiche-
rung Wert; 07.12.2010

849   Zitat: http://www.lexikon-der-finanzirrtuemer.de/
index.php/finanz-zitate.html; abgerufen am 17.05.2011

850   FOCUS ONLINE; Finanzen; Goldene Sicherheit; 26.09.2009

851   WELT ONLINE; Euro-Krise; Bundesbürger stürmen die Schalter
der Goldhändler; 18.07.2011

852   http://www.bmginc.ca/

853   Handelsblatt; Bulle und Bär; Warum der Goldpreis weiter steigt;
19.04.2011

854   WELT ONLINE; Schuldenkrise; Weltgrößter Fonds weitet Wetten gegen USA aus; 11.05.2011

855   SPIEGEL ONLINE; Rekorddeal wegen Dollar-Skepsis; Mexiko
sichert sich Milliarden Goldschatz; 05.05.2011, und
http://www.steinbeis-research.de/04_studien_rohstoffe.html;
abgerufen am 3.09.2011

856   WELT ONLINE; Edelmetalle;
Warum Gold zur begehrtesten Währung wurde; 05.06.2011

857   SPIEGEL ONLINE; Schuldenkrise:
Zehn Argumente gegen die Börsen-Panik; 10.08.2011

858   http://www.zeit.de/1966/36/besiegt-de-gaulle-den-dollar, http://
zeitenwende.ch/spezial/kriege-gold-und-waehrungskrisen/-1-5/;
abgerufen am 27.11.2011

859   Manager Magazin; Kommunen bitten Immobilienbesitzer zur
Kasse; 27.01.2011

860   SPIEGEL ONLINE; Immobilien-Abgabe; Griechenland macht
mobil gegen Monstersteuer; 13.09.2011

861   Wikipedia; http://de.wikipedia.org/wiki/Hauszinssteuer; abgerufen am 10.11.2011

862   Wikipedia; http://de.wikipedia.org/wiki/
Lastenausgleichsgesetz; abgerufen am 10.11.2011

863   SPIEGEL ONLINE; Degi Europa; 22.10.2010;
Immobilienfonds-Auflösung schockiert Anleger

864   FAZ NET; Offene Immobilienfonds; Fine Anlageklasse wackelt;
25.10.2010; boerse.ard; Degi Europa muss aufgelöst werden;
22.10.2010

865   WELT ONLINE; Geschlossene Fonds sind nichts für Privatanle-
        ger; 16.09.2009
866   Wirtschaftswoche; Geschlossene Fonds, Die schlechteste Geld-
        anlage der Welt; 11.04.2011
867   Lebensversicherungen; Gebt mir mein Geld zurück; 5.09.2010
868   FOCUS ONLINE; Finanzwissen. Voll daneben; 01.07.2009
869   Handelsblatt; Garantiezins sinkt.
        Was Lebensversicherer jetzt wissen müssen; 23.02.2011
870   Wirtschaftswoche; Altersvorsorge. Adieu Lebensversicherung;
        23.02.2011
871   Handelsblatt; Risiko-Anlagen: Wie Staatsschulden in Europa
        unsere Altersvorsorge bedrohen; 13.12.2010
872   Handelsblatt; Garantiezins sinkt.
        Was Lebensversicherer jetzt wissen müssen; 23.02.2011
873   Manager Magazin; Versicherer.
        Assekuranz im Anlagenotstand; 10.08.2011
874   WELT ONLINE; map-Report; Bei den Lebensversicherungen
        herrscht Zinsnotstand; 31.08.2011
875   Handelsblatt; Garantiezins sinkt.
        Was Lebensversicherer jetzt wissen müssen; 23.02.2011
876   Handelsblatt; „Mordsspaß":
        Rauschende Sex-Party bei der Ergo-Versicherung; 18.05.2011
877   SPIEGEL ONLINE; Treffen in Budapest.
        Versicherung lud Vertreter zu Sex-Party; 18.05.2011
878   SPIEGEL ONLINE; Hamburg-Mannheimer.
        Versicherung setzte Sex-Party von der Steuer ab; 29.05.2011
879   NTV.de; Im schlimmsten Fall ein Draufleger.
        Die Riester-Renten; 23.10.2009
880   FAZ.NET; Altersvorsorge; Der große Riester-Test; 27.05.2010
881   FAZ.NET; Ergo und die Sex-Party.
        Der Skandalversicherer; 26.05.2011
882   Manager Magazin; Riester-Rente.
        Staat zahlt 8,7 Milliarden Euro Zulagen; 24.06.2011
883   FinanzNachrichten.de; LVZ: 36,7 Milliarden Euro seit 2002 in
        geförderter Riester-Rente angelegt / 8,2 Milliarden staatlicher
        Förderung bei 6 Milliarden Verwaltungs- und Bankkosten;
        26.08.2011
884   Manager Magazin; Garantiezins sinkt.
        Lebensversicherer starten Schlussverkauf; 30.08.2012
885   Zeit; Martenstein: „Lebt in vollen Zügen. Feiert.
        Lasst es krachen. Ignoriert alle Vorsorge- und Anlage-Angebo-
        te!"; 19.10.2010
886   Zeit; Martenstein: „Lebt in vollen Zügen. Feiert.
        Lasst es krachen. Ignoriert alle Vorsorge- und Anlage-Angebo-
        te!"; 19.10.2010
887   Handelsblatt; Bonität herabgestuft:
        Ungarn steuert auf Ramsch-Status zu; 06.12.2010
888   Zeit; Geldanlage Neue Wette, altes Spiel; 29.07.2011

889   Zitat: http://www.pius-vom-allgaeu.de/Tagesspruch.htm;
abgerufen am 07.11.2011

...und die Reichen immer reicher werden